Ernst R. Ernst

NOSTRADAMUS

Astrologe – Magier –
Wunderheiler

Wilhelm Heyne Verlag
München

HEYNE SACHBUCH
19/348

Ungekürzte Taschenbuchausgabe
im Wilhelm Heyne Verlag GmbH & Co. KG, München
Copyright © 1986 by
Böhlau Verlag Ges. m. b. H. und Co. KG., Wien. Köln. Weimar
Printed in Germany 1994
Umschlagillustration: Archiv für Kunst und Geschichte, Berlin
Umschlaggestaltung: Atelier Adolf Bachmann, Reischach
Satz: Grafische Verfahrenstechnik Layer, Ostfildern
Druck und Bindung: Presse Druck, Augsburg

ISBN: 3–453–07906-X

Inhaltsverzeichnis

Vorwort

Wer in diesem Band sensationelle Voraussagen von Kriegen, Schlachten, Atombombenabwürfen oder Erdbeben erwartet, wird enttäuscht sein! Wer finstere Prophezeiungen über Kometen, die zur Erde stürzen, künftige Umweltkatastrophen schauererregenden Ausmaßes oder gar über den Untergang der Erde erwartet, wird nicht auf seine Kosten kommen. Wer aber endlich einmal die Wahrheit über Nostradamus erfahren will, über seine Familie, woher er stammte, wer er selbst war, warum und wie er uns verschlüsselte Botschaft übermittelte, wird erfahren, zu welch gräßlichen wie guten Taten Menschen fähig waren. Begeben wir uns gemeinsam auf die Spuren eines Mannes, der sich zum Schreiben gedrängt fühlte, weil er seine Botschaft mitteilen wollte. Es war ihm verwehrt, diese frei und offen zu verkünden. Getrieben von der Überzeugung, göttliches Walten zu begreifen, wollte er seine Erkenntnis der Nachwelt – also auch uns – vermitteln.

Es ist nicht verwunderlich, daß Generationen seine Prophezeiungen jeweils auf ihre Zeit bezogen. Wir könnten auch heute wieder Entsprechendes erleben.

Erstaunliches werden wir erfahren über das, was er dachte, glaubte und wollte. Weil er nicht reden konnte »wie es ihm der Geist eingab«, wählte er eine nicht jedermann verständliche, verdeckte Form für seine Texte. Und gerade dies lieferte ihn für Jahrhunderte in die Hände derer aus, vor denen zu warnen er nicht müde wird: »den Ungebildeten, den Sensationslüsternen, den Astrologen«, den vordergründigen Zukunftdeutern also. »Niemand kennt die Zukunft, nur der allwissende Gott«, so schreibt er selbst und »...über Gutes und Schlimmes... sagen uns die Sterne nichts... Dumme, Barbaren, Astrologen, haltet euch weit von meinen Schriften fern.« Es gibt viele solcher Belege, und wir werden uns damit ausführlich beschäftigen.

Wer war dieser Mann? Was vermittelte er uns? Wie tat er es? Verschleierte und zum Teil sogar bewußt verstümmelte Texte wollen wir aufklären. Wir wollen endlich die Wahrheit über seine Botschaft wissen und fragen: ist sie auch heute noch von Bedeutung? War er ein

»Prophet«? War er vielleicht nur ein raffinierter Scharlatan, wie es manche behauptet haben? Suchen wir gemeinsam zu all den vielen Fragen eine Antwort.

Das Abendland erzittert. Die Türken sind auf dem Balkan in stetigem Vormarsch. 1453 fällt das erhabene Byzanz, das strahlende »zweite Rom«, letzte Bastion des Christentums im Osten, in ihre Hände. Ein Flüchtlingsstrom ergießt sich nach Westen. 1529 belagern die Anhänger Mohammeds zum ersten Male Wien. Bange fragen sich die Menschen: Wann werden ihre Horden ganz Europa überrollen?

Selbstbewußtsein und Selbstverständnis des christlichen Abendlandes – Jahrhunderte lang unangefochten – werden zunehmend in Frage gestellt. Kopernikus entwickelt in Braunsberg das neue Weltbild, das die Erde aus ihrer zentralen Stellung vertreibt. Die Medizin löst sich unter dem Einfluß der aus dem Osten geflohenen Ärzte aus den Vorstellungen und Grenzen des Mittelalters. Die Wissenschaft emanzipiert sich von der Bevormundung der Kirche. Der Humanismus erhebt mit Erasmus von Rotterdam und anderen Denkern seine Stimme. Er fordert Achtung der Menschenwürde und Freiheit des Geistes.

Die Idee des Nationalstaates nimmt Konturen an. Portugal überschreitet als erstes Land die Grenzen Europas, tastet sich an Afrikas Küste entlang und begründet sein Weltreich. Kolumbus entdeckt bei seinem Bemühen, Indien auf dem Seewege zu erreichen, Amerika. So verhilft er Spanien zur Vormachtstellung, das gerade erst mit der Eroberung Granadas die letzte Bastion der Mauren auf der iberischen Halbinsel beseitigt hat. In Nordeuropa erlebt die altehrwürdige Hanse ihren Niedergang. Dänemark, England und die Niederlande übernehmen ihr Erbe. Das abendländische Kaisertum verliert an Glanz und Macht. Heinrich VIII. von England, Franz I. von Frankreich und Karl von Burgund streben nach der Kaiserkrone. Karl besteigt als Karl V. den Thron. Er ist es, der sagt: »In meinem Reiche geht die Sonne nicht unter.« Polen ist auf dem Wege zur Großmacht im Osten. In Rußland schüttelt Iwan IV., »der Schreckliche« genannt, die letzten Fesseln mongolischer Oberhoheit ab und läßt sich zum Kaiser (Zar) des »Dritten Rom« salben. In Italien blüht die Renaissance.

In Schwaben erheben sich die Bauern und fordern ein menschenwürdiges Leben. Die Massen vegetieren in Not, Elend, Angst und im Aberglauben. Kriege und die immer wieder aufflammende Pest schütteln die europäischen Länder. Das Mittelmeer wird von Arabern und unter türkischem Schutz stehenden griechischen Seeräubern beherrscht.

Am Vorabend des Allerheiligentages 1517 schlägt der Augustinermönch Martin Luther, Theologieprofessor an der Universität zu Wittenberg, seine 95 Thesen an die Tür der dortigen Schloßkirche. Die Hammerschläge werden bald in ganz Europa gehört. Zwingli in der Schweiz, Calvin erst in Frankreich und im Schwäbischen, dann in Genf, treten jetzt ebenfalls als Reformatoren auf. Am 8. August 1523 brennt in Frankreich der erste Scheiterhaufen für Ketzer. Jean Valière, Augustinermönch aus Levry, wird erster Märtyrer der Reformation. Im gleichen Jahr flieht der Franziskanermönch François Lambert aus Avignon nach Wittenberg und berichtet dort: »Frankreich und die Provence sind schon fast gänzlich von der reformatorischen Bewegung angesteckt.« Katholische Erneuerer prangern die Mißstände in der Kirche ihrerseits an. Erste Religionskriege schüren den Fanatismus. Die Inquisition würgt das Denken. Rom schert sich wenig um alles. Kurie und Papst – nur der würdige Hadrian VI. in seinem kurzen Pontifikat bildet hier eine rühmliche Ausnahme – geben sich dem ‚dolce vita‘ der Renaissance hin. – In dieser Zeit lebt Michael Nostradamus, geboren am 14. Dezember 1503 in St. Remy in der Provence.

Ohne meine liebe Frau hätte ich nie die Kraft gefunden, dieses Buch zu schreiben. Anfangs hatte sie meine Forschungsarbeit toleriert, doch später wurde sie vom Interesse an Nostradamus erfaßt und verfolgte meine Arbeit mit wachsender Begeisterung. Deshalb sei ihr dieser Band gewidmet.

Köln, im Winter 1985/1986   E. R. E.

ERSTER TEIL

Leben und Wirken des Nostradamus
(Michel de Nostradame)

1. Herkunft

»Es mangelt wahrlich nicht an Lebensbeschreibungen des provençalischen Propheten, sehr alten und recht ausführlichen. Viele von ihnen lassen sich auch recht angenehm lesen; aber was für welche!« So
schreibt Edgar Leroy in seiner ausgezeichneten Arbeit »Nostradamus, seine Herkunft, sein Leben, sein Werk.« Er hat das Leben von
Michael Nostradamus, alias de Nostredame, alias de Nostra Domina, alias de Sainte Marie, alias de Sancta Maria, alias Gassonet,
alias Venguesson gründlich erforscht. Und er schreibt es mit Recht;
denn was an »Lebensbeschreibungen« auf uns gekommen ist, sind
entweder Legenden oder tendenziöse Berichte, die vorwiegend den
Mann aus St. Remy-en-Provence in Herkunft und Leben mystifizie-
ren und verherrlichen wollen. Oder sie wollen sich selbst in seinem
Ruhme sonnen. Zumeist geht es wohl um beides.

Es gibt drei Berichte, die – obwohl sie auch den vorgenannten
Zwecken dienen – uns einiges an Aufschluß geben können.

1. von Michaels Bruder, Jehan Nostredame (1522–1577), La Chronique de Provence. Les vies des Poètes Provençaux, Lyon 1575.
2. ein Werk von Michaels Sohn, Cesar de Nostredame (1553–1630),
Histoire et chronique de Provence, Lyon 1614.
3. der Bericht vom Assistenten Michaels in Salon, Jean-Aymé Chavigny, Vie et testament de Nostradamus (Janus Françoys), Lyon
1594.

Jehan Nostredame schreibt in seiner Chronik der Provence unter
Nr. 1949 über seinen Urgroßvater: »Pierre de Nostredame oder No-
stredone, berühmter Arzt und Astrologe, Kenner des Hebräischen
und Griechischen ...ansässig zu Arles.« Er sei Arzt des ‚guten Königs‘ René (der Provence) gewesen.

René habe Pierre als einen seiner Ärzte 1475 sogar in seinem Testament bedacht, so führt der Sohn Cesar in seiner Chronik die Fest-
stellungen seines Onkels weiter. Nach Leroy ist dies »nicht nur verwunderlich, sondern vielmehr unglaubwürdig«. Es fehlen nicht nur
Belege für diese Darstellung, nein, vorhandene Unterlagen aus notariellen Akten der zweiten Hälfte des 15. Jahrhunderts berichten

über diesen Pierre de Nostredame völlig anders: Die Archive des Departements Rhônemündung bewahren das Testament des Königs René vom 22. Juli 1476 auf und auch eine beglaubigte Abschrift des letzten Willens seines Nachfolgers Karls III., des letzten Fürsten der Provence, vom 10. Dezember 1481 mit zwei Zusätzen vom 11. Dezember 1481. Keines der genannten Dokumente weist den Namen Pierre de Nostredame o. ä. auf!

In einer Vielzahl von notariellen Akten der Zeit erfahren wir jedoch Interessantes über die Lebensverhältnisse dieses Pierre de Nostredame. Am 12. Mai 1455 wurde ein Vertrag über einen Getreideverkauf abgeschlossen, in dem ein Einwohner Avignons dieses Namens erwähnt ist: »Pro Petro de Nostra Domina olim cum judeus esset vocato Vidono Gassonet obligato« (für Pierre de Nostredame, der früher als Jude Vidono Gassonet genannt wurde). Hier ist anzumerken, daß die Endung -et in der Provence die Bedeutung »Sohn des . . .« bedeutet und der Name Venguesson – unter dem Pierre auch erscheint – das gleiche bedeutet: nämlich Ben Guesson (hebräisch: »Sohn des . . .«). Und da Vokale im Hebräischen bedeutungslos sind, ist Gasson auch Guesson.

Der Vater dieses Vidono, Sohn des Gasson, taucht nun allerdings nicht unter dem Namen Gasson auf, vielmehr wird er noch mit Arnaud de Vélorgues angegeben. Der Vater konvertierte wahrscheinlich zu einem ähnlichen Zeitpunkt wie der Sohn und nahm dabei den obengenannten Namen an, während der Sohn nach seiner Konversion sich Pierre de Nostredame nannte. Es war damals unter Konvertiten – oder Neophyten, wie man sie auch nannte – verbreitet, den Namen des Patrons der Kirche, in der der Übertritt erfolgt war, zum Familiennamen zu erheben. Da aus einem anderen notariellen Akt (25. Mai 1469, Notar Vital Aguillac) hervorgeht, daß die Familie ein Haus in Avignon, Pfarrei Notre-Dame-la-Principale, nahe der Kapelle Notre-Dame-de l'Esperance, besaß, kann man annehmen, daß der Übertritt dort erfolgte. Dies muß kurz vor 1454 geschehen sein, denn der alte Name war noch allgemein bekannt.

Sein Schwiegervater, ebenfalls ein Gassonet, konvertierte wohl auch zum Christentum, aber seine Tochter – die Frau Pierres – blieb Jüdin. So erhielt Pierre die Erlaubnis, »nach jüdischem Recht« seine Frau zu verstoßen und »ut moris est inter christianos«, mit kirchlicher Erlaubnis, neu zu heiraten (privilegium paulini). Vermutlich führt er um 1468 noch einen Prozeß gemeinsam mit seinem Bruder Walter (!) gegen seinen Vater zur Erlangung des mütterlichen Erbes, ähnlich wie später auch Michael Nostradamus Erbschaftsprozesse führte. Aus einer Vielzahl von Schriftstücken ersieht man die Tätigkeit des Pierre. Immer wieder wird er bei notariellen Akten »mercator« (Kaufmann) genannt, und zwar in landwirtschaftlichen Produkten. Die Verbindungen reichen von Narbonne bis Genf und von Orange bis Arles und – die Geschäfte blühen! Pierre heiratet eine Frau mit Namen Blanche und hat mit ihr drei Söhne: Jaumet, François und Pierre. Um 1484 stirbt er; denn in einer Akte, ausgefertigt am 16. Juni 1485 von Notar Jean Pelletier, ist die Rede von »Madame Blanche de Sainte Marie, Witwe des Pierre de Sainte Marie, Mutter und Vormund der drei genannten Söhne«. Der erstgenannte Jaumet (oder Jacques, Jakob) wird später der Vater von Michael Nostradamus.

Jehan Nostredame und Cesar de Nostredame berichten, es handele sich bei den Großeltern mütterlicherseits um die vornehmen Ritter von St. Remy. Das ist falsch! Richtig ist, daß der Großvater Jean de St. Remy Arzt und dortiger Stadtkämmerer gewesen ist und wahrscheinlich ebenfalls »Neophyte«, also Konvertit vom Judentume her.

Seine Tochter Beatrice heiratete einen René Tourrel aus Marseille. Aus einer notariellen Schrift vom 10. Juli 1479 geht hervor, daß es zwischen dem Vater René Tourrels und dem von Beatrice zu einer gerichtlichen Auseinandersetzung um Mitgiftfragen kam. Einzelheiten sind nicht mehr bekannt, jedenfalls mußte de St. Remy »55 Florentiner« an Tourrel in Marseille zahlen. Es gelang ihm aber, die Summe auf 50 Gulden zu drücken. Von da ab erscheinen die Tourrels nicht mehr in Dokumenten. Auch der später erwähnte Ehevertrag der aus dieser Ehe hervorgegangenen Tochter Renée, spätere Mutter des Michael Nostradamus, wird von deren Großvater abgeschlossen. Dieser wird von Jehan und Cesar Nostredame »im Jahre 1480 als unter die Beamten des Königs René zu rechnen« bezeichnet. Es findet sich dafür allerdings kein quellenmäßiger Beleg. König René war wohl wiederholt in St. Remy, doch erinnert kein Dokument an diesen »praktischen Arzt des Königs«. Es ist aber belegbar, daß er – wohl von 1481–1504 – Stadtkämmerer der kleinen Stadt St. Remy war und hochbetagt (etwa 1504) gestorben ist. Das genaue Datum ist uns nicht bekannt. Seine Vorfahren haben wohl in der Pfarrkirche von St. Remy – St. Remigius – das Christentum angenommen.

Jakob (Jaume, Jaumet) de Nostredame wurde in Avignon geboren. Am 14. Mai 1495 schließt er mit Jean de St. Remy, Stadtkämmerer von St. Remy, einen Ehevertrag für dessen Enkelin Renée, Tochter von René und Beatrice Tourrel, ab. Von Renée weiß man kaum mehr als ihren Namen. Offensichtlich hat Jean de St. Remy sein ganzes Vermögen in diesen Heiratsvertrag eingebracht. So spiegelt dieser Kontrakt die Wohlhabenheit, ja, den Reichtum wieder, den er sich erworben hatte. Im Falle eines vorzeitigen Ablebens eines der beiden Teile werden Ausgleichszahlungen vereinbart, die am folgenden Michaelstag (29. 9.) fällig sind. Jean de St. Remy und seine Ehefrau Siletta erhalten Nutzungs- und Wohnrecht bis an ihr Lebensende und haben Anspruch auf gehorsames Betragen seitens des jungen Paares. Jakob de Nostredame verspricht seinerseits, am Tage des hl. Erzengels Michael die Summe von 150 Florentinern »gültiger Währung« und 50 Florentinern an Einrichtungsgegenständen beizusteuern. Jean de St. Remy reserviert sich eine Summe von 25 Florentinern, über die er nach eigenem Gutdünken verfügen darf. – »Unter Zeugen im Hause der ehrbaren Frau Blanche, Mutter von Jaume, Witwe des Pierre de Nostredame, vor dem Notar Maître Goret abgeschlossen.«

In St. Remy übt Jaume zunächst den Beruf seines Vaters (Händler) aus. Das belegen Akten der folgenden Jahre. Ab Ende 1503, also zu dem ungefähren Zeitpunkt der Geburt des Michael Nostradamus, legt er sich auch den Titel Notar zu. Die Verkaufsverträge des folgenden Jahrzehnts beweisen aber, daß er zugleich immer noch kaufmännisch tätig ist.

1512, »Am 21. Tage des Monats Dezember im Jahre unseres Herrn eintausendfünfhundertundzwölf«, sieht sich König Ludwig XII. von Frankreich in erheblichen Finanzschwierigkeiten »wegen des Krieges und großer Angelegenheiten des Königreiches«, und er beschließt, von seinen Neophyten eine Sondersteuer einzuheben. »Jenen, die vom wahren Stamme und der Rasse der Hebräer – auch Juden genannt – zur Kirche gekommen sind«, werden 50000 Livres (Pfund) auferlegt. Wenn es um Steuern ging, vermochte auch damals schon der Staat sehr findig zu sein und eine gründliche Buchführung zu betreiben. So finden wir Jakob de Nostredame mit 25 Livres in

St. Remy und seinen Bruder Peter in Arles mit 20 Livres als Sonder-steuer-Zahler eingetragen.

Kurze Zeit später übernimmt Jakob (oder Jaume) in einer kleinen Exklave des päpstlichen Gebietes von Avignon nahe bei St. Remy, Tour de Canillac geheißen, auf Anordnung des päpstlichen General-gouverneurs die Funktionen eines Notars, Schreibers und Amtsvor-stehers. Vom 22. März 1513 bis zum 15. Juni 1517 sind aus diesem kleinen Lehensgebiet etliche von ihm ausgefertigte Urkunden erhal-ten. Sie bieten einen guten Einblick in die kindischen Eifersüchte-leien, kleinen, eisern verteidigten Privilegien und kleinen Leiden-schaften der Menschen in dieser Zeit. Die Akten von Jaume zeichnen sich durch präzise Aufzeichnungsmethoden aus. Allerdings: Da er in diesem kleinen Lehensgebiet die Funktionen eines Adligen ausübte, zögerte er nicht, sich selbst zu »adeln« und in den Akten von sich als dem »Edelmann Maître de Nostredame« zu sprechen. So adelte er als Notar schlicht seine eigene Familie. Er versäumte auch keine Gele-genheit in St. Remy oder anderswo, mit den Vornehmen von Klerus oder Bürgerschaft Kontakt zu suchen.

Am 22. Oktober 1540 erhält Jaume von König Franz I. von Frank-reich die Einbürgerungsurkunde. Er erhält damit ein eindeutiges Bürgerrecht. Er, der von Hause aus, als in Avignon geboren, päpstli-cher Untertan ist, stets aber Wohnort und Berufsausübung in pro-vençalischem Gebiet hatte, ist nun endlich als Vollbürger abge-sichert. Er kann sich dessen allerdings nicht allzulange erfreuen: Wahrscheinlich stirbt er um die Jahreswende 1546/47. Renée, seine Frau, findet keine Erwähnung mehr.

Sie hinterließen – mindestens – sechs Kinder: Michael, geboren 1503, Bertrand 1518, Jean 1522, Antoine 1523, später noch Hector und Delphine. Es erscheint allerdings wahrscheinlich, daß zwischen 1503 und und 1518 noch andere Kinder geboren wurden. Schreibt doch Jean am 25. Januar 1570 in Aix-en-Provence, daß sein »Vater Jaume zwar selbst nur einen Bruder . . . seinerseits aber 18 Kinder gehabt hätte«.

2. Das Leben des Michel de Nostredame

Jean-Aymé Chavigny schreibt: »Seine väterlichen und mütterlichen Vorfahren waren Persönlichkeiten sehr hohen Bildungsstandes, sehr tüchtig sowohl in der Mathematik wie den medizinischen Wissenschaften und Leibärzte mehrerer Fürsten und Könige.« »Im Jahre 1503, am 14. Dezember, zur Zeit da das Jahr gewissermaßen in seinen letzten Zügen lag, wurde zur Mittagsstunde in einer kleinen, netten Stadt namens St. Remy-en-Crau, Michel de Nostredame – Nostradamus – geboren.« So schreibt Sohn Cesar. Es gibt aber eindeutige Belege dafür, daß St. Remy-en-Provence der wirkliche Geburtsort ist; denn Michael bezeichnet sich selbst in der Vorrede zu seinem Buch »Traité de fardemens et confitures«, als »Sextropheae natus Gallia« (in Sextrophea in Gallien geboren). Und Sextrophea war eine große römische Siedlung nahe der Stadt St. Remy-en-Provence. Dort besaß die Familie ein Haus in der rue de Barré (jetzt: Hoche), das heute noch vorhanden ist. Der Vater hatte an der Stirnseite des Hauses die Inschrift anbringen lassen »Soli Deo« (dem einzigen Gott). Hier wuchs Michael wohl als Erstgeborener auf. Über seine Kindheit wissen wir nur, daß er als Sohn einer angesehenen Familie in wirtschaftlichem Wohlstand lebte. Über Geschwister vor seinem 15. Lebensjahr ist zwar nicht Belegbares vorhanden, doch wenn man an die »18 Kinder Jaumes« denkt, von denen Bruder Jean schreibt, müssen außer den bekannten fünf ab 1518, weitere und ältere Geschwister dagewesen sein. Starben sie bei der Geburt, an einer der häufigen Seuchen? Wir wissen es nicht.

Cesar behauptet, Michaels Großväter hätten ihn in Mathematik und Astronomie eingeführt und gründlich darin unterwiesen. Das kann einfach nicht stimmen: denn Großvater Jean de Nostredame war bei der Heirat von Michaels Eltern längst verstorben, und der Großvater mütterlicherseits – René Tourrel – war zumindest längst nicht mehr in St. Remy ansässig, möglicherweise auch gestorben. Der Urgroßvater Jean de St. Remy kann Michael bestenfalls noch als Kleinkind gekannt haben. Heißt es doch, daß er – wenn auch hochbetagt – zu Beginn des 16. Jahrhunderts verstorben ist. Gewiß, Jean de Nostredame wie Jean de St. Remy waren beide ehrgeizige und intelligente Leute gewesen und mußten schon aus beruflichen Gründen – der eine Kaufmann, der andere Stadtkämmerer – hervorragende Rechner sein. Man kann auch nicht bezweifeln, daß diese Männer ihm Intelligenz und Tatkraft vererbt hätten, doch einen Unterricht ihres Enkels werden wir nach den quellenmäßig belegten Daten ausschließen müssen.

Noch vor 1520 finden wir Michael als Student an der päpstlichen Universität zu Avignon, wo 1511 auch eine medizinische Fakultät eingerichtet worden war. Er soll da zuletzt Pharmakologie – die Lehre von der Heilkunde durch Pflanzen – studiert haben. War das überhaupt schon möglich, selbst wenn er s e h r jung auf die Universität gegangen ist? Wenn wir davon ausgehen, daß Michael im Jahre 1520 nach den erforderlichen Vorstudien an der Artistenfakultät bereits die Fakultät der Medizin erreicht und das Vorstudium statt in vier in drei Jahren erfüllt hatte, mußte er spätestens 1516/17, also im Alter von knapp 13 Jahren, begonnen haben. Das aber erscheint trotz seiner unbestreitbar hohen Intelligenz recht unwahrscheinlich. Vermutlich befand er sich aber noch im Studium der »Höheren Künste«. Wir wissen ja, wie sehr er sich mit Mathematik und Astronomie beschäftigte. Neben diesen betrieb er aber auch gewiß erste medizinische Studien, als Ende des Jahres 1520 die Universität Avignon ihre Pforten schloß.

Es heißt, daß die Pest, (wieder einmal) vom Languedoc kommend, die Stadt und das ganze Umland heimsuchte. Vielleicht waren es auch erste Unruhen, bedingt durch die Reformation. Wir wissen nicht, wohin Michael damals ging, als sich die Studenten »in alle Winde zerstreuten«. Leroy nimmt an, daß er sich in den nächsten Jahren »weitere Kenntnisse im Bereich der Arznei aneignete und in verschiedenen Gegenden aufhielt«.

Das Leben war in dieser Zeit besonders schwer: Seit 1519/20 sind in Frankreich Lutherschriften in Umlauf, zunächst seine lateinischen, dann seine deutschen Schriften in französischer Übersetzung, und fallen in Frankreichs Süden auf fruchtbaren Boden. Hatten doch hier bereits einige Jahrhunderte früher mit den Kriegen gegen Albigenser, Waldenser und Katharer religiöse Unruhen geherrscht. Nun sind aber die französischen Könige schon von ihrer Krönungsliturgie her verpflichtet, für den »reinen, wahren, katholischen Glauben Sorge zu tragen«. Michael begegnet mit Sicherheit auf seinen Wegen

Glaubensunruhen, Fanatismus beider Seiten, Dummheit, Haß, Verfolgungen. 1523 kommt es infolge eines sehr frühen und kalten Winters zu einer Mißernte, »da das ganze Getreide in Frankreich erfror«. Die Kriege unter König Franz I. verschonten auch die Provence nicht, die mit anderen Gebieten im französischen Süden 1524 von den »Kaiserlichen« (spanischen und deutschen Söldnerheeren) besetzt wird. Und 1525 erlebt man von Avignon bis Narbonne, Toulouse, Carcassonne und Bordeaux eine neue Pestepidemie. Michael mag auf den Spuren der Seuche gewandert sein, im Bestreben zu lernen und gegen die Krankheit zu kämpfen. Nach Guynaud macht er »kaum 20 Jahre alt, erste Experimente und Heilungsversuche«. 1528 schüttelt das Land ein drittes und noch schlimmeres Auftreten der Pest.

1529 treffen wir wieder auf sichere Spuren Michaels. Am 23. Oktober 1529 erfolgt seine Einschreibung in die Medizinische Fakultät der Universität Montpellier. Noch heute existiert der Text seiner Verpflichtung, sich an Ordnung und Regeln der dortigen »Alma Mater« zu halten: »Ego, Michaeletus de nostra domina natione Provintie vili sancti Remigii, Avignon(is) Dyocesis, veni in han(c) universitatis monti pessulani studere dy(die) gratia in actu et promito me observat(urum) jura et statuta et privilegia edicta et edenda; sorluy(?) jura eiusdem et eligo un(u)m patrum et pote dominum Antonium Romerium dye (die) XXIII mensis octobris 1529 millesimo quingentesimo vi(nc)sesimo nono die et supra.« (Ich, Michael de Nostredame, von Nationalität provençalisch, aus der Stadt St. Remy der Diözese Avignon, bin in diese Universität Montpellier gekommen, wo ich durch Gottes Gnade in Wort und Tat die Rechte, Statuten und Privilegien jetzt und künftig beobachten werde; Ich erkenne hiermit diese Rechte an und wähle Herrn Antoine Romier als Vater und Paten [Tutor], den 23. Oktober 1529.)

Jean Astruc berichtet in seinen »Memoires pour servir a l'Histoire de la Faculté de Montpellier (1767), daß Nostradamus wegen seiner hohen Gelehrsamkeit sehr geschätzt gewesen sei, ja, man habe ihn sogar zum Professor erwählt. Dies scheint jedoch eine der vielen verherrlichenden Legenden zu sein. Es fehlt hierfür jeder Beweis.

Michael, der Unstete, harrt hier einige Jahre aus. Es spricht alles dafür, daß er seine Studien bis 1533 fortsetzt und abschließt. Dann finden wir ihn als Arzt in Agen. Dort tritt er in Kontakt mit dem französischen Humanisten Cesar de l'Escalle (latinisiert ‚Scaliger' genannt). Scaliger gilt als einer der groBen Geister seiner Zeit. Er ist erheblich älter als der gerade erst 30 Jahre alte Michael. Als dieser ihn kennenlernt, schickt sich der Mittfünfziger gerade an, die 16jährige Audette de Roques-Lobéjac zu heiraten. Zeitgenossen schildern das Paar Nostradamus – Scaliger als recht unangenehme Mitmenschen; beide hochnäsig und in ständigem Streit mit den bekannten Persönlichkeiten der Zeit. Scaliger brüstet sich zum Beispiel, daß seinetwegen Erasmus von Rotterdam vor Kummer gestorben und andere Geistesgrößen der Zeit von ihm völlig an die Wand gedrückt worden seien. Nach den Berichten von Jean-Aymé Chavigny, dem Assistenten und Hausgenossen Michaels in dessen Spätzeit zu Salon, währte die Freundschaft zu Scaliger – verständlicherweise – nicht lange. Dies erscheint um so glaubhafter, wenn man hört, wie er später seinem Neid auf den erfolgreichen Autor der Centurien ungezügelt freien Lauf läßt: »Leichtgläubiges Frankreich, was erwartest du denn, wenn du nach den Worten von Nostradamus gierst? Welch übler Jude hat dir den Charakter verändert? Duldest du, daß sein Verbrechen deine erhabene Herrschaft lächerlich macht? Hast du nicht begriffen, daß dieser widerliche Angeber nur Narrenspiel betreibt? Man fragt sich am Ende, wer der Dümmere ist, der nichtsnutzige Scharlatan oder du, der du seinen Betrug begünstigst!«

In einer Abhandlung über die Provence beschreibt Bouche 1785 eine wohl ins Reich der Legende gehörende Begebenheit: Die Notabeln von Agen hätten den beiden hochberühmten Ärzten (Scaliger und Nostradamus) Beträchtliches an Schenkungen geboten, wenn sie sich dazu entschlössen, für immer in Agen zu bleiben. Sie seien aber von den beiden mit den Worten zurückgewiesen worden, die Geschenke und Gaben wären sinnvoller für die Armen, Kranken und Schwachen der Stadt aufzuwenden. Diese Antwort habe Agen in einen Begeisterungstaumel versetzt, und man hätte die beiden Wohltäter in einem Triumphzug durch die Stadt getragen. »Schön, aber wenig glaubhaft«, kommentiert Leroy.

Man weiß nicht genau, wie lange Michael in Agen blieb. Er soll sich drei bis fünf Jahre dort aufgehalten haben. In dieser Zeit heiratete er zum ersten Male, und dieser Ehe entstammten ein Sohn und eine Tochter. Aber von Frau und Kindern wissen wir nicht einmal ihre Namen. Nach kurzer Zeit verschwinden sie wieder aus dem Leben von Michael. War wieder einmal die Pest im Lande, die sie hinwegraffte? Kurz danach findet jedenfalls ein Prozeß zwischen Michael und seinen Schwiegereltern statt. Der Grund hierfür ist uns nicht bekannt. Möglicherweise ging es um Rückgabe der Aussteuer. 1534 soll Michael einem Klosterbruder, der Marienfiguren aus Zinn in einer Form in Serie herstellte, gesagt haben, er tue nichts anderes »als Teufelswerk«. Dann gab es da noch einen gewissen Philibert Sarrazin, ein »deutlicher Kritiker an den Zeiterscheinungen«, der dafür mit körperlicher Züchtigung gestraft worden war. Michael hatte Kontakt zu ihm. Dies nahmen Zeitgenossen zum Anlaß, ihn bei der Inquisition anzuzeigen. Die »Heilige Inquisition« lud ihn deshalb vor ihr Tribunal in Toulouse, sich dort »wegen des Vorwurfs der Häresie« zu verantworten. »Er hütete sich aber wohl, dieser Forderung Folge zu leisten«, schreibt Leroy. Wie er sich ihr allerdings ungestraft entziehen konnte, bleibt sein Geheimnis. Jedenfalls hat er Agen umgehend verlassen und sich vielleicht nach Carcassonne begeben. Der für diese Zeit bei einigen angegebene Aufenthalt dort ist ungewiß. Man erschließt ihn aus einem Hinweis in Michaels Buch »Traîté de fardemens et confitures«. Er soll damals eine gewisse Speise für den dortigen Bischof zubereitet haben. Nun ist der genannte Amedé de Foix allerdings nicht Bischof, sondern dessen Administrator und zugleich Großneffe des Kardinals Pierre de Foix, der ein Jahrhundert früher bei der Konversion der Gassonets eine wesentliche Rolle gespielt hatte. Vielleicht sollte diesem hier ein »Denkmal« gesetzt werden? Möglich ist aber auch, daß diese Verbindung zu einem hohen Kirchenfürsten ihn persönlich als kirchentreu ausweisen und ihm eine Art Alibi geben sollte. Wahrscheinlicher ist, daß er die folgenden Jahre als reisender Arzt zubringt; einerseits ernsthaft zu helfen und zu heilen, andererseits den Menschen Zauberkuren anzudrehen. Gewiß aber entzieht er sich damit auch der Inquisition und verwischt seine Spuren so gründlich, daß wir erst 1539 wieder Sicheres über ihn erfahren. Damals taucht er in Bordeaux auf. So berichtet der dortige Apotheker Leonard Baudon, Michael habe ihn aufgesucht. Er sei in einen phantastischen Umhang gehüllt gewesen und habe mit zwei merkwürdigen Bernsteinstücken herumhantiert. Eines davon hatte Phallusform und wurde wohl für »Fruchtbarkeitsbehandlung« verwandt. Zugleich wird von einer naturkundlichen Arbeit berichtet, »über jenen Meerfisch, den die Wellen nach der Wintersonnenwende aus dem Meer warfen« – vielleicht ein Bericht über einen gestrandeten Walfisch. Von seinen beruflichen Tätigkeiten in Bordeaux ist uns allerdings nichts überliefert. Lange kann sein Aufenthalt nicht gedauert haben; denn kurz darauf sieht man ihn in Argenton (nördlich von Bordeaux), wo er etwas mit einer angeblich wundertätigen Erlöserfigur angestellt haben soll. Die nächste Nachricht kommt aus Bar-le-Duc, wo er etliche Personen behandelt, unter ihnen eine gewisse Mademoiselle Terry, die »die Katholiken ermutigte, im Glauben fest zu bleiben und den Luthériens nicht zu gestatten, sich in der Stadt breit zu machen«. (1540 nannte man jeden Anhänger irgendeiner Glaubensrichtung der Reformation so.)

Nahe bei Bar-le-Duc liegt Fains. Und dort soll sich nach Jaubert folgende Spanferkelgeschichte zugetragen haben: Der dort ansässige Baron ging mit Michael auf seinem Gut spazieren. Vor ihnen sielten sich zwei kleine Ferkelchen. Der Baron fragte, welches Schicksal diese kleinen Schweinchen in Zukunft wohl haben würden, und erhielt zur Antwort: »Das schwarze werden wir essen, das weiße aber holt der Wolf.« Der Baron wollte nun beweisen, daß die Zukunftsdeutung seines Gastes nicht stimnnen würde und befahl heimlich, das weiße Ferkel zu schlachten und als Abendmahlzeit vorzubereiten. Als der Koch das Tier enthäutet hatte, mußte er kurze Zeit die Küche verlassen. Bei seiner Rückkehr mußte er feststellen, daß sich ein junger, zahmer Wolf, den man inn Hause hielt, den Braten geholt hatte. Was blieb dem Koch anderes übrig? Er eilte auf den Hof, holte das schwarze Schweinchen und bereitete nun dieses zu. Nach dem Abendessen lehnte sich der Hausherr in seinen Stuhl zurück, lächelte Michael an und sagte: »Nun haben wir das weiße bekommen, nicht das schwarze, ihr habt also geirrt!« Zu seinem Erstaunen erhielt er als Antwort: »O nein, wir haben das schwarze gegessen.« Der Koch wurde geholt und gestand ein, daß es sich tatsächlich so zugetragen hatte.

Eine andere Legende erzählt, der »Wahrsager« habe in derselben Gegend von einem verborgenen Schatz in einem Berge gesprochen, den man allerdings nur dann finden würde, wenn man, nicht um ihn zu suchen, dort graben würde. Und siehe da, bei späteren Grabungen seien dort die Reste eines bedeutenden heidnischen Tempels voller Gold und Silber gefunden worden. So wurde der Mythos aufgebaut!

Und gleich noch eine Kostprobe: Im Dorf Bonnet bei Gondrecourt an der Maas habe Michael in einem Gasthaus gewohnt. Da seien Diener einer gewissen Madame Lesdigueres erschienen, den »Meister« um ein Horoskop für den neugeborenen Sohn der Dame zu bitten. Und dieser habe prophezeit, das Kind würde später einer der ganz Großen im Königreich sein, und dies sei (natürlich!) auch eingetroffen. All diese Geschichten stammen von Chavigny.

Michael reiste weiter in Ostfrankreich und soll sich 1543 im Kloster Orval befunden haben. In Centurie X, Quartaine 50 findet sich ein gewisser Hinweis für eine Anwesenheit von Nostradamus in Orval. Dieses 1072 gegründete Benediktinerkloster wurde später von den Zisterziensern iibernommen und beherbergt heute Trappisten. Damals gehörte es zur Diözese Trier und liegt an der luxemburgisch-belgischen Grenze. Die sogenannten »Prophetien von Orval« wurden und werden von Wundergläubigen Michael zugeschrieben. Es gibt jedoch auch eine Darstellung, alles stamme von einem anderen »astrologischen Arzt« mit Namen Olivarius.

Hier endet sein Lebensabschnitt als wandernder (Zauber-)Arzt, der zehn Jahre früher im Südwesten Frankreichs begonnen hatte und nun im Nordosten zu Ende ging. Die Zeit der Wanderungen weist erstaunliche Parallelen mit einem anderen, zeitgenössischen Zauberdoktor auf: dem geschichtlichen Faust, den Goethe als Vorlage für sein großes Werk benutzte. Ganz unzweifelhaft flossen hier auch Züge des Michael Nostradamus ein. Goethe läßt Faust sagen: »…von Nostradamus eigener Hand.« Das ist nun dichterische Freiheit; denn als der erste Teil der Prophetien 1555 erschien, war Faust bereits 15 Jahre tot.

Um 1480 im schwäbischen Dorf Knittlingen als Bauernsohn geboren, besuchte Faust die Lateinschule und erwarb sich anschließend im Selbststudium eine erstaunliche Bildung. Diese brachte er in wunderlicher Mischung mit dem abergläubischen Hokuspokus der Zeit an den Mann. Dabei hatte er sich einen hochtrabenden Titel zugelegt: »Magister Georgius Sabellicus, Faustus junior, fons necromanticarius, astrologus, magus secundus, chiromanticus, aeromanticus, pyromanticus, im arte hydra secundus.« Wer diesen Namen zu hören bekam, wurde gewiß gleich wieder gesund. Auch Faust stand auf dem Boden des Humanismus, geriet mit der alten – und mehr noch mit der neuen Kirche – in

Schwierigkeiten. Auch er stellte Horoskope und machte Voraussagungen. So über den Krieg Kaiser Karls V. gegen Franz I. von Frankreich. Er besuchte Fürsten, Bischöfe, Reformatoren mit höchst unterschiedlichem Erfolg. So unterwies er den Kölner Erzbischof Hermann von Wied in der Magie. Dieser Kirchenfürst muß ihn aufs höchste bewundert haben. 1540 oder 1541 starb er nach einem chemischen Versuch in einem Gasthaus nahe Freiburg i. Br. Da sein Zimmer explodiert war, erzählte sich das Volk seit dieser Zeit, der Teufel habe ihn persönlich geholt.

Nostradamus kehrt in die Provence zurück, und nun, bereits 40 Jahre alt geworden, befaßt er sich ausführlich mit der Kultur der Renaissance, die in Italien in voller Blüte steht. In seinen »fardemens et confitures« schreibt er, daß er auf seiner Anreise nach Süden in Vienne einige bedeutende Persönlichkeiten kennenlernte. 1544 studiert er unter dem Arzt Louis Serres, »einem zweiten Hypokrates«, wie er ihn hochtrabend nennt, in Marseille die Pest. Ende Mai 1546 rufen ihn die Behörden aus Aix-en-Provence als Seuchenarzt in ihre Stadt; für jene »schreckliche, gefährliche und entsetzliche Krankheit«, also die Pest. Aix muß nach zeitgenössischen Darstellungen damals durch die Seuche völlig gelähmt gewesen sein. Und Nostradamus schreibt selbst über seine Zeit in Aix: »Neun Monate lang starben die Menschen so schnell, daß man nicht mehr wußte, wie man sie unter die Erde bringen sollte.« Und er fährt mit dem klinischen Blick des Arztes fort: »Am zweiten Tage (der Krankheit) verfielen die meisten Kranken in Fieberphantasien. Die hohes Fieber bekamen, zeigten kaum Pocken. Die aber, die die Pocken bekamen, starben ganz schnell. Nach dem Tode ist jeder mit schwarzen Beulen übersät. Die Ansteckungsgefahr ist so groß und bösartig, daß eine Annäherung auf nur fünf Schritt an einen Pestkranken genügt, sich zu infizieren. Viele haben vorn und hinten Geschwüre. Dann leben sie höchstens noch sechs Tage. Aderlässe wie Herzmittel sind wirkungslos. Hat man die Runde durch die Stadt gemacht, sind die Pesttoten aus den Häusern entfernt, findet man deren am folgenden Tage noch mehr. Der Tod tritt so schnell ein, daß der Vater nicht mehr für sein Kind Vorsorge treffen kann. Aus Verzweiflung stürzen sich viele von der Pest Angesteckte in Brunnen oder springen aus dem Fenster. Manche haben Geschwüre auf dem Rücken, andere auf der Brust und dazu ununterbrochenes Nasenbluten, das erst beim Tode endet. Kurz gesagt, die Verzweiflung ist ungeheuer; mag man auch Gold und Silber besitzen, so stirbt man, und es fehlt einem selbst ein Glas Wasser, weil keiner hilft. Unter den ungeheuerlichen Dingen, die ich sah, ist die Frau zu nennen, die mir hinter einem Fenster auffiel. Ich sah, daß sie, die ganz allein war, sich das Leichentuch selbst – von den Füßen angefangen – über ihrem ganzen Körper zusammengenäht hatte. Ich ließ die Alarbres kommen (so nennen wir auf provençalisch die Leute, die Pestgestorbene begraben). Ich begehrte Einlaß in das Haus jener Frau und fand sie bereits tot vor. Sie lag in der Mitte des Hauses in ihrem halb zusammengenähten Leichentuch.«

Gegen die Seuche war nach Nostradamus eigenen Worten wenig auszurichten. Er hat uns ein Rezept hinterlassen, das er zumindest bei einigen seiner Patienten in Aix anwandte: »Nimm Späne von Zypressenholz, so frisch als möglich, eine Unze; Schwertlilienblüten, 6 Unzen; Gewürznelken, 3 Unzen; aromatisches Schilfrohr, 3 dragmes (etwa 12 Gramm); Aloeholz, 6 dragmes. Mache es zu Pulver und achte, daß es nicht schal werde. Dann nimm Knospen von roten Rosen, 3–400 Stück, gut gereinigt, ganz frisch und vor dem Aufblühen gepflückt; sehr gut von der Hülle befreien und mit dem Pulver vermischen. Wenn alles gut durchmischt ist, mache daraus kleine flache Portionen, gebe diesen Radform und lasse sie gut im Schatten trocknen. Aus dieser Masse lassen sich Seife, Geruchspulver und so weiter herstellen.«

Gewiß ein Teil der angegebenen Bestandteile ist nutzlos, aber wir dürfen darüber nicht zu hart urteilen; denn es trennen uns noch drei Jahrhunderte von Männern wie Robert Koch oder Louis Pasteur, den Wegbereitern einer erfolgreichen Bekämpfung von Infektionserregern. Noch weiß man ja nichts von Existenz oder Bedeutung der Kleinstlebewesen als Krankheitsverursacher. Man glaubte vielmehr, daß die Krankheit durch die »Dampflöchlein« der Haut in den Menschen eindringen würden. Immerhin haben die ätherischen Bestandteile aber desinfizierende Wirkung. Nostradamus läßt das Mittel durch einen Apotheker namens Joseph Mercurin, einem weitläufigen Verwandten, produzieren.

Als die Pest in Aix endlich doch abklingt, flammt sie dafür in Lyon neu auf. Es gibt Hinweise bei Anatole le Pelletier (Paris 1867), daß Nostradamus seine in Aix gesammelten Erfahrungen in Lyon anbot, aber von den dortigen tonangebenden Ärzten unter Führung eines gewissen Antoine Sarrazin abgewiesen wurde. So folgt er einem Ruf nach Salon-en-Provence, wo er auch kurze Zeit später, nämlich am 11. 11. 1547, zum zweiten Male heiratet. Seine Frau heißt Anna Ponsarde, Witwe eines Jean Beaulme (oder Bolene?), gehört zur gehobenen Bürgerschicht und bringt eine erhebliche Mitgift in die Ehe ein. Trotz dieser jungen Ehe finden wir ihn aber schon wenige Monate später wieder auf Wanderschaft. Sein unruhiges Blut gestattet ihm immer noch nicht, endgültig seßhaft zu werden. 1548 ist er zuerst in Venedig, dann in Genua und schließlich in Savona. Aus seinem »Traîté de fardemens et confitures« ergibt sich, daß er sich mit dem Sammeln und Zusammenstellen von Medikamenten beschäftigt. Daneben interessiert er sich im Stammland der Renaissance auch für Literatur und Architektur. In Savona verordnet er der Schwester eines Marquis de Finat – Senora Benedetta – gezuckerte Pinienkerne. Anschließend hält er sich wahrscheinlich in Mailand auf.

Hier muß es gewesen sein, wo er über das berühmte Festmahl »Somptieux et Pontifical« (luxuriös und päpstlich) erfährt, das ein gewisser Trivoltio kurz vor 1488 gegeben haben soll. Der lateinische Bericht über diese Freßorgie wurde von Nostradamus in französischer Übersetzung in sein Traîté de fardemens et confitures übernommen: Nach dem Waschen der Hände mit Rosenwasser verspeisten die Geladenen nicht weniger als 15 (!) verschiedene Gerichte, Nachspeisen nicht eingerechnet.

1. Marzipan mit Pinienkernen (möglicherweise der Ursprung einer Spezialität im Vallespir, die heute Tourron Catalan genannt wird. D. Verf.), damals auch Mörserbrot (Zucker, Rosinenwasser, Mandeln, ummantelt mit Pinienkernen) genannt.
2. frischen Spargel,
3. Herz, Leber und Magen von wilden Vögeln,
4. das Fleisch vom gebratenem Hirsch,
5. Kalbs- und Rehbockköpfe in ihrer Haut gekocht,
6. Kapaun, Geflügel, Tauben mit Ochsenzungen und Schweineschinken in Zitronensoße,
7. ein ganzes gebratenes Zicklein für jeden Gast (!) auf viereckigem, silbernem Tablett serviert mit Lorbeerkirschensaft,
8. Turteltauben, Rebhühner, Fasane, Wachteln, Kraniche und an-

deres Geflügel, alles zart und sorgfältig zubereitet,

9. gesalzene Oliven,
10. ein Hahn, gezuckert und in Rosenwasser gegart und jedem Teilnehmer (!!) auf kleinem Silberteller serviert,
11. ein Spanferkel je Gast (!!!),
12. ein gebratener Pfau mit einer weißen, unter Verwendung von Leber pikant zubereiteten Soße, die in Spanien Garranchoss genannt wird,
13. ein traumhafter, riesiger, geflochtener Baumkuchen, den man in der Provence »saulgret« nennt und der aus Eiern, Milch, Weidenbaumsaft (?), Mehl und Zucker zubereitet wird,
14. Kompott aus Quittenstücken mit Zucker, Gewürznelken und Zimt,
15. Artischockenstücke.

Als Nachspeise gab es Konfekt von Koriander, Florentiner Fenchel, Mandeln, Anis, Nelken, Orangeade, Zimtzucker, Muskatkonfekt (für Zucker ist wohl auch Honig zu setzen). Um den Genuß noch weiter zu steigern, hatte man Gaukler, Seiltänzer, Musikanten, Tierstimmenimitatoren und Darsteller erbaulicher Darbietungen kommen lassen. Welch ein Gegensatz zur Not der Menschen während der Pestzeit!

Gegen 1550 beendet Nostradamus seine Italienreise und – abgesehen von einer recht dubiosen Reise nach Paris an den Hof König Heinrichs II. und einer sich anschließenden Italienfahrt – verlebt er nun seine späteren Tage am Heimatort seiner Frau Anne, in Salonde-Provence.

Hier scheint sein Wandertrieb endlich zur Ruhe gekommen zu sein, und er widmet sich nun seiner schnell anwachsenden Familie. Er ist schon fast fünfzig Jahre alt, als 1551 seine älteste Tochter Magdeleine geboren wird. Als zweites Kind folgt 1553 oder 1554 sein erster Sohn, Cesar. Dieser ist es, an den sich Nostradamus – zumindest formal – in seiner 1555 erschienenen Vorrede zum ersten Teile seiner Centurien wendet. Von diesem Sohne stammt auch eine der Lebensbeschreibungen des Nostradamus in der »Histoire et chronique de Provence« (erschienen 1614 in Lyon). 1556 folgt Sohn Charles, danach 1557 André und 1558 wird als zweite Tochter Anne geboren. Als sechstes und letztes Kind kommt schließlich 1561 seine dritte Tochter Diane zur Welt.

Wie es heißt, widmet sich Nostradamus in Salon auch seinen Mitbürgern in politischen Angelegenheiten, seinen Patienten – er praktiziert als Arzt – und nicht zuletzt seinen verschiedenen Schriften. (Siehe unten S. 418) Er hat gewiß viel Mühe, all seine Tätigkeiten miteinander in Einklang zu bringen.

Über die Berufsausübung in Salon ist man auf Vermutungen und Spekulationen angewiesen, da darüber nicht eine einzige Unterlage aufzutreiben ist. Leroy nimmt an, daß Nostradamus als sogenannter Astrologischer Arzt praktizierte. Die astrologischen oder astrophilen Ärzte waren im 16. Jahrhundert weit verbreitet.»Ihr Einfluß ging damals allerdings mit dem Schwinden des Aberglaubens durch eine zunehmende Aufklärung stetig zurück.« Dies scheint mir eine sehr optimistische Darstellung zu sein, ist doch der Aberglaube noch heute keineswegs dahingeschwunden! Die astrologische Medizin setzte jeden Körperteil des Menschen in Bezug zu einem Himmelskörper: Die Sonne beeinflußte den Kopf, der Mond den rechten Arm, Venus war für den linken zuständig. Jupiter regierte den Magen, Mars die Sexualorgane, Merkur bestimmte über den rechten und Saturn über den linken Fuß. Es mag ja sein, daß Nostradamus während seiner Wanderjahre astrologische Medizin noch in gutem Glauben betrieb. In Salon, dessen können wir sicher sein, war er längst über dieses Stadium hinaus. Er schreibt an seinen Sohn Cesar in der entsprechenden Vorrede:»Von all dem lasse ich nur die Astronomie [juridicielle Astrologie] gelten.« Ob er allerdings astrophile medizinische Praktiken nicht trotzdem bei abergläubischen Patienten anwandte, muß man zumindest offen lassen. Und ich würde das nicht einmal negativ beurteilen. Ihm war bekannt, welch wesentlichen Einfluß der Glaube auf die Heilung auszuüben vermag. Und außerdem brachten derartige Praktiken einen nicht unwesentlichen wirtschaftlichen Gewinn. Astrologie ist in seiner Zeit bis in die höchsten Kreise verbreitet und wird allenthalben benutzt. In der Gegenreformation benützt man sogar ein vermeintliches Horoskop Martin Luthers, um dessen »Bösartigkeit« und »Lügenhaftigkeit« und das Negative seiner Person und Lehre zu belegen. Man »bewies« aus dem Horoskop heraus, daß dieser Mann zum Kirchenspalter werden mußte. Laurence Stern schreibt darüber im 18. Jahrhundert, und das mit sichtlichem Vergnügen, wies doch das Horoskop einen kleinen Schönheitsfehler auf: Gestellt für den 22. Oktober 1483 übersah es, daß Luther zwar in Eisleben, aber erst am 10. November geboren wurde.

Es gibt einige Anekdoten aus der Zeit um 1554 in Salon, die belegen sollen, daß Nostradamus selbst in kleinen Dingen die Gabe der Weissagung besaß. Die hier wiedergegebene scheint mir aber eher Zeuge seiner guten Beobachtungsgabe zu sein:

Er schnappte eines Abends – nach getaner Arbeit – vor seinem Hause frische Luft. Da huschte verstohlen ein etva 16 Jahre altes Mädchen vorbei. Mit den Worten »Guten Abend, Jüngferchen«, habe er ihr, der es zweifiellos nicht recht war, angesprochen zu werden, seinen Gruß entboten. Eine Stunde später sei sie – nicht weniger heimlich – von ihrem Besuch zurückgekommen. Nostradamus, der immer noch vor seiner Haustür stand, habe ihr zugemurmelt »Guten Abend, junge Frau«.

Sohn Cesar berichtet, daß man seinen Vater damals in der Gegend allgemein schon für einen Hellseher hielt. Er hatte in einigen Quartains (etwa Centurie 9, Quartain 3) von Monstren mit zwei Köpfen berichtet. Als nahe bei Orgon (zwischen seiner Vaterstadt St. Remy und Salon gelegen) im Jahre 1554 ein Kind mit zwei Köpfen geboren worden sei, habe man es seinem Vater gebracht. Und viele, die dies Kind gesehen hätten, hätten es schrecklich anzusehen gefunden. Sechs Wochen später habe man ihm gar eine zweiköpfige Ziege zugeschickt, die in unmittelbarer Nähe von Salon selbst geboren worden sei. Cesar schreibt in großer Ausführlichkeit und mit sichtlichem Behagen, daß es so für den Gouverneur der Provence, der zufällig auf der Durchreise in Salon weilte, möglich war – dank seinem Vater –, diese Mißgeburten selbst in Augenschein zu nehmen. Beim großen Galadiner in Salon habe der Gouverneur und seine gesamte Begleitung von nichts anderem als von diesen Mißgeburten gesprochen. Nostradamus muß bei diesem Essen anwesend gewesen sein, denn es heißt, er habe sich ausführlich darüber ausgelassen, in welcher Weise man solche Mißgeburten als himmlische Zeichen ansehen könne; handele es sich nun um eine blutige Kirchenspaltung oder die aus ihr folgenden Religionskriege. Dies sei ja genau so widernatürlich. Die Monstren seien nun für Kirchenspaltungen oder Religionskriege wirklich nicht die Ursache, aber wahre Zeichen und Beispiele für all die schlimmen Dinge in der Welt. Was hier an Uberlegungen deutlich wird, konnten seine Mitbürger in Salon allerdings nicht nachvollziehen. Hier verstand man ihn nur vordergründig, wie Gimon in einer anderen Anekdote berichtet:

Eines Morgens habe Nostradamus sein Fenster geöffnet, den Himmel betrachtet und ausgerufen: »Heute ist das ideale Wetter zum Pflanzen von dicken Bohnen.« Ein gerade vorbeigehendes Bäuerlein hörte dies und befolgte in der nämlichen Stunde den gegebenen »Rat«. Da er nun eine überreiche Ernte an dicken Bohnen erzielte, schenkte der Bauer dem »Wahrsager« davon einen Scheffel voll als Dank. War damit dieser Bauer vielleicht gar zum Anreger für die »Almanachs, Prognosen und Prophezeiungen« in den späteren Bauernkalendern geworden? So jedenfalls stellt es im 17. Jahrhundert Guynaud dar: »Alle Welt, Adel, Bürgertum, Arbeiter, Gärtner, Bauern, Handarbeiter, bedrängten Nostradamus mit ihren Besuchen, um von ihm die beste Zeit für die Aussaat zu erfahren.« Darauf kündigte der große Mann ein kleines Buch mit dem Titel »Almanach des Nostradamus« an. Der Erfolg war so durchschlagend und dauerhaft, daß er von da an (1550) jährlich und regelmäßig Prognosen, Almanachs und Vorhersagen bis zu seinem Tode herausgab.

Mit seinen zahlreichen Almanachs, Büchern und Prophezeiungen erfreute sich nach Gimon der »astrophile Arzt« in Salon angeblich großer Wertschätzung als gelehrter Mann. Man konsultierte ihn in allen Lebenslagen und Lebensfragen. Mir scheint, daß er aber eher als halber Hexenmeister in weiten Kreisen der Bevölkerung verschrien war. Darüber werden wir Näheres beim Bauernaufstand in Salon erfahren. Unbestritten sind seine guten Kontakte zu Adel und Prominenz der Stadt Salon. So ließ man ihn beispielsweise selbst Aufschriften für Bauwerke verfassen. Ein alter, öffentlicher Brunnen zeigt einen vergnüglichen Text, den – wie die Jahreszahl ausweist – Nostradamus 1553 in Latein abgefaßt hat und der in deutscher Übersetzung lautet:

»Wenn Senat und Volk von Salon (SPQS) voll Eifer ihre Mitbürger allzeit mit Wein zu versorgen bedacht gewesen wären, hätten diese nicht unter dem Konsulat von Antoine Paul und Palamede Marc diesen mittelmäßigen Wasserbrunnen zur Erfrischung errichten müssen, den man nun hier sieht. Den ewigen Göttern, Michael Nostradamus für die Bewohner von Salon, 1553.«

Ja, das Wasser! Hier haben wir es mit einem Grundproblem der Provence wie des ganzen Südens zu tun. Nostradamus hat sich mit erheblichen Summen an dem Bau eines Kanals beteiligt, der – neben einer besseren Verkehrserschließung – die Wasserversorgung von Salon und Umgebung sicherte. Es ist aktenkundig, daß nach seinem Tode seine Witwe an diesem Kanalprojekt weiterhin beteiligt war und noch einmal 100 Goldstücke investierte.

Nostradamus veröffentlichte 1555 den ersten Teil seiner Weissagungen: »Dies fand«, so berichtet Sohn Cesar, »große Beachtung. Königin Katharina von Medici erfuhr davon und sandte ungeduldige Briefe an Claude de Tende, Seneschal und Gouverneur der Provence, diese Persönlichkeit, die der König (Heinrich II.) dringend zu sehen wünsche, nun endlich zu schicken. Der Gouverneur der Provence, der Nostradamus hochschätzte, teilte ihm dies mit, und der berühmte Arzt verließ Salon am 14. Juli (1555).« Am 15. August, dem Festtag Mariä Himmelfahrt, kam er, der den Familiennamen ja von »Unserer Lieben Frau« (Nostradamus) trägt, zu den Mauern von Paris. Er quartierte sich dort – seinem Vornamen Rechnung tragend – in der Herberge zum hl. Michael ein. Cesar berichtet weiter, daß der Connetable Montmorency ihn dort hochbeglückt abgeholt und dem König vorgestellt habe. Anschließend sei er auf königliche Anweisung bei Kardinal Sens untergebracht worden. Der König habe ihm in einer vornehmen Samtbörse 100 Goldstücke überreicht und die Königin nahezu das gleiche. Unglücklicherweise habe das Schicksal den Magier ausgerechnet während seines Aufenthaltes in Paris für etwa zehn Tage wegen eines schlimmen Gichtanfalles aufs Krankenlager geworfen. Kaum genesen – wir folgen immer noch der Darstellung des Sohnes Cesar —, erhält er den höchst ehrenvollen Befehl, nach Blois zu gehen und sich dort bei den königlichen Kindern einzufinden. Hierunter waren unter anderem die späteren Könige Franz II., Karl IX. und Heinrich III.

Es existiert sogar ein Stich der Zeit des ausgehenden 16. Jahrhunderts, der dieses Ereignis bildlich wiedergeben soll. Da steht Nostradamus in langem, pelzverbrämtem Umhang mit einer Stoffkappe auf dem Haupt und einem würdig geschnittenen Kinnbart. Die Königskinder umringen ihn, ehrfürchtig seinen Worten lauschend, und nur der Jüngste, der zweijährige Herzog von Alençon, interessiert sich mehr für den Busen seiner drallen Amme als für die Worte aus dem Munde des Meisters. Hinter der Gruppe erkennt man König Heinrich II. und Königin Katharina von Medici. Sie halten einander bei der Hand und hören ergriffen zu.

Genauere Untersuchungen ergeben, daß es sich hier um ein Bild aus dem Zyklus über »die sieben Lebensalter der Menschen« handelt. Die Signatur weist aus, daß hier der flämische Künstler Jean Wierix das dritte Lebensalter – vom 32.–48. Jahre – als Allegorie wiedergibt. Aber es stimmt auch anderes nicht. Das Schloß im Hintergrund des Bildes hat keine Ähnlichkeit mit irgend einem königlichen Schloß der näheren oder weiteren Umgebung von Blois.

Der Besuch am Königshof geht selbstverständlich auch nicht ohne Legenden ab: In der Pariser Zeit soll Nostradamus ein Haus nahe St. Germain l'Auxerrois bewohnt haben. Dort sei eines späten Abends ein königlicher Page aus der Familie Beaureau erschienen, der – voll Sorge um einen ihm entlaufenen Hund – vom »Hellseher« Hilfe erwartete. Um sich vernehmlich zu machen und zugleich seine Person auszuweisen, habe er vor dem Tor laut gerufen, er käme vom König. Noch ehe er jedoch den Grund seines Kommens nennen konnte, habe Nostradamus schon zurückgerufen: »Was soll das? Warum so ein Geschrei um einen entlaufenen Hund? Geh auf die Straße nach Orleans, da wirst du ihn mitsamt seiner Leine wiederfinden.« Und (natürlich), so berichtet Chavigny in seinem »Leben und Nachlaß des Nostradamus«, geschah alles so, wie der Meister vorhergesagt hatte.

Cesar führt in seinem Bericht all die Ehren an, mit denen man seinen Vater bei dessen Paris-Reise überschüttet habe: »Wie viele Ehren, königliche Gaben, frohmachende und großartige Geschenke erhielt er von den Majestäten, den Prinzen, den Großen bei Hofe. Es ist schon eine Freude, mit der Feder auch nur einiges davon zu berichten, was von all diesen Leuten gesagt wurde.«

Freilich darf man solchen Berichten nicht unbedingt Glauben schenken. Die Untersuchungen von Leroy zeigen, daß die Paris-Reise nicht so glücklich, so allgemein erfolgreich, so frei von allen Sorgen gewesen ist, wie Cesar es uns glauben machen will. Hierfür führt Leroy unter anderem zwei Zeugnisse an: Einmal befindet sich in der Nationalbibliothek in Paris das Manuskript von Torné-Chavigny (nicht zu verwechseln mit Jean Aimé de Chavigny, seinem Assistenten und späteren Nachlaßverwalter in Salon), in dem dieser einen Brief erwähnt, den Nostradamus nach seiner Rückkehr aus Paris einem Herrn Moral geschrieben habe. Dieser wird von Nostradamus dringend um Rückgabe von ausgeliehenem Geld ersucht. In diesem Brief stünde, er habe für seine Reise zum König zweihundert beschwerliche Meilen zurücklegen müssen, und das Ganze habe ihn dazu auch noch 100 Goldstücke gekostet. Aber auch sonst kann diese Reise eigentlich gar nicht erfreulich gewesen sein. So berichtet nach Leroy J. Gueraud, zu dieser Zeit Chronist von Lyon, daß während eines von ihm beschriebenen Zeitraumes (20. Mai bis 27. Juli 1555) ein Astrologe aus Salon mit Namen Michel de Nostredame in der Stadt (Lyon) auf der Durchreise gewesen sei. »Ein Mann, sehr versiert im Wahrsagen, in Mathematik und Astrologie, der Großes über gewisse Dinge aussagte, sowohl in bezug auf die Vergangenheit als auch auf die Zukunft.« Er sei auf dem Wege zum Königshof gewesen, wohin er befohlen worden sei, und befürchte sehr, daß man ihm dort übel mitzuspielen gedenke... Er wäre in großer Gefahr, daß man ihm dort noch vor dem 25. August den Kopf abschlagen würde wegen Dingen, die er gesagt hätte.« In diesem Lichte liest sich das von seinem Sohn Cesar Geschriebene nun ganz anders: Waren die »ungeduldigen Briefe der Königin« nicht vielmehr Vorladungen? Waren sie nicht gar Vorladungen vor das Ketzergericht? Gewiß, diese Vorladungen waren im königlichen Frankreich stets von ausgesuchter Höflichkeit. Man lese etwa nur die Texte der »Lettres de Cachet« – Haftbefehle –, mit denen die Könige ihre Gefangenen in die Bastille schickten! (»Mein Herr Kommandant! Hierdurch schicke ich Ihnen Herrn XYZ, den ich Ihrer ausdrücklichen Fürsorge empfehle. Sie sind mir dafür verantwortlich, daß es ihm an nichts mangelt...«!) War der Connetable Montmorency nicht so eine Art Polizeichef? Von ihm ist bekannt, daß er in enger Verbindung mit Königin Katharina von Medici die Ausbreitung der Reformation in Frankreich bekämpfte. Ließ er Nostradamus – statt ihn ehrenvoll zum König zu geleiten – nicht vielmehr verhaften? Und war Kardinal de Sens nicht gerade der Kirchenfürst, der in Frankreich die Aufgabe eines Inquisitors wahrnahm?! Jedenfalls erhält Nostradamus – nach dem Brief von Moral – kurz nach der Rückkehr aus Blois »den Besuch einer höchst ehrenwerten Dame«, die den Eindruck einer hochgestellten Persönlichkeit machte und die – mehr oder weniger geheimnisvoll – fragt, welcher Art denn nun genau die Fragen der hohen Herren von der Justiz in Paris in bezug auf die Art der von ihm ausgeübten Wissenschaft gewesen seien. Nostradamus hätte geantwortet, er habe ihnen keine Gelegenheit gegeben, näher darauf einzugehen; denn er hätte es vorgezogen, noch am gleichen Tage abzureisen.

Ein Indiz gegen die »liebevolle Begegnung mit der Königin« scheint mir auch darin zu liegen, daß er in seinen Quartains böse Bemerkungen über »Katharina« und »die große Katharina« macht, der z. B. »der Kopf rasiert« würde. Einer Frau den Kopf zu rasieren bedeutet aber, sie der allgemeinen Verachtung und dem Spott auszuliefern. Darüber hinaus ist das Abschneiden der Haare ein Symbol für den Verlust der Macht.

Nostradamus scheint sich nach diesen Ereignissen kurzfristig nach Italien abgesetzt zu haben, um dem Zugriff französischer Justizbehörden zu entgehen. Er hat 1556 in der Nähe von Turin in Savoyen ein Haus bewohnt, dessen außergewöhnliche Inschrift 1807 von einem gewissen Carrera beschrieben wurde. Dieses Haus lag damals in dem Dorf Cascina Morazzo, einige Kilometer nordwestlich der Stadt, ist heute aber eingemeindet. Die Inschrift lautet:

»1556. Hier hat Nostradamus gewohnt, er hatte hier das Paradies, die Hölle, das Fegefeuer. Ich nenne mich Victoria (Sieg). Wer mich ehrt, gewinnt Ruhm, wer mich verachtet, erlebt seinen Ruin.«

Der Text beruft sich mit Hölle, Fegefeuer und Himmel auf Dantes »Göttliche Komödie«. Interessanterweise trugen die Grundstücke in der Umgebung des genannten Hauses alle Namen, die sich auf das Werk Dantes beziehen. Der Text von 1556 wird von allen, die sich mit ihm beschäftigt haben, als »eigenartig« oder »merkwürdig« bezeichnet. Und das ist er auch in des Wortes unmittelbarer Bedeutung: Wir wissen sowohl um den Sinn des Nostradamus für Dramatik, als auch um seine Bildung. Daß er Italienisch sprach, beweisen mehrere in dieser Sprache abgefaßten Briefe. Er hatte zudem mehrere Jahre in Italien gelebt.

Die Inschrift sagt aus, daß er sich hier – umgeben vom Geist Dantes – mit s e i n e r Hölle, s e i n e r Läuterung, s e i n e m Himmel beschäftigte. Die »Göttliche Komödie« ist ein aus mittelalterlicher Sicht gesehenes »Großes Welttheater«. Eine Darstellung von Vergangenheit, Gegenwart und Zukunft des Universums unter Verwendung des Aristotelischen Weltbildes. Den einzelnen Sphären, den verschiedenen Planeten, werden dabei symbolische Bedeutung gegeben. S e i n »Großes Welttheater«, seine Darstellung von Vergangenheit, Gegenwart und Zukunft sind – seine Prophetien. Die fast drei Jahrhunderte seit Dante hatten das Weltbild gründlich verändert. Versuchte man nach 1550 eine Gesamtschau der Welt zu geben, verlangte dies ein anderes Verständnis des Universums. Jetzt, aus humanistischer Sicht, rückt das Bild des Menschen in den Mittelpunkt. Das längst entthronte Aristotelische Weltbild – es war ja Bestandteil seiner Universitätsausbildung – läßt sich aber immer noch gut zur Deutung heranziehen. Im Vorwort an Cesar verwendet er es ständig, und später werden wir erkennen, wie hervorragend die Dantesche Sinngebung besonders zur Planetendeutung bei Nostradamus paßt.

Wir dürfen annehmen, daß er gerade um 1556 – zwei Jahre vor der Veröffentlichung des zweiten Teiles der Phrophetien – daran arbeitete. In diesem Licht gewinnt die Aufschrift am Haus in Cascina Morazzo großes Gewicht.

Die Formulierung »wer mich ehrt, gewinnt Ruhm, wer mich verachtet (ablehnt), erlebt seinen Ruin« ist eine geläufige Segens- bzw. Verfluchungsformel der Zeit und ähnelt auch dem Schluß des lateinischen Vierzeilers. Vielleicht handelt es sich um einen von Nostradamus verworfenen Text aus seinem Konzept, den ein findiger Kopf entdeckte und – als Nostradamus berühmt geworden war – in den Stein meißeln ließ.

Der Aufenthalt in Italien kann aber nur von kurzer Dauer gewesen sein. Hierfür zeugen die Geburtsdaten seiner Kinder ebenso wie die Erscheinungsdaten verschiedener seiner Werke in der Provence, in Avignon bzw. Lyon.

Am 1. Juli 1559 fand nahe der Bastille St. Antoine in Paris ein Turnier statt. Es wurde zu Ehren der Hochzeit des spanischen Königs mit der französischen Königstochter Elisabeth und der gleichzeitigen Verlobung Emanuel-Philiberts von Savoyen mit Margarete von Valois, der Schwester Heinrich II., ausgerichtet. Letzterer wurde beim Turnier durch einen Lanzenstich ins rechte Auge lebensgefährlich verletzt und starb zehn Tage später gemäß dem Obduktionsbefund an einer Gehirnblutung. Nun war aber 1555 der erste Teil der prophetischen Centurien erschienen. Und in der 1. Centurie, Quartain 35 heißt es:

»Der junge Löwe (Hochmut) wird den Alten übermannen,
Auf dem Schlachtfeld bei einzigartigem Zweikampf,
Im goldenen Käfig wird er ihm die Augen ausstechen (erblinden

[lassen):
Einzigartiger Glaube verwundet, um schlimmen Tod zu sterben.«

Der unglückliche Lanzenstich des Grafen Montgomery habe nun gezeigt, daß Nostradamus wahrsagen konnte und sich hier etwas erfüllte, was vier Jahre vorher geschrieben worden war, so bemerkt Cesar. War der Harnisch der goldene Käfig, das Schlachtfeld der Turnierplatz, ein Auge alle beide, läßt sich der Vierzeiler schon so deuten. Jedenfalls hat dieses Ereignis wohl den »Ruhm des Propheten« begründet und auf Hunderte von Jahren die Weichen gestellt, daß Nostradamus nur noch so gedeutet wurde.

Sohn Cesar berichtet, daß einige Monate nach dem Tode König Heinrichs II. – im Oktober 1559 – der Herrscher Savoyens von Nizza nach Salon zu Besuch kam. Im Dezember folgte ihm dann seine Gattin »Margarete, die Perle Frankreichs von unschätzbarem Wert«. Bei ihrem Eintreffen habe häßliches Winterwetter geherrscht; dunkel wäre der Tag gewesen und frostig. »Jene herrliche Fürstin, die Barone und Damen aus ihrem Gefolge, die Sänften und Pferde, die Packtiere und die Bespannung, die Wagen, das Gepäck und die Decken, die Pagen und Lakaien, die Beamten und Dienstboten in ihrer schwarzen, einem Leichenzug angemessenen Livree, zogen die Augen der Betrachter an. Hier Tränen und beklagenswertes Jammern, dort Freude und Lachen. Die Räte unserer Stadt empfingen die Herzogin gebührend unter einem Baldachin von violettem Damast und geleiteten sie – alle mit den Insignien ihrer Würde bekleidet – vom Stadttor bis zum Schloßportal durch eigens aufgebaute Girlandengänge aus jungem, grünem Buchsbaum, die von Wappen bekrönt waren.« Wie immer habe sich die Gelehrsamkeit seines Vaters als unentbehrlich erwiesen. Von Adel und Magistrat der Stadt sei er gebeten worden, die Huldigung der Stadt darzubringen, und er habe dies in »heroischen Versen und galanten Inschriften« getan. Auf einen Ehrentitel des damaligen französischen Königshauses anspielend, habe er »von Trojanerblut vom trojanischen Stamme« herkommend, »Königin der Venus« geschrieben. »Welch ein Glanz strahlt wieder über die ganze Familie« kommentiert Leroy diesen Text, mit dem sich ein halbes Jahrhundert später Sohn Cesar immer noch im Ruhme sonnt. Will man diesem glauben, soll eine enge Beziehung zwischen Nostradamus und dem Hause Savoyen entstanden sein. Hierzu berichtet Guynaud mit unverhohlenem Spott die folgende »Prophezeiung«:

Der bereits erwähnte Claudius von Savoyen habe den Seher in Salon aufgesucht, um von ihm für eine bevorstehende Paris-Reise zu erwartende Ereignisse zu erfahren. Die Antwort hierzu sei kurz und bündig gewesen: »Es gibt beim Trinken große Überraschung.« Claudius von Savoyen, Graf von Tende, sei dann unterwegs in Lyon in die Rhône gefallen und beinahe ertrunken. Dies hätte nun wahrlich »beim Trinken große Uberraschung« gegeben.

Unter Berufung auf Aimé de Chavigny erzählt der gleiche Autor noch eine zweite »Weissagung«:

Der Graf von Crussol sei vom König zum Kampf gegen die Protestanten unter de Flassans entsandt worden. Bei der Durchreise durch Salon suchte er (selbstverständlich!) Nostradamus auf, um von diesem zu erfahren, ob er die ihm gestellte Aufgabe erfolgreich lösen würde. Dies sei vom Seher bejaht worden. Nun kennt aber die Geschichte der Provence diesen Crussol nur als einen Mann, der sich verdienstvoll um das Beschneiden von Obstbäumen kümmerte, um bessere Ernten zu erzielen. »Wir müssen also annehmen«, bemerkt Guynaud, »daß er die Bäume von einer Unzahl von Ketzern befreite«.

1561 sei Nostradamus angeblich durch Katharina von Medici (!) oder auch Philibert von Savoyen nach Turin befohlen worden, um dort die Herzogin Margarete aufzusuchen, die schwanger war. Er habe ihr auch richtig einen Sohn vorausgesagt, der dann Charles-Emmanuel genannt wurde. Hierzu vermerkt Guirchenon 1660 in einer Geschichte des Hauses Savoyen, daß diesem Charles-Emmanuel vom Meister gleich ein Horoskop mitgeliefert worden sei, das auch dessen spätere langwierige Krankheit wegen einer Beinverletzung vorausgesagt habe. Corrado Pagliani ging diesen Angaben nach und fand weder für den Besuch, noch für das Horoskop in Turin in städtischen wie staatlichen Archiven auch nur den kleinsten Hinweis.

Nun aber eine interessante Begebenheit aus dem Jahre 1562: Es heißt, daß die Domkapitulare der Kathedrale von Orange ihn um Hilfe gebeten hätten, »astrologisch« einen Kirchenraub aufzuklären. Sie seien Opfer dieses Raubes durch die Unruhen geworden, die um die neue Religion entstanden seien. Tatsache ist, daß »am Abend des 20. Dezember 1561 zwischen acht und neun Uhr über 300 bewaffnete Männer in die große Kirche von Orange eindrangen, die Altäre zerschlugen, Bilder und Statuen herunterrissen und zerstörten, die Taufbecken zerschlugen und verbrannten, wie auch das große metallene Weihwasserbecken ... Am nächsten Tage wurden auf dem großen Friedhof die Altartische mehrerer Gotteshäuser verbrannt... das große Predigerkreuz schleiften sie über den Boden, daß es gräßlich anzusehen war. Sie schlugen mächtig auf die Person des Gekreuzigten, wie auf die Heiligen ein, wie es die Türken ...nicht schlimmer hätten tun können.« Im Verlauf dieser Unruhen wurde dort auch die Schatzkammer der Kathedrale geplündert, deren Inventar vom 18. Oktober 1561 noch vorhanden war.

Der Verdacht des Domkapitels richtete sich gegen zwei aus ihren eigenen Reihen, denen Verbindung zu den Protestanten nachgesagt wurde.

Nostradamus erstellte für seine »verehrungswürdigen Kunden« ein »Gutachten« der Astronomie (juridiciellen Astrologie) »in guter und vorschriftsmäßiger Weise«. Das Original ist zwar nach 1714 auf unerklärliche Weise aus den Archiven der Kathedrale von Orange verschwunden. Glücklicherweise aber existiert eine Kopie, die sich in der Bibliothek von Arles-en-Provence befindet und folgenden Wortlaut hat:

»Den verehrungswürdigen Herren Domkapitularen der Kathedrale der altehrwürdigen Stadt Orange. Wie Ihr aus der angefügten astronomischen Figur ersehen könnt, ist es offenkundig, daß der Kirchenraub mit Zustimmung dem Altardienst zugehöriger Mitbrüder Eurer eigenen Kirche erfolgte. Erinnert Euch an Eure eigenen Vorstellungen, die Ihr öfters von Euch gabt. Was könnte man eigentlich mit all Eurem Silber machen? Einer hat diese Meinung, der andere jene. Der eine meint, man solle es nach Avignon bringen, ein anderer nennt wieder einen anderen Ort. Schließlich waren dem Christenglauben Anhängende der Meinung, es sei besser, alles zu verkaufen. Dies hielt man nicht für gut, nicht für empfehlenswert, weil pietätlos. Schließlich geschah nichts davon. Man entschloß sich vielmehr dazu, es im Hause eines Eurer Prälaten einzuschließen. Als das nun geschehen war, war das wieder anderen nicht recht; denn es gab (auch) eine Meinung den Schatz einzuschmelzen, zu Barren zu gießen, zu verkaufen und so für jeden heute weise vorzusorgen. Reformatoren hatten diese Meinung. Sie verließen den Vorstand. Schließlich griffen Kirchliche gegeneinander zu den Waffen und stellten Soldaten auf. Die solches taten sind nun die, die in Wahrheit dem Domkapitel seine Edelsteine wegnahmen und das auch noch im

Einverständnis mit denen, die zu ihrem Schutz Wache halten wollten. Wahrlich, man hat dem Wolf das Ei gegeben (den Bock zum Gärtner gemacht), wie Jesus Christus seine Anhänger reißenden Wölfen in seiner Kirche überlassen hat. So habt Ihr Euer sakrales Silber den Brüdern ohne Glauben und kluger Menschenliebe überlassen; das Silber, das erstmals von Königen, Monarchen und Fürsten der Erde wie von wahren Befolgern des Glaubens und der Religion als heiliger Schmuck für Euer Gotteshaus geweiht wurde. Ich könnte mich totlachen, daß man dem Wolf das Schaf anvertraute, erwartend, daß er es bewache, nicht zerrisse oder belüge. Beachtet, verehrte Monsignores, daß denen in Kürze größtes Übel widerfahren wird, die Eurer Gemeinschaft angehören und Tag und Nacht des Raubes genau kennen. Ihnen und den zu ihnen Gehörenden wird das größte Übel widerfahren, das jemals geschah. Eines grauenvollen Todes werden sie sterben, wenn sie sich nicht endlich dazu durchringen, das Geraubte zurückzuerstatten. Sie werden durch eine riesige Tollwut und größere Raserei sterben, als es solche jemals gegeben hat. Und sie wird nicht von ihnen weichen, bis alles zurückerstattet und an seinen angestammten Platz zurückgekehrt ist. Darüber hinaus wird es geschehen, daß sich geistige Infektion Eurer Stadt nähert und sich darin an die Großen heftet... was sich niemals bessert, so lange nicht wiederhergestellt und ganz zurückerstattet ist, was zerschlagen wurde. Das nicht allein unter den Händen derer, die es bewahren sollten, sondern auch für das Gotteshaus gehörig vorbereiten (umgraben) sollten. Diese haben ihren Unterhalt vom Tolosaner Gold*) und widersprechen nicht der Darstellung: ‚Schauet, Mitstreiter, wie es die Götter mit ihren Priestern gut meinen.' Aber das Gegenteil geschieht: Man sieht, daß Gott Rache an denen nimmt, die den heiligen Tempel für Weltliches mißbraucht haben und das gestohlen haben [entfernt haben] was von alters her von den Befolgern der christlichen Religion für diesen gegeben worden war... Und dieser, mein Brief, sollte in Gegenwart aller Eurer Herren gelesen werden. Und man sollte ihn nicht öffnen bis alle anwesend sind. [Bis], davon aufgeregt, sich die Gesichter der Beteiligten vor

---

* Toulouse war das Zentrum altgallischer Götterverehrung. Die gewaltigen Schätze in den Tempeln verleiteten Konsul Q. Cipio, die Tempel gegen 115 vor Christus zu brandschatzen. Die Priesterschaft hatte bis dahin von den reichen Gaben der Gallier ein angenehmes Leben geführt.

Scham röten. Und sie werden in Verwirrung geraten, daß sie sich nicht beherrschen können. Dies, was ich Euch geschrieben habe, stimmt überein mit der juridiciellen Astrologie (meiner Art Wissenschaft zu betreiben), und ich betone dabei feierlich, daß ich niemanden persönlich beleidigen will.

Ich bin ein Mensch, kann irren, Fehler begehen, mich täuschen. Aber Ihr könnt das nachprüfen lassen, was ich gesagt habe, beim ernsthaften Studium dieses Gutachtens. Es ist unmöglich, daß Ihr niemand in Eurer Gesellschaft habt, in Astronomie (Gottes Gesetz) ausgebildet und dadurch zur rechten Erkenntnis gelangt, der entscheiden kann, was mein Text an Wahrheit enthält. Aber ärgert Euch nicht, meine Herren, der Schatz wird sich nächstens wieder einfinden. Wenn nicht, seid dessen gewiß, wird ihr böses Geschick die ereilen, die durch pflichtwidrige Schandtat die Schändung des Heiligtums begangen haben. Derzeit möchte ich weiter nichts schreiben. Gott möge Euch in Euren ursprünglichen Zustand zurückversetzen. Selbst dann, wenn das vielen nicht gefallen möchte. Wenn es auch die an den Bettelstab brächte, die zu den Waffen gegriffen haben und jenen Reformator, der sich nicht damit abfinden will und von einem Weiteren von dieser Art begleitet ist. Gott bewahre Euch vor dem Bösen.

Salon, 4. Februar 1562, gemacht von Michael Nostradamus, Salon Provence IIII. Februarius MDLXII.«

Nach dem Lesen des »Gutachtens« melden sich Zweifel an, ob es angefordert wurde oder – was wahrscheinlicher erscheint – ein »unverlangt eingesandtes Manuskript« darstellt. Der Text befaßt sich nur sehr vordergründig mit verschwundenen materiellen Schätzen. Das Schreiben entspricht genau dem Grundanliegen von Nostradamus, das wir zu einem späteren Zeitpunkt ausführlich besprechen werden. Er litt unter den Verhältnissen in Politik, Religion und Kultur seiner Zeit, verdammte die engstirnigen Mächtigen in Staat und Kirche, deren Mentalität ihm ebenso unsympathisch war, wie der Fanatismus der ungebildeten Masse. So ließ er sich einmal in seiner Spätzeit zu dem hochmütigen Bekenntnis hinreißen: »Zu Salon, wo ich mich niedergelassen habe, bin ich von brutalen Schwachköpfen und primitiver Masse umgeben; den Todfeinden einer wertvollen Literatur und bemerkenswerter Gelehrsamkeit.« Es sind nur wenige, zu denen er sich hingezogen fühlt, die Creme der dortigen Gesellschaft: Die Familien d'Hozier und Craponne gehörten zur Verwandtschaft seiner Frau, durchweg gebildete Leute. Der erste Konsul (Bürgermeister, Stadtpräsident) Palamède Marc, Herr auf Chateauneuf, »Edelmann von höchstem Ansehen und berühmtester Bürger unserer Stadt«, so berichtet Cesar, »war sein besonderer Freund. Die Gelehrsamkeit des Nostradamus war für die Stadt unentbehrlich. Der Gouverneur der Provence Claudius von Savoyen, Graf von Tende, der Baron de la Garde, Admiral der östlichen Mittelmeerküste Frankreichs ... und viele andere Edelleute versäumten nicht, bei einer Durchreise durch Salon Nostradamus ihre Aufwartung zu machen.«

»Die Zeit war voller Zwist und Unfriede, stand man doch am Beginn der Religionskriege, und viele Freunde des Nostradamus aus Adel und Bürgertum schworen zwar noch nicht dem katholischen Glauben ab, wie es später viele taten, zeigten jedoch mehr oder weniger deutlich Sympathien für das neue Bekenntnis«, so schreibt Leroy,»folglich schienen diese neuen Ideen den kleinen Leuten in Salon äußerst fragwürdig zu sein; denn diese waren sehr sensibel, wenn etwas in ihre angestammten Glaubensvorstellungen oder ihre Traditionen eindringen wollte. Hinzu kommt, daß die Vertreter ungewöhnlicher Geistesrichtungen stets verdächtigt wurden, neuen Ideologien anzuhängen und im Gegensatz zu den alten Kirchendogmen zu stehen. Auch Nostradamus wurde zunächst als Sympathisant und sogar als heimlicher Lutheraner angesehen. Darüber hinaus waren es oft gerade die vom Judentum zur Kirche Übergetretenen und ihre Nachkommen, die den Neuerungen Hilfestellung leisteten. Von daher gesehen war es eine Vorsichtsmaßnahme des ,Propheten Nostradamus', zu Beginn der Vorrede an Cesar wie der an König Heinrich Glaubensbekenntnisse in orthodoxer Weise abzugeben. Trotzdem blieb er stets verdächtig. Dies Los mußte er mit seinem Freunde (und Verwandten), dem Notar Estienne d'Hoziers, teilen, der vom bäuerlichen Pöbel der neuen Religion verdächtigt wurde und die erlittenen Prügel und Fußtritte noch lange Zeit danach verspürte.«

Die bäuerliche Bevölkerung der Gegend war stur und ungebildet, ja, jeder Bildung gegenüber feindlich. Sohn Cesar berichtet hierüber: »In den ersten Maitagen des Jahres 1560 ... begann sich das gemeine Volk zusammenzurotten, zu erregen und im Nu in solchen Massen zusammenzulaufen, in so großer, wilder Raserei, daß man es nur mit

Schrecken ansehen konnte. Die Weinbauern und ihre Knechte liefen – ihre Mützen mit Papierkreuzen und Hahnenfedern aufgeputzt (denn die Hüte konnten nach ihrer Vorstellungsweise an einem solchen Tage doch nicht ungeweiht bleiben) – zu den Häusern derer, die man der ‚Lutherischen Infektion' verfallen glaubte, die Verdächtigen mit Drohungen, Beschimpfungen und unter Verhöhnungen gewalttätig mit sich fortreißend und unter gewaltigem Geschrei zum Erzbischöflichen Palais hinschleppend.« Ein beherzter Bürger, der sich gegen die Randalierer gewandt habe, sei von ihnen auf das schlimmste attackiert worden. Glücklicherweise habe sich ihm jedoch eine Möglichkeit zur Flucht geboten. Die fanatisierte Masse habe Stroh und trockene Weinranken herangeschleppt und ihm damit das Haus über dem Kopf angezündet. Der Aufruhr habe fünf Tage und zwei Nächte gedauert, bei dem die grölenden Horden brandschatzend und plündernd durch die Stadt gezogen seien und die besseren Bewohner in Angst und Schrecken versetzt hätten. Einige Tage später seien dann die Lutheraner – aber täglich nur zwei bis drei, um den Aufstand nicht aufs neue anzufachen – von den Behörden heimlich wieder aus der Haft entlassen worden.

Dieser Aufstand hatte allerdings nicht nur Glaubensursachen, vielmehr wurden auch sozialpolitische Forderungen gestellt. Im Anschluß an die Unruhen des 1. Mai 1560 forderte die Menge, »einen gewissen Villermain zum ersten Konsul zu ernennen . . . einen populären Mann, arrogant und aufwieglerisch, der das Landvolk bei seinen ersten Unruhen eindeutig unterstützt hatte und sich so als Haupt und Anführer ihrer Partei erwies«. Villermain galt als Todfeind von Antoine Marc, der als Ketzer verdächtigt wurde und enger Freund des Nostradamus war. – Da die vorangegangenen Unruhen dauerhafte Feindschaften hinterlassen hätten, seien »ein Edelmann und einer von der Bürgerschaft am Abend des 2. Juli (1560) hingegangen . . . und zwischen 7 und 8 Uhr abends wurde Villermain von einem Geschoß getroffen . . . so daß er eine Stunde später verstarb. Sogleich erhob sich sein Anhang, zog plündernd durch die Stadt, und durch ausgestreute Gerüchte der Randalierer wurde verkündet, die Tötung, der Mord am ersten Konsul, sei Werk der Lutheraner, die in der Stadt die Macht ergreifen wollten. Augenblicklich erhoben sich die Bauern mit größerer Raserei und Unverschämtheit als zuvor, benahmen sich wie bewaffnete wilde Tiere und Brüllaffen, ein Abschaum der Menschheit wie Wildsäue, brüllten üble und blutgierige Parolen, die Häuser der Lutheraner dem Erdboden gleichzumachen und alle Verdächtigen über die Klinge springen zu lassen. Sie randalierten in allen Kirchen und läuteten Sturm, als hätte eine Feuersbrunst die ganze Stadt erfaßt oder die Feinde hätten die Stadtmauern bereits unterminiert.«

Diese zweite Revolte sei mit viel Unordnung, Angst und Krawall einhergegangen, mit Blutvergießen, Unheil und Zerstörungen. Dann aber habe sich die Erntezeit genähert, und die Mehrzahl der Landbevölkerung sei abgezogen, um »anderenorts ihre Ernte einzubringen«. Die wenigen, die zurückgeblieben seien, habe man, wenn nicht im Guten, so mit Gewalt, unter Kontrolle bringen können. So endete der Streit durch den freiwilligen Abzug der Aufständigen selbst. Nichtsdestoweniger schildert Cesar, der zum Zeitpunkt dieser Ereignisse etwa sieben Jahre alt war, das Ganze in seiner üblichen Art noch ein halbes Jahrhundert später so, daß man sich die Empfindungen seiner Freunde, seiner Familie, seines Vaters, möglicherweise auch seine eigenen gut vorstellen kann. Wie sie nämlich in dieser Zeit der ernsten Religionswirren und sozialpolitischen Auseinandersetzungen in Unruhe und zeitweilig auch in Angst lebten. Möglicherweise wurde auch bei Nostradamus selbst geplündert; denn Cesar vermerkt, daß seinem »Vater von Bauern, Bierbrauern, Winzern und anderer Hefe des Volkes wegen seines Vermögens und Geldbeutels übel mitgespielt worden war«. Jedenfalls hat sich Nostradamus in diesen Tagen mit dem Gedanken getragen, das Gebiet von Salon mit »seinen brutalen Bestien und primitivem Volk« zumindest für längere Zeit zu verlassen und nach Avignon zu übersiedeln.

Dort wird am 14. April 1561 bei dem Notar Antoine de Béziers ein Mietvertrag für das Haus in Avignon, Pfarrei St. Agricola, rue de la Servellerie auf ein Jahr zum Preise von 18 Gulden abgeschlossen. Allerdings wird das Haus einige Wochen – nach den Bauernunruhen in Salon – an einen anderen weitervermietet. Nun, da wieder Ruhe im Lande herrschte, zog es Nostradamus wohl doch vor, im französischen Salon zu bleiben. Der Boden im päpstlichen Avignon erschien ihm möglicherweise auf Dauer noch heißer. Leider fehlen uns bis zum Jahre 1564 Belege über seinen Aufenthaltsort und seine Tätigkeit. Im Herbst 1564 ist er aber mit Sicherheit wieder in Salon. Damals besuchte der junge König Karl IX. – er war zu diesem Zeitpunkt gerade 14 Jahre alt – die Provence. Der König sei am 17. Oktober 1564 gegen drei Uhr nachmittags in die Stadt eingezogen. Diese sei kurz vorher wieder einmal von der Pest heimgesucht gewesen, und viele Bürger waren deshalb mit ihrer Habe entflohen. In einer verödeten Stadt aber konnte man doch keinen König empfangen! Deshalb verkündeten Herolde im umgebenden Lande, die Bewohner sollten mit ihrer Habe in ihre Häuser in der Stadt zurückkehren. Jetzt, wo der König da sei, gäbe es keine Gefahr mehr(!). Cesar berichtet, es sei geschehen, weil »die Stadt ja noch nie die Gelegenheit gehabt habe, einen König mit all seinen Prinzen bei sich zu sehen«.

Man hatte einige einfache Buchsbaumgirlanden vom Tor nach Avignon bis zum Schloß angebracht. Die Straßen waren mit feinem Sand bestreut worden, der mit duftendem Rosmarin vermischt war. Der junge strahlende König erschien auf einem grauen Araberhengst mit schwarzer, goldbefranster Satteldecke, gekleidet in ein Purpurgewand mit silbernen Schnüren. Am Stadttor empfingen ihn die Konsuln und die Honorationen der Stadt unter einem violett-weißen Baldachin. Nostradamus war vom Magistrat gebeten worden, sich dem königlichen Gefolge anzuschließen, »habe er doch neun Jahre vorher in Paris von all den vornehmen Höflingen so viel Gutes erfahren«. Wir wissen, warum er sich dem mit der klugen Entschuldigung entzog, er müsse bei seinem besten Freunde, dem ersten Konsul, bleiben. Bei seiner Vorstellung vor dem König sprach er dann in hintergründiger Weise das Dichterwort: »Vir magnus in bello, nulli pietate secundus« (Großer Herr im Kriege, keiner ist dir in Güte gleich). Eine eindeutige Ironie einem Vierzehnjährigen gegenüber, unter dem in den bestehenden Religionskriegen eine Unzahl von »Ketzern« ihr Leben verlor. Außerdem klingen des Nostradamus' eigene Erfahrungen mit dem Hofe hier offenkundig durch. Nun, er habe aber anschließend »zu Fuß, Seite an Seite mit dem König« diesen trotz seiner schlimmen Gicht bis in dessen Empfangszimmer geleitet und sich mit seiner Majestät und der Königinmutter aufs beste unterhalten. Die Majestäten seien ihm gegenüber von höchster Liebenswürdigkeit gewesen und hätten sogar die ganze Familie des astrophilen Arztes bis hin zur jüngsten Tochter zu sich kommen lassen. Und Cesar vermerkt stolz, daß er als Dreizehnjähriger auch dabei war. Katharina von Medici war gegen 1560 wegen machtpolitischer Auseinandersetzungen mit der spanischen Krone daran interessiert, die französischen Humanisten, die man damals Lutheraner nannte, zu stützen. Daß es keine Sympathie war, erkennt man daran, daß die gleiche Katharina 1572 in der Bartholomäusnacht die hugenottische Führungsschicht samt und sonders ermorden ließ. Welch ein Unterschied sei diese Leutseligkeit zu dem Ärger und den Sticheleien gewesen, fährt Cesar fort, denen sich sein Vater vom Lumpenpack und den dummen Bauern der Gegend ausgesetzt gesehen hätte. Er, dem das Land doch verdanke, so rühmlich bekannt geworden zu sein. Nostradamus habe es dem Gesindel aber gründlich mit den Worten hinter die Ohren geschrieben: »Undankbares Vaterland, dem ich Ruhm verschaffe, siehe, wie würdig mich der König behandelt.« Vor seiner Abreise habe der jugendliche König noch einmal nach seinem Vater verlangt und ihm mit viel Geld und zahlreichen Privilegien für seinen ärztlichen Rat gedankt.

Natürlich haben sich auch um diese königliche Reise Legenden gebildet. Es begann wohl mit einem Freund und Verwandten von Nostradamus, einem gewissen Tronc de Coudoulet. Sein Text wurde 1694 von J. F. de Gaufridi in ausgeschmückter Form wieder aufgenommen. Von diesem ging es dann an Fabre über, dann an Gimon, an Bareste, Torne-Chavigny, Moura, Louvet. Und so wird es heute kolportiert: Der große Mann habe vorausgesagt, daß der Prinz von Béarn, der spätere Heinrich IV., der sich im Gefolge des Königs befunden habe, eines Tages Herr von Frankreich und Navarra werde und ihm die Nachwelt den Titel »der Große« zulegen würde. Die Prinzenbegleitung habe dies belacht, sei doch der regierende König Karl IX. erst 14 Jahre alt gewesen. Wer konnte damals schon erwarten, daß dieser bereits zehn Jahre später kinderlos sterben würde? Und sein Bruder und Nachfolger, Heinrich III., verstarb dann ebenfalls kinderlos im Jahre 1589. Wer erwartete damals schon, daß die Krone vom Hause Valois auf das Haus Bourbon überging? Das Horoskop für den späteren Heinrich IV. sei in aller Heimlichkeit erstellt worden; denn man wollte den Argwohn der Regentin und Königinmutter Katharina von Medici nicht erregen. Nostradamus sei bei dem jungen Prinzen eingetreten, während dieser noch unangekleidet auf sein Hemd gewartet habe. Nostradamus habe ihn lange schweigend betrachtet und endlich gesagt: »Ihr seid der Erbe!« (der Krone). Er habe Heinrich vor dem Mißtrauen der Regentin gewarnt und hinzugefügt, er müsse seine Betrachtungen nun beenden, sonst bekäme der Prinz eine Erkältung, er selbst aber die Peitsche. (Siehe dazu unten Centurie X/44–46)

»Dieser Besuch von Karl IX. in Salon mit seiner ganzen Familie bildet die Kulisse für den Schwanengesang des sogenannten ›Magiers von Salon‹. Er, der sich als Enkel von Händlern aus Avignon und Carpentras zum ärztlichen Ratgeber des Königs als Krönung seiner Laufbahn heraufgearbeitet hat«, so bemerkt Leroy. Da existiert aus jener Zeit ein Brief von Nostradamus an die Königinmutter Katharina, »Meine Herrin und Meisterin«, aus dem Jahre 1565, in dem es heißt: »Gemäß dem mir von Gott gegebenen Wissen …und auch wegen des Standes, den Seine Majestät mir verliehen hat . . .« Im Text heißt es dann u. a.: »Was man aus den Sternen sehen kann, um die Zukunft zu erkennen, will ich Eurer Majestät mitteilen. Es gibt – wenn man alles berechnet – gewisse Sternkonstellationen, aus denen ich einige Orientierung für Zeitpunkt und Ort (in der Zukunft) errechnen kann. Und daraus ergibt sich, daß alles in Friede, Liebe, Einigkeit und Einheit dasteht. Aber in Wirklichkeit werden unzweifelhaft große Schwierigkeiten entstehen, Widersprüche und Differenzen. Zum Schluß aber wird alles zufrieden sein.« Dieser Brief wurde von fast allen Nostradamus-Forschern für eine Fälschung gehalten. Ich glaube aber sagen zu können, daß wir wenig schriftliche Dokumente von ihm haben, die mit gleicher Sicherheit für echt gehalten werden können. Man vergleiche ihn mit der »astrologischen Abhandlung« gegen Ende der »Vorrede an König Heinrich«, wo er ja auch die aus den Sternen abgeleitete erfreuliche Zukunft als zur Wirklichkeit im Gegensatz stehend darstellt. Nostradamus führt mit der astrologischen Abhandlung seine Leser – hier Katharina von Medici – ganz bewußt aufs Glatteis.

1566 verschlimmert sich sein Leiden. Nach allem, was wir wissen, muß es die Gicht gewesen sein. Er ist zwar noch keine 63 Jahre alt, fühlt aber, daß es mit ihm zu Ende geht. So beschließt er, sein Testament zu machen. Dieses wird am 17. Juni 1566 vor dem königlichen Notar, Maître Josephe Roche, aufgesetzt. Es ist für »Maître Michael Nostradamus, Arzt und Sternkundiger der genannten Stadt Salon, Berater und praktischer Arzt des Königs«. Dieser ist »imstande gut zu hören, nicht abständig durch Alter und bestimmte Gebrechen und deshalb voll zurechnungsfähig«. Der Notar versichert dann, der Erblasser sei »ein wahrer und gläubiger Christ. Er hat seine Seele Gott dem Schöpfer anempfohlen und diesen gebeten, wenn es sein Wille ist, ihn abzuberufen, ihm zu gewähren, daß seine Seele ins Ewige Königreich des Paradieses gebracht wird.« Für seinen Leichnam bestimmt Nostradamus, daß dieser in der Kirche des Konvents der Franziskaner zu Salon gebracht werde, wo er zwischen dem Portal und dem Altar des hl. Martin aufgebahrt werden soll. Er bestimmt, daß vier Kerzen – jede ein Pfund schwer – am Katafalk aufzustellen seien. 13 Armen der Stadt seien jeweils sechs Münzen auszuhändigen. Die Ausrichtung des Begräbnisses selbst bleibe den ernannten Testamentsvollstreckern überlassen. An frommen Stiftungen (die in den Testamenten jener Zeit stets an den Anfang gesetzt wurden) erscheinen: je ein Taler für die Brüder des Ordens von St. Pierre-des-Canons und die Kapelle der Weißen Büßer Unserer Lieben Frau zu Salon. Zwei Goldstücke sollen die Minderen Brüder des Konvents vom hl. Franziskus erhalten. Nach diesen vier Goldstücken für kirchliche Institutionen folgen die vorgesehenen Legate für die Familie: Seiner Schwägerin Magdeleine Besaudune für den Fall ihrer Heirat zehn Geldstücke, bleibt sie ledig, erlischt das Legat. Seiner ältesten Tochter Magdeleine 600 Goldstücke, den beiden jüngeren Töchtern am Hochzeitstage je 500. Seiner »geliebten Frau Anne« 400 Goldstücke, die diese genießen kann, solange sie im Witwenstande verbleibt. Im Falle ihrer Wiederverheiratung sind diese 400 Goldstücke seinen Erben (Kindern) zurückzuerstatten. Stirbt sie aber als Witwe, hat sie das Recht, das Geld an eines der Kinder des Erblassers nach eigener Wahl weiter zu vererben. Sie erhält außerdem Wohnrecht für 1/3 seines Hauses während der Zeit ihrer Witwenschaft, wobei der gewünschte Teil von ihr selbst bestimmt werden kann. Darüber hinaus erhält sie Möbel, Wäsche und Hausrat, alles aufs genaueste abgezählt und beschrieben. Er bestimmt, daß bei Tod oder Wiederverheiratung alles an seine Nachkommen zurückfällt. Seine gesamte Garderobe wird seiner Gattin vermacht, diesmal allerdings ohne jede Einschränkung zur freien Verfügung.

Für die Söhne wird bestimmt, daß seine gesamten Bücher und Schriften – soweit nicht anderweitig verfügt ist – in einem besonderen Raume in einem abgeschlossenen Weidenkorb zu verwahren sind. Sie sollen demjenigen Sohn zufallen, der sie am nutzbringendsten zu verwenden weiß.

An seinen erstgeborenen Sohn Cesar fallen das Haus, sein vergoldeter Silberpokal, die großen Sessel aus Eisen und Holz. Das Haus bleibt Heim für alle drei Söhne, fällt jedoch voll an Cesar, wenn die anderen das 25. Lebensjahr vollendet haben. Ausgenommen hiervon ist der Teil für seine Frau. Charles und André, die beiden jüngeren Söhne, erhalten nach Vollendung des 25. Lebensjahres je 100 Goldstücke. Das Testament setzt seine drei Söhne und seine Frau zu gleichen Teilen als Universalerben ein, wobei sich die Söhne im Falle eines vorzeitigen Ablebens ohne eigene Nachkommen gegenseitig als Erben einzusetzen haben. Wäre seine Frau bei seinem Tode von ihm schwanger, so würde ein Sohn – oder auch Zwillinge – den anderen Söhnen gleichzusetzen sein. Im Falle, es würde ein Mädchen oder auch zwei geboren, erhielte jede ein Legat von 100 Goldstücken. Er erklärt darüber hinaus, daß seine »Kinder und Töchter« nicht heiraten sollten, es sei denn, die Einwilligung der Mutter und der Familie läge vor. Im Falle eines vorzeitigen Todes aller Söhne fällt alles an die Töchter.

Sein Nachlaß besteht größtenteils aus Bargeld und Schuldverschreibungen. Er bestimmt, daß dies alles in die Hände zweier oder dreier solventer Kaufleute gegeben werde zum Zwecke eines »ehrenwerten Gewinnes und Verdienstes«. Solange die Kinder minderjährig sind, ist die Mutter zum Vormund bestimmt. Er erklärt, daß er ihr voll vertraue, untersagt aber jede Veräußerung von Möbeln und Hausrat. Alles muß später den Kindern zufallen. Sie erhält allerdings volles Verfügungsrecht über den Gewinn aus dem den Kaufleuten überlassenen Kapital. Dieses soll dem Lebensunterhalt der Familie dienen, und sie ist über ihre Haushaltsführung dabei niemandem Rechenschaft schuldig.

Ein Erbanspruch der Erben besteht erst ab dem 25. Lebensjahr. Nostradamus erklärt, daß seine eigenen Geschwister keinerlei Erbanspruch besitzen. Seine Frau – Anne Ponsarde – ist allein verfügungsberechtigt. Zu Testamentsvollstreckern werden die Herren Palamè de Marc, Herr zu Chateauneuf (und ehemaliger Konsul) und der Bürger Jacques (Suffren) ernannt. Schließlich folgt eine Aufzählung der im Hause vorhandenen Barmittel: 3444 Goldstücke und 10 Soli. Diese Summe wird genau nach einzelnen Währungen aufgegliedert. Es fand sich selbst deutsches und portugiesisches Geld im Hause. Hinzu kommen noch Schuldverschreibungen an Nostradamus in Höhe von 1600 Goldstücken. Das ganze vorhandene Bargeld sowie die Schuldverschreibungen waren in Kisten und Kästen im Hause untergebracht. Die drei Schlüssel, die zum Öffnen notwendig waren, befanden sich in Händen der beiden genannten Testamentsvollstrecker und eines Herrn Martin Manson. Das Testament wurde in Anwesenheit von acht Zeugen, darunter auch ein Franziskanerbruder, ausgefertigt.

Das Testament ist in mehrerlei Hinsicht interessant. Einmal gewiß in bezug auf die Höhe seines Vermögens. So gut wie alles hatte er schließlich selbst in seinem Leben zusammengebracht. Andererseits wirft aber auch die Art der Abfassung ein Licht auf den Charakter des Nostradamus selbst. Vielleicht mehr noch, als es eine ausführliche Darstellung könnte.

Zur Höhe seines materiellen Besitzes liegt eine Untersuchung aus dem Jahre 1925 vor. Collin de Larmor beziffert darin das Vermögen auf »fünf bis sechs Millionen Franken, das Mobiliar nicht eingerechnet«. 1925 betrug der Wert des Frankens etwa 0,80 RM. Berücksichtigen wir den bisher eingetretenen Kaufkraftschwund, läßt sich mit aller Vorsicht sein Barvermögen auf mindestens 14 Millionen DM veranschlagen. Gewiß, solche Umrechnungen kann man nur bedingt vornehmen, einen Anhaltspunkt für den Wohlstand des Nostradamus bieten sie uns aber auf jeden Fall.

Bei der Testamentsabfassung kalkuliert er alle nur denkbaren Möglichkeiten ein (was er als »Hellseher« doch gar nicht nötig gehabt hätte). Das Vermögen wird fest bei der Familie gehalten und darf nur seinen eigenen Nachkommen nutzen. Er schreckt selbst nicht vor der Androhung zurück, seine »sehr geliebte Frau« andernfalls zu enterben. Ja, er verpflichtet sie sogar zu einer weiterhin renditeabwerfenden Geldanlage.

Sein Zustand verschlimmert sich in den folgenden Tagen sehr, so verfügt er schon drei Tage später über anderen Besitz. Offenbar ist es das, was ihm persönlich Besonderes bedeutet. Cesar erhält u. a. sein Astrolabium, sein astrologisch-astronisches Besteck, die älteste Tochter Magdeleine bestimmte ausgewählte Möbelstücke. Als Zeugen seiner letztwilligen Verfügung wählt er diesmal zwei Kollegen und einen Apotheker. Nostradamus nimmt Abschied.

Ende Juni schreibt er an den Rand eines Buches, in dem er viel auf seinem Krankenlager gelesen hat, »hic mors prope est« (jetzt kommt bald der Tod). Er, der stets genau auf alles achtete, studiert nun seinen eigenen Zustand mit gleicher Objektivität und macht sich keine Illusionen. Seinem Assistenten Jean-Aymé de Chavigny vertraut er am Abend des 1. Juli 1566 an: »Ihr werdet mich bei Sonnenaufgang nicht mehr am Leben finden.« Und am nächsten Morgen lag er tot im Bett, der Leichnam schon fast völlig erkaltet. Er muß gegen drei Uhr morgens gestorben sein. »Er empfing die Sterbesakramente und war wahrlich als Christ gut vorbereitet«, berichtet Guynaud, »seine Frau überlebte ihn noch um 16 Jahre und 17 Tage.«

Die Beerdigung vollzog sich nach Cesar »feierlich, in Trauer und mit stattlichem Gefolge. Man brachte ihn zur Kirche der Minderen Brüder des hl. Franziskus, wo er feierlich aufgebahrt und anschließend in der Wand der Kirchenmauer bestattet wurde.« Seine Familie ließ einen Grabstein mit einer lateinischen Inschrift meißeln, dessen deutsche Übersetzung lautet: »Dem hocherhabenen Gott – Hier ruhen die Gebeine des hochberühmten Michael Nostradamus – der unter allen Sterblichen für würdig befunden wurde – dem Lauf der Sterne und des ganzen Universums gemäß – mit fast göttlicher Feder zukünftige Ereignisse zu beschreiben – Er hat 62 Jahre, sechs Monate, zehn Tage gelebt und starb 1566 zu Salon. – Ihr Später-Kommenden störet seine Ruhe nicht. Anna Pontia Gemella ihrem sehr geliebten Gatten. V. F. (diese Grabinschrift wurde) von den Hinterbliebenen aufgerichtet.«

Es heißt, er habe sich »aufrecht in der Kirchenmauer beisetzen lassen«, damit ihm »die Bauerntölpel nicht auf den Nacken treten könnten«, was seit jeher als Symbol für die Versklavung eines Menschen galt. Und es dauerte nicht lange, bis daraus eine neue Legende entstand: Man erzählte sich, Nostradamus sei nicht tot. Er sitze vielmehr mit Lampe, Feder, Tinte und Papier in seinem Grabe und schreibe weiter an der Zukunft. 1793 – während der Revolution – sei eine Revolutionseinheit, aus Marseille kommend, in die Franziskanerkirche von Salon eingedrungen. Der Kommandant der Truppe habe sehen wollen, »ob das denn alles so mit dem Nostradamus stimme« und habe das Grab zerschlagen. Dafür sei er und die ganze Einheit später auf das fürchterlichste gestraft worden.

Heute kann man in der Kirche St. Laurent sein Grab besuchen. Seine Gebeine sind nach der Revolution dorthin überführt worden. Eine zusätzliche Tafel zeigt eine Aufschrift in lateinischer Sprache:

Die Überreste des Nostradamus wurden nach 1789 in diese Kapelle überführt; seine Grabinschrift wurde 1813 erneuert.

Kaum hatte Nostradamus 1566 seine Augen geschlossen, begannen um sein Werk bereits Streit und geistige Auseinandersetzungen. Und so ist es bis zum heutigen Tag geblieben, so daß die bekannten Verse von Schiller auch hervorragend auf Nostradamus zutreffen: »von der Parteien Gunst und Haß verwirrt schwankt sein Charakterbild in der Geschichte«.

Bereits 1568 – im gleichen Jahre also, in dem die erste Gesamtausgabe der Prophetien in Lyon erschien – wurde dort ein Buch verlegt, das den Titel trug »Darstellungen der Mißbräuche, Dummheiten und Aufrührereien von Michael Nostradamus aus Salon …sehr nützliches und lehrhaftes Werk für jedermann.«

Der französische Dichter Ronsard, der Nostradamus durchaus kritisch-distanziert gegenüberstand, aber schreibt an einer Adresse an sein Vaterland – und wer könnte behaupten, daß es solches nur in Frankreich gibt:

Tu te moques aussi des Prophètes que Dieu
Choisit en tes Enfants et les fait au milieu
De ton sein aparoistre, afin de te prédire
Ton malheur à venir, mais tu ne fais qu'en rire.

Du überhebst dich auch verachtend über die Propheten,
die deine Kinder sind, von Gott bestimmt, auf die sein Auge fiel
aus dir heraus erwählt, zu deinem Wohl zu reden,
dein Unglück abzuwehren; doch du treibst Narrenspiel.

3. Warum verschlüsselte Nostradamus die »Prophetien«?

Wenn man seine bewegte Lebensgeschichte aufmerksam liest, drängt sich leicht der Eindruck auf, man habe es bei ihm mit einem intelligenten Scharlatan zu tun. In jungen Jahren unstet umherziehend, Wunderkuren verkaufend, ständig auf der Flucht vor der Inquisition – weil er sein loses Mundwerk nicht halten konnte – und offensichtlich seine Jugend in vollen Zügen genießend. Älter geworden – und ruhiger –, wird ihm dann klar, wie notwendig es ist, sich mit den herrschenden Mächten zu arrangieren und – zumindest nach außen hin – ein angepaßtes Leben zu führen. Er macht keine halben Sachen, und so bringt er es durch überragende Intelligenz zu hohem Ansehen in der Wahlheimat seiner späteren Jahre, in Salon-de-Provence. Sein ganzes Leben lang voller Ehrgeiz nach Geld und Ansehen, verachtet er mehr oder weniger deutlich die Menschen, von denen er doch andererseits anerkannt sein möchte. Innerlich schließt er sich gegen sie ab und spielt ihnen nach außen hin ständig etwas vor. Sei es im »phantastischen Umhang des wandernden Zauberdoktors«, sei es als Mann, der seinen Mitbürgern in Salon ins Gewissen redet, »dem einen, wahren, katholischen Glauben treu zu bleiben«, und der dem Dritten Orden des hl. Franziskus beitritt. Der Eindruck drängt sich wahrlich auf, und dies ist gewiß auch ein Teil seines Wesens. Aber bei deutlicherem Hinsehen, beim ernsthaften Studium seiner Texte und Schriften, lernen wir einen ganz anderen Menschen kennen. Ein tiefer Denker begegnet uns, ein Mann voller Selbstbewußtsein, der vieles erkannt und in seinem unruhigen Leben auch erlitten hat. »Ich habe die Schriften bewußt etwas verwirrend dargestellt«, schreibt er in seiner Vorrede an König Heinrich den Folgenden, »denn ich habe begriffen, daß die Menschen am ehesten bereit sind, sich für etwas zu interessieren, wenn man es ihnen geheimnisvoll vorlegt«. Ein Wort, daß nur allzu wahr ist und seine eigenen bitteren Erfahrungen widerspiegelt. Es gilt gewiß heute noch so wie damals. Seine Schriften sollten die Menschen wachrütteln und die Zeit überdauern. Dazu benutzte er den verdunkelnden Rahmen. Er wollte Aufmerksamkeit erregen und erhalten. Nostradamus war

ein Humanist, die man in dieser Zeit in Frankreich wie auch die Anhänger des Erasmus von Rotterdam »Luthériens« nannte. So geriet
auch die Familie des Nostradamus während der Bauernaufstände in
den allgemeinen Strudel des Fanatismus der Massen, weil man sie
für »Luthériens« hielt.

Nostradamus bewegen ähnliche Gedanken, wie sie einen Thomas
Morus veranlaßten, seine »Utopia« zu schreiben. Geistig fühlt er sich
Erasmus von Rotterdam verwandt, und die Lehren eines John Colet
wirken sich in seinen Schriften aus. Gewiß, es wäre vermessen, ihn
mit einem der drei Genannten gleichzusetzen, aber er hat diesen etwas Wesentliches voraus.

Wie vorsichtig formuliert ein Erasmus seine tiefreligiösen Ideen
und wird doch verleumdet, ja, noch bis in die Mitte unseres Jahrhunderts in kirchlichen Kreisen der Areligiosität verdächtigt. Wieviel muß er von dem zurückhalten, was er sagen möchte! Mit wieviel
Vorsicht verlegt Thomas Morus seine Gesellschaftskritik aus humanistischer Sicht in ein Land »Nirgendwo« und wird schließlich doch
– und nicht zuletzt auch dieserhalb – enthauptet.

Nostradamus kann demgegenüber, weil er seine Schriften fast bis
zur Unkenntlichkeit verschlüsselt oder gar verstümmelt, nun schreiben, was er und wie er wirklich denkt. Man muß dazu natürlich
zunächst den Schlüssel finden, mit dem er seine Prophetien gesichert
hat, um sie nicht Unbefugten in die Hände zu geben und sich jenen
dadurch auszuliefern.

Hat er nun seine Mitmenschen – trotz seiner schlechten Meinung
über sie – doch noch überschätzt? Oder wollte er, der ja stets voller
Ironie und skurrilem Humor war, auch mit der Form, die er für seine
Schriften wählte, noch beweisen, für wie unfähig er sie – und das offensichtlich mit Recht – hielt? Wie voller Spott sind gerade in dieser
Hinsicht seine Briefe an das Domkapitel der Kathedrale von Orange
und an Katharina von Medici! Wie ironisch begrüßt er Karl IX. in Salon! Aber: Die Betroffenen merken nichts davon. Sie fühlen sich gar
noch hochgeehrt und werden doch nur – verspottet!

Dabei wußte Nostradamus stets genau, wie weit er gehen konnte.
So muß man es auch verstehen, warum und wie er verschlüsselte.
Man jubelte ihn zum Astrologen hoch, zum Wahrsager, zum Grusel-
kabinett-Architekten. Und damit waren es auch die geistlichen und
weltlichen Machthaber zufrieden: Wieviel besser doch, diesen Mann

zu bewundern oder als üblen Wahrsager zu verteufeln, als sich von ihm unliebsame Wahrheiten sagen lassen zu müssen.

Aber da ist noch ein zweiter, gewiß nicht weniger wichtiger Grund: Ihm, dem überragende Intelligenz, reiche Erfahrung und hohes Wissen Zusammenhänge des Weltgeschehens, die Ursachen und Wirkungen des menschlichen Schicksals bewußt gemacht hatten, war ebenso klar, daß ihn das Bekanntwerden seines Wissens sehr schnell auf den Scheiterhaufen gebracht hätte. Wußte er doch um die »Korrumpierung, die jeder Macht innewohnt«, wie es später einmal Pestalozzi ausdrückt. Sei es die der Fürsten, der Kirche oder der Fanatiker und der von ihnen fanatisierten Massen. Die Macht über Körperliches, Seelisches, die Macht der Dummheit erschütterte ihn. In der gleichen Vorrede an König Heinrich können wir lesen: »Ich hätte alles auch deutlicher darstellen können, aber ich habe gesehen, was anderen geschehen ist, die erkannten und das auch deutlich aussprachen«, und in der Vorrede an seinen Sohn Cesar: »Oh, daß doch endlich die Dummheit (Torheit) aus der Welt verschwände!« Und im gleichen Text: »Ich habe auch an die Worte des Heilandes gedacht, ›werfet nicht die Perlen vor die Säue, damit diese sie nicht zertrampeln und sich dann gegen euch selbst wenden.‹« Wie hat es doch Heinrich Heine gesagt:
»Die Wenigen, die was davon erkannt
und dumm genug, ihr volles Herz nicht wahrten,
dem Pöbel all ihr Schaun' und Wissen offenbarten,
hat man von je gekreuzigt und verbrannt!«

Und daß Nostradamus selbst Angst hatte, läßt er für den, der seinen Schlüssel kennt, in der Centurie 2, Vierzeiler 38, deutlich werden: »Im Sommer ist der Augur, der Verfechter der Weissagung folgerichtig für die Braut zu Tode gebracht.« (Der Weissagende muß sich in der Zeit kirchlicher Machtfülle sehr vorsehen, sonst landet er zum Wohle der Kirche selbst auf dem Scheiterhaufen.) Man kann sich gut vorstellen, daß er dabei an seine eigenen Ängste und Verfolgungen denkt, als er sich vor dem Ketzergericht der Inquisition in Toulouse für seine Worte und Schriften verantworten sollte und er sich zweifellos auch der Denunziationen erinnerte, die ihn zur Flucht trieben. Seine »Reise an den Königshof« wird ihm wohl in ähnlicher Weise in Erinnerung geblieben sein. Und dann Centurie 1, Vierzeiler 62: »Der große Verlust, seit sie die Schriften wegnehmen«; Centurie

2, Vierzeiler 36: »vom großen Propheten die Schriften kommen in der Tyrannen Hände«; Centurie 4, Vierzeiler 18: »Viele Schriften von dummen Fürsten verworfen«. Wer will ihm seine Zurückhaltung seiner Umwelt gegenüber verübeln? Gebranntes Kind scheut Feuer!

Wir hören von Nostradamus-Interpreten immer wieder als angebliche Begründung für die Verschlüsselung seiner Prophetien, er habe Dinge der Zukunft präzise nach Ort und Zeitpunkt vorausgesehen, aber die Katastrophen (und um solche soll er sich ja immer wieder handeln) nicht zu früh erkennen lassen wollen. O sancta simplicitas, heilige Einfalt! Im Vorwort an Cesar sagt er selbst klar und deutlich: »Niemand kennt die Zukunft außer dem allwissenden Gott« (also auch er nicht!). Und das alles soll mit Hilfe der Astrologie erfolgt sein! Wie meint er es dann wohl, wenn er in der Centurie 3, Vierzeiler 46 schreibt:

»Der Himmel sagt der auf großem Fuß lebenden Stadt
(alles) durch deutliche Zeichen des Fixsternhimmels:
Von plötzlich sich änderndem Zeitalter aber
(spricht er) weder zum Guten noch zum Schlechten
(Die Gestirne sollten uns unsere Kleinheit bewußt machen, zeigen uns aber nicht das Schicksal an.) Alles geschieht durch Gottes Gesetz.«

Wenn er in seiner Cesar-Vorrede mehrfach nur die »juridicielle Astrologie«, das heißt die Astronomie, gelten läßt, so liegt dies auf der gleichen Ebene. Man lese seine heftige Warnung vor Astrologen in dem lateinischen Vierzeiler genau in der Mitte seiner Centurien und erfreue sich an der langen »astrologischen Abhandlung« gegen Ende der Vorrede an König Heinrich. Hier nimmt er die Sterndeuter und ihren Anhang regelrecht auf den Arm! Nein, mit Astrologie hat seine Arbeit nichts zu tun. Mit Ankündigung großer kosmischer Katastrophen hat sein Werk nichts gemeinsam. Ankündigung furchtbarer Waffen, die an bestimmten Orten und zu festgelegten Zeiten eingesetzt werden sollen, kann man in den Prophetien nicht finden. Angstmacherei, so häufig mit seinem Werk und in seinem Namen betrieben, lagen ihm fern!

Der Grund für die schwer zu entwirrende Form seiner Texte liegt auf der Hand: Nostradamus hat den Mächtigen wie den fanatischen Massen einen Spiegel vorgehalten. Er hat ihnen die unheilvollen Auswirkungen ihres Handelns vorführen wollen. Er hat den Kirchenfürsten ihre Tyrannei gegen Geist und Seele vorgeworfen, die bis hin zur physischen Vernichtung des Menschen führte. Dabei gaukelten jene der gequälten Kreatur noch vor, selbst Folter und Mord seien nur liebevolle Hilfen zu ihrer Rettung. Er hat ihre Sucht nach persönlichem Luxus gegeißelt, die schätzeüberladenen Kirchen, während die Menschen im Elend lebten. Ihre hemmungslose Machtgier war ihm ein Greuel.

Er hat die Herrschsucht der Regenten hart verklagt, ihre rücksichtslosen Kriege um Ausdehnung eigenen Machtbereiches, die Ausplünderung der ihnen Anvertrauten durch Söldnerscharen, ihre Gier, die sich in Steuern und Abgaben ausdrückte, ihre Willkürherrschaft.

Er hat die fanatisierten Massen angeklagt, ihre Dummheit, ihre Roheit, ihren Haß, ihre Gewalt und sinnlose Zerstörungswut, die zur Katastrophe führen, einfach führen müssen.

Er hat die Neuerer und Reformatoren beschuldigt, die kein Maß kannten und in ihrem Glauben Änderung mit Besserung verwechselten, statt dessen aber neue seelische Not schufen.

Und er hatte erkannt, daß die menschliche Gier, Bosheit, Angst, kurzum die negativen Seiten des menschlichen Charakters, immer wieder zu gleichen Ergebnissen führen, »immer wieder gleiche Bahnen beschreiben«. So hat er wirklich wesentliche Teile der Zukunft vorgezeichnet. So geschah es denn, daß jede Zeit sich in seinen Prophetien wiederfand. So ist er tatsächlich zum wahren »Propheten« geworden. Er tat ja nichts anderes, als was die alttestamentlichen Propheten auch getan hatten: erklären, mahnen, warnen. Er war aber niemals ein Hellseher oder Angstmacher. Wer aber will Warnungen und Mahnungen hören? Wer will – wenn er die Macht hat – solche dulden? So blieb ihm denn nichts anderes übrig, als seine Schriften zu verschlüsseln. Und er tat es nicht, weil er uns Angst vor der Zukunft machen wollte!

4. Wie sind die »Prophetien« verschlüsselt?

»Qui legent hosce versus, mature censunto:
Prophanum vulgus et inscium ne attrectato:
Omnesque Astrologi, Blenni, Barbari procul sunto.
Qui aliter facit, is vere sacer esto.«
Die diese Verse studieren, müssen reif urteilen:
Das Gewöhnliche und Unwissend-Gemeine darf nicht
                                        [manipulieren:
Und alle Astrologen, Toren, Ungebildete haben weit fern zu bleiben.
Wer es auf andere Weise vollbringt, ist wahrlich ein Eingeweihter.

So lautet der zentrale lateinische Vierzeiler in der Mitte der
Centurien. Es hat in der 430jährigen Geschichte der prophetischen
Schriften des Nostradamus eine große Zahl von Deutungsversuchen
gegeben. Jeder Deuter lieferte auch gleich seinen Entzifferungs-
schlüssel mit, so war von jüdischer Zahlenmystik, der sogenannten
Kabbalistik die Rede – und ist es auch heute wieder. Auch abzähl-
vers-artige Experimente zur Einordnung der einzelnen Vierzeiler
wurden unternommen. Die lateinischen Texte in den beiden Vorreden (an Cesar und König Heinrich) wurden nach Buchstaben abgezählt und anschließend den einzelnen Vierzeilern zugeordnet. Ana-
grammatische Deutungen durch Umstellung von Buchstaben zu
neuem Sinn wurden angeboten, und selbst das Auseinanderreißen
und Neu-Zusammenfügen von Einzelzeilen wurde ausprobiert. Die
Liste ist endlos. Man kann sagen, daß alle Deutungsversuche zusammengenommen fast genau so lang sind, wie die Texte selbst. Nun
ist es in der Tat schwer, die Prophetien zu übertragen, sind doch griechische, lateinische, hebräische, provençalisch-katalanische, italienische, englische und selbst deutsche Worte dem französisch/altfran-
zösischen Urtext eingearbeitet. Und: Man kann die Absichten in den
prophetischen Schriften nur erkennen, wenn man sie gründlich studiert hat. Aber es gilt auch umgekehrt: Man kann die Texte erst lesen, wenn man die Absichten bereits kennt. Das Ganze ist also nur
so zu bewältigen, daß man den Text gründlich studiert und anschließend mit den gefundenen Erkenntnissen immer wieder neu
überarbeitet.

Beim Durchsehen fällt als erstes auf, daß das meiste im Futurum geschrieben ist. »Selbstverständlich«, so erklären die Interpreten, »er hat ja für die Zukunft geschrieben.« Diese Gundthese ist – direkt und vordergründig betrachtet – falsch. Natürlich sind seine Worte an die Zukünftigen – also auch uns – gerichtet. Genauso aber gilt sein Werk seiner Zeit und stammen die Beispiele aus seiner Gegenwart selbst. In der Vorrede an seinen Sohn Cesar können wir lesen: »Eigentlich wollte ich wegen der Unrechtshaltung der Gegenwart und eines erheblichen Teiles der Zukunft schweigen.« Und er schreibt: »Ich sehe die Dinge wie in einem Spiegel vor mir, der die Ereignisse schemenhaft zeigt.« Was aber in einem Spiegel vor uns sichtbar ist, das liegt in Wahrheit neben oder hinter uns. So läßt sich auch erklären, warum er die Worte »Devant« und »Avant« (beide heißen »Vor«, sind aber in einem Falle zeitlich, im anderen räumlich zu verstehen) oft gegeneinander in den Centurien austauscht. »Das schemenhafte Bild im Spiegel« deutet aber auch noch auf etwas anderes hin: Erinnern wir uns an seine Studien in Avignon. Bekanntlich begann das Universitäts-Studium mit Logik, und hierbei wurden besonders die Schriften des Aristoteles und des Platon behandelt. Letzterer aber benutzt zur Erklärung dafür, daß es dem Menschen nicht möglich sei, sicheres Wissen zu gewinnen, ein ähnliches Bild: Hinter jemandem werden Gegenstände so vor einem Feuer vorbeigetragen, daß deren Schatten auf eine Wand vor dem Betrachter fallen und der Mensch also die – schemenhaften – Schatten im Rahmen des ihm Möglichen erkennen kann. Ein ähnliches Verfahren, nämlich die Vergangenheit vor sich im Spiegel zu sehen, benutzt auch Erasmus von Rotterdam, wenn er rückblickend auf sein eigenes Leben schaut.

Die Benutzung einer anderen Zeit sichert Nostradamus zudem vor Verfolgungen durch die Verantwortlichen für die »Unrechtshaltung der Gegenwart«. Wer ihm jetzt sein Denken vorwerfen will, hat dies nur durch eigene Interpretation erkennen können, und diese bringt den Interpreten – wenn er seinen Mund nicht hält – selbst in Gefahr. Ein letzter Hinweis, besser: eine Probe aufs Exempel. In Centurie 3, Vierzeiler 8 wird der Kimbern-Einfall in Südfrankreich und Spanien (gegen 115 vor Chr.) beschrieben. Dieser Vorgang hatte damals in der dortigen Gegend einen über Jahrhunderte andauernden Schock ausgelöst; in Centurie 8, Vierzeiler 47 wird die Schlacht am Trasimenischen See behandelt (etwa 215 vor Chr.). Ihr Ausgang war für das Römische Weltreich von höchster Bedeutung; die Centurie 6, Vierzeiler 80 erzählt den Eroberungsfeldzug, der durch die Mauren im 8. Jahrhundert nach Europa eingeleitet wurde und damals gewaltige Furcht auf unserem Kontinent auslöste. Und siehe da: Alle drei Ereignisse werden in der Zukunft vorgetragen. Man kann also sagen: Nostradamus hat grammatikalisch die Zukunft benutzt, um genau so Vergangenheit und Gegenwart auszudrücken.

Entscheidende Bedeutung für die Entschlüsselung der Centurien haben auch die beiden »Vorreden«, nämlich an Sohn Cesar und König Heinrich den Folgenden. In der Vorrede an Cesar heißt es: »Ich hoffe, daß du dir jetzt jeden der übergebenen Vierzeiler erklären kannst.« Beide Vorreden liefern einerseits für viele Quartains die Erklärung, sind andererseits aber bereits selbst Darstellung der Absichten und Vorstellungen des Nostradamus. An mehreren Stellen wird in beiden Vorreden erklärt, warum er die Texte verschleiern muß.

In der Vorrede an König Heinrich begegnen uns zwei von einander abweichenden Zeit-Tabellen »seit Erschaffung der Welt bis zu Christi Geburt bzw. zu Mohammed«. Die erste Tabelle ist nach seinen Worten von ihm selbst errechnet, und sie zeigt – sehen wir einmal von der Zeit bis Abraham ab – durchaus Annäherung an unsere Zeitvorstellung. Nach den Worten des Nostradamus weicht sie von der des Eusebius* ab. »...von all dem läßt sich leicht zusammenfassen, welche Zeit vergangen ist, ob meine überlegten Berechnungen nicht gut sind und Gültigkeit für alle Völker haben.« Er stellt also klar heraus, daß es sich um richtige, vernunftgemäße errechnete Zahlen handelt, die – weil allgemeingültig – später in den Centurien als Berechnungsgrundlage dienen sollen; denn »alles ist berechnet durch (gleich) himmlischen Bewegungen...«, durch reale Zeitbestimmung gemäß der Astronomie also. Die zweite Chronologie des Alten Testamentes wird nun an Hand von Berechnungen der Kirchenväter wiedergegeben, aber von Nostradamus deutlich als Irrweg dargestellt: »Zumal Eure Majestät es einfachem Können nicht

---

* Bischof von Caesarea, der sowohl Zeitdaten im Alten Testament festlegte, als auch das Geburtsjahr Jesu Christi errechnete, wie wir es noch heute verwenden. Dabei unterliefen ihm mehrfach Fehler. (So starb z. B. Herodes d. Gr., dem der Kindermord zu Bethlehem angelastet wird, bereits im Jahre 4 vor Chr.) Eusebius ist aber auch der Kirchenlehrer, der schreibt: Es ist nicht erlaubt, den Glaubensabweichler zu töten.

verliehen haben (die richtige, auch zeitliche Einordnung der Centurien) zu begreifen und …mich deshalb zu beißen. Um jedoch etwas von Jahreszahlen zu erzählen (die ungefährlich sind), vergingen von der Erschaffung der Welt bis zur Geburt Noahs…« Nostradamus läßt keinen Zweifel daran, daß diese Chronologie mit der astronomischen Berechnung nicht übereinstimmt. Das spricht er zwar nicht deutlich aus – wie könnte er etwas Derartiges auch wagen –, aber die Formulierung »um jedoch etwas über Jahreszahlen zu erzählen« in Verbindung mit dem »einfachen Können« ist deutlicher Fingerzeig.

Seine Ablehnung der Astrologie wird in dem Kapitel deutlich, in dem er sie der Astronomie gegenüberstellt: »Diese göttlichen Schriften (sind abgestimmt) mit den sichtbaren Dingen am Himmelszelt (und) zu begreifen gleich Saturn, Jupiter und Mars …wie noch einfacher durch einige Vierzeiler, die man sehen kann.« Oder: Er erklärt die Jahresbestimmung durch astronomische Daten (wann jeweils bestimmte Planeten rückläufig sind), schließt zum Vergleich hiermit astrologische Zeichen und Deutungen an und beendet das Ganze mit der deutlichen Formulierung »Nichts von alledem«. Anschließend sagt er, »daß selbst ein Anfänger erkennen kann«, daß alles astrologisch Vorhergesagte einfach nicht stimmt. Ja, es sei genau das Gegenteil eingetreten. Danach folgt eine genaue Darstellung seiner Gegenwart, wobei er die Texte in die Zukunft verlegt – versteht sich!

Ein besonders interessantes »Beweisstück« sind für Interpreten die – zwar nicht häufig – aber doch immer wieder einmal auftretenden Jahreszahlen. Sind diese Zahlen »echt«, oder welche Bewandtnis hat es mit ihnen? Beginnen wir einmal mit derjenigen, die die meiste Aufregung hervorgerufen hat (Centurie 10, Vierzeiler 72): »Im Jahre 1999, im Juli, wird vom Himmel eine gewaltige, unheildrohende Macht auf die Erde herunterkommen und diese zerschmettern.« So wird von alters her der Text »L'an 1999 7 mois

   Du ciel viendra un grand Roy
   d'effrayeur«

übersetzt. »Die Welt wird noch vor dem Jahre 2000 untergehen.« »Kosmische Katastrophen allergrößten Ausmaßes.« Eine wahre Chance, Angst zu verbreiten, scheint dieser Vers zu sein.

Nun heißt es in der Vorrede an König Heinrich – in bezug auf biblische Jahreszahlen – »ich weiß nicht, ob Sonnen- oder Mondjahre gemeint sind, glaube aber, daß die Hl. Schrift Sonnenjahre verwendet.«

Die Heilige Schrift ja, er selbst aber auch? 1552 veröffentlicht Nostradamus eine Übersetzung aus dem Griechischen, »Orus Apollo«, die auf einen ägytpischen Hieroglyphentext zurückgehen soll und die ein Zeitalter behandelt, das grundsätzlich nach Mondjahren rechnete. Dies taten übrigens die frühen Semiten ebenso wie das vorklassische Griechenland. Ein Jahr = 13 Monate = 364 Tage. Sieht man sich vor diesem Hintergrund den Text genauer an (das Jahr 1999 7 Monate), so läßt sich zwar Juli oder nach der Gregorianischen Kalenderreform der August – 1999 herauslesen, arbeitet man aber den Text gründlich durch, so läßt sich erkennen, daß das Wort »mois« der Erläuterung des Mondjahres dient. Teilen wir nun 1999 7 durch 13, so landen wir im Jahre 1538. Herausragendes Ereignis dieses Jahres 1538 ist nun, daß Calvin, der Reformator Genfs und Wegbereiter einer französischen Reformation, vorübergehend aus dieser Stadt verbannt wird. Aber 1538 ist ja nur eine Etappe auf unserem Wege. Bei den Mondjahren fehlen noch 1,25 Tage zwischen den 13 x 28 Tagen und dem Julianischen Jahr mit $365^1/_4$ Tagen. Wir müssen darum noch 1538 x 1,25 Tage ergänzen. Das können wir um so leichter, als Nostradamus in der eben erwähnten Vorrede selbst von einer »möglichen Mischung aus Mond- und Sonnenjahren« spricht. Damit stehen wir nun am Ziel unserer Berechnungen im Jahr 1543. Nach der Rückkehr Calvins 1541 nach Genf breitet sich die Reformation mit großer Geschwindigkeit über ganz Frankreich aus. Darum veröffentlicht 1543 Franz I. von Frankreich die von der Sorbonne ausgearbeiteten »Grundsätze der katholischen Lehre«. Dadurch wurden die Religionskriege ausgelöst, die viel Unheil über das ganze Land und gerade auch über die Provence brachten. Wahrlich: in diesem Jahr 1543 »stieg eine schreckliche Macht, die sich mit himmlischen Dingen beschäftigte, auf das französische Land herunter; sie richtete überall furchtbares Unheil an!«

In der Vorrede an Cesar heißt es: »Es sind (gemeint sind seine) Weissagungen für die Jetztzeit wie für das Jahr 3797.« »Na bitte«, rufen die Interpreten, »ungeachtet des Weltuntergangs, der ja schon 1999 stattfand – da sagt er es ja selbst ganz klar, er gibt Weissagungen von sich, die die nächsten 2242 Jahre umfassen.« Und sie vergessen dabei sein Wort, daß er selbst bekennt, die Zukunft nicht wissen zu können. Sie vergessen auch, daß er »verdunkeln muß«, um seiner Sicherheit willen. Was aber bedeutet nun 3797? In der Vorrede an König Heinrich gibt er die beiden Chronologien des Alten Testamentes wieder. Die erste Zeittabelle beginnt: »Von Adam, dem ersten Menschen, bis Noah (zu dessen Lebzeiten die Sintflut eintrat) dauerte es 1242 Jahre.« 1000 Jahre sind die Zeit, die im Altertum, in der Hl. Schrift (Geheime Offenbarung) aber auch bei Nostradamus selbst für eine Geschichtsepoche stehen. 3797 heißt also: Von heute an (1555) gilt das von mir Gesagte so lange bis zu einer totalen Umwälzung der Kultur, in der wir leben (1242) und auch noch die ganze darauffolgende Epoche lang (1000).

Nehmen wir ein anderes Beispiel: In der 6. Centurie lautet der Vierzeiler 54: »Am frühen Morgen, gerade kräht der Hahn zum zweiten Male, kommen die aus Fez, aus Tunesien und Ägypten heran. Von den Arabern ist des Königs (König: die herrschende Ordnung, Idee, Religion) Minister (Gefolgschaft, Anhang) gefangen. Das geschieht im Jahre 1607 der Liturgie.«

1607 hat nun wahrlich keinen Sturm nordafrikanischer Araber auf die Südflanke Europas (Spanien, die Mittelmeerinseln, Italien) erlebt. Und mit der genauen Bezeichnung – Fez, Tunesien, Ägypten – wird eindeutig belegt, daß nicht das Osmanische Reich gemeint ist. Dessen Ansturm gegen Europa erfolgte zudem über die Balkanhalbinsel. Nein, für 1607 hat sich Nostradamus offensichtlich geirrt! Er, der doch selbst geschrieben hatte – und er war ja nie gerade bescheiden gewesen –, »ich kann bei meinen Weissagungen nicht irren.« Irrte er hier doch? Von seinen Interpreten hören wir hierzu verständlicherweise nichts.

Bei näherem Zusehen fällt das Wort »Liturgie« hinter der Jahreszahl auf. Liturgie betrifft Form und Ablauf des Geschehens beim Gottesdienst. In der christlichen Kirche sind damit die gottesdienstlichen Handlungen und ihre tiefere Bedeutung gemeint. Aber – eben nicht nur in der christlichen Kirche! In der Vorrede an König Heinrich heißt es in der zweiten Chronologie des Alten Testamentes: »und seit der Errichtung des Tempels bis zu Jesus Christus – dabei der Rechnung der hohen Geschichtsschreiber folgend – vergingen 450 Jahre.« Nun gibt allerdings Nostradamus bereits in der Einleitung zu dieser Chronologie zu verstehen, daß er sie nur zur Ablenkung benutzt. Seine Feststellung, er folge dabei den kirchlich anerkannten Autoritäten, wird hier noch einmal ausdrücklich bekräftigt. Damit spricht er sich selbst von der Zuverlässigkeit der angegebenen Zeitspannen frei.

Tatsächlich sind 450 Jahre nicht einmal die Hälfte der wirklich verflossenen Zeit. Aber: er verwendet sie, sonst hätte er sie nicht angeführt. Als Salomo den Tempel errichtet hatte, begann dort der Gottesdienst, die Liturgie! Rechnen wir nun von der angegebenen Jahreszahl 1607 die 450 Jahre v. Chr. ab, so finden wir uns im Jahre 1157 wieder. Zu diesem Zeitpunkt unterwarfen die Almohaden (nordafrikanische, mohammedanische Araber) gerade Almeria. Ein schlimmes Ereignis für das christliche Abendland, das gerade begann, sich nach der formalen Annahme des Christentums nun auch innerlich zu christianisieren, beim zweiten Hahnenschrei, bei der zweiten Christianisierung also – einen echten Sonnenaufgang erlebte. Diese islamische Attacke wirkte damals im Abendland so stark, daß gerade in jenem Jahrzehnt all die Ritterorden entstanden, die die Befreiung Europas vom Islam auf ihre Fahnen geschrieben hatten und für die Kreuzzüge ins Heilige Land entscheidend wurden.

Es gibt noch eine Jahreszahl, die geradezu das Paradebeispiel für die Interpreten darstellt. So heißt es in der Vorrede an König Heinrich: »Es wird das hier andauern bis zum Jahre 1792, so daß man glauben wird, es sei eine Erneuerung der Epoche.« Tatsächlich wurde in jenem Jahre die Monarchie in Frankreich abgeschafft, tatsächlich nannte man in der Revolution dieses Jahr 1792 anschließend das Jahr I, aber alles andere paßt nicht! Aus dem Textzusammenhang geht hervor, daß damals eine »Christenverfolgung schlimmer als in Afrika« zu Ende geht. Das kann man nun für das »Jahr I der Republik« wirklich nicht sagen, folgte doch 1793/94 die Zeit, die als »Jahr des Schreckens« in die Geschichte eingegangen ist und mit der eine große Christenverfolgung nicht endete, sondern vielmehr begann. 1792 steht zudem im Zeichen von Krieg, Aufstand, Haß, Fanatismus, Vorurteil, Königsmord. Wie sehr aber waren für Nostradamus gerade diese Dinge ein Greuel. Daß die späteren Jahre der »Restauration« das christliche Volk zu innerer Höhe emporsteigen ließen, kann ernsthaft wohl auch niemand behaupten. Es kann mit dieser Jahreszahl also nur etwas ganz anderes gemeint sein.

Die beiden Chronologien des Alten Testamentes im Vorwort an König Heinrich den Folgenden stehen – betrachten wir den ganzen Brief – scheinbar ohne geistigen Zusammenhang da. Hinzu kommt, daß beide Chronologien unterschiedliche Zeitspannen für gleiche Ereignisabläufe wiedergeben. Von der zweiten werden wir noch se-

hen, wie Nostradamus sie nur als Ablenkungsmanöver benutzt: »...
kann ich keine Jahreszahlen nennen. Wenn die Menschen aber unbedingt Zahlen hören wollen, dann bitte: die Kirchenväter nennen
uns Jahreszahlen für den Zeitablauf vor Christus. Diese zähle ich
jetzt auf...« (Und dabei begibt er sich dann in keine Gefahr.) Aber die
Jahreszahlen stehen eben doch aus einem ganz bestimmten Grunde
in der Vorrede an Heinrich, lassen sich doch mit ihnen leicht Grundgedanken in Jahreszahlen ausdrücken; wir sind dem bei der »Liturgie« ja schon begegnet. Jetzt – im weiteren Verlauf seiner Texte – läßt
Nostradamus solche Hilfshinweise weg und bringt uns damit selbst
zum Nachdenken. Probieren wir es: 1242 Jahre legt er fest in der ersten (eigenen) Chronologie für die Zeit vom Anfang der Menschheit
bis zur totalen Katastrophe wegen Dummheit und Überheblichkeit
in der Sintflut. Und 450 Jahre sind es von der Errichtung des Tempels
bis zum Erlöser Jesus Christus in der Chronologie II, der der Kirchenväter also, die Nostradamus durch die Gegenüberstellung mit
seiner eigenen – wenn auch verklausuliert – anzweifelt. 1242 + 450
ergibt 1692. Erinnern wir uns jetzt an die Formulierung in der Vorrede an Cesar: ». . . Noch aber hat der Mars sein Jahrhundert nicht
vollendet . . .«, so können wir verstehen, was mit 1792 (1242 + 450 +
100) gemeint ist: Die Verfolgung wahrhaft christlich Denkender geht
weiter (100 Jahre des Mars) bis zur Vernichtung aller Ordnung wegen der Dummheit, des Hochmutes und der Ichsucht (1242) des
Menschen. Dann erst kann die Periode beginnen, die zur Erlösung
des Menschen aus wahrhaftem christlichen Geist führt (450). Hierdurch kann es dann für eine Zeit lang zu einer friedlichen, glückhaf-
ten Zeit des Aufschwungs kommen, nur: anschließend geht alles
wieder von vorne los!

In der Vorrede an König Heinrich heißt es: »Es wird nicht sehr lange
dauern, nur 73 Jahre und 7 Monate«, und bezieht sich gemäß dem Kontext auf die brutale Verfolgung reformatorischer Ideen durch die herrschende Ideologie von Kirche und staatlichen Machthabern.

Wir hatten bereits Überlegungen in bezug auf Sonnen- bzw.
Mondjahre angestellt. Betrachten wir die genannte Zeitspanne nun
einmal unter Benutzung der Mondjahre, so ergeben sich 73 x 13 + 7
= 956. Erstaunlich, denn zu den gesamten Centurien (I–XII) gehören
genau 956 reguläre Vierzeiler. Zwölf weitere Vierzeiler sind bewußt
aus dieser Ordnung ausgenommen (ein Vierzeiler nach Centurie 6,

vier nach Centurie 7, sechs nach Centurie 8 und einer nach Centurie 10). Nostradamus will also sagen, daß er mit seinen Centurien gerade die Umbruchszeit zwischen dem, was wir Mittelalter nennen, und der sogenannten Neuzeit beschreibt. Dabei wird uns auch klar, daß der Mond – unzuverlässig, ungeordnet, mehr oder weniger chaotisch, kurzum negativ – dann für Zeitbestimmungen benutzt wird, wenn es ihm um negativ zu beurteilende Perioden geht. Fassen wir dies zusammen, so ist das Ganze jetzt folgendermaßen zu begreifen: Es wird zu widerlichen Handlungen der Machthaber während dieser von mir in den Centurien beschriebenen Zeit kommen. Aber diese Periode wird in nicht zu ferner Zukunft zu Ende gehen. Die Zukunft wird uns eine Synthese zwischen den überkommenen Lehren der Kirche, dem Guten an der Reformation eines Calvin und dem Humanismus bringen (50. Breitengrad). Diese Synthese kann allein – und wird – geistige Grundlage eines künftigen Abendlandes sein.

Es gibt aber auch Zahlen in seinen Schriften, die in völlig anderer Bedeutung gemeint sind. Sie stellen keine echten Jahreszahlen dar, sondern zielen auf ganz anderes ab. Zumeist sind das solche, die nahe bei bzw. nach dem Zeitpunkt liegen, der als Termin für das Niederschreiben des Textes angegeben ist (bei Cesar 1555). In dieser Vorrede heißt es: »Wenn du das natürliche Mannesalter erreicht haben wirst, siehst du deine Vorstellung verändert...« und in der Vorrede an König Heinrich: »Das meiste wird geschehen... 1585 und 1606, beginnend mit der Gegenwart, dem 14. März 1547.« Man kann die beiden Vorreden nicht voneinander trennen (darauf werden wir noch zurückkommen). Gehen wir von 1547 oder auch von 1555 aus, so ist 1585 der Zeitpunkt, wo der Sohn 30 Jahre bzw. »in den Dreißigern« ist, also »das beste Mannesalter erreicht hat« und nun vernünftige Erkenntnisse zu gewinnen beginnt. Und 1606 hatte er dann gerade als Fünfziger das Lebensalter erreicht, in dem man nach den mittelalterlichen Vorstellungen zu den Erfahrenen, den Weise-Gewordenen gehörte. Für das Denken im ausgehenden Mittelalter bedeuteten 1585 und 1606: »Wenn du, lieber Sohn (lieber Leser, lieber Schüler) ins beste Mannesalter gekommen bist, wirst du schon vieles verstehen. Das meiste aber wird dir erst klar werden, wenn du neben dem Verstand dann auch noch die nötige Lebenserfahrung gewonnen hast.« So nun erhalten diese Jahreszahlen einen bleibenden Sinn und sind auch für uns noch von Bedeutung. Hätte wirklich 1585 und 1606 sich schon »das meiste zugetragen«, was sollten wir dann heute noch mit den Schriften des Nostradamus?

Ein letztes Beispiel zu Art und Weise, wie er Jahreszahlen verstanden wissen will. In der Vorrede an Cesar steht: »und was von dem, das ich hier geschrieben vorlege, *vor*(!) 177 Jahren, 3 Monaten und 11 Tagen durch Pest, schlimmen Hunger und Kriege – mehr noch durch Umwälzungen – jetzt wie zum genannten Zeitpunkt die Welt betreten wird.« Wir sind uns schon klar geworden über den Sinn, den Konstruktionen in der Zukunft haben. Es ist also einleuchtend, »betreten wird« als »betreten hat« zu lesen. Und daraus ergibt sich dann der folgende Text: Und was vor 177 Jahren 3 Monaten und 11 Tagen durch Pest (geistige Vergiftung), schlimmen Hunger (geistig-seelische Armut) und Kriege (Streitsucht) mehr noch durch Umwälzungen (radikale Veränderungen im Denken) angefangen hat. Legt man diesen Zeitpunkt vom Termin der Erstellung des Textes in die Zukunft, so ergibt sich aus 1555 + 177 das Jahr 1732; hierbei handelt es sich um ein Datum, dem keine allgemeine, weltgeschichtliche Bedeutung zukommt. Verstehen wir das Ganze aber in der gereinigten Form (1555–177), so erleben wir, daß wir mit 1378 in einem Jahr von allergrößter Bedeutung für die abendländische Entwicklung ankommen: Beginnt doch 1378 das sogenannte große Schisma – die erste, ganz Europa erfassende Kirchenspaltung –, in der ein Papst in Rom, ein anderer aber gleichzeitig in Avignon residierte. Man kann also durchaus sagen, daß mit 1378 die selbstverständliche, geistige Einheit des Abendlandes an »geistiger Vergiftung, seelischer Armut, Streitsucht, radikaler Veränderung im Denken« zu zerbrechen begann.

Dieser Teil über Jahreszahlen ist ein wenig ausführlich behandelt worden. Aber wir haben es hier mit einem wichtigen Faktor zur Deutung der Schriften des Nostradamus zu tun. Sie zu verkürzen, wäre verhängnisvoll. Stehen wir doch gegen eine jahrhundertelang festgefahrene Deutungsweise.

Wenden wir uns jetzt einem anderen Gebiet zu, das ähnliche Bedeutung für seine Entschlüsselung hat: die Sterne. Hier treten gleich wieder die Astrologen – vor denen er ja warnt – auf den Plan: »Jawohl, Nostradamus war Astrologe, und er mußte die Sonne, den Mond, die Planeten, die Sternbilder heranziehen, um aus ihren Konstellationen seine Zukunftsbilder zu entwickeln.« Und auch seine Kritiker stellen das grundsätzlich gar nicht in Zweifel – stehen doch auch sie auf dem »astrophilen« Boden. Sie sagen lediglich, er habe seine Berechnungen nicht selbst angefertigt, sondern von anderen, bedeutenden zeitgenössischen Astrologen abgeschrieben. (So etwa Dr. Drude, Magisches Handbuch Nr. 18, Schickowski-Verlag Berlin 1969.) Aber allenthalben bleibt die Astrologie als Grundlage und Quelle seiner Arbeiten unangefochten. Dabei trifft das keineswegs zu. Richtig ist vielmehr, daß die Benutzung von Sternbildern und Himmelskörpern anderen, aber auch ganz anderen Zwecken dient.

Zum Beispiel ist im Vorwort an Cesar zu lesen: »Dennoch erfüllt der Planet Mars sein Zeitalter, und das schließlich in seiner extremsten Form. Er wird alles wieder so sehr erkranken lassen; denn wenn die einen sich für viele Jahre im Wassermann versammelt haben, werden die anderen starr im Krebs verharren.« Nostradamus war gebildet. Er besaß reiche Kenntnisse in der Astronomie. Mehrere Jahre seines Lebens verbrachte er in Italien. Er hat ein Buch geschrieben, leider heute nicht mehr auffindbar, mit dem Titel »Nativitez«, das die Geschichte des ersten Religionskrieges in der Provence zum Inhalt hat.

Als gebildeter Mann hat er sowohl die symbolische Bedeutung von Planeten und Sternbildern in der Antike gekannt als auch ihre Verwendungsweise bei Dante in dessen großer Weltschau, der »Göttlichen Komödie«. Mars war in der Antike der Gott des Krieges. Bei Dante ist die Sphäre des Marses ein Teil des Himmels, und zwar derjenige, in dem verstorbene Glaubenskämpfer und Glaubenseiferer aufgenommen werden. Wassermann (Januar) und Krebs (Juli) sind die Sternbilder, die die Sonne im Hochwinter bzw. im Hochsommer durchläuft. Diese Sternbilder sind gewissermaßen Antipoden, d. h. sie stehen einander völlig entgegengesetzt gegenüber. Berücksichtigen wir in diesem Zusammenhang noch, daß er aus seinen Forschungen über die Glaubenskriege – Glaubenskriege sind ja Bürgerkriege und zeigen deshalb immer besondere Grausamkeit – den bei solchen Kämpfen erwachsenden Haß, den Fanatismus und die Brutalität sehr genau kannte. (Auf übersteigertem Nationalgefühl beruhende Konflikte und ihre Exzesse blieben einer späteren Zeit vorbehalten.) Dieser Text beschreibt, das ist offenkundig, gerade diese Glaubenskriege. Berücksichtigen wir all diese Gedanken, dann lautet der Text: »Der Glaubenkrieg erschüttert uns (in Europa). Und in Zukunft wird das noch schlimmer werden; denn wir sind noch nicht auf dem Gipfel der Auseinandersetzungen angelangt. Das bringt großes Unglück über die Menschen. Die einzelnen Gruppen begeben sich in völlige Konfrontationsstellung und verharren, unbelehrbar, für lange Zeit darin.«

Dieser Text bewertet nicht die Religion an sich, aber er stellt allgemeingültig menschliches Verhalten dar und wie die Menschen mit der Religion, ihren Glaubensbekenntnissen überhaupt, umgehen. Ist es denn nicht heute immer noch so? Man setze nur für das Wort »Religion« den Begriff »Weltanschauung« – oder Geld?

Suchen wir uns ein weiteres Beispiel aus der großen Zahl von Vierzeilern, in denen der Mars (insgesamt 37mal) vorkommt. In der Centurie 8 lautet Quartain 46:

Gottes Teich trocknet in bedrückten Gebieten der Rhône aus.
Göttliches verwelkt, nahe dem Stein (der Kathedrale) zerstört:
Mars spielt die äußerst schreckliche erste Geige.
Von Hahn und französischem Adler die Brüder unterdrückt.«

Das bedeutet:

Das wahrhaft Gott-Gewollte ist in Südfrankreich ausgetrocknet, und Göttliches hat sich aus der Institution Kirche verflüchtigt. Man hat statt dessen Glaubenskampf zum höchsten Prinzip erhoben. Kirche wie Staat unterdrücken dadurch die Christenmenschen.

Oder die Centurie I, Quartain 15:

»Es droht uns Mars in Kriegsgewalt.
Der verspritzt immer wieder Blut.
Das ist der Mörteltrog und der Ruin der Kirchlichen
von jenen her, die nicht auf sie hören wollen.«

Übertragung:

Es entstehen für uns Kriege in ihren unterschiedlichen Formen. Immer wieder kommt es zu Blutvergießen. Das Blut soll gewissermaßen der Mörtel sein, der die gesellschaftliche Ordnung festigt. In Wirklichkeit aber führt er zu ihrem Ruin.

Nun ist es aber nicht so einfach, daß man in allen 37 Vierzeilern, in denen Mars vorkommt, nur jeweils für diesen Planeten das Wort »Glaubensstreit/Glaubenkrieg« einzusetzen braucht, um die Lösung zu finden. Es kann sich auch um den Planeten selbst handeln. Dies ist beispielsweise in Centurie IV, Quartain 97 der Fall. Da heißt es: »Im Jahre, da Merkur, Mars, Venus rückläufig sind, die Richtung des großen Monarchen geht darin zugrunde...« Hier haben wir es mit einer Jahresbestimmung zu tun, die genau dem »astrologischen«

Exkurs in der Vorrede an König Heinrich entspricht. Dort heißt es nämlich: »In dem Jahre, da Merkur, Mars und Venus rückläufig sind …herrscht (angeblich) allgemeine Zufriedenheit…«

Am zweithäufigsten, nämlich 25mal, erscheint in den Centurien der Begriff »Sonne«. Sie ist bei Dante das Symbol für die großen Kirchenlehrer. Damit sind diejenigen gemeint, die zu Liebe und Friede mahnen und in dieser Weise dem Willen des wahren Gottes folgen wollen. Die alte Kirche setzt sogar für Christus selbst den Begriff »Sol invictus« (die unbesiegbare Sonne). Centurie V, Quartain 53 lautet:

»Das Gesetz von Sonne, Erde und Venus auf guten Klang gestimmt, den Geist von der Prophetie her reinigend:
Weder das Eine noch das Andere überhebt sich.
Der Sonne gleich hält es das Gesetz des Messias hoch:
Die Prophetie reinigt das Denken, indem sie christliche Herrschaft und Liebe zur Übereinstimmung führt. Hierbei müssen die Forderungen der christlichen Ethik und Moral mit der Nächstenliebe ausgewogen sein. so allein wird die Lehre des Erlösers befolgt.«
Und in Centurie VI, Quartain 58 können wir lesen:
»Unter weltlichem wie geistlichem Herrscher kaputtgemacht ist dann die Sonne so, wie *Selins** Klarheit verloren ist …
Von zwei Gewalthabern niedergemacht, befindet sich wahre christliche Lehre wie Gerechtigkeit weit weg …«

Aber auch bei dem Begriff »Sonne« ist wieder Vorsicht geboten. Es gibt auch eine andere Deutung für dieses Gestirn. Man berücksichtige: In der Antike und in der Alchemie des Mittelalters bedeutete das »Metall der Sonne« das Gold, das »des Mondes« das Silber. Wenn die Centurie V, Vierzeiler 66 besagt … »Von Sonne und Mond sind die leuchtenden Metalle…«, so haben wir es hier mit Edelmetallen, mit Geld, mit Reichtum zu tun. Daneben bleibt natürlich auch die Sonne als Himmelskörper. Sie wärmt, sie verbrennt aber auch und führt damit zu Dürrekatastrophen. Centurie IV, Quartain 58 beginnt: »Brennende Sonne in den Schlund geflossen…« und in Centurie IV, Quartain 68 heißt es: »Das Jahr, da Saturn im Wassermann gemeinsam mit der Sonne stehen.« Hier wieder wird mit der Sonne eine Zeitbezeichnung vorgenommen.

---

* Gerechter, Wissenschaftler, Künstler, auch für: Kaiser Trajan, der als gerechter Herrscher galt.

Recht oft – genau zwanzigmal – erscheint auch der Saturn in den Centurien. Dieser Planet hat seinen Namen vom Gott der Zeit, den die Griechen Kronos, die Römer Saturn nannten. In der Antike steht er für die »nostalgische Sehnsucht nach der guten alten Zeit«. In der Mythlogie des griechischen Altertums stellt diese gute, alte Zeit die erste Periode der Menschheit dar – gewissermaßen das »Paradies«. Diese erste, wunderbare Periode sei von immer geringeren abgelöst worden.

Und bei Dante? Bei ihm symbolisiert Saturn den Bereich derer, die sich ins Gute versenken, dabei der Zeit nicht achtend. Schauen wir uns daraufhin wieder einzelne Beispiele an. In Centurie I, Quartain 83 heißt es:

»Das fremde Volk teilt sich die Beutestücke
von Saturn und Mars, sein Anblick ist furchtbar.
Schreckliche Tragik im Toskanerland und bei den Lateinern.
Von Sorgen sind auch die Griechen betroffen.«

Saturn gibt sich hier deutlich als »Zeit« zu erkennen. Der Vierzeiler sagt also aus:

Andere ziehen Nutzen aus unseren Reformbestrebungen. Italien bekommt die Folgen davon zu spüren, und auch die Griechen haben unter der Auswirkung zu leiden. (Sie fallen den Türken anheim.)

Hier offenbart sich die Angst seiner Zeit, in der man täglich mit einem türkischen Angriff auf Italien vom Meer her rechnete. Griechenland ist schon besetzt und der Balkan fast völlig in ihrer Hand. Und Europa zerfetzt sich zur gleichen Zeit im Bruderzwist, in Glaubensstreitereien! In Centurie V, Quartain 24 können wir lesen:

»…Saturn hat unter Jupiter die Herrschaft…«

Der Sinn ist klar:

Wenn Herrschaft und Gesetz von Mitmenschlichkeit (Liebe) bestimmt sind, erlebt das Zeitalter eine gute Herrschaft. (Jupiter bedeutet die gute Herrschaft.) Und in Centurie V, Vierzeiler 11 ist mit Saturn das »Goldene Zeitalter« gemeint:

»…Saturn besitzt nicht mehr die Herrschaft…«

Das bedeutet: Das goldene Zeitalter ist vergangen. (Die Zeit ist schlecht.)

Entsprechendes können wir ja auch in der Vorrede an König Heinrich lesen.

In Centurie V, Quartain 14 steht:

»...Saturn und Mars im spanischen Löwen gefangen...« und man erkennt: so ist im spanischen Hochmut (Löwe = Hochmut) die Zeit in Glaubensfanatismus verfangen. Ja, nirgendwo sonst brannten mehr Scheiterhaufen für Ketzer als in Spanien.

Aber wir erkennen Saturn auch als den Gott, der – gemäß der Mythologie der Antike – seine eigenen Kinder auffrißt. Und damit bekommt die Zeile noch einen deutlicheren Sinngehalt: Die überhebliche, hochmütige Weise, wie in Spanien mit Ketzern verfahren wurde, indem man sie einfach vernichtete, verbrannte. Und noch ein Letztes hierzu: Leon (Löwe) ist ein Gebiet, ein Teilkönigreich, in Spanien. Wir sehen also, daß der »primitive Text«, wie ihn Gegner nennen, in Wirklichkeit imstande ist, in einer einzigen Zeile Entscheidendes über eine ganze Epoche auszusagen.

Bei der Entschlüsselung der Texte muß man also die tiefere Bedeutung, besser: alle Bedeutungen des Wortes kennen und entsprechend einsetzen. Das wird besonders deutlich, wenn es in einem Vierzeiler mehrmals auftaucht. Das gilt etwa für den oben bereits erwähnten Vierzeiler 24 in der V. Centurie. Hier, wo in der zweiten Zeile von der guten Herrschaft die Rede war, heißt es nun in der vierten Zeile:

»...Das schlimme Übel wird durch die von Saturnin andauern...«
Taucht ein Wort in einem Quartain mehrmals auf, ist im zweiten Falle stets eine andere Bedeutung gemeint als beim ersten Male. Wir werden uns damit noch ausführlicher zu beschäftigen haben. Die vierte Zeile heißt nun in übertragener Bedeutung:

Das schlimme Übel ist in Südfrankreich nicht auszurotten. (Immer gibt es solche, die ihre schwächeren Mitmenschen unterjochen wollen oder gar um eigenen Vorteiles Willen vernichten.)

In der Antike nannten die Griechen die Göttin der Liebe Aphrodite, bei den Römern hieß sie Venus. Venus ist bei Dante die himmlische Sphäre der Liebenden, und zehnmal begegnet uns ihr Name in den Centurien. In der Centurie V, Quartain 24 heißt es:

». . . Die Herrschaft und das Gesetz unter Venus erhoben . . .«
Die zweite Zeile kennen wir schon: Sie bedeutet daß die Herrschaft in dieser Zeit gut ist. Jetzt, mit der ersten Zeile erfahren wir auch warum: Gute Herrschaft steht im Zeichen der Menschenliebe, ein Kernanliegen seiner Botschaft.

Centurie II, Quartain 19 zeigt uns wieder eine mögliche Doppelbedeutung, wie sie Nostradamus so gerne verwendet. Einmal bedeutet die Venus hier »Liebe«, im zweiten Falle ist »Venus« mit »die Gekommenen« zu übersetzen, und beides zusammen ergibt dann den rechten Sinn. Im Abschnitt über die Sonne haben wir schon in dem Quartain 53 der V. Centurie hineingeschaut, und in dem Zusammenhang ist uns seine Bedeutung bereits klar geworden. In der Centurie VIII, Quartain 32 heißt es :

»Hüte dich, König von Frankreich, vor deinem Abkömmling,
der so vieles betreibt, daß dein einziger Sohn
ermordet wird, während jener die Liebe (Venus) beschwört.
Begleitet von einem Dunkel, das Bedrückung und Leichentuch ist.«

Konzentrieren wir uns jetzt einmal auf die dritte Zeile »...ermordet wird, während jener die Liebe beschwört...«, die bedeutet:

Hier ist eine Anspielung auf die Verhältnisse im Frankreich im 16. Jahrhundert beabsichtigt, auf die geistigen Auseinandersetzungen, die man von seiten der Machthaber mit Gewalt lösen will, auf die angewandten Methoden von Staat und Kirche also. Aber hier wird auch etwas dargestellt, was für alle Zeit bleibende Gültigkeit hat; denn: Wo ist die Ideologie, die nicht »zur Beglückung der Menschheit« entwickelt, erklärt, angepriesen wird und dann unter Blut und Tränen den zu Beglückenden aufgezwungen wird? Wo die herrschende Idee, in deren Namen nicht mit gleichen Methoden zurückgeschlagen wird? Wo findet sich eine gesellschaftliche Macht, unter deren Vertreter nicht viele sind, die mit dem Wort »Liebe«, »Brüderlichkeit«, »Solidarität« auf ihren Lippen doch nur persönliche Vorteile suchen, finden, genießen und zugleich den Ausgebeuteten einhämmern, es geschähe alles nur zu deren Vorteil und aus – Nächstenliebe? Auch hieran wird uns deutlich, warum Nostradamus immer aktuell war, ist und bleiben wird.

Nehmen wir noch als letztes Beispiel hierzu die Centurie V, Quartain 25. Sie beginnt:

»Arabiens Fürst, Mars, Sonne, Venus, Lyon (Löwe, Hochmut)
Herrschaft der Mächtigen wird der Reinen gleich unterworfen...«

Hier stehen in der ersten Zeile die Probleme, Gegensätze unter denen Europa in der Mitte des 16. Jahrhunderts leidet, und da folgt in der zweiten das befürchtete Ergebnis dieses eigenen, unvernünftigen Verhaltens: Die militärische und gewaltsame Auseinandersetzung in den Religionskriegen, die dem Grundgedanken des Christentums Hohn sprechen. Die Liebe, Nächstenliebe, Solidarität sind dem Löwen, das heißt dem Hochmut, der Überheblichkeit gewichen. Und weil Europa sein geistiges Fundament verraten hat und sich im Bruderzwist zerfleischt, wird es eben den Türken gelingen, den Sprung über die Adria nach Italien zu machen und die abendländische Gemeinschaft zu überwinden. Ja, die »Venus" scheint so recht auf verlorenem Posten zu stehen.

Dreizehnmal begegnet uns in den Centurien der Mond und zusätzlich noch einige Male die ihm entsprechende Göttin, die Diana. Wir wissen ja: Der Mond wurde unter die Planeten gezählt. Stets galt er als Symbol der Wandelbarkeit, ist er doch in ständigem Zu- und Abnehmen begriffen. Er galt auch als Leuchte der Nacht, die die Menschen mit all ihren Geheimnissen und möglichen Schrecken beunruhigte. Der Mond stellt auch ein Gleichnis für den Monatszyklus der Frau dar; denn auch er benötigt 28 Tage, um wieder an den Punkt zurückzukehren, von dem er ausgegangen ist. Er stellt das gefeierte Zeichen der Fruchtbarkeit bei den Völkern und Religionen dar, die rund um das alte Israel siedelten. Ihre Kulte waren meist zügellose Feste, auf Hügeln und Bergspitzen gefeiert. Jahrhundertelang kämpften die Propheten besonders gegen diese »Mondanbetung«. Und bei Dante schließlich ist der Mond jenen zum Aufenthaltsort zugewiesen, die – wenn auch ohne eigene Schuld – ihre Versprechungen nicht eingehalten haben. Der Mond ist also ein ziemlich unzuverlässiger, zweifelhafter Bursche. Sehen wir uns das einmal bei Nostradamus an. Centurie IV, Vierzeiler 31 lautet:

»Der Mond ist beim tiefsten Dunkel auf seiner höchsten Höhe.
Eines Einzigen Hirn hat die neue Weisheit erkannt.
Durch seine Schüler ist seine Botschaft unsterblich.
Aufgepaßt! Von Aufpeitschen werfen Hände Körper ins Feuer.«

Und in der Übertragung: In diesem tiefsten Dunkel ist man dann dem Chaos nahe. Erkennt doch, wie es statt dessen wirklich sein sollte: Folgt meinem weisen Denken, das ewig Gültigkeit hat. Hütet Euch! Das Aufpeitschen von Emotionen führt dagegen nur zu Scheiterhaufen und Zerstörung.

Und sein Anliegen, den aufgepeitschten, primitiven Fanatismus durch Vernunft, Ordnung und Gerechtigkeit zu ersetzen und so Friede zu erhalten wie zu bewahren, wird in Centurie I, Vierzeiler 56 ganz deutlich:

»Bald erkannt und doch tritt spät erst Wechsel ein.
Ungeheurer Schrecken und Rachetaten.
Wenn der Mond (Wechsel) durch einen guten Engel geführt ist,
nähert sich vom Himmel Zuneigung.«

Und das bedeutet: Wenn ihr richtig hinschaut, dann könnt ihr das erkennen. Handelt! Bald ist es zu spät. Schrecken, Vergeltung und Wiedervergeltung sind sonst die Folgen. Jeder Wechsel und jede Veränderung müssen in Übereinstimmung mit Gottes Heiligem Geist erfolgen. Nur dann liegt Segen darauf.

Gerade dieser Vierzeiler spiegelt die Erfahrungen und Vorstellungen wieder, die Nostradamus hatte, was er selbst erlebte. Er, dessen Haus bei den religiösen und sozialpolitischen Unruhen wohl selbst geplündert wurde, kann sich daran nur mit Schaudern und voller Abscheu erinnern. Wenn ihm etwas verhaßt war, so waren es ungezügelte Triebhaftigkeit und Dummheit und deren Abkömmling, der ungebremste Fanatismus. Wahrlich, ein weites Feld für politische Spekulation in jeder Zeit!

Da ist der Merkur für Nostradamus wahrlich ein anderer Geselle, wenn wir ihm in den Centurien auch nur elfmal begegnen. Man merkt es sofort: Hier begegnen wir einem Symbol, dem er sich verbunden weiß. Dante sieht in Merkur ein Symbol für Tätige und Aktivität, im Leben des Michael Nostradamus wahrlich ein hervorragendes Merkmal. Dieser Planet steht für einen Gott, der in der Antike Schutzherr der Händler und – Diebe war. Merkur oder Hermes, wie ihn die Griechen nannten, weiß aber auch immer einen Rat, wenn es im Leben schwierig wird. Er kennt alle Ränke und Schliche und setzt sich – wenn er gefordert ist – voll ein. Er liebt den Verdienst, die Belohnung für geleistete Arbeit und die Tüchtigkeit. Wen will es wundern, daß ihm die Anteilnahme unseres Sehers gehört? Wir erkennen da seine Lebensgeschichte! »Der große Merkur von der Lilie des Herkules« nennt er ihn in der Centurie X, Vierzeiler 79. Aber er erkennt auch die negativen Seiten dieses Planeten, dieses Gottes, dieses Symboles, wenn er in Centurie II, Vierzeiler 65 schreibt:

». . . die Familie im Kirchenschiff erlebt Pest und Gefangenschaft.
Diebesgott (Merkur) im Zenith, die gute Zeit wie Heu gewendet.«

Und das bedeutet: Die Christengemeinschaft wird eingepfercht. Ausbeutung, Vergiftung und Unterdrückung sind aufs höchste angestiegen. Oder in Centurie IV, Vierzeiler 29:

»Die Welt bedeckt, Verfinsterung durch Merkur . . .«

Das heißt: Die Lehre des Christentums tritt hinter Gewinnsucht, Profitgier, Diebstahl an ihren geistigen wie materiellen Werten zurück. Das verdeutlich er in Centurie III, Vierzeiler 3 noch mehr: »Mars, Merkur und das Geld verbinden sich . . .«

Wenden wir uns nun einem guten Planeten, einem guten Gotte, dem Jupiter zu. Er steht für den größten und höchsten, den guten Gott, den die Griechen Zeus nannten und in dessen Sphäre Dante die guten und gerechten Herrscher ansiedelt. Wir begegnen ihm nicht allzu häufig in den Centurien, aber es gibt keinen Zweifel, daß er jedesmal die guten, weisen, gerechten Herrscher symbolisiert. In Centurie I, Vierzeiler 50, formuliert es Nostradamus so:
»Herr des Frühlings (in dem hoffnungsvoll das Leben neu aufbricht) guter Herrscher und goldene Zeit . . .«

Und in Centurie IV, Quartain 33 finden wir die Formulierung:
»Jupiter mehr der Venus (die Liebe) als dem Monde verbunden (der Unberechenbarkeit).«

Dieses bedeutet – wie wir ja aus den anderen Planetensymbolen bereits wissen –: Die erhabene, gute Herrschaft hat mehr mit Verständnis und Liebe für den Menschen zu tun, als mit der Unzuverlässigkeit, Unberechenbarkeit und Emotionalität eines Gewalthabers. In Centurie V, Quartain 24 begegnen wir diesem Satz:
»Die Herrschaft und das Gesetz unter Venus erhoben.
Saturn hat unter Jupiter die Herrschaft.«

Und wir können den Sinn sofort deuten: Wenn Herrschaft und Gesetz von Venus (Liebe, Mitmenschlichkeit) bestimmt sind, dann erlebt das Zeitalter eine gute Regierung.

Zweihundert Jahre später wird dies Schiller in seinem »Don Carlos« so formulieren:
»Sanftere Jahrhunderte verdrängen Philipps Zeiten
und die Notwendigkeit wird menschlich sein.«

Hier ist nun als letztes Neptun zu besprechen. Nostradamus kannte ihn nur als den römischen Gott des Meeres, der von den Griechen den Namen Poseidon erhalten hatte. Neptun ist für Nostradamus kein Planet. Wurde er doch erst Mitte des 19. Jahrhunderts entdeckt und benannt. Er ist Bruder und neidischer Konkurrent Jupiters, des guten Gottes. Neptun will diesem ständig die Herrschaft schmälern, das heißt also, sich selbst und seinen Machtbereich der unruhigen Naturgewalten auf Kosten des guten, fruchtbaren, sicheren und friedvollen festen Landes ausdehnen. Damit will er das Fundament, auf dem sich der Mensch zu entwickeln und zu existieren vermag, zerstören, zumindest schmälern. Neptun ist dem Monde verbunden (Ebbe und Flut!). Er bringt Unruhe mit sich, Verwirrung, Not, Zerstörung. So wird er Sinnbild einer unruhigen, unheilvollen, unberechenbaren Entwicklung. Gewiß, er hat nicht nur diese negativen Eigenschaften, ermöglicht er doch auch Kontakte und Handel zwischen Menschen und Völkern; denn über das Meer können Schiffe Menschen wie Güter transportieren. Aber es kann auch Kriegsvolk kommen, dessen »Wogen« dann die Gestade erreichen und die Küstengebiete »überschwemmen«. So heißt es etwa in Centurie II, Vierzeiler 59:

»Galliens Truppe wegen Unterstützung der großen Macht
des großen Neptun, und seiner Dreizack-Soldaten
hat der Provence die Ruhe geraubt. Sie muß eine große
[Bande ertragen.
Mehr tobt in Südfrankreich Glaubenskampf wie Dolch und Spieß.«

Hier wird Narbonnes (Südfrankreichs) Not durch die Entscheidung Großgalliens (Paris) deutlich: Der »allerchristlichste König« Franz I. überläßt den Osmanen mit Toulon und Teilen der Provence einen Stützpunkt als Ausgleich für das von Kaiser Karl V. eroberte Tunis, um im westlichen Mittelmeer gegen christliche Staaten Seeräuberei und Krieg führen zu können. So kann – Dank französischer Hilfe – ihre Macht gegenüber dem Abendland noch größer werden. Zugleich mit diesem Vorschubleisten für die Zerstörung der abendländischen Staaten allgemein, läßt dieser Fürst – kleinkariert – in südfranzösischem Gebiet jede reformatorische Bestrebung mit brutaler militärischer Macht unterdrücken. Man erkennt gleichsam, wie sich Nostradamus hinter diesem Vierzeiler verständnislos an den Kopf faßt.

Oder werfen wir einen Blick auf den Vierzeiler 78 in der II. Centurie:

»Der große Neptun aus der Tiefe des Meeres.
Phönizierblut und Galliergeschlecht verbunden:
Die Inseln im Blut, wegen allzu späten Mühens.
Mehr noch schadet's dem, der das verborgene Übel versteckt hat.«

Im Grunde geht es hier um eine Vertiefung des Vorhergesagten: Die türkische Seemacht im westlichen Mittelmeer – und darüber hinaus – erhält verräterische Schützenhilfe vom Herrn Frankreichs. Dadurch wird das Menschenland allgemein und insbesondere die Mittelmeerinseln zu einem blutgetränkten Lande, das allerdings durch allzu geringe Vorsorge, durch eigenes Verschulden, kaum etwas dagegen unternimmt. Er, der das dunkle Unheil in Szene gesetzt hat – Franz I. –, wird mit seinem eigenen Lande die Folgen besonders deutlich fühlen müssen.

Nach den Planeten wollen wir uns nun dem Sinn der in den Schriften verwandten Sternbilder zuwenden. Auch hier müssen wir uns hüten, nur einen einzigen Sinngehalt erkennen zu wollen. Sternbilder werden vielmehr in drei verschiedenen Bedeutungen genutzt. In der Vorrede an Cesar heißt es in bezug auf den Glaubenskampf, den Krieg der Ideologien: »Denn wenn die einen sich für viele Jahre im Wassermann versammelt haben, werden die anderen im Krebs verharren.« Hier vertreten die beiden Sternbilder extreme Gegensätze, also: die totale Konfrontation. Der Krebs ist vor der Gregorianischen Kalenderreform, mehr noch als heute, das Sternbild, das die Sonne im Hochsommer durchläuft. Und im Wassermann herrscht in der Provence in der Regel die größte Frostperiode. Der Löwe – das andere Sternbild des Hochsommers – stellt zudem meist, gemäß der Danteschen Sinngebung, den Hochmut dar. Dies trifft etwa in der Centurie VI, Vierzeiler 71 zu:
». . . Adler, Löwe, Kreuz, Krone bestochen . . .«
(Die Lehre Christi durch Hochmut wie Staat und Kreuz korrumpiert.) Nur wenn das Sternbild mit »leo« bezeichnet wird, meint Nostradamus das Sternbild selbst.

Was die übrigen Sternbilder angeht, so bedeuten zum Beispiel Widder und Stier oft den Frühling. Seien es nun seine Stürme und Umgestaltungen oder das Aufbrechen neuen Lebens auf dem verkrusteten, totscheinenden Boden des Vergangenen. Mit Krebs oder Löwe wird der Sommer veranschaulicht. Hier steht die Natur in vollem Leben, hier ist aber auch die Kraft der Ideen – und ihre Macht – auf dem Scheitelpunkt angelangt; und die Sommer-Sonne wärmt, sie verbrennt aber auch das Grün des Landes. Herbststernbilder sind Skorpion und Waage. Da ist Erntezeit, Weinlese. Zugleich aber nähert sich im Herbst das Absterben der Natur, die Kräfte schwinden dahin, und der Winter schließlich ist die Starre der Kälte. Wenn Schütze, Steinbock und Wassermann von der Sonne durchlaufen werden, dann erleben Mensch wie Natur den Frost. Dante schon sieht die tieferen Schichten – die schlimmsten Orte der Hölle – von Eiseskälte beherrscht. Wie furchtbar empfinden gerade sonnengewohnte Bewohner südlicher Gegenden diese Jahreszeit!

Ein besonders interessantes Kapitel stellen Zahlen in den Prophetien dar. Besser gesagt das, was auf den ersten Blick danach aussieht. Von den Römern wissen wir, daß sie ihre Zahlen durch Buchstaben darstellten. So bedeutete M die Zahl 1000, D stand für 500, C war der Buchstabe für 100, L das Symbol für 50 usw. In gleicher – beziehungsweise ähnlicher – Weise verfuhren die alten Griechen, die Juden und die Semiten überhaupt. Nun steht ja Nostradamus in jüdischer Tradition. Er benutzt zwar kaum Buchstaben, um Zahlen auszudrücken, vielmehr verwendet er Zahlen, um hinter ihnen bestimmte Begriffe zu verbergen. Zahlen in den Prophetien einfach für solche zu halten, bedeutet in der großen Mehrzahl der Fälle, sich in die Irre führen zu lassen. Man muß hier sehr genau zu unterscheiden wissen. Nun, halten wir uns nicht zu lange an theoretischen Fragen auf, sondern betrachten wir das Ganze an praktischen Beispielen.

Centurie V, Vierzeiler 2 lautet im Original:
»*Sept* conjurez au banquet feront luire,
Contre les *trois* le fer hors de navire,
L'*un* les *deux* classes au grand fera conduire,
Quand par le mal dernier au front luy tire.«

Übersetzt man den Text einfach mit seinen verwandten (und hier kursiv gesetzten) Zahlenwerten – allerdings schon unter Berücksichtigung seiner lateinisch-altfranzösisch-provenzalischen Bestandteile –, so ergibt sich:
»*Sieben* Mönche tragen beim Festmahle das Licht.
Gegen die *drei* die Kraft aus der Lenkung des Schiffes.
Der *eine* führt *zwei* Gruppen großartig zusammen.
Dann wird ihm von hinten das Übel ins Hirn eingepflanzt.«

Ein zwar nicht mehr verstümmelter, aber immer noch höchst nebulöser Text, so recht nach dem Herzen von Freunden des »geheimnisvollen Hellsehers« Nostradamus. Nun bedeutet »un, une« aber außer »eins« auch: der Einmalige, Einzige, ganz Besondere. »Deux« heißt nicht nur »zwei«, sondern u. a. auch Glaubensgemeinschaft, zum Altar oder Gottesdienst gehörig, Religion. Mit »trois« meint Nostradamus nicht nur »drei«, sondern auch bedrückt, unterdrückt,

78

weggedrängt. Und »sept« bedeutet außer »sieben« noch Almosen-kasten, Klingelbeutel, das Nötigste erbetteln, getrennt, infiziert.

Setzen wir nun diese neuen Begriffe in den Vierzeiler ein, so ergibt sich folgendes:

(Von Almosen lebende) arme Mönche tragen beim Festmahl das (rechte) Licht. Sie, die gegen die Unterdrückung der (frühlingshaften) Aufgabe eintreten, hat die Macht aus der Leitung des (Kirchen)schiffes geworfen. Einzigartiges führt Glaubensrichtungen großartig zusammen. Dann wird von hinten (schlangengleich) ihm das Übel (des Satans) heimtückisch in den Kopf gesetzt.

Der Text hat zwar das Geheimnisvolle verloren, dafür aber einen logischen Sinn erhalten: Solange es die Absicht derer ist, die beim Gottesdienst das Licht der Wahrheit tragen sollen, in Armut dienende Funktion auszuüben, ist alles gut. Wer aber in der Religion seinen Platz vom Dienen zum Herrschen pervertiert hat, vertreibt wahren Sinn und wahre Aufgabe von seinem angestammten Platz.

Und jetzt kommt nach Art des hebräischen Gedankenreimes (viele Teile des Alten Testamentes sind so geschrieben) ein Wiederaufgreifen des schon einmal Gesagten:

Das Einzigartige führt (zunächst) in großartiger Weise unterschiedliche Glaubensrichtungen zur Gemeinsamkeit. Dann wird ihm vom Satan der Hochmut ins Hirn eingepflanzt, und es vertut alles.

Wie eins, zwei, drei, sieben haben auch die anderen Zahlen übertragene Bedeutung:,

Quatre = *vier* = quatir (altfranzösisch) = pressen, verhüllen, verschwinden lassen« oder catier (altfranzösisch) = Verleumdung gegen die altfranzösische Reformationsbewegung der Albigenser, sie verehrten bei ihrem Gottesdienst den Satan unter Katzengestalt.

Cinq = *fünf* = cinc (altfranzösisch) = eine Handvoll, im Handumdrehen oder cince (altfranzösisch) = Lappen, Lumpen: Quine = ein Nichts.

Six = *sechs* = sis = si vis (lateinisch) = wenn du willst, einverstanden bist; außerdem ist sechs die Zahl, die für den sechsflügeligen Teufel steht, der nach dem Aufstand gegen Gott aus dem Himmel verbannt wurde; sie ist auch der Name der obersten Priester für den alt-römischen Kaiser (Kaiserkult).

Huit = *acht* = mit einem Hammer bearbeiten (altfranzösisch)

Neuf = *neun* auch: neu

Dix = *zehn* = gesagt (Lat.)

Es sind recht viele Quartains, in denen Zahlen erscheinen. Suchen wir uns hier einen weiteren heraus. Im Original lautet der 100. Vierzeiler der VI. Centurie:

»Fille de l'Aure, asyle du mal sain,

Où jusq'au ciel so void l'amphitheatre,

Prodige veu, ton mal est fort prochain,

Seras captive, et *deux* fois plus le *quatre*.«

Und in entschlüsselter Form – aber noch ohne Berücksichtigung der Nebenbedeutung der Zahlen –:

Tochter des Reichtums, Sitz der geistigen Krankheit,

wo sich bis zum Himmel das Amphitheater füllt.

Hüte dich, dein Unglück ist sehr nahe,

bist gefangen, und zwar *zweimal* mehr als *vier*.

Benutzen wir nun in der vierten Zeile die übertragenen Bedeutungen, so lautet diese: Du findest dich gefangen im Diesseitigen, und folglich haben deine Gottesdienstformen mehr vom Satansdienst an sich.

Und nun der ganze Vierzeiler in der Interpretation:

Du, (Kirche, Staat) bist dem Wahnsinn der Habsucht verfallen, dem die ganze Welt fasziniert huldigt. Sieh dich vor, dein Untergang kommt schnell. Du wirst deiner Aufgabe nicht mehr gerecht; denn was du als Gottesdienst ausgibst, hat mehr von Satansdienst an sich.

Wer den Tanz ums Goldene Kalb bei Zigtausenden kirchlicher Pfründe auf allen Ebenen der Hierarchie im ausgehenden Mittelalter vor Augen hat, dazu um den Gärungsprozeß im Volk, das erste dumpfe Bewußtwerden geistiger Freiheit weiß, braucht wahrlich kein Hellseher zu sein, um einer solchen Institution den Untergang vorhersagen zu können. Überall sind zudem in Frankreich wie in Europa die Worte der Reformatoren zu hören, während der Reichtum der Kirche in furchtbarem Mißverhältnis zu Not und Elend des Volkes steht.

Zuletzt noch ein Vierzeiler, der den notwendigen Umgang mit Zahlen besonders deutlich macht (Centurie VIII, Quartai 69):

»Auprès du jeune le vieux ange baisser,

Et le Viendra surmonter à la fin:

Dix ans égaux aux plus vieux rabaisser,

De *trois deux* l'*un huictième* Seraphim.«

Übersetzt – aber unter Erhaltung der Zahlen – lautet er:
Nachdem vom Jungen der Alte (alte Glaube) engelgleich geküßt,
bleibt der doch zum Schluß der Sieger:
Zehn Jahre vermindert es entsprechend dem sehr Alten.
Von *drei zwei* der eine *achter* Seraphim.

So gibt das keinen verständlichen Sinn. Setzen wir aber die übertragene Bedeutung der Zahlen ein, so wird das Dunkel aufgehellt:
Nachdem der neue Glaube (die Humanisten) in engelhaft-guter Art den altgewordenen (katholischen Glauben) brüderlich ans Herz drücken will, bleibt dieser doch zum Schluß alleiniger Sieger. Für ein Jahrzehnt wird jetzt das neue Glaubensbekenntnis – wie es zuvor dem alten passiert war, zurückgedrängt. Die katholische »einzig-Wahre« Kirche ist damit nach einer Bedrückung ihres Kultes nun erst wirklich heruntergekommen: Handelt sie doch nach ihrem Sieg als Straf- und Racheengel an den zurückgedrängten reformatorischen Bekenntnissen.

Besser kann man wohl kaum die geistig-religiöse Situation um die Mitte des 16. Jahrhunderts beschreiben.

Im Text fällt auf, daß bestimmte Begriffe einmal in Groß-, dann wieder in Kleinschreibung erscheinen. Damals neigte man in Frankreich noch dazu, am Wortanfang öfter Großbuchstaben zu verwenden. Außerdem muß bei Groß- oder Kleinschreibung – wie bei der Rechtschreibung insgesamt – berücksichtigt werden, daß Amtsfranzösisch gerade zwei Jahrzehnte vorher von König Franz I. zur Staatssprache für sein ganzes Reich erhoben worden war. Auch hatte eben erst die Akademie Française begonnen, die Sprache in Wort und Schrift festzulegen. Erscheint diese unterschiedliche Schreibweise aber bei Worten, wie »cité« (Stadt), »dame« (Dame), »duc« (Herzog), »empire« (Reich), »monarchie« (Monarchie), »monarque« (Monarch), »prince« (Prinz), »roi« (König), wie auch bei zahlreichen anderen, bedarf dies einer genaueren Untersuchung. Und tatsächlich zeigt sich ein interessantes Ergebnis. In den Fällen, wo Kleinschreibung verwandt wurde, handelt es sich meist wirklich um eine Stadt, einen Herzog, ein Reich usw. Bei der Verwendung dieser Begriffe unter Großschreibung ist das zwar vereinzelt auch der Fall, in der Regel aber werden geistige Mächte damit zum Ausdruck gebracht.

Cité: Centurie IV, Quartain 16:
»Durch Freiheit ist die freie Stadt = *Gesellschaft* zum guten Dienst be-

fähigt, sie bietet den Zugrundegerichteten und Denkern Asyl ...«

Dame: Centurie I, Vierzeiler 85:

»Gleich der *Dame* (= *Kirche*), ist auch die weltliche Macht verdüstert. Ihre Vertreter begehen an der eigenen Lebensart Frevel. Der Große ist – sie imitierend – scheinheilig gegen seine Brüder.«

Herzog: Centurie IV, Quartain 38:

»Während es schwebt, daß *Herzog* (der *Heiland*), König (die Staatsmacht) die Rhône besetzt, ist der Chef von Byzanz von der Ägäis her gefangen...«

(Während man um Herrschaftsform und Heiland an der Rhône streitet, hat der Türkensturm das alte Ostrom schon hinweggefegt ...)

(Herzog kann allerdings auch »Herzog« oder Kriegsvolk bedeuten.)

Reich: Centurie III, Quartain 59:

»Grausam das erhabene *Reich* (*Gottesreich*) durch die üble Bande an sich gerissen: Der größte Teil seiner Familie ist heruntergekommen, zu Tode vergreist . . .«

Monarchie: Centurie VI, Quartain 25:

»Wegen Mars ist die große *Herrschaft* (des *Abendlandes*) umgewühlt. Vom großen Fischer in ruinösen Wirbel gebracht . . .«

Monarch: Centurie I, Quartain 36:

»Der wahre *Herrscher* findet erst spät Ruhe, weil er seinen Feind nicht vernichtet hat . . .«

Hahn: Centurie VIII, Quartain 4:

»In Monaco ist der *hahn* empfangen. Der Kardinal von Frankreich erscheint. Er ist wegen römischer Gesandtschaft verraten. Dem Adler entsteht Schwäche, aber Stärke für den Hahn.«

Adler: Symbol Dantes für Christus.

Hahn: groß geschrieben: die äußerlich prachtvolle Kirche.

Hahn: klein geschrieben: Symbol des Verrates des Petrus.

Bei diesem Vierzeiler begegnet uns eine neue Eigenheit, mit denen Nostradamus in seinen Prophetischen Schriften arbeitet: Manches Wort benutzt er in einem Vers zwei-, drei- oder sogar viermal, allerdings jedesmal in anderer Bedeutung.

Schauen wir uns auch hierzu einige Beispiele an:

Temps: Centurie I, Quartain 28:

»La tour de Boucq craindra fuste Barbare

Un *temps*, long *temps* apres barque hesperique,

Bestail, gens, meubles tous deux ferront grâd tare,
Taurus et Libra quelle mortelle picque.«

Das bedeutet: Der Turm von Boucq fürchtet sich vor dem Barbarenstock. Eine *Zeit* lang, *viel später* (geht) die Barke auf Spanien zu. Vieh, Volk und alle Sachen, Glaubensstreit bringt große Last. Stier und Waage: welch tödlicher Streit!

(Erste Zeile nicht deutbar – Dann geht die Vorherrschaft in der Kirche auf Spanien über, das die Seele bevormundet. Vieles muß deshalb unter dem Glaubensfanatismus leiden, da sich die Menschen in Konfrontationsstellung begeben. Wenn etwas entsteht oder herbstlich verfällt, bewirkt das viel Unheil.)

Par: Centurie II, Quartain 59:
»Classe Gauloise *par* appuy de grand' garde,
Du grande Neptune, et ses tridens soldats,
Rongée provence pour soustenir grand' bande,
Plus Mars, Narbon, *par* javelots et dards.«

Übertragen heißt das: Galliens Truppe *wegen* der Unterstützung der großen Macht des großen Neptuns und seiner Dreizack-Soldaten hat der Provence die Ruhe geraubt. Sie muß eine große Bande ertragen. Mehr *als* Dolch und Spieß tobt in Südfrankreich der Glaubensstreit. (Frankreichs Heeresmacht unterstützt türkische Truppen. Darunter hat die Provence zu leiden, die schlimmes Kriegsvolk ertragen muß. Schlimmer noch aber als Krieg von außen tobt in Südfrankreich der Glaubenskrieg!)

Deux: Centurie II, Quartain 35:
»Dans *deux* logis de nuict le feu prendra,
Plusieurs dedans estouffez et rostis,
Pres des *deux* fleuves pour seur il adviendra
Sol, l'Arc Caper, tous seront amortis.«

Das bedeutet: An heiligen Orten greift aus der Dunkelheit Feuer um sich. So mancher wird davon erstickt, verbrannt: *Glaubensnah – vertrauenswürdige* Lehren – es kommt die Sonne, der Winter zerstört alles. (Die Lebensgrundlagen (in der Religion) werden von solch (geistigem) Dunkel zerstört. So mancher erleidet dabei den Feuertod. Es entstehen gute Lehren für den Lebensweg der Menschen, so wahrhaft christliche Gedanken. Aber dann wird alles zerstört.)

Teste: Centurie II, Quartain 2:
»La *teste* bleue fera la *teste* blanche

Autant de mal que France a fait leur bien,
Mort à l'anthenne, grande pendu sur la branche,
Quand des prins siens le Roy dira combien.«

Übersetzt: Englands *Herrscher* schafft *Märtyrer*.

So Übles (geschieht), wie es auch Frankreich reichlich tut. Tod am Mastbaum, viel Aufhängen an Ästen. Die herrschende Ideologie bestimmt, wieviel der ihren es trifft.

Das bedeutet also: In England bringt man Menschen um. In Frankreich handelt man auch nicht besser. Die Engländer hängen dabei die ihren an die Mastbäume der Schiffe, die Franzosen benutzen dazu die Bäume ihrer Wälder. Die jeweils herrschende Ideologie legt fest, wer leben darf oder sterben muß.

Bei diesem Vierzeiler treten jetzt auch Farben – auch solche verwendet Nostradamus zur Verschlüsselung – in Erscheinung.

Blau: In Altfranzösisch bedeutet Bloye-Bretagne England und Großbritannien im Gegensatz zu der französischen Bretagne. Außerdem bedeutet »blau« (wie im Deutschen geschrieben) im Provençalischen und Katalanischen neben der Farbe auch noch: blond, blauäugig, nördlich, britisch.

Weiß: Es handelt sich um die Farbe der Unschuld. So ist z. B. in der katholischen Kirche die Tagesfarbe am Fest der (in Bethlehem ermordeten) unschuldigen Kinder weiß. In der Geheimen Offenbarung wird diese Farbe ebenfalls in gleicher Bedeutung genutzt. Bei Dante ist die »Weiße Rose« Symbol des guten Herrschers, der in seiner Regentschaft keine Schuld auf sich lädt. Sein Platz ist in der Göttlichen Komödie noch unbesetzt. – Wäre das Werk heute geschrieben, er wäre wohl immer noch frei!

Rot: Benutzen wir hierzu einen Quartain, in dem das Wort für eine Farbe gleich viermal vorkommt, nämlich der Vierzeiler 19 der Centurie VIII:

»A sousteinir la grand cappe troublée,
Pour l'esclairoir les rouges marcheront.
De mort famille sera presque accablée,
Les *rouges*, les *rouges rouges* assommeront.«

Übersetzt heißt das: Die große, trübe gemachte Kappe aufrecht zu erhalten, sie aufzuhellen, setzen sich die *Bittenden* und Untersuchende in Gang. Fast ist die Familie (der Christen) vom Tode übermannt. Die *harten Verderber* vernichten die Bittenden auf *rotglühende* Art.

(Um das trübgewordene Papsttum noch aufrechtzuerhalten, werden einerseits Bittgebete, andererseits Untersuchungen der Inquisition in Gang gesetzt. Nahezu total ist das Volk dadurch umgebracht, das von den harten Verderbern auf den Scheiterhaufen geworfen ist.)

Rot ist die Farbe des Feuers, im Lateinischen heißt rogare = bitten; aber auch = peinlich befragen (also auf der Folter); rot ist zudem die Farbe der höchsten Kirchenfürsten – der Kardinäle – und zugleich Symbol der Märtyrer.

Bruyne: CenturieVIII, Quartain 26:

»De Caton es trouvez en Barcelonne,
Mys descouvers lieu retrouvez et ruyne,
Le grand qui *tient* ne *tient* voudra Pamplonne
Par l'abbage de Montserrat *bruyne*.«

Von sittenstrenger Art findet man in Barcelona einen Chirurgen, der die Dinge offenlegt, sie entdeckt und zerstört. Der Luxuriöse, der *im Feld* steht, kann Pamplona nicht halten. Gleich der Abtei von Montserrat (*die Mönche*) ist er *brandig*.

(In Katalonien wird der Versuch unternommen, dem Kranken an der Kirche Einhalt zu gebieten und es zu heilen. Ignatius von Loyola kann das aber nicht schaffen; denn auch er ist von der gleichen Krankheit angesteckt wie (auch) die Mönche (die Benediktiner), die auf dem Montserrat zu finden sind).

Nostradamus ist persönlich den (braunen) Franziskanern verbunden. Doch auch da sieht er den Niedergang klösterlicher Zucht und Ordnung. Was er im vorigen Vierzeiler geißelt, führt übrigens vierzig Jahre später zur Schließung fast aller nordspanischen Klöster.

Braun sind die Mönche, braun werden die Blätter der Laubbäume im Herbst, ehe der Winter kommt. Weil er den Vergleich mit dem Chirurgen wählt, benutzt er Worte, die gleichermaßen »zurückerworben« und »Eierstöcke« bedeuten oder »Nieren« und »ruiniert«. Der Sittenstrenge, der »wie ein Soldat im Felde steht«, aus Pamplona stammt, Exerzitien einführt, ist eindeutig Ignatius von Loyola, der Gründer des Jesuitenordens.

Gris: Centurie VIII, Quartain 22:

»Gorsan, Narbonne, par le sel advertir
Tucham, la grace et Parpignan trahie,
La *vie* rouge n'y voudra consentir,
Par haulte vol drap *gris vie* Faillie.«

Korsika, Narbonne, ist wegen des Geistes zu warnen Tucham (?). So hat die Gnade Perpignan verlassen. Der *Weg* rot, man will nicht verträglich sein. Durch schweren Raub *grauer* Vorhang auf das *Leben* gefallen.

(Man kann Südfrankreich und Korsika nur warnen; denn wegen solchen Verhaltens haben die unter Spanien stehenden Gebiete schon den Weg zur Gnade Gottes verloren. Ihr Lebensweg unterliegt friedloser Inquisition, und das Leben selbst ist dort vom Rauch [der Scheiterhaufen] zugedeckt.)

Grau ist die Farbe des regenverhangenen Himmels, grau sind die von Bränden oder Scheiterhaufen aufsteigenden Rauchschwaden. Grau ist der zum Tode gebückte Mensch, »grau«* der vom Alkohol Berauschte. Grau ist der Nebel, in dem man nichts mehr sieht. (Man beachte in diesem Vierzeiler auch die doppelte Bedeutung des Wortes »vie«.)

Noire: Centurie X, Quartain 60:
»Conflict Barbar en la Cornette *noire*,
Sang espandu trembler la Dalmatie,
Grand Ismael mettra son promontoire,
Ranes trembler, secours Lusitanie.«

Barbarenkämpfe im dunklen (*schwarzen*) Winkel. Verspritztes Blut läßt Dalmatien erbeben. Mächtig errichtet das Ismaelitenvolk sein Vorgebirge, um Teufelsfische erzittern zu lassen. Hilfe aus Portugal.

(Gleichzeitig erheben sich die Türken vom Balkan her und verspritzen Blut an Dalmatiens Küste. Mächtig stürzen die Mohammedaner vorwärts, um die »Kirche des Satans« erzittern zu lassen. Die Portugiesen kommen zu Hilfe.)

Schwarz hat gleiche übertragene Bedeutungen, wie wir sie auch im Deutschen kennen: Auch wir »sehen schwarz«, wenn wir Unglück erwarten. Und wenn eine schwarze Wand am Himmel aufzieht, müssen wir mit einem Unwetter rechnen. Schwarz bedeutet einen Zustand, in dem wir nichts erkennen können. In der »rabenschwarzen Nacht« sind wir hilflos, wissen nicht, was um uns herum vorgeht. Es ist der Zustand in dem uns Unsicherheit umfängt. Schwarz ist zudem fremdartig.

Verdure: Centurie VIII, Quartain 75:

---

* Entspricht dem deutschen »blau« für betrunken sein.

»Le père et fils seront meurdis ensemble,
Le prefecteur dedans son pavillon
La mère à Tours du fils ventre aura enfle,
Cache *verdure* de fucilles papillon.«

Vater und Sohn sind zusammen ermordet, vom Vorsteher, in seiner flatterhaften Art. Die Mutter schlitzt zu Tours des Sohnes Bauch aus. Das *Grün* unter Schmetterlingsschwärmen verborgen.

(Vergehendes ist wie Nachfolgendes vernichtet. Wirklich Aufstrebendes ist da noch nicht erfaßt worden. Aus abendländischem Geist ersteht Neues, was aber derzeit noch unter schwärmerischen Vorstellungen verborgen ist [nicht sichtbar ist]).

Grün ist die Natur, wenn im Frühling Neues wächst. Vorher aber muß das Alte absterben. Man lese dazu bei Erasmus von Rotterdam sein ergreifendes »Gebet im Frühling«.

In den Centurien begegnen uns eine Vielzahl von Begriffen, die über die direkt genannte Bedeutung hinaus auch andere Sinngebungen besitzen. Im folgenden seien einige wesentliche hier aufgeführt:

Achilles:	Griechischer Held von Troja
	Hier: Symbol für Kraft und Schönheit
Aconit:	Giftkraut (Sturmhut)
Adria	a) Die Adria, das Schicksalsmeer Europas während der Zeit des Türkenvormarsches im 16. Jahrhundert
	b) Kaiser Hadrian (s. d.)
	c) Papst Hadrian VI., einziger würdiger Papst in der Zeit der Renaissance
	d) Italienische Stadt
Aementhius:	a) Name für Alexander den Großen
(Emantheus)	b) Stadt in Dalmatien (heute: Nivitza)
Aenobarbus:	Bedeutender griechischer Seeräuber unter türkischem Schutz im 16. Jahrhundert im westlichen Mittelmeer
Agenor:	Mythologischer Ahnherr der Phönizier (Seefahrer- und Händlernation des Libanon in alttestamentlicher Zeit)
Agora:	Marktplatz, öffentlicher Treffpunkt
Agrippa:	a) Schwere Geburt

	b) Berühmte römische Familie
	c) Agrippina, die Gemahlin des Kaisers Claudius, Gründerin der Stadt Köln
Ägypten:	a) Das alte Kulturland am Nil
	b) Onkel des Meergottes Neptun (Aigyptos)
Alanien:	Der Kaukasus
Albain:	(Albanien) a) Albanien
	b) Albigenser
	c) Witten(berg)
	d) Fremde
Aleph:	a) Semitisch: Die Zahl Tausend, zugleich erster Buchstabe des semitischen Alphabetes
	b) Der erste, der beste seiner Art
	c) Ein angeblich auf dem Peloponnes versickernder und in Sizilien wieder auftauchender Fluß mit seinem Gott Alpheos
Allobrogen:	Kriegerischer, keltischer Volksstamm zwischen der Provence und dem Genfer See
	Hauptstadt: Vienne
Alus:	a) Schwarzwurzel
	b) Wilder Knoblauch
Ambellon:	Der, die, das Geschmückte
Ambracien:	a) Albanien
	b) Das Land der Ambronen. (Die Ambronen waren eine keltische Völkerschaft, die zwischen 120 und 105 v. Chr. mit den Cimbern und Teutonen durch Gallien streifte.)
	c) Wüstlingsland
	d) Das Gebiet, wo Bernstein gefunden wurde (vorwiegend die deutsche Ostseeküste)
Americh:	Alte Stadt in Umbrien am Tiber
Ames:	Geister, Seelen
An:	a) Götter, göttlich
	b) man
	c) nach (alle Begriffe aus dem Altfranzösischen)
Anaragonique:	(von Alpha rho chi o-mikron sigma) = ohne Anfang, ohne Herrschaft
Ancona:	a) Italienische Stadt an der Adria

	b) Türkische Stadt am Schwarzen Meer
	c) Ellenbogen
Androgyn:	a) ein Mannweib
	b) Ein Verschnittener (Kastrat)
	c) Ein Zwitter
Anthoni:	Anthonius = führender Stoiker
Antibe:	a) Die Stadt Antibes
	b) Anti Be = gegen Gott
Antiochien:	Syrien
Antipolis:	Antibes
Antonius:	a) Großer Redner Roms (etwa 150 v. Chr.)
	b) Antonius Creticus, er befreite 74 v. Chr. das Mittelmeer von Seeräubern
	c) Der hl. Antonius (wohl von Padua)
Antonoree:	a) Antenorides = Bewohner von Padua
	b) Antenois, verflossen (altfranzösisch)
Aquilon:	Nord-Nord-West-Wind (von der Provence her gesehen, also Britannien)
Aquitanien:	Südfrankreich
Araxes:	Bedeutender Fluß in Persien, der an der berühmten altpersischen Stadt Persepolis vorbeifloß.
Arbon :	Öffentlicher Aufruf (altfranzösisch: Harban)
Arethusa:	a) Quelle nahe der Stadt Syrakus in Sizilien
	b) Stadt in Mazedonien
	c) Begleiterin der Artemis (s. d.), die mit Alpheos vermählt war
	d) Stadt im alten Syrien
Ares:	Griechischer Kriegsgott
Aries:	a) Der Widder
	b) Das Frühlingssternbild des Widders
	c) Ein Opfertier
	d) Rammbock (Belagerungsgerät)
Armini:	a) Hermann der Cherusker
	b) Nordische Ketzer (Arianer?)
Armonique:	Harmonis, Tochter von Mars und Venus, Mutter der Semele
Armorique:	Bretagne und Teile der Normandie
Arnanus:	Der Fluß Arno in Italien

Arnauten:	Griechische Helden, die nach der Sage über das Schwarze Meer fuhren und auf der Krim das Goldene Vlies von den Amazonen holten
Arroy:	Kreislauf
Art:	a) Kunst
	b) Teufelskunst, Satanskunst (altfranzösisch)
Artemide:	a) Die Pflanze Beifuß
	b) Die Königin Artemis von Karien, die ihrem Gemahl Mausolus ein prächtiges Grabmahl errichtete
Artemis:	Göttin der Liebe, der Geburt, des Mondes, der Jagd (mit Diana [s. d.] identisch)
Artomique:	Eingeengt
Ascan:	a) Sohn des Aeneas (erster »Römer«)
	b) der See, an dem Nicea liegt (Niceanisches Glaubensbekenntnis)
Assise:	a) Heimatstadt des hl. Franziskus (Assisi)
	b) Gerichtstag
Astronomicus:	Sternkundiger
Ausonien:	Unteritalien
Aux:	sie, die (altfranzösisch)
Aventinus:	Einer der sieben Hügel Roms. Er trug ursprünglich den Dianatempel
Avignon:	Die Stadt an der Rhône, aus welcher Nostradamus väterlicherseits stammte. Sitz der Päpste beim »großen Schisma« nach 1378. Bis 1789 gehörte Avignon und Umgebung noch zum Kirchenstaat
Azostains:	a) Aço = mittelalterlicher Begriff für Stahl, Waffe
	b) sauer
	c) Azotii = Bewohner der Stadt Asdod in Palästina
Babylon:	a) »Die große Hure« der Geheimen Offenbarung. Steht oft für Rom
	b) Symbol der großen Stadt bzw. Macht, die gegen die Lehre Christi kämpft
Bagage:	a) Gespräch
	b) Großmacht
	c) Hybris (Überheblichkeit)
Bär:	Im 16. Jh. Symbol für die Alpenrepublik der Eidge-

	nossen. Auch: Bern, die Hauptstadt der Schweiz
Bailly:	Herrschaft, Lehen (altfranzösisch = Baillif)
Barbe:	(Barbaren) Ödland, rückständiges Gebiet
Barbeau:	Werwolf
Barclimon:	Die Familie Hannibals und Hasdrubals
Barroy:	a) Brüllen wie ein Elefant
	b) Einfaltspinsel
	c) Die Stadt Bari bzw. das dazu gehörige Gebiet
Bastard:	a) Uneheliches Kind
	b) Nicht ebenbürtig
	c) Zwitter
Bastarner:	Volksstamm zwischen Weichsel und Ukraine
Bastir:	Einsame Befestigungsanlage (altfranzösisch)
Begich:	a) Name
	b) Möglicherweise: häretisch, dumm, närrisch
	b) Die Stadt Béziers (s. d.) in Südfrankreich
Begourdan:	Heuchler, Häretiker (altfranzösisch)
Bellerophon:	Sohn des Glaukos, Enkel des Sisyphus, tötete die Chymäre
Benacus:	See nahe der Stadt Verona (Gardasee)
Beta:	a) Zweiter Buchstabe des griechischen Alphabetes
	b) Herbst
Bethis (Baetis):	der Guadalquivir bzw. Andalusien
Beu, Be:	Gott (altfranzösisch)
Béziers:	In den Albigenserkriegen grausam vernichtet
Blaue:	blaue, bleue, bloye = blau, blond, nordisch
Bruine:	a) braun
	c) Zank, Streit, Kampf, Sieg
	b) Ein dort ansässiger Keltenstamm
Bichora:	Die Landschaft Bigorre in Südfrankreich
Bigorre:	siehe Bichora
Bizans:	Bollwerk vor Byzanz
Bloi:	Hafen bei Tarragona
Blois:	a) stotternd, stammelnd
	b) Herkunftsort der zur Zeit des Nostradamus regierenden Königsfamilie (Valois)
Bloye-Bretagne:	Groß-Britannien
Boge:	Höhle, Ledersack (altfranzösisch)

Bogen (arc):	a) Auf der Höhe der Macht
	b) Der Abschnitt eines Sternbildes am Himmel, den die Sonne durchläuft
Boreas:	Nord-Nord-Ost-Wind
Boristhenes:	Der Dnjepr oder der Dnjestr (Flüsse in der Ukraine, die ins Schwarze Meer fließen)
Bourges:	a) Bourg-en-Bresse
	b) Befestigungen im allgemeinen
Brannonices:	Keltischer Volksstamm
Brave:	Schmutz, Unrat (altfranzösisch)
Brech:	Honigwabe (altfranzösisch)
Bresse:	Gebiet nordöstlich von Lyon
Breton:	a) Die Bretagne
	b) Brite
Brodes:	siehe Allobrogen
Bruin:	Schatten, Untergang, Niedergang
Bruit:	a) Streit
	b) Verhärtung, Verknöcherung (altfranzösisch)
	c) Lärm, Dröhnen
Brundes:	Der Hafen Brindisi in Italien an der Adria
Bugie:	a) Altes Abtreibungsmittel, aus Zypressensaft gewonnen
	b) Bucilia = Militärstützpunkt in Unter-Ägypten
Bureau:	Strohfeuer (altfranzösisch)
Byzanz:	a) Das alte Konstantinopel, die Hauptstadt Ostroms
	b) Das Zentrum der Orthodoxie
	c) Nach der Eroberung durch die Osmanen 1453 als »Istambul« Hauptstadt des Osmanischen Reiches
Calenden:	Erste Tage des Monats
Cape:	a) Der Tüchtige
	b) Der große Kopf
	c) Der Kapitän
	d) Kapuzenmantel
	e) Tiara-Träger (Papst)
	f) Die am französischen Hof besondere Ämter hatten

Capricorne: a) Steinbock (auch das Sternbild)
               b) Die Macht ergreifen
               c) Horn und Betrug (Luther vor dem Reichstag zu
                  Worms: »Ich sage das ohne Zähne (Aggression)
                  und Hörner (Hinterlist, Hintergedanken)«
Carlus (Carolus): a) Karl der Große
               b) Karl der Kühne von Burgund
               c) Karl V., der regierende Kaiser
               d) Karl IX. von Frankreich
Carmanien: Persien
Carne: Fleisch
Castor und Pollux:
               Zwillingspaar der griechischen Mythologie
Catilina: Aufständischer im alten Rom. Galt als Vaterlands-
               verräter
Caton: a) Cato
               b) Tugendlehrer
Catulon: Katalonien (auch Castulon); möglicherweise auch:
               Kastilien
Celin (Selin): Gerechter, Wissenschaftler, Künstler
Chaldenon: a) Chaldea, ein Land zwischen Euphrat und arabi-
                  scher Wüste, dessen Bewohner als Wahrsager
                  galten
               b) Heimat Abrahams
Chambry: Ort in Savoyen
Chameau: Chameleon, Tier das seine Farbe immer der Um-
               welt anpaßt
Chaussi: Die Chatten, Germanenstamm zwischen Nieder-
               rhein und Friesenland
Chaut: Eine Strohhütte in der Camargue
Chef: a) Chef
               b) Anfang
               c) Stücke, Gegenstand
               d) Hauptidee
Cherra: Liebe
Cherronisos: Die Halbinsel Krim
Cheval: a) Pferd
               b) Ritter

	c) Folterbank der Inquisition
Chononi:	Domherr
Ciel:	a) Himmel
	b) Gewölbe
	c) Unter dem Himmel = auf der Erde
Cinq:	a) Fünf
	b) Im Handumdrehen
	c) Lappen, Lumpen
Classe:	a) Volk
	b) Schutzbefohlene
	c) Flotte
	d) Heer
Colonna:	a) römischer Staatsmann
	b) der Bauernstand
Columna:	a) Säule, Stütze
	b) Der Pranger
Condon:	Verschenkung
Conjurez:	a) Verschworene
	b) Mönche
	c) Eine Gemeinde, Gemeinschaft
Convers:	Laienbruder, Laienschwester
Cor:	(lat.) Herz, Mut, Gemüt
Cordoba:	a) Stadt in Andalusien, Geburtsort der beiden Senecas;
	Hautstadt des Almohaden-Reiches (arabisches Reich auf der Pyrenäen-Halbinsel)
Corinth:	a) Reiche Handelsstadt im alten Griechenland
	b) Begriff für »Geschäftswelt«
Cornus:	(lat.) a) Horn
	b) Falschheit, Lüge, Verschlagenheit
Coronula:	a) Kleiner Heiligenschein
	b) Ein Krönchen
	c) Die Wulst um die Mitra
Corsibonne:	Lustdirne
Coste:	a) Seite
	b) Küste
	c) Höhe
	d) Kruste

Crustamin:	a) Crustumerium = Stadt und Fluß der Sabiner mit einer berühmten Quelle. Hier erhoben sich die römischen Truppen gegen die Herrschaft der Patrizier b) crust, crusta = (lat.) Kruste, Verhärtung um etwas Weiches. amin = Gebetsschluß
Cudo:	Fellhelm
Cykladen:	Halbkreisförmige Inselgruppe um Delos in der griechischen Ägäis
Cyphe:	Ägyptisches Weihrauch-Pulver
Dacien:	Ost-Ungarn
Dame:	Zumeist in der Bedeutung »Kirche« benutzt; hier: die Kirche (klein geschrieben) = das gläubige Volk; die Kirche (groß geschrieben) = die Hierarchie
De Cours:	Ein Höfling
Deie:	Kralle, Klaue
Delos (Delves):	Insel innerhalb der Cykladen, auf der Weisheit und Schönheit verehrt wurden
Deukalion:	Deukalische Flut = die Sintflut in der griechischen Mythologie
Deux:	a) zwei b) (altfranzösisch) Christengott c) (altfranzösisch) Altar d) (altfranzösisch) Gottesdienst e) (altfranzösisch) Gemeinde der Gläubigen
Dial Quirinal:	Jupiter-Priester
Diana:	Göttin der Liebe, Geburt, Nacht, des Mondes, der Jagd (s. Artemis)
Dinebro:	a) d'en Ebro = vom Ebro her (arabisch) b) DINer Et BRO = Weinkanne und Brot
D. M.:	Deus maritus (befruchtender Gott. Beiname für den Christengott in der Antike, dem Menschen wohlgesonnene Götter)
Donnerstag:	a) Gründonnerstag b) Fronleichnam (Feste, an denen des Leibes Christi gedacht wird)
Dreißig (Jahre):	(biblisch) im vollen Mannesalter
Drux:	a) Drusus b) Keltenpriester (Gallikanismus!)

Ée:	(altfranzösisch) das Leben
Eiovas:	(griechisch = Alpha Jota O-Mega Nü): Härtikergespenst
Endymion:	Schöner Jüngling, der durch den Kuß Silenes auf dem Berge Latmos in ewigen Schlaf versenkt wurde
Enviellie:	(altfranzösisch) altersschwach geworden sein
Ephesus:	Stadt mit berühmtem Tempel der Diana in Kleinasien
Ergaste:	Eine Werkstatt (meist für Sklaven)
És:	(altfranzösisch) dieser
Esleu:	(altfranzösisch) erwählt, großgezogen
Esloigner:	zerstreuen
Esmeu:	(altfranzösisch) eingeschätzt
Estain:	ungeteilt (altfranzösisch)
Esté:	(altfranzösisch) a) Hochmut b) Sommer
Etrusker:	a) Altes (vorrömisches) Kulturvolk in Norditalien b) Die Toskana
Exercite:	(altfranzösisch) a) mühevoll b) Excercitien (des hl. Ignatius) c) Heer
Faim:	Hunger (an geistiger Speise) des Volkes
Far:	(altfranzösisch) a) Engpaß b) Fahrrinne c) Bucht
Farouch:	(altfranzösisch) wild, Wildnis
Faugnars:	Possenspieler beim Satyrspiel
Ferrare:	a) Ein Schmied b) Die Stadt Ferrara im Kirchenstaat Nähe der Po-Mündung c) Sitz des Statthalters des Oströmischen Kaisers (zugleich dortiger Erzbischof), solange Teile Italiens nach dem Zusammenbruch des Weströmischen Reiches zum Ostreich gehörten
Fesulan:	Stadt in Etrurien, Waffenplatz Catilinas (s. d.)
Feu:	(altfranzösisch) a) Feuer b) Familie

	c) Sein Schicksal tragen
	(Alles auch in übertragener Bedeutung möglich)
Fisch:	Altchristliches Kryptogramm für:
	Jesus-Christus-Gott-Erlöser (*ιχδιος*)
Flamen:	a) Priester römischer Götter
	b) Bewohner der Niederlande
Flora:	a) Blume
	b) Elite
Florence:	a) Die Stadt Florenz
	b) Ein blühendes Staatswesen
Fornase:	Backofen
Fréjus:	Stadt und Hafen bei Monaco, wurde von Franz I.
	den Arabern zur Benutzung überlassen
Fucin:	a) Großer süditalienischer See im Lande der
	Marsen
	b) Ein Färbemittel
Fum:	a) Rauch
	b) Rausch
Fust:	Ein Fetisch, Gewehrschaft
Galerus:	Rosenknospe
Gallien:	a) Frankreich
	b) allgemein für die Kelten
	c) Gallia cisalpina = Norditalien
	d) Gallia transalpina = Südfrankreich
Garde:	a) (altfranzösisch) Angst
	b) Vorsicht
Geist, Hl.:	Seine Gaben: Friede statt Krieg,
	Liebe statt Haß,
	Einheit statt Einsamkeit,
	Freude statt Verbitterung,
	Wahrheit statt Lüge,
	Freiheit statt Gefangenschaft,
	Würde statt Würdelosigkeit
Germanie:	a) Deutschland
	b) Brüderlichkeit (provençalisch)
Gorgonen:	Drei Schwestern, deren Anblick so furchtbar war,
	daß jeder, der sie anblickte, sich augenblicklich in
	Stein verwandelte

Goten:	Hier: Westgoten. Sie zogen in der Völkerwanderung über die Provence nach Spanien, wo sie einen Staat errichteten, der nach 711 von den Mauren vernichtet wurde
Grand:	Groß, viel, mächtig, sehr, schrecklich
Grand Germanie:	
	a) Germania Magna (So bezeichneten die Römer das Gebiet zwischen Rhein und Elbe)
	b) Einzigartige Brüderlichkeit
	c) Das Heilige Römische Reich Deutscher Nation
Granicus:	Kleinasiatischer Fluß, bekannt durch den Sieg Alexanders des Großen über die Perser
Gryphon:	a) Der Vogel Greif (mythologisch)
	b) Bezeichnung für die Byzantiner
	c) Bezeichnung für Orientalen im allgemeinen
Guyrlande:	a) Kreis, Gegend, Waldgegend
	b) Girlande
Ha:	Steht für »Haruspex« (ein aus den Eingeweiden von Tieren wahrsagender Priester)
Hadrian:	a) Papst Hadrian VI. 1522–1523. Lebte als einziger Renaissance-Papst nicht seinem Genuß, sondern für die Seelsorge
	b) Kaiser Hadrian, bekannt für seine Gerechtigkeit und gute Staatsführung
Hamon:	Nichtjüdische Semiten im östlichen Palästina (heute Amman)
Hannibal:	a) Der große Alpenüberquerer im Zweiten Punischen Krieg
	b) Symbol für einen Menschen, der einen unversöhnlichen Haß gegen Rom hat
Harmotique:	(Harmodium) = Tyrannenmörder
Haruspex:	s. Ha
Hekatombe:	Großes, öffentliches Opfer (ursprünglich 100 Rinder)
Helios:	Sonnengott
Helys (es Champs):	
	Gelände nahe Athen, wo zu Ehren der Ceres, der Göttin der Fruchtbarkeit, Wettkämpfe stattfanden

Herbipolis:	a) Stadt im Zentrum Siziliens
	b) Würzburg
Herkules:	a) Held und Halbgott in der griechischen Mythologie
	b) Beiname in der Reformation für Luther
	c) Bewacher und Hüter der Wege
Hero:	Priesterin der Aphrodite (Göttin der Schönheit)
Herodde:	Kindsmörder (?)
Hieron:	Freund der Römer
Hyppolith:	Keuscher Jüngling
Hister:	a) Unterlauf der Donau
	b) Der Balkan
	c) Die Nordküste der Adria
Huict:	a) acht
	b) Mit dem Hammer bearbeitet
	c) gerufen
Hurne:	Schicksalsgefährte der Antike
Huy:	Kriegsgeschrei
Ieve:	Oberster, bester, gerechter Gott, der gute Gott
Inclination:	Zuneigung
Incogneu:	a) Nicht wissen, nicht kennen
	b) Schwachkopf
Inde:	a) Violett
	b) Farbe des höheren Klerus
	c) Fluß in Südfrankreich
	d) Indien
Insubrer:	Norditaliener in Gallia Cisalpina (Hauptstadt Mailand)
Iris:	a) Edelstein
	b) Göttin des Regenbogens oder der Regenbogen selbst (Symbol des Friedensschlusses); s. Buch Genesis
	c) Schwertlilie
Ivra:	IBR = die drei Konsonaten, die das semitische Wort für »Juden« bilden
Jonchere:	a) Blumen streuen
	b) La Jonquera = spanische Grenzstadt an den Pyrenäen

Julian:	a) Römischer Eroberer
	b) »Julian Apostata« (wieder heidnisch gewordener Kaiser im alten Rom)
Julius:	a) Gaius Julius Cäsar
	b) Julian Apostata
Jupiter:	Der gute Gott, der Himmelsvater
Kabeiri:	a) Semitisches Wort für das Sternbild des Großen Wagens, vor allem von den Phöniziern benutzt (Kebir = Groß)
	b) Symbol für den Norden
	c) Wegweiser für die Schiffahrt
Kastilien:	Hauptkönigreich Spaniens nach der Reconquista, später mit Aragon (Katalonien) vereinigt
Katze:	Angeblich beteten die Albigenser bei ihren Gottesdiensten den Satan unter Katzengestalten an (Verleumdung)
Kimbern (und Teutonen):	
	Zogen etwa 120 bis 105 v. Chr. durch Gallien. Diese Germanenstämme hinterließen bis ins Mittelalter in Südfrankreich einen Schock (Teutonenschreck)
Kreta:	a) Größte griechische Insel in der Ägäis
	b) Die Inselbewohner galten als »Lügner«
La Luna:	a) Der Mond
	b) Das heutige La Spezia zwischen ligurischem und etruskischem Gebiet
Larissa:	Stadt in Thessalien
Las:	Schlinge, Falle (Lasso!)
Latiner:	Bewohner von Latium (Gebiet um Rom)
Latmus:	Berg in Carien in der südlichen Türkei
Lestor:	Vorgebirge vor Troja
Leman, Lac de:	
	Genfer See, das Gebiet von Genf
Lemuren:	Gespenster, Geister
Leo:	a) Löwe (auch das Sternbild)
	b) mutiger Mensch
	c) Hochmut
Leon:	a) spanisches Teilreich im Mittelalter
	b) Ort in Sizilien

Leopard (Liepard): Gier
Leuconi: Gallische Völkerschaft
Leuga: Südfranzösische Meile (etwa 1200 Meter)
Lieu: a) Gebiet, Gegend
                  b) Sinn, Ansehen
                  c) Überlegung
Ligurer: Bewohner der Riviera
Links: a) (biblisch) verworfen
                  b) Staatlich: nicht vollwertig, zur linken Hand
                     (etwa geheiratet)
Liturgie: Gottesdienstliche Handlung
Lombardei: Germanenreich der Langobarden über Nord- und
                  Mittelitalien bis zum Ende des 8.Jahrhunderts;
                  dann von den Franken erobert
L'or: Lorbeer, Ruhm, Gold
lou: a) Der Wolf (altfranzösisch, provençalisch)
                  b) Gier
                  c) Der, das
Lucca: Stadt in Etrurien
Lybitina: a) Göttin des Todes
                  b) Eine Bahre
                  c) Ein Leichenbegängnis
Lygustisch: Alter Name von Byzanz
Lykurg: König der Edener
Malignes: Die Stadt Mecheln in Belgien. Im Mittelalter wichti-
                  ges Zentrum der gesamten Niederlande
Malve: a) Altes Abführmittel
                  b) Kleidergrundstoff
Mamade: Priesterin des Priapos (äußerst vulgärer Liebesgott)
Mamelucken: a) Ägypter
                  b) Aufständische
                  c) chaotische Ignoranten
Manipel: a) Fähnlein
                  b) kleine Söldnerschar
                  c) Teil der liturgischen Kleidung
Manubia: (aus der Augurensprache stammend) Donner und
                  Blitz
Maresch: (fränkisch) Marschland, Sumpfland

Mars:	a) Kriegsgott
	b) Glaubenseiferer (bei Dante)
	c) Der Planet
Matrona:	a) Dame, Hausmutter
	b) Der Fluß Marne
Maux:	(altfranzösisch) Flüche, Verfluchung
May:	(altfranzösisch) grüne Zweige zu Ehren des Frühlings (entspricht unseren Maien)
Melitus:	a) Malta
	b) Ein Athener Dichter, Erzfeind des Sokrates
Mendosus:	fehlerhafter, lügnerischer Mensch
Merkur:	a) Der Planet
	b) Gott des Handels und der Diebe
	c) Bezeichnung für die nördlichste Spitze Afrikas
Mil:	a) Tausend
	b) Soldat
	c) (altfranzösisch) Arzt
Milve:	»Junger Milve«: um 300 n. Chr. schlug Konstantin der Große an der Milvischen Brücke Maxentius. Von diesem Zeitpunkt an begann das Christentum Staatsreligion zu werden. Konstantin teilte das Reich in 100 Provinzen, die zunächst in zwölf, später 15 Diözesen zusammengefaßt wurden
Minerva:	Göttin des Nachdenkens
Mispel:	(Neflé) Baumschmarotzer mit hoher religiöser Bedeutung für die altkeltische Religion
Moden:	Die Stadt Modena
Mond:	a) Symbol des Wandelbaren, der Liebe und Leidenschaft
	b) Symbol des Islam
Monech:	a) Monaco
	b) Mönch
Montmelian:	a) Ort in Savoyen
	b) »Honigberg«
Montmorence:	Gibraltar
Montmorency:	Connetable Frankreichs z. Z. des Nostradamus
Morient:	Ort in Savoyen
Myrmidonier:	Völkerschaft in Thessalien. Sie sollen von Zeus aus

	Ameisen in Menschen verwandelt worden sein
Mys:	(altfranzösisch) Arzt
Mysne:	Landschaft am Hellespont
Mythelene:	Hauptstadt der Insel Lesbos
Negropont:	Schwarzes Meer
Neptun:	a) Das Meer
	b) Meergott
Nepveu:	a) Neffe
	b) Enkel, Nachkomme
Neron:	Hellebarde
Nice:	a) Nichte
	b) Nizza
	c) Sieg
	d) Niceanisches Glaubensbekenntnis
Nicol:	a) Nikolaus (von Damaskus)
	b) Freund des Kaisers Augustus
	c) Nicolaïten (Geheime Offenbarung)
	d) Patriarch der Albigenser
Nicopolle:	Stadt bei Epirus in Griechenland
Nictobrogen:	Keltenstamm im Gebiet von Agen
Nola:	Stadt in Campanien
Noralis:	Nordvölker, Nordländer
Noricum:	Gebiet der Südostalpen
Normannen:	a) Bewohner der Normandie
	b) Räuberische Germanenvölker
Novior:	a) Gaukler
	b) Bräutigam (katalanisch)
Nuict:	a) Nacht
	b) dunkel
	c) Ein Zeitraum von 24 Stunden
O:	(altfranzösisch) Krieg
Ogmion:	Keltische Form des Herkules
Olcades:	Edelsteine
Oppi (dum):	Ort, Stadt
Orgon:	a) von Orgetorix = Schweizer, Helvetier
	b) Ort bei St. Remy
Orme:	Ulme
Pache:	a) Vorgebirge in Sizilien

	b) Schmuggel
Palme:	Hand
Pannonien:	Ungarn
Pantonoina:	alles zusammenschneiden, »Radikalkur«
Pau:	a) der Fluß Po
	b) südfranzösische Stadt
Pelta:	Ein kleiner Schutzschild
Pempotan:	Von Pomme potatio = Große Besäufnis
Perinth:	Thracien (Bulgarien)
Pertinax:	hartnäckig
Perouse:	a) Perusia (Stadt zwischen Tiber und Trasimeni-
	schem See)
	b) Symbol für Hungersnot
Perousse:	(Perutae) = räuberische, illyrische Völkerschaft
Persa:	a) Persien
	b) Nymphe
Pertuis:	a) Höhle
	b) der Pyrenäenpaß, den Hannibal auf seinem
	Wege nach Italien benutzte
Pest:	a) Die Krankheit Pest
	b) Eine Landplage
	c) Gewaltiges Unheil
	d) Blutiges Gemetzel
	e) Totale geistige Vergiftung
Pferdesbiß:	a) Verrat
	b) Angriff von See her
Phaeton:	a) Gott des Flusses Po
	b) Beiname des Helios
Phocea:	Mutterstadt von Marseille
Phoebus:	Symbol des Mondes
Phokier:	Bewohner der Südprovence
Phönizier:	a) Karthager (Punier)
	b) Thyrer und Sidonier
	c) Symbol für Treulose
Phybe:	Sonnengott
Plancus:	a) Römisches Geschlecht
	b) Breitfüßige (auch: über ihre Verhältnisse Le-
	bende)

c) Gründer von Lyon

Plomb de Venice:	Bleidächer Venedigs, auch: Gefängnis
Pluiel:	Südwind (Regenwind)
Poil:	Haar, Fell, Laus, Hahn, Sproß
Pol:	a) Schlamm, Tümpel, Sohle
	b) Hahn
Pole:	a) u. a. junge Frau.
	b) Inquisitor Englands unter Maria Tudor
Pol Mansol:	Kultivierter Platz
Pompetan:	Pompe = Arroganz; tan = Gerberlohe, also »Hochmutsbrühe«
Porphyr:	a) Roter Marmor
	b) Purpurrot
Posthume:	Nachgeboren nach dem Tode des Vaters
Prato:	Garten
Prelat:	a) Prälat
	b) Jeder hohe weltliche Chef
Pristis:	Walfisch, Meerungeheuer
Puola:	Halbinsel Istrien
Quarante:	a) Die Zahl vierzig
	b) Die Mitglieder der Academie française
Quatre:	a) Die Zahl vier
	b) gepreßt
	c) Katzenanbetung (s. Katze) der Katharer = Albigenser
	d) Anzahl der Diözesen der Katharer vor ihrer Vernichtung
Rana:	a) Laubfrosch
	b) Emporkömmling (de rane à roy)
Ranes:	Leute mit Doppelkinn, Saturierte, Feiste
Ravenne:	a) Die Stadt Ravenna
	b) Ein Rübenfeld
	c) Der Erzbischof von Ravenna in seiner Eigenschaft als Stadthalter Ostroms
	d) Ravenna war zeitweise Sitz des weströmischen Kaisers (vor dem Zusammenbruch Roms)
Raypoz:	a) Ein Reaktionär
	b) Dorfbewohner nicht weit von Toulouse

Rendre:	Mönch werden
Ribe (Ripe):	Jungholz, Unterholz
Rodes:	a) Kleinstadt im Albigenserland
	b) Geröll
Romuliden:	Römer und deren Abkömmlinge
Rouge:	a) rot
	b) hart
	c) rotglühend
	d) höchster Klerus
	e) Inquisition
	f) Verfolger
	g) Betende, Bittende
Rubrich:	a) Hafen von Narbonne im Altertum
	b) Rot
	c) das Gesetz
Ruffin:	(altgallisch) ein Hirschluchs
Sac:	u. a. Plünderung
Sagittarius:	Schütze (auch das Sternbild)
Sallenons:	Calabrischer Volksstamm
Salon de Sclavonie:	das heutige Solin bei Split in Dalmatien, Heimat Diokletians
Samatobryn:	einander in Liebe Zugetane (bryn = Franziskaner?)
Samothracien:	Insel und Stadt in der Ägäis
Saturn:	a) Planet
	b) Die Zeit, die gute, goldene Zeit
	c) Gott der Landwirtschaft
Saturnin:	a) Römischer Staatsverräter, 99 v. Chr. hingerichtet
	b) Apostel Südfrankreichs (Märtyrer)
Satyra:	Ein Stegreifspiel, in dem die Unvernunft bitter gegeißelt wurde
Scalvinie:	a) Land der Calviner (Genf)
	b) Genf
Sceus:	Halbgebildeter
Secatombe:	ein Opfer durch Erstechen
Sevillan:	Sevillaner, Bewohner von Sevilla
Secte:	Sekte, Fanatiker, Glaubensgruppe
Sel:	a) (altfranzösisch) se-el = so sehr
	b) Salz, Würze

Selin:	a) Kaiser Trajan
	b) siehe Celin
Sept:	a) Die Zahl sieben
	b) Ein Zaun
	c) Die Sammelbüchse
	d) Infiziert
Septante:	Die Septuaginta, die fünf Bücher Moses, die die Grundprinzipien jüdischer, christlicher, islamischer Moral und Religion enthalten
Septentrional:	Nördlich
Seraphin:	Mächtiger (Straf)engel, der am Betreten des Paradieses hindert
Servedo, Miguel de:	Arzt und Theologe. Lehnt die Dreieinigkeit ab. Ließ in Hagenau sieben Bücher gegen die Lehre von der Dreieinigkeit drucken. Floh nach Genf. Wurde auch dort vertrieben. Befreundete sich unter falschem Namen mit dem Erzbischof von Vienne. Dort denunziert, floh er erneut nach Genf, wo er unter Calvin öffentlich verbrannt wurde.
Sex:	a) Die Zahl sechs
	b) Der sechsflügelige Satan
	c) Stamm, Geschlecht
Sigean:	Letzter Ort in Südfrankreich im 16. Jahrhundert vor Spanisch-Roussillon
Skorpion:	a) Das Sternbild
	b) Der Herbst
	c) Heimtückischer Mörder
Skrufulose:	s. ausführliche Fußnote (34) im Brief an König Heinrich
Sol:	a) Die Sonne
	b) Das Festland
	c) Das Fundament
Soldat:	Söldner, Mietling
Sonne:	a) Sonnenschein
	b) Das Jahr
	c) Kirchenlehrer
	d) Christus selbst

Soy:	(altfranzösisch) Durst
Sueven:	Schwaben und Alemannen
Supelman:	Eine bleibende Ausstattung
Symacle:	Großer römischer Redner im 4. Jahrhundert v. Chr.
Schütze:	Sternbild des Winters, s. Sagittarius
Steinbock:	a) Sternbild
	b) Symbol des Winters
Stöchaden:	Inselgruppe bei Marseille
T:	a) Der letzte Buchstabe des hebräischen Alphabetes
	b) Zeichen der Hoffnung und des Kreuzes
Tarase:	a) Ein Drache
	b) Wasserspeier an Kirchen und Kathedralen
Tarbe:	a) Die Stadt Tarbes
	b) Tisch oder Altar (vom Griechischen Tarabeza)
Tasche:	Steuern (altfranzösisch)
Taurus:	a) Sternbild des Stieres, Frühlingszeichen
	b) Ein Sumpf an der Südküste der Provence, heute: Etang de Tau
Teste:	a) Der Kopf, der Chef
	b) Zeuge
	c) Evangelienbuch
Theroanne:	a) Rouen
	b) Die Rhône (englisch: the Rhoan)
Thessalien:	Nordküste der Ägäis
Thrasobul:	ein Athener, der die »dreißig Tyrannen« seiner Vaterstadt vertrieb
Thrat(z)ien:	a) Bulgarien
	b) Thrax = Gladiator
Tiran:	a) Tirana (Hauptstadt Albaniens)
	b) Ein Tyrann
	c) Drückendes Übel
Tombe (Tumba):	christliches Grab
Traditeur:	Ein seine Bibel in die Hände der Heiden überliefernder Christ (altfranzösisch)
Trajan:	Römischer Kaiser 98–117 n. Chr.; sprichwörtlich geworden für seine Güte und Gerechtigkeit
Trasimenischer See:	217 v. Chr. Siegte hier Hannibal über Rom
Trense:	Zum Pferdegespann gehörig (deutsch)

Tresemide:	Epiphanias, Dreikönigstag
Tricastei:	Bewohner im Bereich der Drôme (nördliche Provence)
Trinacria:	Ältester Name Siziliens (Dreispitzinsel)
Turin:	Hauptstadt Savoyens. Nostradamus hielt sich verschiedentlich dort auf.
Tyrton:	Gericht aus Käse und Salzheringen (ungenießbare Mischung aus Nord und Süd)
Uarde:	(Varde) = Dalmatiner
Ulm:	Diese Stadt hatte im Mittelalter eine große Judengemeinde
Ulpian:	Römischer Statthalter Galliens, um 230 n. Chr. ermordet. Rechtsgelehrter, Freund des Kaisers Alexander Severus.
Un:	a) eins
	b) Einzigartiger, –es
	c) unteilbar
Urben:	(Urbi et orbi) »Die Stadt (Rom) und der ganze Erdkreis«
Urne:	Aschengefäß
Urnel:	Eine kleine Urne
Ursin:	Bärenhaut
Ustageois:	a) Sabinerland
	b) brennen, verbrennen (nach Vers 96 des hl. Augustinus)
Vae:	Vae victis = wehe den Besiegten (römisches Sprichwort)
Valent:	a) Valence
	b) Valencia
Var:	(Uar) Ur in Chaldäa
Veau:	Kalb (allgemein)
	b) Das Goldene Kalb
Veil:	Warnung
Vendredi:	Freitag
	b) Karfreitag (Todestag Christi und höchster Festtag der Protestanten)
	c) Feiertag des Islam
Venus:	a) Der Planet

	b) Göttin von Huld, Liebe, Leidenschaft
Ver. Serp.:	= Verbum serpent = Wort der Schlange, verschlagene Rede, Verführung
Verona:	Stadt in Norditalien
Verres:	a) Propraetor von Sizilien
	b) Schweinebrühe
	c) Wegschleifen
	d) Ein Gegner Ciceros
Vert:	a) jung, grün
	b) Saft und Kraft haben
Veue:	Gelübde, Versprechen (altfranzösisch)
Vidame:	Zeitweiliger Stellvertreter eines Bischofs oder Abtes
Vieiller:	altersschwach werden
Vienne:	a) Eine Stadt, 30 km südlich Lyon gelegen, ursprünglich Hauptstadt von Großgallien, Sitz eines Bischofs. Dort hielt sich Miguel de Servedo verborgen.
	b) Die Stadt Wien
Vingt:	a) Die Zahl zwanzig
	b) besiegt, unterworfen
Vir:	a) Mann
	b) Kraft
Virsbonne:	Raufbold
Vitry:	kristallklar
Vitupre:	verstümmeln
Vögel:	a) Sirenen (grausame Vögel der griechischen Mythologie)
	b) herumschwirrende Ideen
	c) Mächte
	d) Aus dem Vogelflug deuteten die römischen Haruspices die Zukunft
Voyage:	auch: Kreuzzug
Vulcan:	Gott der Schmiede, des Krieges, der Waffen, des Todes auf dem Schlachtfeld
Vultry:	a) Süd-Süd-Ost-Wind
	b) Stadt in Campanien
Waage:	a) Sternbild des Herbstes

	b) Gerechtigkeit
Widder:	s. Aries
Wildschwein:	Zerstörer der bebauten Felder, Vernichter der Zivilisation
Wolf:	a) Tier
	b) Teufel: homo homini lupus est = Der Mensch ist des Menschen Wolf (lat. Sprichwort)
	c) Ein Geschwür
	d) Eierzerstörer (frz. Sprichwort)
Zara:	a) (Zarath) Stadt in Mauretanien, jenseits des 24. Breitengrades
	b) Die Frau Abrahams (Sara)

An einigen Stellen tauchen in den Vierzeilern griechische Buchstaben auf. So etwa in Centurie I, Quartain 81. Dort heißt es in der vierten Zeile: Kapha, Theta, Lambda (*KΘΛ*). Was will Nostradamus nun damit sagen? Um es zu verstehen, müssen wir seine jüdische Herkunft berücksichtigen. In den semitischen Sprachen haben alle Wörter – ausgenommen das Wort für Gott oder Fremdwörter – im Höchstfalle drei Buchstaben. Vokale (Selbstlaute) werden nicht geschrieben. Zwar gibt es die Buchstaben Elif (auch A), Jod (auch I), Waf (auch U), doch handelt es sich hierbei in Wahrheit nur um Halbvokale, die konsonantische (mitlautartige) Bedeutung haben. Kappa, Theta, Lambda sind die drei Konsonanten, die in dem Wort KaTHoL (*KΘΛ*) – allgemeine katholische Kirche – vorkommen.

Daß Nostradamus hier eine Verschmelzung zwischen griechischen Buchstaben und hebräischem Denken benutzt, zeigt sich auch in der Verwendung von »Kaph«, das sowohl das griechische Kappa als auch das hebräische Kaf enthält. Der ganze Vierzeiler lautet im Original:

»D'humain troupeau neuf seront mis à part:
De jurement et conseil separez,
Leur fort sera divisé en depart,
Kaph, Thita, Lambda, mortes, bannis, esgarez.

Das heißt in der Übersetzung:
Von menschlicher Gemeinschaft sind Neuerer abgesondert:
von Rechtssicherheit und Ratsversammlung getrennt,
ihre Stärke wird vermindert, (davon) abnehmen,

Kappa, Thita, Lambda heruntergebracht. Ausgewiesene, hilflos.

Diejenigen, die neue Kraft bringen wollen, sind statt dessen aus der menschlichen Gesellschaft (der sie doch dienen wollen) ausgeschlossen. Zum Freiwild hat man sie erklärt. Aber mit ihrem Schwinden ruinieren sich zuletzt sowohl katholische Kirche wie der Staat selbst. So können die Verjagten nicht helfen, wie ihnen selbst auch nicht geholfen werden kann.

Nostradamus bedauert hier die Zersplitterung in verschiedene Glaubensrichtungen (heute würde man sagen: Weltanschauungen). Die guten Grundlagen der gemeinsamen abendländischen Geisteshaltung sind dahin. Weder die alte Führungsmacht noch die neuen Ideologien haben sich bemüht, aufeinander zuzugehen, sich zu verstehen, miteinander auszukommen und voneinander zu lernen. Wie deutlich wird hier die Entwicklung auch kommender Jahrhunderte erfaßt!

Zum Schluß wollen wir noch einen Blick auf die zahlreichen in den Vierzeilern vorkommenden Ortsnamen werfen. Die genannten Orte sind um so zahlreicher, je näher sie seiner Heimat liegen. Neben Orten der Provence begegnen uns am häufigsten die Städte Oberitaliens, Savoyens, Südfrankreichs und Nord-Spaniens. Hinzu kommen häufig solche, die den Menschen der Renaissance am vertrautesten sind: die aus Mythologie und Geschichte bekannten Orte der griechischen Welt. Darüber hinaus begegnen wir aber auch Städtenamen aus fast allen europäischen Ländern, natürlich auch aus Deutschland. Eine Reihe der genannten Orte steht dabei für bestimmte historische Ereignisse.

Suchen wir uns einige vorwiegend deutsche Städte zur Verdeutlichung des Gesagten:

Wittenberg steht für die lutherische Reformation, die von dort 1517 ihren Ausgang nahm.

Ulm symbolisiert die dortige große Judengemeinde und ihr Schicksal im Mittelalter.

Mainz – kirchliche Hauptstadt Deutschlands in jener Zeit – für den Ablaßhandel zu Beginn des 16. Jahrhunderts.

Augsburg für die »Augsburgische Confession«.

Frankfurt ist die Stadt, in der die deutschen Könige gekrönt worden sind,

und *Köln* steht für Lebensweise, Handel und z. T. auch das Recht im Heiligen Römischen Reich Deutscher Nation.

Genf vertritt die Calvinistische Reformation im vierten Jahrzehnt des 16. Jahrhunderts, und

Basel sowie »das Land an der Ill« (Straßburg) sind für den Einfluß der Reformation auf Frankreich bedeutungsvoll.

Rom schließlich erscheint einmal als das Haupt der antiken Welt, zum anderen aber auch als das der mittelalterlichen Kirche.

Nostradamus hat eine Vielzahl von Ortsnamen in seine prophetischen Schriften eingearbeitet. Viele Namen deuten dabei – wir haben es gerade am Beispiel für Deutschland gesehen – auf große Städte und wesentliche Ereignisse hin, die damit verbunden sind. Das ist keineswegs immer so.

Wir wissen von seinen zahlreichen Reisen, über die er gewiß Aufzeichnungen gemacht hat; zumindest – so können wir annehmen – hat er seine Einnahmen und Ausgaben nach Ort und Leistung schriftlich festgehalten.

Ein Beispiel: Er studierte in Montpellier, sein erster Wirkungskreis als Arzt war in Agen. Will man nun von Montpellier nach Agen, gibt es zwei mögliche Routen. Die erste ist die nämliche, die heute auch die Autobahn im Süden Frankreichs beschreibt: Béziers, Narbonne, Lezignan, Carcassonne, Castelnaudary, Villefranche (Vila Franca), Toulouse, Grenade, Verdun, Monech, Moissae, Valence. All diese Orte sind in den Centurien angeführt.

1534 – ein gutes Jahr, nachdem er nach Agen gekommen war, mußte er vor der Inquisition fliehen. Er erlaubte sich dabei wohl kaum, die eben genannte Hauptstrecke zu benutzen, die zweifellos gut bewacht wurde. Die zweite Route – gewissermaßen die Nebenstraße, der »Schleichweg«, wie wir heute sagen würden – führt quer durch das Gebiet von Albi. Hier lassen sich – selbst noch heute – fast verkehrsfreie Straßen und Wege benutzen. Außerdem hatte dort die Reformation bereits fruchtbaren Boden gefunden. War doch die dortige Bevölkerung im Hochmittelalter als Anhänger der Albigenser bereits von der französischen Zentralmacht wie der katholischen Kirche mit Waffengewalt unterdrückt worden. Dieser »Schleichweg« müßte also Nostradamus sicherer erschienen sein. Er führte von Agen über Castelnau und die kleinere Orte Pampelone(!), Rodes(!), St. Rome(!) und – Affrique(!!!). Sind bereits die davor genannten Orte in seinen Schriften wiederholt genannt und lassen sie sich leicht mit

Pamplona, Rhodos und Rom verwechseln, so ist der Ort Affrique besonders interessant. Wie schreibt er in seiner Vorrede an König Heinrich? »Es geschieht eine größere Christenverfolgung, als es sie je in Affrique« gegeben hat. Hier hat er also nicht den Kontinent gemeint, auch nicht die von den Mauren eroberte, nordafrikanische Küste, wie es bislang alle Interpreten verstanden und übersetzt haben, sondern dies heißt in Wirklichkeit: die Verfolgung ist heute gegen die Reformierten noch viel größer, als es im Mittelalter gegen die Albigenser geschehen ist.

An dieser Stelle erkennt man gut, wie schwer es ist, den Sinn seiner Vierzeiler in den Centurien richtig zu verstehen, und man erinnert sich seines Wortes in der gerade angeführten Vorrede: »Ich mußte eine Form wählen, die mehrere Deutungen gestattet. Dabei wollte ich aber beileibe keine Zweideutigkeiten schreiben!«

Namen von Städten und Landschaften haben über das Genannte hinaus aber noch einen vordergründig-praktischen Zweck: Wird die Heimatstadt, das eigene Wohngebiet – und das auch noch in geheimnisvolldunklen »Prophezeiungen« – genannt, so wecken sie Neugier, und dies steigert – die Kauflust.

ZWEITER TEIL

Die wahren Prophetien und Centurien des Meisters Michael Nostradamus

A. Prosatexte

Alle im Originaltext herausgehobenen (lateinisch geschriebenen) Teile sind kursiv wiedergegeben.

1. Vorwort an Cesar

Vorwort des M. Michel Nostradamus
zu seinen Prophetien an Cesar Nostradamus den Sohn[1]

LEBEN UND GLÜCK

Dein spätes Kommen, mein Sohn Cesar Nostradamus,[2] hat mich veranlaßt, meine lange Zeit fortdauernden nächtlichen Wachen zu benutzen, dir schriftliche Erinnerung zu hinterlassen. Dies nach dem körperlichen Ausgelöschtsein deines Erzeugers und auch zum allgemeinen Nutzen für die Menschen, durch das, was das Göttliche Wesen[3] mir durch die astronomischen Bewegungen zur Kenntnis gebracht hat. Und seit es dem unsterblichen Gott gefallen hat, dich von natürlichem Lichte[4] in dies irdische Jammertal kommen zu lassen, will ich dir nicht deine dich noch begleitenden Jahre nennen, sondern die kriegerischen Monate, die du zu erwarten hast[5]. (Du wirst) sonst unfähig sein, wegen deiner schwachen Wahrnehmungsfähigkeit zu begreifen[6], was nach Abschluß meines Lebens zusammengefaßt sein wird. Es ist nicht möglich, es dir schriftlich (klar) zu hinterlassen, weil es sonst durch Ungerechtigkeit der Gegenwart[7] blockiert würde; denn das vererbte (klare) Wort der geheimen Weissagung

---

[1] Nostradamus wendet sich an seinen erstgeborenen Sohn, stellvertretend für die nachkommenden Generationen.

[2] Bei Cesars Geburt ist er fast 50 Jahre. Von seiner kurzen ersten Ehe mit 30 Jahren abgesehen, hatte er bis zur zweiten Eheschließung 1546 viele Abende allein zugebracht und reichlich Zeit zum Nachdenken (s. Centurie I, Vierzeiler 1 und 2).

[3] Das Höhere Walten über dem Menschen.

[4] Mit normaler Intelligenz.

[5] Die Zeiten der Religions- (Weltanschauungs-) und Machtkriege.

[6] Mit normaler Intelligenz.

[7] Unterdrückung der Geistesfreiheit.

wird in meinem Inneren eingeschlossen bleiben. Dabei berücksichtige ich auch, daß menschliche Einzelschicksale in ihrem Ziele ungewiß sind und alles durch die Kraft des unerforschlichen Gottes bestimmt ist.[8]

Wir sind nicht inspiriert durch trunkene Begeisterung, noch bewegt von physischen Erregungen, vielmehr durch die Realität des Universums.[9] *Allein im Namen Gottes werden Weissagungen gemacht, insbesondere durch seinen prophetischen Geist.*[10]

Über die Dauer der Zeit hat es vielmals Voraussagungs-Versuche gegeben, die seitdem eingetreten sind und (das) in zugeordneten Gebieten – das Ganze durch göttliche Kraft und Eingebung. Auch andere glückliche wie schlimme Ereignisse von klarer und deutlicher Art sind seither an unterschiedlichen Stellen eingetreten, wie vorhergesagt.[11] Ich habe es unterlassen wollen wegen der Ungerechtigkeit in der heutigen Zeit und auch im größten Teile der zukünftigen, das alles schriftlich festzulegen, was politische Mächte, fanatische Gruppen, religiöse Gemeinschaften so – aus dem heutigen Blickwinkel heraus – ins Gegenteil verkehren würden, wenn man berichtete, was ihnen künftig widerführe.[12] Diejenigen von den politischen Mächten, den fanatischen Gruppen der Religion und des Glaubens würden versuchen, dasjenige, was zu ihren erhofften Phantasien so wenig paßt, zu verändern, was aber im Laufe der künftigen Zeiten kommen wird, wie man es dann auch erfährt.[13] Dabei beherzige ich auch den Lehrsatz des wahren Erlösers: *Wollet nicht Heiliges den Hunden geben, noch werfet Perlen vor die Säue, damit Sie es nicht mit Ihren Füßen zertrampeln und sich dann umwendend euch selbst vernichten.* Dies war der Grund, meine Zunge vor dem Volke zu zügeln und meine Feder vom Papier zurückzuhalten.[14] So habe ich mich also entschlossen, für das allgemeine, künftige Geschehen die Dinge der Zukunft in dunkle und scheinbar widersprüchliche Sätze (zu fassen).

[8] Es gibt für den Menschen keine Möglichkeit, Einzelschicksale vorauszusagen.
[9] Die Erkenntnis des Künftigen gewinnt man aus den Naturgesetzen.
[10] Gott hat die Naturgesetze geschaffen und erlaubt ihre Erkenntnis nur dem, den er dazu erwählt hat.
[11] Gilt nur unter Berücksichtigung von 9 und 10. Dann ist Voraussage möglich.
[12] Da die Herrschenden immer unliebsame Wahrheiten zu unterdrücken suchen, hatte Nostradamus seine Erkenntnisse zunächst für sich behalten wollen.
[13] Angst vor Verfälschung seiner Schriften.
[14] Angst vor Verfolgung wegen seiner Schriften.

Gleichermaßen war dies auch nützlich, weil ich feststellte, daß sich entwickelnde Veränderungen der Welt kaum Gehör finden – es sei denn, es wird aufsehenerregend dargestellt. Also habe ich alles in nebulöse Form gebracht und das noch mehr als jeder andere Prophet.[15] Wie es ja auch heißt: *Du hast das den Weisen und Klugen verborgen* – das heißt den Herrschenden und Mächtigen – *und es den Geringen und Schwachen geoffenbart.*[16] Den Propheten wurde die Gabe der Weissagung vom unsterblichen Gott und durch gute Engel gegeben. Dadurch erhalten (die Propheten) Schau in künftige Ereignisse und Einsicht in die Dinge, die kommen werden; denn ohne Ihn geschieht nichts.[17] So groß ist seine Macht und sein Geheimnis denen gegenüber, die ihm folgen.[18] Jedesmal naht sich uns die Weissagung in Wärme und Kraft. Sie hat ihre Ursache im guten Geist. Dies ist wie bei anderen Gelegenheiten auch: Gleich Sonnenstrahlen etwa, die sich nahen und ihre Wirkung genauso auf Bedeutendes wie auf Unbedeutendes ausüben.[19] Als Menschen können wir weder etwas über unsere Natur noch gar über das Wesen der verborgenen Geheimnisse des Schöpfergottes wissen.[20] So heißt es ja auch: *Ihr werdet weder Tag noch Stunde kennen usw.*[21] Nun gibt es aber die Möglichkeit, daß Gott der Schöpfer gewissen Menschen künftige Ereignisse enthüllen wollte, und das durch bildhafte Eindrücke, die im Einklang mit der juridiciellen Astrologie stehen. In dieser Art hat er es auch in der Vergangenheit getan.[22] Derartige (Menschen) haben eine gewisse Kraft und einen Willen – ähnlich dem Erscheinen einer feurigen Flamme –, die sie inspirieren.[23] So lassen sich göttliche und menschliche Eingebungen voneinander trennen.[24] Wahrlich, Gott macht die

[15] Geheimnisvolles erregt eher die Aufmerksamkeit. Hier benutzt er für sich den Titel »Prophet«.

[16] Denen, die glauben, klug und weise zu sein, wegen der Art ihrer Machtausübung aber geistig blind sind.

[17] Erneute Wiederholung von 10.

[18] Erneute Bekräftigung von 10, um sich dem Vorwurf der Gottlosigkeit zu entziehen.

[19] Nostradamus beruft sich auf Gottes Geist, der weht, wo er will, und der alles zu erfahren vermag.

[20] Der Mensch vermag nichts aus eigener Kraft.

[21] Er kann die Zukunft nicht erforschen.

[22] Wie die Erleuchtung der alten Propheten von Gott kommt, erklärt er seine Erleuchtung als das Erkennen von Naturgesetzen.

[23] Propheten sind an ihrem Charisma zu erkennen. Pfingsten!

[24] Warnung vor Selbsttäuschungen.

Werke (seiner Hand), die völlig aus ihm selbst kommen, in Vollkommenheit. Das Mittlere (der Welt), also das, was sich auf der Zwischenebene vollzieht, beherrschen die Engel, die dritte Ebene die bösen (Mächte).[25] Aber, mein Sohn, hier spreche ich wohl ein wenig zu verwirrend für dich.

Was nun jedoch geheime Weissagungen betrifft, so empfängt man diese gleichsam wie einen subtilen Geist aus Feuer. Es entspricht, so kann man sagen, dem faszinierten Betrachtungen von Sternen, durch (deren Pracht) man geblendet wird[26]: Genauso fühlte auch ich mich ergriffen, so daß ich ohne Furcht Prophezeiungen niederschrieb.[27] Alles geht von der überirdischen Kraft des einzigen Gottes aus. Von ihm kommt alles Gute. Wenn ich hier, mein Sohn, den Namen »Prophet« benutzt habe, möchte ich mir einen Titel von so erhabener Größe in seiner heutigen Form und Bedeutung nicht anmaßen; denn: *was heute Prophet genannt wird, wurde einst als Sehender bezeichnet.*[28] Ein rechter Prophet ist (deshalb) derjenige, mein Sohn, der über lange Zeiträume Dinge aus dem natürlichen Wissen, das der ganzen Schöpfung innewohnt, erkennt.[29] Und Künftiges, was der Prophet schon seit langem erkannt hat – dabei Auswirkung der Prophezeiungen für die Zukunft erwartend –, läßt das vollkommene Licht der Weissagung deutlich sowohl als göttlichen wie menschlichen Ursprungs erscheinen. Er kann (ja) Derartiges niemals aus sich selbst heraus vollbringen.[30] Wahrlich, Gottes Geheimnisse sind unergründbar, und (menschliche) Erkenntnisfähigkeit ist für weite Teile des natürlichen Wissens fehlbar. (Das Wissen) nimmt seinen Ausgang allein aus dem freien, natürlichen Streben. Also lassen sich (allein damit) Ursachen noch nicht begreifen, und Kenntnisse allein bedeuten noch lange nicht wahres Erkennen.[31] Es geht einfach nicht durch

[25] Die Welt ist voller guter und böser Einflüsse (Engel – Teufel), gemäß der Vorstellungswelt der mittelalterlichen, scholastischen Theologie.

[26] Die Gesetze der Astronomie als Anstoß zu seinen Weissagungen.

[27] Nostradamus ist von der Richtigkeit seiner Vorstellung fest überzeugt.

[28] Vorsichtsmaßnahme zum Selbstschutz, um nicht mit der Inquisition in Schwierigkeiten zu geraten.

[29] Der Prophet sieht die gesamte Schöpfung als Einheit. Ihre Gesetze gehören zusammen.

[30] Schutzerklärung des Nostradamus, wie wir sie bereits verschiedentlich gefunden haben.

[31] Nostradamus bekräftigt, daß natürliches Wissen allein nicht ausreicht.

menschliche Wahrsagerei, noch durch anderes Wissen oder gar okkulte Kräfte, wie man es überall, jetzt und immer zu verstehen hat, das heißt also, alle denkbare Zeit umfassend.[32]

Da nun die ewige Ordnung unteilbar ist, sind Ursachen des Weltgeschehens ebenso erkennbar, wie es der Lauf der Gestirne ist.[33] Ich zweifle nicht, daß sich die Kenntnis dieser Dinge endlich doch noch deinem schwachen Verstande einprägt.[34] Ursachen des Zukünftigen – sei es auch noch so weit entfernt – können also durchaus zum Verständnis eines denkenden Wesens gelangen, wenn sich dieses Wesen in seinem Geiste nicht allzu sehr der Wirklichkeit der Gegenwart widersetzt. Einem solchen sind dann die Dinge (der Zukunft) weder sehr geheimnisvoll noch unergründlich.[35] Ohne göttliche Inspiration ist aber das Erfassen der Zusammenhänge gar nicht möglich.[36] Verstehe also, daß jede prophetische Eingebung ihren Impuls vom Schöpfergott erhält, erst in zweiter Linie vom Begreifen der Zeit und der Umwelt.[37] So werden nebensächliche Dinge, gleichgültig ausgeführt, doch gültige Prophetie bewirken.[38] Das vernunftbegabte Geschöpf kann Verborgenes nicht erkennen, es sei denn, der kleine Funke der inneren Stimme dringt über die Grenze der Mittelmäßigkeit in jene Bereiche vor, in denen sich Künftiges ankündigt.[39]

Darüber hinaus flehe ich dich an, mein Sohn, niemals deine Interessen auf solche Träume und Hohlheiten zu richten, die den Leib verzehren und die Seele ins Verderben stürzen, indem sie im schwachen Hirn Verwirrung anrichten. (Richte deinen Geist) ebensowenig auf den leeren Wahn der äußerst verwerflichen Zauberei, die von jeher sowohl durch die heiligen Schriften als auch durch kanonische Gesetze verdammt ist.[40] Von allem ist einzig die naturgesetzliche Astronomie ausgenommen. Durch sie und durch ins Innere dringende

---

[32] Wahrsagerei ist kein Weg zur Erkenntnis.
[33] Alles unterliegt dem gleichen, göttlichen Gesetz (s. 29).
[34] Hinweise für spätere Generationen.
[35] Mit wachen Augen unter Vermeidung von Vorspiegelungen kann man die Welt wahrnehmen und erlangt so Verständnis für künftige Entwicklungen.
[36] Erneuter Einschub, um sich gegen Verfolgung zu sichern.
[37] Gottes Eingebung hat Vorrang vor menschlicher Einsicht.
[38] Bekräftigung des Vorgenannten.
[39] Erneute Bekräftigung.
[40] Vorspiegelungen sind kein Weg zur Erkenntnis und bringen zudem nur Schwierigkeiten mit der mächtigen Kirche.

Eingebung bei dauernder Einwirkung göttlicher Offenbarung haben wir unsere Prophetien schriftlich festgelegt. Und obgleich solch schwer zu erkennende Weisheit durchaus erlaubt ist, wollte ich die Betroffenen nicht mit ihrer klaren Beweiskraft konfrontieren.[41] Viele Schriften sind ja über Jahrhunderte hinweg nicht offen dargelegt worden.[42] Aus Furcht vor den Folgen habe ich sie nach dem Studium verbrannt. Während sie verbrannten, erfüllte (ihre) Flamme den Raum mit außergewöhnlichem Licht, klarer als natürliche Flammen; gleichsam wie feuriges Licht eines himmlischen Aufleuchtens, das blitzartig das Haus erhellt, als sei es in Brand geraten.[43] Schließlich wollte ich auch keinen Mißbrauch ermöglichen, und zwar sowohl medizinisch (bei der Heilung von Kranken) wie bei der Methode, eine vollkommene Verwandlung bei Edelsteinen hervorzurufen oder beim Auffinden unverwandelbarer Metalle unter der Erde, um so keine untergründigen Aufwallungen zu bewirken. So habe ich also alles zu Asche verbrannt.[44]

Aber so wahr diese Dinge – dank der himmlischen Gerechtigkeit – auch kommen werden, möchte ich dir auch Folgendes zusätzlich klar machen: Um Kenntnis künftigen Geschehens zu erlangen, muß man phantastische Vorspiegelungen, die einen heimsuchen, weit von sich weisen.[45] Man muß sich vielmehr auf das ureigene Gebiet des auf göttliche Eingebung Zurückgehenden beschränken, und das in Übereinstimmung mit himmelsgegebenen Vorsignalen. Bleibe dir der Tatsache bewußt, daß Vergangenheit, Gegenwart und Zukunft – von der Ewigkeit her betrachtet – in eins zusammenfließen.[46] Dies gilt für alle Gegenden wie für jede Zeit, bewirkt von der Kraft, der Macht und göttlicher Gabe. »Daher ist alles offenbar und unverhüllt etc…« Daher kannst du, mein Sohn, leicht und ohne Überforderung deines Verstandes begreifen, inwiefern sich Künftiges einerseits durch nächtliche Studien wie durch das Verhalten der Sterne am Fir-

---

[41] Beteuerung, selbst nur Erlaubtes zu tun. Trotzdem will er seine Erkenntnisse nicht offen darlegen.

[42] Andere haben den gleichen Weg beschreiten müssen.

[43] Aus Angst vor möglicher Verfolgung hat er seine schriftlich festgehaltenen, klaren Texte wieder vernichtet.

[44] Angst auch vor mißbräuchlicher Verwendung.

[45] Warnung vor Selbstbetrug.

[46] Erneuter Hinweis, daß nur Eingebung und Erkenntnis gemeinsam zum Deutlich-Werden der Zukunft als Teil der Ewigkeit führen.

mament erkennen läßt – und hierbei handelt es sich um naturgemäße Vorgänge –, andererseits durch den Geist der Prophetie.[47] Frage mich dafür bitte nicht nach einer Erklärung. Bestenfalls ist es so zu beschreiben, daß ein Inspirierter – der ja ein Sterblicher ist – dabei seinen Geist nicht weiter vom Himmel entfernt hat, wie seine Füße fest auf der Erde verhaftet sind. (So kann) *ich nicht irren, fallen, fehlgehen.*[48] Und das, obgleich ich ein größerer Sünder bin als irgend jemand sonst und allen menschlichen Anfechtungen ausgesetzt.[49] Hin und wieder aber bin ich in völliger Verzückung. Hierdurch werden die mühevollen Stunden nächtlicher Studien einmalig vergolten.[50] Dabei habe ich Bücher und Prophetien verfaßt, von denen jede hundert – dem gesetzmäßigen Lauf der Welt entsprechende – Vierzeiler enthält, die voller Prophezeiungen sind. Diese habe ich etwas verschleiert zusammengesetzt.[51] Es sind allzeit gültige Wahrsagungen für Jetziges (wie) im Jahre 3797.[52] Das wird nun manchen gewiß zurückschrecken lassen, wenn man sich einen derartig langen Zeitraum vergegenwärtigt, so wie man ja auch von allen Landen unter dem Monde hören wird und deren Gleichartigkeit im Denken. (Aber gerade) dies demonstriert in einigartiger Weise die Gleichheit der Ursachen überall auf der Erde, mein Sohn.[53]

Wenn du das natürliche Menschenalter gelebt hast, wirst du deine Vorstellungen verändert sehen von der Sternkonstellation (des Firmamentes) bei deiner Geburt künftige Dinge vorauszusehen[54]; denn der einzige, ewige Gott ist es allein, die die Ewigkeit seines Lichtes kennt, das von ihm ausgeht. Und ich sage es dir frei heraus, daß für diejenigen, denen er seine unvergleichlich gewaltige Größe hat deutlich werden lassen wollen, dies (nur) unter langen, leidvollen Erfahrungen geschehen ist.[55] Die verborgene Grundlage kann nur durch

---

[47] Nostradamus hämmert seinem Leser geradezu ein, daß seine Studien aus Erkenntnis der Naturgesetze bei gleichzeitiger göttlicher Inspiration stammen.

[48] Göttliche Inspiration ist nicht erklärbar, bietet aber trotzdem sichere Gewißheit.

[49] Trennung von Sache und Person.

[50] Der Lohn ergibt sich aus den Mühen selbst.

[51] Wegen der Unterdrückung der Geistesfreiheit.

[52] Erklärung der Jahreszahl im Kapitel »Entschlüsselung«.

[53] Menschliches Handeln ist überall und zu jeder Zeit den gleichen Triebfedern unterworfen.

[54] Ein reifer gewordener Mensch erkennt –, vorausgesetzt, er hat die nötige Lebenserfahrung –, daß mit Astrologie kein Wissen um die Zukunft zu gewinnen ist.

[55] Man muß die Dinge selbst erleben und erdulden, um zur Erkenntnis zu kommen.

zwei wesentliche, göttliche geoffenbarte Prinzipien vermittelt werden. Solche können nur vom erleuchteten Verstand desjenigen erfaßt werden, der selbst weissagt. Es ist Einzigartiges, was da ausgegossen wird, wodurch sich ihm übernatürliches Licht erhellt. Das gilt für den, der durch inspirierte Offenbarung und Erkenntnis der Astronomie weissagt. Offenbarung ist sichere Beteiligung der göttlichen Ewigkeit.[56] Sie vermittelt dem Propheten das Verständnis dafür, was durch Eingebung des Schöpfergottes ihm der Geist geoffenbart hat und was seinem natürlichen Antrieb entspringt.[57] Solches bedeutet das Wissen um die Wahrheit des Vorhergesagten. Es hat seinen Ursprung im Außerwahrnehmbaren. Diese Erleuchtung und dieser belebende Glanz sind von äußerster Intensität, immenser Höhe (und gewiß) nicht weniger (wert) als natürliche Klarheit.[58] Schon natürliches Licht (des Verstandes) gibt aber den Philosophen so klare Überzeugungen, daß sie mittels der Prinzipien der Logik erreicht haben, nach gründlichen Überlegungen großartige Lehrsätze aufzustellen.[59] Aber Schluß jetzt, mein Sohn, damit ich nicht durch allzu tiefschürfende Überlegungen dem künftigen Fassungsvermögen deines Verstandes unverständlich werde. Auch glaube ich, daß die Wissenschaft zu erhaben ist, um in Schwätzereien auszuarten.

Wahrlich, ich begreife die Welt als vor einer totalen Umwälzung stehend. Dabei werden Überschwemmungen, Wirbel und Strudel entstehen, so daß es keine streitende Gegend (oder Idee) geben wird, die nicht überschwemmt sein wird. Das wird so lange andauern, bis jede Ordnung völlig vernichtet ist.[60] Zudem wird vorher wie nachher deswegen in vielen Gebieten (und auch Ideen) wenig (befruchtender) Regen fallen. Auch werden himmlische Fanale so im Überfluß heruntergeworfen werden (gleich) glühenden Steinen, daß es keinen Wohnort auf Erden geben wird, der nicht hineingezogen wird. All das wird bald passieren und (noch) vor der äußersten totalen Umwälzung.[61] Wahrlich, noch erfüllt der Planet Mars seine Um-

---

[56] Berufung auf göttlichen Auftrag.
[57] Gottes Auftrag zeigt sich im Gewähren natürlicher Erkenntnis (hier werden gewisse Ideen Calvins deutlich).
[58] Nostradamus betont, daß er Wahrheit erkennt.
[59] Schon nicht-inspiriertes Wissen erklärt vieles.
[60] Die Gegenwart ist so in Unordnung, daß die Katastrophe unausweichlich scheint.
[61] Schon »heute« (1555) sind geistige Verarmung und Fanatismus bei den Anhängern der Ideologien überall verbreitet und bewirken Zerstörung.

laufbahn (sein Zeitalter, sein Jahrhundert), und das schließlich in seiner extremsten Form.[62] Er wird alles derartig stark (immer) wieder erkranken lassen; denn wenn die einen sich für viele Jahre im Wassermann versammelt haben, werden die anderen im Krebs verharren. Und so geht es immer weiter.[64] Zwischenzeitlich sind wir (auch) vom Monde geleitet.[65] (Aber) bevor der Mond alles seinem Ablauf unterworfen hat, wird vermittels der großen Macht des ewigen Gottes die Sonne aufgehen und damit ein Saturn-(glückliches) Zeitalter beginnen.[66] Denn gemäß den biblischen Zeichen, die uns gegeben sind, wird gute Zeit wiederkehren – das steht fest – und sich der Welt nähern wie eine Umwälzung, die von ihr ihren Ausgang nimmt.[67] Und was von dem, das ich hier geschrieben vorlege, vor 177 Jahren, drei Monaten und elf Tagen durch Pest, schlimmen Hunger und Kriege – mehr noch durch Umwälzungen – jetzt wie zum genannten Zeitpunkt die Welt betreten hat.[68] – (Ja) dies ist oft geschehen und wird noch viele Male geschehen. Es wird das (Menschen) Land so dezimieren, daß niemand mehr da ist, die Felder zu bestellen. Für lange Zeit werden sie unbestellt bleiben, statt in Dienst genommen zu sein.[69] Und das im Angesicht (wegen) der göttlichen Gerechtigkeit. Wir sind immer noch erst bei Nummer 7 von tausend Stellen, in denen sich alles vollenden wird.[70] Wir nähern uns aber von der nächsthöheren Sphäre, wo das Gewölbe aufgerichtet ist.

Dies ist in seiner Dimension weltoffen.[71] Darin wird der Schöpfergott die Offenbarung vollenden: Die himmlischen Bilder kehren zu ihren natürlichen Stellungen und Ausgangspunkten zurück. Damit zeigen sie uns das hocherhabene Gebäude, das für uns die Erde unerschüt-

---

[62] Zunehmende Glaubens-(Bürger-)kriege.

[63] Völlige Verhärtung in Konfrontationsstellung der verschiedenen Gruppen.

[64] Daran bessert sich nichts. In entsprechenden Situationen handeln die Menschen immer gleich.

[65] Es herrscht Wechsel, Unordnung, Veränderung.

[66] Vor dem völligen Chaos (und danach) gibt es wieder bessere Zeiten.

[67] Mit der menschlichen Gesellschaft geht es wie mit der Umlaufbahn der Gestirne: »Fortschritt« führt zuletzt doch wieder an den Ausgangspunkt zurück.

[68] Erklärung im Kapitel »Entschlüsselung«.

[69] Die vorhandenen Möglichkeiten werden nicht genutzt, vielmehr die Kräfte im Streit gegeneinander vertan.

[70] Bei Dante ist die Siebener-Zahl der falschen Liebe zugeordnet.

[71] Der Kristallhimmel (achte Sphäre) ist über den Planeten.

terlich und fest macht.[72] *Es wird in Ewigkeit nicht aus den Fugen geraten. Es geschieht nur, was vollkommen Sein Wille ist.* Nicht aber erfüllen sich andere Vorstellungen.[73] (Diese) bringen durch allerlei un-
gewisse Vorstellungen jede natürliche Vernunft zu ihrem Ende. Das
gilt zum Beispiel für die Suren Mohammeds.[74] Manchmal werden
aber auch Gott dem Schöpfer Botschaften seines feurigen Wortes
durch seine eigenen Diener ins Feuer geworfen, um unseren äußeren
Sinnen – so wie den Augen etwa – den Sinn für Voraussagen künftiger Dinge zu verwirren.[75] Dabei werden doch diese gerade von Ihm,
von dem alle Weissagung herstammt, deutlich gemacht. Denn die
Weissagung, die sich vom äußeren Lichte (der Erkenntnis) her vollendet, kommt damit unfehlbar zu einer (richtigen) Teilbeurteilung.
Sie vermittelt äußeres Licht (Logik).[76] Es entspringt also dem Teil der
Wahrheit, den man zu besitzen glaubt – und das im hohen Maße –,
nicht etwa krankhafter Einbildung. Man kann Vernunft doch nicht
einfach ableugnen. Alles wird durch Berührung der Gottheit vorhergesagt, unter Vermittlung des engelhaften Geistes, der den weissagenden Menschen angeregt hat.[77] Dadurch wird diesem Menschen
die Gabe der Weissagung verliehen, die ihn dann erleuchtet. Hierbei
versetzt sie ihn in eine Erregung, die nur vordergründig als Fanta-
siegebilde nächtlichen Spuks erscheint.[78] Der Prophet kommt zur Ta-
gessicherheit durch Hilfe der Naturgesetze des Firmamentes gemeinsam mit der sehr heiligen (erhabenen) Zukunftsdeutung.[79]
Dabei benötigt er nichts anderes als freien Mut.[80] Ich glaube, daß ich
nun an diesem Punkte angelangt bin, mein Sohn, den ich durch

---

[72] Der Schöpfer läßt sich seine Weltenordnung nicht verändern. So bleibt die Welt den
Menschen Heimstatt.

[73] Gott lenkt die Geschichte.

[74] Die vorgesetzte Anklage gegen den Islam ermöglicht es Nostradamus erst, dies
ungefährdet zu sagen.

[75] Die Diener der Kirche werden der Verfälschung der guten, göttlichen Botschaft
beschuldigt.

[76] Die Logik des Denkens ist dem Menschen vom Schöpfer gegeben, damit er danach
handelt.

[77] Also ist vernünftiges Handeln gottgewollt.

[78] Aus den Weissagungen spricht Gott selbst.

[79] Inspiration kann nur dann echt sein, wenn sie mit den Naturgesetzen übereinstimmt.

[80] Die Natur muß vorurteilsfrei betrachtet werden. Dies kann nur geschehen, wenn
man sie nicht reglementiert (Freiheit der Wissenschaft!).

meine eigenen, umwälzenden Gedankengange gefunden habe.[81] Es ist alles in Übereinstimmung mit enthüllter Inspiration.

Es nähert sich uns jetzt tödliches Schwert, Pest, schlimmerer Krieg, als es dies je im Leben der unterdrückten Menschheit gegeben hat, und Hunger.[82] Und solches wird die Erde heimsuchen und das immer wieder aufs neue. Denn die Gestirne stimmen so von ihrer Bewegung her damit überein (deren Bahnen sich ja auch immer gleichartig wiederholen).[83] Außerdem steht geschrieben *mit einer Rute werde ich ihre Widerspenstigkeit heimsuchen und sie mit Peitschen schlagen;* denn Gottes Erbarmen wird in schnellem Maße zersplittert sein, so daß sich der größte Teil meiner Weissagungen erfüllen wird. Ja, alle werden sie sich erfüllen.[84] Später werden die bösen Stürme noch viele Male keine Ruhe geben. *Ich werde sie also zerreißen,* sagt der Herr, *ihnen ihre Vorspiegelungen lassen und mich ihrer nicht erbarmen.*[85] Auch tausend andere Ereignisse werden gleich Wasserfluten und nicht enden wollendem Regen (sintflutartig) kommen,[86] wie ich es in meinen anderen schriftlichen Weissagungen dargelegt habe, die in aller Ausführlichkeit *in freier Rede dargestellt* wurden.[87] Dabei habe ich die Gebiete (Ideen), Zeiträume und das genaue Datum einschränkend festgelegt, so daß die Menschen – nachdem die Dinge einmal eingetreten sind – unfehlbar die gekommenen Ereignisse als solche anerkennen werden.[88] Wir haben es nämlich begriffen[89] wie andere auch, die darüber klarer sprechen. Allerdings haben diese dabei außer acht gelassen, daß intelligente Wissende (stets) in Gefahr geraten;[90] denn *wann wird*

---

81 Nostradamaus glaubt, daß ihm dies gelungen ist.

82 Die Gegenwart ist nach seinen Worten voller Haß, geistiger Vergiftung, tödlichem Streit wegen der geistigen Verarmung.

83 Es handelt sich um einen immer wieder neu beginnenden Kreislauf.

84 Alles Unheil muß eintreten, weil die Menschen von ihrem zerstörerischen Tun nicht ablassen.

85 Er geht erneut auf den satanischen Kreislauf ein.

86 Zusätzliches Unheil entsteht durch lang andauernde Aufstände bzw. Kriege.

87 Siehe: Brief an König Heinrich. Auch: »Gutachten« für das Domkapitel in Orange und der Brief an Königin Katharina von Medici sowie die Sechszeiler.

88 Zur Einsicht kommt man (immer) erst nach der Katastrophe.

89 Nostradamus stellt fest, daß es ihm bereits vorher klargeworden ist.

90 Was er erkennt, muß, wenn er es offen ausspricht, ihn um sein Leben und seine Sicherheit fürchten lassen.

endlich die Torheit verschwunden sein. So ein Fall wäre äußerst beglückend.[91]

Mein Sohn, ich komme zum Schluß. Nimm also dies als Gabe deines Vaters Michel Nostradamus. Ich hoffe, daß du dir jeden der hier übergebenen, einzelnen Vierzeiler erklären kannst.[92] Hierbei bitte ich den unsterblichen Gott, daß Er dir einen langen Lebensweg in gutem und erfolgreichem Glück verleihen möge.

Salon, den 1. März 1555

---

[91] Torheit ist die Haupt-Krankheit der Menschen.
[92] In Verbindung mit dem Brief an König Heinrich den Folgenden und durch Gebrauch der Vernunft.

2. Vorwort an König Heinrich

Dem Unbesiegbaren sehr Mächtigen
und sehr Christlichen »Heinrich der kommt«[1]

König von Frankreich

Michael Nostradamus sehr ergebener, gehorsamster Diener
und Untertan

SIEG UND GLÜCK

Wegen jener überaus großen Beachtung, die mir zuteil wurde, o sehr christlicher und sehr siegreicher König, seit – nachdem mein Antlitz lange Zeit vernebelt war[2] – es sich vor Eurer Majestät unvergleichlich hohen Würde zeigen durfte, war ich davon auf immer geblendet.[3] Ich kann mich seitdem nicht zurückhalten, jenen Tag gebührend zu ehren und zu würdigen, da ich mich erstmals vor einer solch einzigartig menschlichen Majestät zeigen durfte.[4] Ich suche hierbei auch die Gelegenheit, das gute Herz und den Mut beweisen zu wollen,[5] was mir durch das leicht fällt, was ich von Eurer erhabenen Majestät weiß.[6] Was mir nicht erklärbar schien, da ich mich für lange Zeit im Dunkel befand, wurde mir plötzlich so erhellt, als ich aus der Ungewißheit heraus und vor das Angesicht, das erhabene Auge, des ersten Herrschers über das All trat.[7] Ich war lange darüber im Zweifel,

---

[1]   Das Vorwort wurde in einer Zeit veröffentlicht, in der Heinrich II. König von Frankreich war. Hier verfährt Nostradamus nach einer häufig geübten Methode, etwas anderes zu meinen, als er scheinbar sagt. Gemeint ist in Wirklichkeit die erhoffte Herrschaft von Weisheit und Verstand; genannt (und geehrt) ist der regierende König. So beginnt Nostradamus mit dem Gegenstück zur Torheit, mit der er den Brief an »seinen Sohn Cesar« abschließt.

[2]   Während seiner Zeit als »Zauberdoktor« war er viel allein.

[3]   Seit er zum Humanismus gefunden hat.

[4]   Nostradamus erklärt sein Handeln als weise und vernunftgeprägt. Vgl. AT Sprichwörter Kap. 8, Verse 24–31.

[5]   Ablehnung auch eigener, überkommener Vorurteile.

[6]   Dies erlaubt die Weisheit.

[7]   Alle Vorurteile hinter sich lassend, s. Fußnote 4.

wem ich die drei noch fehlenden Centurien – um das Tausend mit meinen Weissagungen voll zu machen – widmen sollte. Nachdem ich diese meine Kühnheit reiflich bedacht hatte, habe ich meine Anrede an Euer Majestät gerichtet und bitte darüber nicht zu erstaunen.[8] Es wird ja vom sehr ernsthaften Autor Plutarch in seiner »vita des Lykurgos«, erzählt, daß die ausersehenen Weihgaben, die man als Opfer in den Tempeln der unsterblichen Götter jener Zeit bereitete, brachte, indem man sich nicht selbst näherte[9] und sich somit nicht selbst im Tempel zur Schau stellte.[10] Dies erwägend, zugleich Eure leuchtende Herrschergestalt aber in ihrer unvergleichlichen Menschlichkeit (erlebend), habe ich es doch gewagt.[11] Es ist ja nicht wie bei orientalischen Despoten (Perserkönigen), wo es nicht gestattet ist, auf sie zuzugehen. Noch weniger ist es erlaubt, jenen gar nahe zu kommen.[12] Also habe ich meine wohlberechneten Nachtwachen und die Weissagungen, die daraus hervorgegangen sind, einem äußerst weisen, einsichtsvollen Fürsten geweiht.[13] Sie sind zusammengesetzt zunächst aus natürlichem Instinkt und begleitet von poetischer Besessenheit – das letztere bezieht sich allerdings nicht auf die Form und gebildet und abgestimmt mit den Erkenntnissen der Himmelskunde.[14] Dies betrifft die Veränderungen in den Gedanken und bezieht sich auf Jahre, Monate, Wochen und die meisten Gebiete, Städte, Gegenden ganz Europas, Afrikas und auch Teilen Asiens. Diese Veränderungen nähern sich dem größten Teil des Genannten, und alles erhellt sich aus dem natürlichen Ablauf des Geschehens.[15] Das kann jeder erkennen, der seine Augen für das Sehen aufmacht (reinigt).[16] Ist doch der Rhythmus der Dinge selbst so einfach, wie es dem Verstande schwer ist, ihn zu erfassen.[17] Aber gerade deswegen, o allermenschlichster König, ist der größte Teil der weis-

---

[8] Die Schriften entspringen dem Verstande.

[9] Nostradamus erklärt sich nicht selbst zur Weisheit.

[10] Weisheit und Vernunft sind Fundament seiner Schriften. Seine Person ist davon nicht berührt.

[11] Weisheit erkennt die Motive, so besteht keine Gefahr, mißverstanden zu werden.

[12] So aber wäre es bei Engstirnigkeit, Dummheit und daraus entstandenem Despotismus.

[13] Namentliche Erwähnung der Weisheit.

[14] In der Vorrede an Cesar ausführlich dargestellt.

[15] Die Naturgesetze lassen deutlich werden, daß die ganze Kulturwelt und alle Zeiten davon betroffen sind.

[16] Wer sich von Vorurteilen frei macht und seinen Verstand nutzt.

[17] Das Naturgesetz gilt uneingeschränkt für die gesamte Schöpfung.

sagenden Vierzeiler derart gefährlich, daß man es weder verstanden wissen mag, noch weniger aber, daß es erklärt werde.[18] Ich hoffe aber, daß die Jahre über das Geschriebene hingehen werden, über Städte und Gesellschaftsformen, wo das meiste geschehen wird.[19] So wie vom Jahre 1585 und 1606[20] beginnend mit der Gegenwart, dem 15. März 1547, und weit darüber hinausgehend bis zum Geschehen, was sich nach dem Beginn des siebten Jahrtausends vollzieht.[21] Es ist sorgfältigst durchdacht – soweit meine astronomischen Berechnungen und anderes Wissen reichen –, daß sich die Gegner Jesu Christi und seiner Kirche fortwährend stark vermehren werden.[22] Das Ganze wurde komponiert und nach Tagen und Stunden ausgewählt und bestens geordnet, so genau, wie es mir möglich war[23]; den Zeitpunkt d*urch freies Nachdenken ohne Widerwilligkeit* ausrechnend.[24] (Das gilt) ebensosehr für Dinge, die noch kommen werden, als auch für solche der Vergangenheit.[25] Man versteht alles von der Gegenwart her. So wird man das, was im Laufe der Zeit allenthalben geschieht, erkennen.[26] Man versteht auch, wie es geschrieben ist, ohne dabei Überflüssiges hineinzumischen, was es bedeutet.[27] *Deshalb ist von Künftigem die Wahrheit insgesamt nicht sicher.*[28] Es ist wirklich wahr, Sire, daß von meinem natürlichen Instinkt, den mir meine Vorfahren vererbten, ich nicht weissagen zu können glaubte. Später brachte ich diesen natürlichen Instinkt in Übereinstimmung mit langen Berechnungen, die ich angestellt hatte.[29] Ich reinigte meine

---

18   Die Vierzeiler sind aus den Naturgesetzen abgeleitet. Die herrschenden Mächte schaffen sich Gedankengebäude, die davon abweichen. Aber: Auflehnung gegen herrschende Meinung ist gefährlich.

19   Daß diese Thesen als falsch erkannt werden.

20   Mit zunehmender Reife.

21   Wenn die Beschränktheit ihrer Macht verliert (siehe Vorrede an Cesar »... wir nähern uns dem 8. Jahrtausend ...«).

22   Vorurteil widerspricht christlicher Nächstenliebe. Es ist im Zunehmen begriffen.

23   Nostradamus hat sich bemüht, alles so genau wie möglich mit den Naturgesetzen in Übereinstimmung zu bringen.

24   In Übereinstimmung mit dem Naturgesetz.

25   Das Naturgesetz gilt ohne zeitliche Begrenzung.

26   Gemäß dem Naturgesetz ist Gegenwart Folge von in der Vergangenheit liegenden Gründen und Grund für künftige Folgen.

27   Festlegung auf das Wesentliche.

28   Trotzdem bleibt ein Unsicherheitsfaktor.

29   Die Intuition (Begabung) wurde Nostradamus vererbt. Für seine Berechnungen benötigte er eigenes Denken.

Seele, den Verstand und den Mut (die Vorurteilslosigkeit) ganz in heilender Einsamkeit und (ersetzte) Streit durch Ruhe und Zufriedenheit vom Geiste her.[30]:

Alles Vergleichen und Weissagen ist zu einem Teil dem ehernen Dreifuß zu vergleichen.[31] Möge es da auch viele geben, die mir unterstellen, es sei alles eitler Wahn, was da von mir (verkündet) wird[32]; der einzige, ewige Gott durchschaut menschliche Kühnheit (Anmaßung). Er ist fromm, gerecht, erbarmungsvoll und ein wahrer Richter. Ihn flehe ich an, mich vor verleumderischen Bösewichtern zu schützen.[33] Es sind die gleichen, die in verleumderischer Absicht auch nachforschen, weswegen letztlich Eure ältesten Vorfahren, die Könige von Frankreich, von Scrofulose heilten; die von anderen Nationen von Schlangenbissen, wieder andere einen sicheren Sinn für Wahrsagen besaßen und anderes, was hier zu weit führen würde.[34] Trotzdem wird jenen, denen das Herz nicht von der Schlechtigkeit des Bösen gefesselt ist, nach meinem Ausgelöscht-Sein von der Erde mein Text noch bedeutungsvoller erscheinen als zu meinen Lebzeiten.[35] Dies selbst dann, wenn ich in meinen Berechnungen (Überlegungen) in der Zeitfolge irrte bzw. die Dinge nicht den Wünschen etlicher entsprächen.[36] Ich erbitte von Eurer mehr als kaiserlichen Majestät, mir im Angesicht Gottes und seiner Heiligen zu verzeihen: Ich habe in den vorgelegten Texten nichts geschrieben, was gegen den wahren katholischen Glauben verstößt, wenn ich auch astronomische Überlegungen auf Grund meines Wissens zum Vergleich herangezogen habe.[37] Denn der Ablauf der Zeiträume, die uns vorange-

---

[30] Die Berechnungen mußten mit kühlem Kopf, in Ruhe und ohne Sympathie und Antipathie erfolgen.

[31] Es bedarf der Intuition.

[32] Intuition muß von Einbildung (Selbsttäuschung) getrennt werden.

[33] Dokumentation seines »Glaubenseifers«.

[34] Es gehört in Frankreich bis zur Französischen Revolution zum Krönungszeremoniell, daß die Könige Kranken die Hände auflegten. Dabei entwickelte sich im Laufe der Jahrhunderte die »Heilung von Scrofulösen« (als Halskrankheit verstanden), wegen der Namensähnlichkeit des hl. Marcul mit einem kranken Hals = malcoru. Die Könige betrachten diese Gabe als vom hl. Marcul empfangen. Hier wird vor allem der Neid der Minderbegnadeten gegeißelt (siehe Scaliger in der Lebensbeschreibung des Nostradamus).

[35] Wenn kein Neid von Zeitgenossen mehr den Blick trübt.

[36] Sachliche Differenzen sind stets leichter als persönliche zu überwinden.

[37] Um nicht von der kirchlichen und weltlichen Macht vernichtet zu werden, mußte er

gangen sind, ist so – hierbei unterwerfe ich mich der Korrektur des hl. Gerichtes[38] –, daß der erste Mensch, Adam, etwa 1242 Jahre vor Noah lebte. Diese Überlegung fußt nicht auf der Berechnung von Heiden, wie Varro. Es entspricht vielmehr ganz allein den Heiligen Schriften und beruht – meinem Verstande gemäß – auf meinen astronomischen Berechnungen. Nach Noah selbst und der allgemeinen Sintflut hat es bis Abraham etwa 1080 Jahre gedauert. Dieser soll angeblich selbst ein hervorragender Astrologe gewesen sein. Gemäß einigen Leuten soll er nämlich als erster Sterndeuterei betrieben haben. Danach kam nach etwa 515 oder 516 Jahren Moses. Zwischen der Zeit von Moses und David vergingen etwa 570 Jahre. Danach liegen zwischen David und der Zeit unseres Retters und Erlösers, Jesus Chriscus, von der einzigartigen Jungfrau geboren, 1350 Jahre. So berichten es einige Chronologen. Man kann einwenden, daß diese Überlegung falsch ist, da sie von der des Eusebius abweicht.[39] Und nach der Erlösung der Menschheit bis zur scheußlichen Verführung durch die Sarazenen hat es etwa 641 Jahre gedauert.[40] Von all dem läßt sich leicht zusammenfassen, welche Zeit vergangen ist, ob meine überlegten Berechnungen nicht gut sind und Gültigkeit für alle Völker haben.[41]

Ja, alles ist berechnet durch himmlische Bewegungen, in Verbindung von Inspiration und gereinigten Sicherheiten, vererbt von den Eingebungen meiner alten Vorfahren.[42] Aber die Verfemung von der Gegenwart her, o erhabenster König, verlangt, daß derartige Ereignisse nicht (klar) dargestellt werden können.[43] Nur durch verdun-

---

gewisse Kompromisse im Text eingehen (ständige Berufung auf kirchliche Gesetze etwa). Dafür bittet er die Ewige Weisheit und Wahrheit um Verzeihung. Er betont allerdings, nichts gegen die Vernunft geschrieben zu haben.

38 Verdeutlichung, daß er Rücksichten nehmen muß.

39 Nostradamus weist nach, daß man aus der Heiligen Schrift durchaus Verschiedenes herauslesen kann. Die hier aufgeführte Chronologie I des Alten Testamentes stimmt nicht mit der offiziellen, kirchlichen überein. (Diese ist Chronologie II.) Trotzdem wurde sie buchstabengetreu aus dem Alten Testament »errechnet«.

40 Die Entstehungszeit des Islam wird korrekt datiert.

41 Nostradamus stellt fest, daß man ihn nicht widerlegen kann, und deutet so den schnellen Abfall vom Glauben.

42 Die Fähigkeit, Zusammenhänge zu erkennen, ist von den Vorfahren ererbt, die Gedankengänge und Überlegungen stammen von ihm selbst.

43 Das Verhalten der Mächtigen erlaubt keine deutliche Erklärung der Wahrheit.

kelte Rede (ist es möglich), die nicht nur einen Sinn hat bzw. in einer Weise verstehbar ist.[44] Dabei besteht nicht die Absicht, doppeldeutig oder gar zweideutig zu berechnen.[45] Vielmehr ist natürliche Eingebung unter Dunkelheit vernebelt, wobei alles sich der Redeweise einer der 1002 Propheten nähert, die es seit Erschaffung der Erde gegeben hat,[46] wenn man der Berechnung in der Phönikischen Chronik folgt. *Ich gieße meinen Geist über allem Fleische aus und eure Söhne und Töchter werden weissagen.*[47] Die Prophetie geht allein vom Munde des Hl. Geistes aus, der die absolute, ewige Macht ist.[48] Mit Hilfe des Himmels haben einige von ihnen große und wunderbare Dinge geweissagt. Verglichen mit diesen habe ich wohl bei Gott nicht das Recht, mir einen derartigen Titel zuzulegen.[49]

Ich bekenne klar, daß alles von Gott stammt, und ihm allein schuldet man Dank für Seine Gnade. Ihm sei Ehre und Preis in Ewigkeit.[50] Ich habe nichts vom Göttlichen in das hingemischt, was *vom Schicksal* kommt, sondern nur das, was von *göttlicher Natur* stammt; dabei ist der größte Teil vom Bewegungsablauf des Himmels begleitet.[51] Man sieht gleichsam in einen brennenden Spiegel hinein – wenn auch zum Teil nebelhaft –, wie sich die großen, traurigen, außerordentlichen und unheilvollen Ereignisse den führenden Kulturen nähern.[52] Das betrifft erstens die Gebetsstätten für Gott, zum zweiten handelt es sich um die weltlichen Mächte, denen sich mit tausend anderen schlimmen Dingen der Verfall nähert.[53] Man wird im Verlauf der Zeit erkennen, was da kommt.[54] Denn Gott wird das lange Unnütz-Sein der Hohen Dame (vom edlen Blute) in seinen Blick nehmen.[55] Sie wird danach

---

[44] Nostradamus erklärt, Deckbegriffe benutzen zu müssen.

[45] Trotzdem: Er will nur Eindeutiges aussagen.

[46] Alle Propheten waren zur eigenen Sicherheit gezwungen zu verdunkeln – wollten sie am Leben bleiben.

[47] Weissagung ist Gabe des Schöpfers.

[48] Bekräftigung dessen mit christlichen Begriffen.

[49] Siehe: Vorrede an Cesar.

[50] Selbstschutzformel.

[51] Feststellung, daß seinen Texten die Naturgesetze zugrunde liegen.

[52] Spiegel: »platonisches Höhlenbeispiel«; auch Erasmus von Rotterdam benutzt den »Spiegel«.

[53] Staat und Kirche unterliegen dem Verfall.

[54] Was die Ursachen für den Verfall sind.

[55] Gott straft die Kirche, weil sie ihre Pflicht vernachlässigt.

zwei bedeutende Kinder empfangen, selbst aber zugrunde gehen.[56] Nachdem sie einen Lebensabschnitt lang in höchst mutiger Weise nützlich gewesen sein wird, wird sie 18jährig (nach der frühen Jugendzeit) sich dem Tode zuneigen, den sie 36-jährig (d. h. wenn sie als Mutter dem Hauswesen vorstehen sollte) erdulden wird.[57] Dann wird sie drei männliche und ein weibliches (Wesen) hinterlassen.[58] Man wird Altäre errichten für den, der selbst für einen von ihnen niemals Vater gewesen ist.[59] Von drei Brüdern werden (daraufhin) solche Differenzen entstehen, mehr noch als durch drei, die durch Vereinigung und Vertrag miteinander verbunden sind.[60] Und (die) vier Gegenden Europas werden sich ängstigen, weil die Jüngste die christliche Monarchie (Herrschaft) erhalten haben wird und zugenommen hat.[61] Die fanatischen Gruppen (Sekten) haben sich vermehrt und schnell abwärts geführt.[62] Araber rücklings, Königreiche eins, neue Gesetze verkündet.[63] Von den anderen Kindern wird das erste die gewaltigen gekrönten Löwen, die furchtlos schmückend über dem Wappen wachen, erhalten.[64] Das zweite wird – geleitet durch die Lateiner – gründlich vorwärts kommen, was anschließend den Weg ungewiß und wildwütend gegen den Berg Jupiters (des guten Gottes) macht. Vorwärtssteigend wird es sich mühen, die Pyrenäen zu gewinnen.[65] Es wird nicht zur alten Herrschaft geführt sein.[66] Es wird eine dritte Überflu-

[56] Aus ihrer Mitte und mit dem von ihr ererbten Gedankengut entwickeln sich Nachfolge-Gemeinschaften.

[57] Die Kirche hat ursprünglich dem Menschen gedient. Nun, da sie die Macht hat, nützt sie nicht mehr, sondern schadet. Deshalb muß sie zugrunde gehen.

[58] Ihr werden drei Machtinstitutionen folgen, aber nur eine moralische Idee (der Humanismus).

[59] Diese errichten ihre Altäre nicht für den Schöpfer, sondern um sich selbst anzubeten.

[60] Darum werden sie schlechter als Fremde miteinander auskommen, während sie doch »vom gleichen Vater« abstammen.

[61] Die Herrschenden fürchten menschenfreundliche Ideen.

[62] Die Konfessionen haben sich nicht als Erben und Sachwalter christlichen Geistes erwiesen.

[63] Spaniens Befreiung von islamischer Bedrückung und die Vereinigung unter Kastiliens Krone bringt jetzt die Inquisition zur Macht.

[64] Der in England herrschende Anglikanismus.

[65] Das Römische Reich Deutscher Nation wird zwar von den Reformatoren erfaßt. Die Reformierten handeln jedoch auch nur nach Machtprinzipien.

[66] Sie haben die katholische Hierarchie abgeschafft.

tung mit Menschenblut geschehen. So wird sich Mars nicht lange in der Fastenzeit befinden.[67]

Und es wird die Jungfrau für die Erhaltung der christlichen Kirche hingegeben werden.[68] Dadurch wird die fanatische Gemeinschaft (Sekte) neuer Abtrünniger zum Heidentum abgestürzt sein.[69] Diese wird (nämlich) zwei Kinder haben, eines treu und das andere vom Segen der katholischen Kirche abtrünnig.[70] Letzteres wird in seiner großen Verwirrung und zögernden Reue drei Gegenden von höchstem Unterschied in ihren Vorstellungen ruinieren.[71] Es ist bekannt, daß das römische Land, Germanien und Spanien verschiedene sbreitbare Sekten aufzuweisen haben werden, die gezwungen sind, das Gebiet zwischen dem 50. und 52. nördlichen Breitengrad zu verlassen.[72] Dabei werden diese an Glaubensformen ganz hingegeben sein, die von europäischer Gläubigkeit (so) weit entfernt sind, wie es vom Nordpol bis zum 48. Breitengrad ist.[73] Dort (am 48. Breitengrad) wird man zunächst aus blanker Angst zittern. Dann werden (aber) auch Westeuropa, der Mittelmeerraum und der Osten das Fürchten lernen.[74] Deren Macht wird so (derartig) sein, daß man Absprachen trifft und ekelhafte Verbindung kriegerischer Errungenschaften herstellt; so werden sie in ihrer Natur gleich sein, haben sie (auch) höchste Glaubensunterschiede.[75] Danach wird die unfruchtbare Dame, die größere Macht hat als die zweite, von zwei Völkern als bindend anerkannt.[76] Durch das erste, das beständig ist, durch das zweite, das die totale Macht hatte und durch das dritte, das seine

---

[67] Neue Bürgerkriege (Weltanschauungskriege) verursachen wieder Not und Tod.

[68] Marienverehrung wird aufgegeben (Maria auch: Unschuldssymbol).

[69] Die neue religiöse Gemeinschaft ist ohne die Grundidee des Humanismus.

[70] Diese »Kirche« hat christlich denkende Menschen, aber auch Anhänger von menschenquälenden Ideologien.

[71] Welches Unheil diese Mißachtung des Menschen über Europa bringt, wird zu spät erkannt.

[72] Die spanischen Niederlande (Belgien) und Deutschland bilden den Ausgangspunkt kriegerischer Glaubensunruhen.

[73] Die Ideologien weichen von herkömmlichen Glaubensvorstellungen ab.

[74] Furcht vor dem Neuen Glauben erfaßt die katholischen Länder (Südeuropa).

[75] Auch die katholischen Fürsten schließen Militärbündnisse. Ist der Glaube im katholischen und reformierten Lager auch unterschiedlich, handeln doch alle militärisch und machtpolitisch gleich.

[76] Die Kirche siegt durch brutale Unterdrückung, nicht durch Nächstenliebe.

Macht nach Ost-Europa bis gegen Ungarn ausweiten wird. Dieses wird es zugrundegerichtet und unterworfen haben.[77] Es wird sich durch eine See-Attacke noch ausweiten. Von Sizilien her wird das Adriatische (Meer) gleich Deutschen und Griechenland völlig unterworfen.[78] So wird denn die barbarische Sekte großer Nationen aufs herrlichste niedergeschlagen und völlig verjagt.[79] Dann wird die große Herrschaft des Antichrist beginnen. Gewaltig an Zahl, ja, unzählbar wird er zur Erde herabsteigen[80], so daß erst das Kommen des Hl. Geistes, der vom 24. Breitengrad vorschreitet, Wandel schaffen wird.[81]

Dies (geschieht), indem er das Ekelerregende des Antichrist verjagt, der gegen den König, der der priesterliche Stellvertreter Jesu Christi sein wird, Krieg betreibt.[82] (Krieg auch) gegen seine Kirche und seine Herrschaft *durch die Zeit und während der Gelegenheit in den Zeitläufen*.[83] Davor wird eine Verfinsterung der Sonne von größter Dunkelheit und Strahlenlosigkeit (Schattigkeit) erfolgen, wie es seit Erschaffung der Welt bis zum Leiden und Sterben Jesu Christi und von da an bis jetzt nicht war.[84]

---

[77] Das osmanische Reich (die islamische Welt).

[78] Nostradamus erwartet, daß die Osmanen in Kürze über die Adria nach Italien einfallen, sich erneut gegen Wien wenden (erste Belagerung Wiens 1529) und die Mittelmeerinseln besetzen (besonders Malta), weil sich das Abendland geistig und machtpolitisch zerfleischt. Franz I. schließt mit den Osmanen sogar ein Militärbündnis gegen seine christlichen Nachbarstaaten. Die erwartete Entwicklung war 1558 durchaus denkbar, sie erschien sogar wahrscheinlich.
Die Gefahr einer Invasion Italiens endete erst mit der großen Seeschlacht von Lepanto (1571), für Mitteleuropa sogar erst nach der letzten Belagerung Wiens (1683).

[79] Ironisch gemeinte Bemerkung: So also rotten »in wunderbarer Weise« christliche Machthaber mit der Vernichtung des Abendlandes selbst auch dessen ketzerische Ideen aus.

[80] Der Islam überschwemmt Europa.

[81] Mit dem Vertrag über die »Linie der Freundschaft« verpflichteten sich die europäischen Staaten jenseits des 23. Breitengrades und des Längengrades der Azoren, keine Expansionspolitik mehr gegeneinander zu betreiben. Das aber ist zu wenig.

[82] Wenn humanistisches Denken die Oberhand gewinnt, werden Konfessionen wie politische Staaten wieder näher zusammenrücken.

[83] Einfluß des Humanismus auf geistliche und weltliche Machtinstitutionen.

[84] Es dauert aber noch lange, bis die europäischen Machthaber christlich-humanistische Ideale begreifen.

Es wird im Oktober (Herbst) sein, daß man denken wird, das natürliche Gewicht der Erde habe seinen naturgemäßen Antrieb verloren, man sei in ewige Dunkelheit hinabgestürzt.[85] Diese Dinge werden der Zeit vorausgehen, da man Menschenasche in Krüge tut und ihr in extremen Änderungen der Herrschaft folgen.[86] Es wird sein wie großes Erdbeben, (hervorgerufen) durch Besudelungen vom neuen Babylon, jener elenden Tochter. Der Ekel wird vermehrt werden durch erst (-klassisches) Ganz-Brandopfer (Holocaust).[87]

Es wird nicht so sehr lange dauern, nur 73 Jahre, sieben Monate.[88] Dann wird vom Stamme derjenigen, die so lange unfruchtbar gewohnt hatte, vom 50. Breitengrad ausgehend (der) kommen, der die ganze christliche Kirche erneuern wird. Großer Friede wird entstehen und Gemeinsamkeit, Eintracht, Einigkeit bei den Kindern des verirrten und getrennten Geistes eintreten.[89] Die Anhänger von Streit und die Antreiber zum Glaubenskrieg werden durch solch einen Frieden in die größte Tiefe hinabgezwungen, und es wird das Königreich des Rabieux vereint sein, der die Weisheit nachäffen wird.[90] Und die Vorstellungen der Städte, Gesellschaftsordnungen, Herrschaftsgebiete und Provinzen, die den ursprünglichen Weg – um sich zu befreien – verlassen haben, sehen sich in ihrer heimlich gelockerten (Moral), in ihrer (sogenannten) Freiheit viel tiefer verfangen.[91] Nachdem die echte Religion vollkommen verloren ist, werden sie beginnen, sich vom Verwundet-Sein auf der linken Seite wieder nach rechts zurückzuwenden, und aufs neue beginnt die niedergeschlagene Ehrwürdigkeit von vor langer Zeit mit ihren alten Schriften,[92]

---

[85] Nostradamus stellt einen erschreckenden moralischen und geistigen Abstieg fest. Das Abendland befindet sich »im Herbst« (es geht auf den Winter zu).

[86] Dieser geistige Abstieg zeigt sich auch an den Ketzerverbrennungen. Letztere führen zur weiteren Verrohung der Sitten.

[87] Nostradamus drückt seinen Ekel über derartige Praktiken aus, die auch noch als geistige Reinigung ausgegeben werden.

[88] Diese Zahl entspricht – in Monate umgerechnet – genau der Zahl seiner Regel-Vierzeiler in den Centurien (956).

[89] Nostradamus spielt auf eine mögliche Synthese zwischen den Ideen eines Erasmus von Rotterdam und eines Calvin an.

[90] Ungebundenheit ist nicht Freiheit, sondern Zügellosigkeit, nur Nachäffung der Freiheit.

[91] Der Mensch wird zum Sklaven seiner Triebe und Leidenschaften.

[92] Man erkennt, daß moralische Grundsätze und Normen unentbehrlich sind.

so daß anschließend der große (Blut-)Hund zum Vorschein kommen wird,[93] das alte Vieh, das alles zerstören wird, und selbst das, was im Verborgenen verübt worden sein wird.[94] Sie werden die Tempel im ursprünglichen Zustand wieder herstellen und den Klerus in seine alte Funktion wieder einsetzen. Aber dieser wird (die Menschen) tüchtig durchzuprügeln beginnen, während er (selbst) praßt und anfängt, tausend Schandtaten zu begehen.[95] So wird man sich nahe bei einer neuerlichen Verwüstung wiederfinden. Dann, wenn sie wirklich höchste und erhabenste Würde besitzen wird, werden sich Machthaber und Militärs gegen sie erheben.[96] Beide Schwerter werden ihr abgenommen werden, und ihr bleiben nichts als die Insignien.[97] Wegen ihrer (Nieder-) Beugung läßt sie das Volk, das sich davon angezogen fühlt, den rechten Weg gehen,[98] und sie will einfach nicht verstehen, daß man die Erde anspornen kann, wenn man gegenteilig handelt (d. h. also), ohne stets von einem Stück hitziger Macht auszugehen.[99] Wahrlich, von einem Zweige der seit langem Unfruchtbaren wird einer geboren, der überall das Volk von solcher Knechtschaft in Güte und Zwang zu befreien fähig ist.[100] Sie (aber) stellt sich erneut unter den Schutz von Glaubensfanatikern.[101] Jupiter wird so von allen Ehren und Würden im Namen der menschlichen Gesellschaft entkleidet.[102] Damit wird die Grundlage für ein anderes, jämmerliches Städtchen in Mesopotamien (Babylon!) geschaffen.[103] So wird der Grundgedanke und der Herrscher aus der

---

[93] Dadurch erstarkt die alte Machtinstitution wieder. Neue Unterdrückung ist die Folge.

[94] Unterdrückung der Geistesfreiheit.

[95] Der Besitz von Macht führt zu Machtmißbrauch.

[96] Auf ihrem Gipfel führt die Macht zu brutaler Unterdrückung und ruft damit Gegenreaktionen hervor.

[97] Die Folge ist Entmachtung.

[98] Durch ihre Machtlosigkeit bekommt sie wieder ein menschliches Gesicht und erstarkt.

[99] Dadurch fällt sie – wieder mächtig geworden – in ihre alten Fehler zurück. Sie hat nichts gelernt.

[100] Dabei könnte doch aus der rechten Lehre demütigen Glaubens der Mensch aus seiner seelischen wie physischen Not befreit werden (Christus selbst).

[101] Die Machtinstitution Kirche wählt statt dessen den für sie bequemeren Weg des Zwanges.

[102] Statt Vernunft herrscht Fanatismus.

[103] Herrschaft sollte segensreich sein, wird so aber nur despotisch und erbärmlich.

Mitte herausgeworfen und an die Luft gesetzt.[104] Man erkennt dabei nicht die Konspiration der mit dem kommenden Thrasobul verbundenen Verschwörer, der das alles längst vorbereitet hatte.[105] Dann wird der Abschaum in der Finsternis verdunkelten Lichtes in großer Schande als verworfen offenbar geworden sein.[106] Das wird erst gegen Ende des Wechsels seiner (des Klerus) Herrschaft aufhören. Die Kirchenfürsten werden ganz weit hinten in der Gottesliebe stehen, und viele von ihnen werden (dann) vom wahren Glauben abfallen.[107] Diejenige der drei Glaubensrichtungen, die durch ihre Anhänger, die auf die Mitte (Gott) hin ausgerichtet ist, wird etwas zurückgehen.[108] Die erste, über ganz Europa allgemein verbreitete, (wird) vermittels der Armen im Geiste zum größten Teil in Affrique (= ein kleines Städtchen im Albigenser-Land!) von seiner Bande völlig ausgeräumt.[109] Deren Hirnlosigkeit ist durch die großgewordene Gier nach Luxus entstanden.[110] Der Pöbel wird sich erheben. Er wird nicht nachlassen, die Gesetzestreuen zu verfolgen.[111] Und es wird so scheinen, daß die Mächte so große, elende Gruppenbildungen in den Kirchen betreiben werden, weil sie vom Orientalischen (Despotischen) fasziniert sind.[112] Dabei hat der Schöpfergott dies gewissermaßen als den Satan aus der Hölle losgebunden, um Gog und Magog erscheinen zu lassen.[113] So werden weder Rote noch Weiße — blind und kraftlos – etwas recht beurteilen können, und ihre Macht wird ihnen genommen werden.[114] Dann wird größere Kirchenverfolgung entste-

---

[104] Man wirft den Stifter Jesus Christus selbst aus seiner Kirche.
[105] Thrasibul = ein Athener, der die 30 »Tyrannen« seiner Vaterstadt vertrieb. (Dies alles wird absichtlich getan; denn das Schlechte sucht sich mit Hilfe von »nützlichen Idioten« durchzusetzen. Vgl. Brief an Cesar: »Die zweite Ebene beherrschen die Engel, die dritte das Böse«).
[106] Unterdrückung des Guten heißt dem Schlechten den Weg ebnen. Das begreift der Mensch aber erst hinterher.
[107] Immer noch regieren diejenigen, die dem Menschen dienen sollen, ihn in Wahrheit aber nur unterdrücken.
[108] Die das Gesetz des Schöpfers erfüllen wollen, werden unterdrückt.
[109] Durch die eigene geistige Beschränktheit unterliegt so das Christentum in Europa der östlichen Despotie.
[110] Die den Menschen dienen sollen, leben nur ihrem eigenen Genuß.
[111] Der Rest bleibt hirnloser, brutaler Fanatismus.
[112] Die »Kirche der Nächstenliebe« wird von Despotismus beherrscht, der dem von orientalischen Potentaten nicht nachsteht und diesen abgesehen ist.
[113] Damit wollte der Schöpfer in Wirklichkeit nur das Denken aufrütteln.

hen, als es sie je gab. Darüber hinaus wird große Pest kommen, so-
daß die drei Weltgegenden (staatlichen Mächte der Kontinente: Europa Afrika, Asien) mehr noch als die Glaubensgemeinschaften fehlgehen werden.[115] Das wird in einer solchen Weise sein, daß man nicht
mehr weiß, wem Felder und Häuser gehören. Und das Unkraut wird
in den Städten (Gesellschaften) die Wege höher als bis zum Knie
überwuchern. Und unter dem Klerus wird völlige Verwirrung angerichtet werden.[116] Die Glaubensfanatiker werden sich das aneignen,
was in der Gesellschaft von der Sonne Maltas bis zu den Inseln der
Stöchaden verdreht sein wird.[117] Und die große Verankerung für die
Haltung wird geöffnet werden, die vor der Herrschaft des Meeroch-
sen schützt.[118] Und es wird neuer Überfall (auf dem Wege) über die
Meeresküsten unternommen werden, (um im) Sprung Katalonien
und Kastilien von der ersten mohamedanischen Eroberung zu befreien.[119] Und von den gleichen werden Angriffe nicht zur Ruhe kommen in dem Gebiet, das ursprünglich der Wohnort Abrahams war.
Es wird von (solchen) Personen angegriffen sein, die die Jovialisten
verehren.[120] Und die gleiche Gesellschaft von *Achem* (gesundem
Pflanzenwuchs) wird eingekesselt und mit großer Gewalt von Be-
waffneten von allen Seiten her angegriffen. Ihre Stärke wird den Orientalen gegenüber abnehmen. Unter dieser Herrschaft wird große
Verwüstung angerichtet werden.[121] Die größten Gemeinschaften
werden hinausgejagt sein, und diejenigen, die eintreten werden,
werden für das Rachewerkzeug Gottes gehalten,[122] und es wird das

[114] Verfolger wie Verfolgte begreifen keine Zusammenhänge mehr.

[115] Der Schaden in der Kirche, der von innen heraus entsteht, ist größer, als er jemals von
außen möglich war. Er reißt alles in den Strudel der Zerstörung hinein.

[116] »Man wird nichts Gutes mehr lehren noch lernen.« (Vgl. Erasmus von Rotterdam:
Brief an einen Mönch)

[117] Überall verdrehen Fanatiker das Wesen des Glaubens.

[118] Meerochse: Meer: Die unruhige, niedrige Masse; Ochse: Ein riesiges, goldenes Kalb:
Und der Schutz vor der Herrschaft der Götzen der primitiven Masse zerbricht.

[119] Die »Befreiung« Spaniens von den Mauren brachte nur neue, blutige, brutale
Unterdrückung mit sich.

[120] Abenteuerlust und Austoben der Leidenschaften benutzten die Kreuzfahrer als
Vorwand. Und diese Horden nennen sich Christen!

[121] Die abendländischen Christen erobern angeblich im Namen des Kreuzes das Heilige
Land, bewirken aber nur Unheil und Verwüstung.

[122] Das Gesetz der Nächstenliebe kapituliert vor der Gewaltanwendung; dabei halten
die Machthaber sich noch für Werkzeuge des Schöpfers.

Grab der großen Verehrung über einen langen Zeitraum hinweg unter deren Herrschaft zur allgemeinen Betrachtung frei daliegen unter Himmel, Sonne und Mond,[123] und (dadurch) wird das Heilige Land in eine Herberge für große Massen eines geringwertigen Haufens umgewandelt und an ruchlose Begriffe (Werte) angenähert.[124] Oh, welch schreckliche Betrübnis wird davon für die schwangeren Frauen ausgehen! Danach wird des obersten orientalischen Chefs (Sultan) größte Erregung (Grundideologie) durch die Nördlichen und Westlichen besiegt, geschwächt, niedergeschlagen. Die Restlichen sind auf der Flucht und ihre Kinder, die von vielen Frauen stammen, eingekerkert. Und deshalb wird die Prophezeiung des Königlichen Propheten erfüllt werden, *auf daß er höre das Klagen der Gefesselten und die Söhne der Mörder losbinde.*[125] Welch großer Eindruck wird davon auf die Prinzen (die einmal herrschen sollen) und die Beherrscher der Königreiche entstehen.[126] Das gilt gleichermaßen für die Meerstaaten (Germanische Nordländer) wie für die Östlichen (Slawen) und für die, deren Sprachen in der großen Gemeinschaft des Lateinischen gemischt sind (die Romanen).[127] (Dies gilt auch) für die Araber, die über die phönizischen Handelsstraßen hinziehen.[128] Und es werden deren Könige gejagt, niedergeschlagen, ausgerottet, und das nicht allein vermittels der Streitkräfte der Könige der nördlichen Länder; vielmehr auch aus der Nähe unserer Zeit, da die drei Vereinigten gegenseitig füreinander den Tod suchen, und das in Tücke und Hinterlist.[129] Die Erneuerung des Triumvirats wird länger dauern, sieben Jahre, und sie wird ihre Berühmtheit in der Teilgemeinschaft über die ganze Erde ausbreiten.[130] Und so wird das Opfer der heiligen und unbefleckten

---

[123] Man glaubt für die Freiheit des Hl. Grabes gekämpft zu haben.

[124] In Wahrheit finden sich bei den Kreuzfahrern Abenteurer und Glücksritter in Massen ein.

[125] Anfänglicher Sieg der Kreuzritter über die Araber (Islam). Die Bewohner Palästinas werden unterdrückt.

[126] Im Abendlande ist man berauscht.

[127] Betonung, daß dabei die christlichen Völker gemeint sind.

[128] Auch die islamische Welt gerät in Erregung.

[129] Man bekämpft nicht nur die islamischen Länder, sondern bezieht diese auch in die europäischen Intrigen ein (Franz I.!).

[130] In den antiken Triumviraten (Drei-Männer-Herrschaften) versuchte immer einer die anderen durch Intrigen auszuschalten. So handeln auch die christlichen Machthaber.

Hostie erhalten sein.[131] Und es werden dann die großen Herren – zwei an der Zahl – von Aquilon (Norden) siegreich über die Östlichen sein, und von ihnen wird so großer Streit und kriegerischer Tumult entstehen, daß von diesen Brüdern, die (wahrlich) keine Brüder sind, der Orient vor Schreck zittern wird.[132] Und deswegen, Sire, stelle ich diese Weissagungen in dieser Abhandlung ziemlich verwirrend dar, daß es nicht möglich sein wird – auch für die Ereignisse, die daraus entstehen werden –,[133] zur Entzifferung der Zeit und des daraus Folgenden (zu kommen), das dann wenig oder gar nicht mit Obigem übereinstimmt. (Das geht) ebenso sehr gemäß astronomischen Gesetzen (Naturgesetzen) wie auch durch die Heiligen Schriften, die niemals irren können.[134] Wenn ich wollte, ich könnte für jeden Vierzeiler die zeitliche Entzifferung liefern. Das wäre dann aber keineswegs ganz angenehm. Schlimmer aber wäre es noch, diese Dinge zu erklären.[135] (Dies) zumal Eure Majestät es einfachem Können nicht verliehen haben, solches zu begreifen.[136] Dies auch um den Verleumdern keine Gelegenheit zu bieten, mich zu beißen.[137] Jedoch um etwas von Jahreszahlen zu erzählen (fabulieren), sind seit der Erschaffung der Welt bis zur Geburt Noahs 1606 Jahre vergangen. Seit der Geburt Noahs bis zur Annäherung der totalen Überflutung vergingen 600 Jahre.[138] Seien diese Jahre nun Sonnen- oder Mondjahre oder aus beiden gemischt.[139] Ich gehe davon aus, daß die Heiligen Schriften Sonnenjahre benutzten. Und schließlich brauchte Noah

---

[131] Diese Intrigen sollen angeblich dem Erhalt der Lehre und der Kirche Jesu Christi dienen.
[132] Die modernen »Dreier-Herrschaften« der christlichen Ländern handeln genau so treulos. Das ist selbst den Heiden ein Greuel und erscheint ihnen zum Fürchten.
[133] Deshalb will Nostradamus nicht offen sprechen.
[134] Er kann nicht irren, denn er berichtet historisches Geschehen, erkennt den Zusammenhang am (sich stets wiederholenden) Lauf der Gestirne und mißt alles am moralischen Gesetz der Hl. Schrift.
[135] Welche Gefahr, das offen darzulegen!
[136] Der primitive Fanatismus würde ihn vernichten.
[137] Deshalb hütet sich Nostradamus, die Zeit der Kreuzzüge offen zu nennen. (Auch in seiner Zeit wurde wieder ein Kreuzzug geplant, der allerdings nicht zur Ausführung gelangte.)
[138] Wenn ihr Jahreszahlen hören wollt, nun, so nenne ich euch welche: Sind diese auch noch so falsch, sie stammen von Kirchenvätern und sind deshalb ungefährlich.
[139] Dient der Entzifferung von Jahreszahlen.

sechs Jahre, die Arche einzurichten und so vor der großen Sintflut gerettet zu werden. So entging er der allgemeinen Sintflut. Diese dauerte ein Jahr und zwei Monate. Und seit dem Ende der Sintflut bis zur Geburt Abrahams verflossen 295 (Jahre). Seit der Geburt Abrahams bis zur Geburt Isaaks verstrichen hundert Jahre, von Isaak bis Jakob 60 Jahre. Vom Zeitpunkt des Eintritts nach Ägypten bis zum Auszug der Seinen vergingen 430 Jahre. Und seit dem Auszug aus Ägypten bis zur Errichtung des Tempels durch Salomo waren es 430 Jahre. Er errichtete diesen im vierten Jahr seiner Regierung. Seit der Errichtung des Tempels bis zu Jesus Christus – dabei der Rechnung der (hohen) Geschichtsschreiber folgend – vergingen nochmals 450 Jahre. Folglich sind es nach dieser von mir aus den Heiligen Schriften angestellten Berechnungen zusammen etwa 4173 Jahre, acht Monate, sei es etwas mehr oder etwas weniger.[140] Die Zeit, die es von Jesus Christus an gegeben hat, lasse ich wegen der Unterschiedlichkeit der verschiedenen Glaubensrichtungen aus.[141] Und dies überschlagend und in bezug auf die vorgelegten Weissagungen erwogen habend, entspricht das Ganze der Zwangsläufigkeit (konsequenten Kette) der Folgen, die ihre Entwicklung in sich selbst tragen; nämlich astronomischer Gesetzmäßigkeit und meinem natürlichen Instinkt folgend.[142]

Gemäß der Zeit und dabei die Zeit erfassend, (weiß man) daß der Saturn am 7. April seine Rückläufigkeit beginnt (und) bis zum 15. August (rückläufig) bleibt. Jupiter vom 14. Juni bis zum 7. Oktober, Mars vom 17. April bis zum 22. Juni, Venus seit dem 9. April bis zum 22. Mai, Merkur von 3. bis zum 24. Februar, wie es ja sichere (Erkenntnis) ist. Hinterher ist es dann (ebenso) sicher, daß er vom 1. Juni bis zum 24. Juni und vom 25. September bis zum 16. Oktober (wieder rückläufig ist).

Saturn im Steinbock, Jupiter im Wassermann, Mars im Skorpion, Venus in den Fischen, Merkur einen Monat lang in Steinbock, Wassermann und Fischen, der Mond im Wassermann, der Kopf des Drachen in der Waage: der Schwanz im entgegengesetzten Sternzeichen.

---

[140] Auch die Jahreszahlen dienen als Schlüssel für andere, genannte Zahlen.
[141] Wegen der Zersplitterung in Konfessionen.
[142] Nostradamus erkennt diese Zersplitterung als Ursache für die Folgen, unter denen das Abendland zu leiden hat.

Daraus folgt eine Konjunktion von Jupiter und Merkur mit einem Quadrat-Aspekt von Mars auf Merkur; der Kopf des Drachen wird in Konjunktion zusammen mit der Sonne zu Jupiter stehen. Also wird das Jahr friedlich sein.[143] Nichts von alledem. Man muß die Ursachen verstehen von dem, was in der Zeit geschieht,[144] und (ein Anfänger) wird das gleiche Jahr (als dasjenige erkennen), in dem größte Verfolgung gegen die christliche Kirche geschieht, wie es sie nicht einmal in Affrique (im Albigenser Land) gegeben hat.[145] Es wird dies hier andauern bis zum Jahre 1792,[146] so daß man glauben wird, es sei eine Erneuerung der Epoche. Danach wird das römische (katholische) Volk anfangen, sich wieder emporzurichten.[147] Das Annehmen von einigem seiner alten Klarheit wird nicht ohne große Abspaltung und ständige Veränderung (geschehen).[148] Danach wird Venedig sehr mächtig sein und stark und seine Schwingen so gewaltig ausbreiten, daß man es der Macht des alten Rom vergleicht.[149] In dieser Zeit werden die großen byzantinischen Schwingen mit den Ligurern vereinigt sein durch Stütze und Kraft der Nördlichen.[150] Es wird einige Schwierigkeiten geben, weil durch kretische Altäre ihnen der Glaube gestützt wird.[151] Die von den alten Glaubensfanatikern er-

---

[143] Eine astrologische Konstellation soll für ein Jahr die Ereignisse voraussagen. Die angeführte Konstellation würde Friede bedeuten. Nostradamus erklärt, daß dies gar nicht zutrifft. Die gewählte Textform ist voller Ironie.

[144] Für Ereignisse gibt es Ursachen. Man soll diese sehen und nicht »in die Sterne gucken«.

[145] Unter Berücksichtigung der Ursachen sieht solch ein Jahr ganz anders aus. Schon ein Anfänger kann das begreifen. Aus sich selbst heraus verfolgt sich die christliche Kirche.

[146] Die ausführliche Erklärung hierzu im Kapitel »Entschlüsselungen«.

[147] Nachdem sich die selbstzerstörerischen Kräfte als Irrwege erwiesen haben, wird man sich auf das Wesentliche zurückbesinnen (das Pendel schlägt in die andere Richtung aus = »Zurück zu den Quellen«, die Forderung des Humanismus).

[148] Bei der Selbstreinigung muß einerseits die Verkrustung, andererseits die Zügellosigkeit verschwinden.

[149] Das kommt der Kraft des Abendlandes zugute. Venedig: Die Macht, die sich ausweitet.

[150] Durch Angriffe aus dem islamischen Osten, der bereits die Ostküste der Adria besitzt (1555). Zu dessen Ausdehnung hat die gegenseitige Schwächung der abendländischen Staaten beigetragen.

[151] Osteuropa verbindet sich nicht mit dem Westen (Kreter = Lügner).

richteten Bögen werden sich mit Neptuns Wogen verbinden.[152] Im adriatischen Meer wird es große Zwietracht geben. Was vereint war, wird getrennt sein.[153] Es wird sich von dem Hause nähren, das verborgen schien und (von der) Gesellschaft, die Pempotan (die große Arroganz) in sich schließt, das Mesopotamien (Babylon) Europas am 45. Breitengrad und andere vom 41., 42. und 37. (Grad).[154] In diesen Zeiten und Gegenden wird sich die höllische Macht von Feinden (Satanen) gegen die Kirche Jesu Christi richten, die unter dem Gesetz dessen (ist), der der zweite Antichrist sein wird.[156] Er wird diese Kirche und ihren wahren Vikar (Statthalter) unter Beihilfe vorübergehender Könige (Ideologien) – die dank ihrer Ignoranz fehlgeleitet sind – verfolgen.[156] Und das durch Reden, die so stark zermetzeln, wie es kein Schwert vermag, das in die Hände eines Irren gelangt ist.[157] Die erwähnte Herrschaft des Antichrist wird nicht länger dauern als bis zum Ende dessen, was nahe dem Zeitalter entstanden ist und von dem anderen in der Gesellschaft des Plancus.[158] Es wird begleitet vom Erwählten vor Modena Fulci wie Ferrara[159]; beibehalten von den an der Adria wohnenden Ligurern und vom äußersten Ende des großen Siziliens[160]: Dann wird (dies) den großen Berg Jupiters verderben.[161] Der gallische Ogmion ist von solcher Menschenmenge begleitet, daß durch lange Zeit das Reich auf Grund Ogmions mächtigem Gesetz die Wahl vorschlagen wird.[162] Und deshalb wird wenig

---

[152] Glaubensfanatismus ist eine Gewalt, die die Massen in Unruhe versetzt.
[153] Ost- und Westkirche finden nicht zusammen.
[154] Der Streit zwischen Ostrom (45. Breitengrad) und Westrom (37.–42. Breitengrad) – letztere Zahl ist auch für Spanien interessant –, den man überwunden glaubte, bricht erneut aus.
[155] Das kommt der außer-europäischen Macht des Islam zugute.
[156] Im Westen sind selbstzerstörerische Mächte am Werk (Scheinfreiheit = Zügellosigkeit).
[157] Die Zügellosigkeit ist noch schlimmer als der Krieg.
[158] Stadt des Plancus: Lyon. Lyon war zu Beginn der klassischen Zeit die Hauptstadt von Zentral-Gallien, also: bis zum Ende Frankreichs.
[159] Ferrara: Östlicher Teil des Kirchenstaates an der Adria, also: In Begleitung des Papstes als weltlicher Fürst.
[160] Die Papstkirche wird von Spanien und der Provence beibehalten.
[161] Die Kirche herrscht in Spanien durch Gewalt.
[162] Frankreich bestimmt die Kaiserwahl durch die Kurfürsten (so wäre es 1519 beinahe gewesen).

später das Blut Unschuldiger – verschwenderisch durch die Schuldigen ausgegossen – etwas an Würde erhöht sein.[163] Dann wird durch große Überschwemmungen das Durchdenken dauerhafter Dinge durch solche Mittel ungeheuren Schaden erleiden, zugleich auch die Schrift,[164] die durch göttlichen Willen gegen die Nördlichen sein wird, und es tritt (wieder) einmal der gebundene Satan ein.[165]

Und es wird zwischen den Menschen ein allgemeiner Friede geschlossen werden, und die Kirche Jesu Christi wird von aller Trübsal befreit sein.[166] Wieviel Galle auch man von den Azostains in den Honig hineinmischen will mit ihrer pesthaltigen Verführung.[167] Es wird nicht weit entfernt vom 7. Jahrtausend geschehen,[168] daß das Heiligtum Jesu Christi nicht länger durch die Ungläubigen, die dem Norden entspringen, mißbraucht wird.[169] Die Welt nähert sich einem großen Weltenbrand.[170] Gleichviel fliegt – entsprechend meinen Berechnungen in meinen Weissagungen – der Zeitenlauf weit darüber hinaus.[171] Im Anschreiben, das ich in früheren Jahren meinem Sohne Cesar Nostradamus gewidmet habe, habe ich einige Perspektiven ohne Weissagung dargestellt.[172] Hier aber, Sire, sind viele bedeutende und herausgehobene Ereignisse erfaßt, die diejenigen, die später kommen (Nachfahren), erkennen werden.[173] Und gemäß dieser astronomischen Berechnungen – verglichen mit den Heiligen Schriften – wird die Verfolgung der Menschen, die zur Kirche gehören, ihren Ausgang durch die Macht nördlicher Könige (Ideologien) neh-

---

[163] Nostradamus glaubt, daß in Frankreich durch eine Verbindung von Humanismus und der Lehre Calvins Toleranz und Vernunft stärker in den Vordergrund treten (so war es bis etwa 1543).

[164] Dann beginnen auch in Frankreich die Glaubenskriege.

[165] Damit machen sich Haß, Fanatismus, Unordnung auch in Frankreich breit.

[166] Die spätere Erkenntnis, daß es nur auf friedlichem Wege geht.

[167] Azo = sauer: »Wieviel Bitteres und Saures auch von Fanatikern versucht wird in den süßen Frieden zu bringen.«

[168] Wenn alles auf höherer Ebene beginnt.

[169] Die Lutheraner und die in ihrem Gefolge (Bauernaufstand, Täuferbewegung, Bilderstürmer).

[170] Es kommt zu totalem Umsturz (nach einer guten Zeit kommt immer wieder neue Umwälzung).

[171] Alles beginnt nach dem gleichen Gesetz wieder von neuem.

[172] Wieso das so ist, ist in der Vorrede an Cesar dargelegt.

[173] Hier werden die sich ergebenden Folgen dargestellt.

men, die den Orientalischen entsprechen.[174] Und diese Verfolgung wird elf Jahre dauern.[175] Dies, weil kurz zuvor der wichtigste König (die wichtigste Ideologie) des Nordens schwächer wird.[176] Die ganzen Jahre wird er einträchtig mit ihr (der Lehre) in Süd(-Frankreich) erscheinen, wo man noch viel stärker über einen Zeitraum von drei Jahren die wahrhaft glaubenstreuen Menschen verfolgen wird.[177]

Die (angewandte) apostolische Verführung (kommt) durch einen, der völlig die absolute Macht der militanten Kirche besitzt.[178] Und das heilige Volk Gottes, die Befolger seines Gesetzes und jede religiöse Gemeinschaft, werden so ungeheuer verfolgt und derartig betroffen sein, daß das Blut der in Wahrheit Gläubigen überall fließen wird.[179] Und einem der schrecklichen zeitlichen Könige (Mode-Ideologien) wird von seinen Anhängern solche Lobpreisung gesungen worden sein; nämlich, daß er so viel Blut der Menschen – Unschuldiger, Gläubiger – vergossen haben wird, wie es nicht mal Wein geben wird.[180] Dieser König (Mode-Ideologie) wird sich gegen die *Kirche* unglaublicher Schandtaten zuschulden kommen lassen. Er wird Menschenblut sowohl auf den Straßen wie an den zugänglichen öffentlichen Gebetsstätten fließen lassen, gleich Wasser aus Wolkenbrüchen. Durch Blut werden die nahegelegenen Flüsse gerötet sein,[181] und durch anderen Schiffskrieg wird er das Meer von Blut röten, daß es über ihn im Bericht eines Königs an einen anderen heißen wird: *Durch Schiffskrieg hat sich der Meeresspiegel gerötet.*[182] Im gleichen Jahre dann und in den folgenden auch entwickelt sich äußerst schreckliche Pestilenz,[183] und das Phantastischste durch die voran-

---

[174] Derzeit entwickeln sich Probleme aus Bürgerkrieg von Nordeuropa (Deutschland) her bei gleichzeitigem Vormarsch türkischer Truppen auf das Herz Europas.

[175] Über ein Jahrzehnt lang.

[176] Aber nicht zu lange.

[177] In Südfrankreich dauert er noch drei Jahre (dreimal 13 Monate = 39 = die Geißelhiebe für Jesus vor der Kreuzigung) länger.

[178] Die im Namen der Kirche die Macht ausüben, werden brutal vorgehen.

[179] Damit wird das Grundanliegen des Christentums verraten, und die wahren Anhänger Jesu werden verfolgt.

[180] Die Inquisition ist sogar noch stolz auf ihre Mordtaten.

[181] Sie läßt sich Ungeheures gegen den Geist Jesu zuschulden kommen.

[182] Gegenseitiger Fanatismus verursacht ebenfalls Furchtbares.

gegangene Hungersnot[184] und so große Leiden, wie wohl nie seit Gründung der christlichen Kirche bzw. in allen Römischen Landen.[185] Gleich Fußspuren bleibt davon etwas in einigen Gegenden (Vorstellungen) Spaniens (übrig).[186]

So hört der dritte Aquilon-König das Klagen des Volkes nach seinen fundamentalen Sehnsüchten. Er wird eine so gewaltige Menge aufbieten, dabei die Klippen (an denen) frühere Vorgänger und Ahnen (gescheitert sind) überwinden. Das meiste wird er nämlich in seinen ursprünglichen Zustand zurückversetzen.[187] Und der große Stellvertreter von der Kappe (Tiara, großer Kopf, Fürstenhof) wird auch wieder in seine alte Funktion eingesetzt. Er ist aber verheert und völlig verwahrlost.[188] Und es wird die *Sancta Sanctorum* (römisch katholische Kirche) durch Heidentum unterhöhlt, verwandelt sein. Und Altes und Neues Testament werden verfolgt sein und verbrannt.[189] Und schließlich wird der Antichrist der infernalische Prinz (ekelhafte Herrscher) sein.[190] Wieder – gleich dem letzten Male – werden die Königreiche der Christenheit zittern – wie auch die Ungläubigen – und das über einen Zeitraum von 25 Jahren.[191] Und es werden große Zerwürfnisse, Streitereien und Kämpfe sein, und Städte, Gesellschaftsordnungen, Schlösser und andere Gebäude verbrannt, verheert, zerstört. Dabei wird man massenhaft Blut von Jungfrauen verspritzen; Frauen und Witwen werden verletzt, Säuglinge gegen die zerstörten Mauern von Städten geschmettert.[192] Und so viel Übles wird von ihnen durch die Vermittlung Satans, des Höllenfürsten begangen werden, daß sich die Welt fast völlig aufgelöst und verwü-

---

[183] So entsteht neuer Haß.

[184] Da man ja vorher schon seelisch verarmt war.

[185] Dadurch entstand überall, wo die Römische Kirche bestimmte, schlimmes Leid.

[186] Am schlimmsten in den von Spanien beherrschten Ländern.

[187] Deshalb wird die Reformation, die von den Massen begeistert aufgenommen wird, versuchten, das Christentum wieder an die Quellen zurückzuführen (Humanismus).

[188] Das Papsttum bleibt erhalten, ist aber innerlich verwahrlost.

[189] Die Römische Kirche ist nur noch leere Hülse. Christlicher Geist existiert in ihr nicht mehr. Ja, er wird sogar verfolgt.

[190] Dadurch fällt letztlich die Macht an den Islam oder eine von außen hereindringende ähnliche Ideologie.

[191] Das Abendland wird erneut für eine Generation in Angst und Schrecken fallen.

[192] Die Zerstörungswut richtet sich wieder gegen alles, was letztlich schutzwürdig ist (Zerstörung v. Béziers im »Albigenser Kreuzzug«).

stet findet.[193] Vor diesen Ereignissen werden einige ungewöhnliche Vögel durch die Lüfte schreien. Heute haben sie ihr Kriegegeschrei angestimmt, werden (aber) nach einiger Zeit dahingeschwunden sein. Was Schläge von langer Dauer mit sich bringen wird.[194]

Es wird fast eine andere Herrschaft des Saturn erneuert sein und ein Goldenes Zeitalter. Und Gott der Schöpfer wird – die tiefe Betrübnis seines Volkes erhörend – seinen Mund öffnen. Und Satan wird gefesselt und in die unendliche Tiefe der Hölle geworfen, in die tiefe Grube.[195] Und dann wird zwischen Gott und den Menschen ein allumfassender Friede beginnen und (das Band, der Bund) wird einen Zeitraum von etwa tausend Jahren (ein Zeitalter lang) verknüpft bleiben. Und es wird sich kirchliche Macht zu ihrer größten Kraft entfalten. Dann aber wird alles vom Glauben abgefallen sein.[196]

Alle diese bildhaften Darstellungen sind genau abgestimmt mit göttlichen Schriften und mit den sichtbaren Dingen am Himmelszelt. So ist das zu begreifen mit Saturn, Jupiter und Mars und den anderen Verbindungen; einfacher noch durch einige Vierzeiler, die man erkennen kann. Ich habe sehr gründlich durchkalkuliert und das eine mit dem anderen in Einklang gebracht.[197] Aber erkennend, o erhabenster König, daß gewisse Leute der Zensur Einwände herausfinden werden, wird dies der Grund sein, meine Feder beiseite zu legen zur (Sicherheit) meiner Nachtruhe.[198]

Gewiß erscheint vieles, o über alles mächtiger König, an klarem und deutlichem kommenden Geschehen in dieser kurzen Zusammenfassung; aber alles in diesem an dich gerichteten Brief zu umfassen können wir weder, noch wollen wir es[199]*: Aber für Einsichtige sind gewisse, schlichte Tatsachen ge-*

---

[93] So kann man sagen, daß die Menschen wieder vom Satan geführt sind.

[194] Neue Ideologien haben vorher ihr Kriegsgeschrei angestimmt. Selbst wenn sie verschwunden sind, wirkt das von ihnen angerichtete Unheil weiter.

[195] Aber auch danach herrscht wieder ein Zeitalter voller Vernunft, Friede und Gerechtigkeit.

[196] Mag das auch noch so fest begründet sein, die Menschheit degeneriert (vor allem die Mächtigen) wieder.

[197] Mir ist klar geworden, was ich hier nur symbolisch dargestellt habe. Es entspricht nämlich dem ständigen Umlauf, der auch im Universum an den Gestirnen festzustellen ist.

[198] »Deutlicher darf ich aber zu meiner eigenen Sicherheit nicht werden.«

[199] »Vieles ist deutlich. Aber alles will, ja, kann ich nicht sagen.«

wissermaßen aus den Beschlüssen der Gottheit erfühlbar.[200] *So überaus gewaltig ist ja in allem deinen Erhabenheit und Menschenliebe gegenüber dem Menschengeschlecht, wie deine Frömmigkeit gegen Gott, daß sie allein für den erhabensten und christlichsten Namen des Königs würdig erscheint. Wie auch allein von ihm die Summe der Vollkraft des Glaubens übertragen sein muß.*[201]

So erbitte ich nun sehr von Euch, o gnädiger König, entsprechend dieser Eurer einmaligen und verständigen Menschenliebe, den Drang meines Eifers zu vernehmen und zu sehen, daß ich höchste Anstrengungen unternommen habe, Eurer Majestät zu gehorchen.[202] Dies, seit meine Augen so nahe bei Eurem sonnenhaften Glanze waren. Er, der diese Größe nicht erreicht und nicht zu erforschen vermag von Salon, den 27. Juni 1558

Gemacht von Michael Nostradamus
Salon, Provence

---

[200] »In groben Zügen erhellt sich aber schon aus dem hier Gesagten menschliches Verhalten und daraus wieder das allgemeine Schicksal.«

[201] Weisheit allein müßte herrschen.

[202] Nur ihr allein will Nostradamus dienen. Je mehr er von der das Universum leitenden, weisen Macht erkennt, desto erhabener und im letzten unerforschlich stellt sie sich ihm dar.

3. Die Entzifferung des Briefes an Cesar

Vorwort des Michael Nostradamus
zu seinen Prophetischen Schriften an seinen Sohn Cesar
und die Nachkommenden,denen er
ein sinnvoll-erfülltes,
erfolgreiches Leben wünscht

Da es lange gedauert hat, bis ich aus dem Alleinsein in den Schoß der Familie kam, blieb mir früher reichlich Zeit in einsamen, abendlichen Stunden über den Lauf der Welt nachzudenken. In diesen Jahren nahm meine Einsicht zu. Ich habe jetzt beschlossen, die Ergebnisse meiner Überlegungen schriftlich festzulegen, um sie dir – den Nachkommen überhaupt – zu hinterlassen. Ich hoffe, daß man über meinen Tod hinaus aus dem Nutzen ziehen wird, was mir über das Walten der Höheren Macht und der von ihr stammenden Naturgesetze klar geworden ist. Nun bist du kein Genie, besitzt aber durchaus normale Intelligenz. Du erfährst von mir nichts über dein persönliches Schicksal, wohl aber will ich dir erklären, was sich an gesellschaftlichem Geschehen abspielt. Aus dir selbst heraus würdest du das nämlich nicht verstehen. Was ich nun allerdings genau erkannt habe, das muß ich strikt in meinem Inneren verschlossen halten. Würde ich es nämlich der Öffentlichkeit zugänglich machen, man würde es sofort verbieten und beschlagnahmen. Darüber hinaus ist mir klar, daß ich in einem solchen Falle möglicherweise auch persönlich einem ungewissen Schicksal entgegenginge. Nun bin ich aber weder Phantast noch Fanatiker und halte mich deshalb in meinem Leben – wie übrigens auch mit meinen Weissagungen – an die Realitäten. *Allein im Namen Gottes und besonders des Heiligen Geistes sind richtige Weissagungen zu machen.* (Verstehe mich recht, mein Sohn, solche Einschübe sind zum Selbstschutz notwendig). Was Propheten kraft übernatürlicher Eingebungen in der Vergangenheit klar für Bestimmtes voraussagten, ist oft eingetreten. Ich selbst habe eigentlich gar nichts niederschreiben wollen, weil mir das unter Berücksichtigung des Verhaltens der Machthaber heute – und das gilt auch ganz sicher für die nahe Zukunft – gefährlich erscheint. Würde ich die Dinge klar darlegen, es würde doch nur von denen verdreht, die in Staat, Kirche und den fanatisierten Gruppen die Macht ausüben. Sie ließen es nämlich gar nicht zu, daß man ihre künftige Entwicklung offen darlegte. Alle würden ihre Kräfte daran setzen, die Wahrheit darüber zu unterdrücken, wozu ihr gegenwärtiges Verhalten in der Zukunft zwangsläufig führen muß. Sie selbst können sich dies in ihrer Verblendung nämlich gar nicht vorstellen. Schon Jesus Christus warnt davor, sich den Menschen zu offenbaren und dabei nicht zu berücksichtigen, daß deren Verstand und Charakter schnell überfordert sind. Er sagt es so: *Wollet nicht Heiliges den Hunden geben und werfet den Schweinen keine Perlen vor. Sie zertrampeln es sonst mit ihren Füßen und –, indem sie es verdrehen –, vernichten sie am Ende euch selbst.* Darum habe ich geschwiegen und auch nichts drucken lassen, was klar und einfach verständlich ist. Vielmehr habe ich einen Weg gewählt, bei dem für die allgemein zu erwartende Entwicklung scheinbar unverständliche, geheimnisvolle Formulierungen benutzt wurden. Ich nutze dabei auch die menschliche Sensationslust und die Sucht nach Okkultem, um allgemeine Aufmerksamkeit zu erregen. Dem habe ich denn auch mehr als jeder andere Prophet Rechnung getragen. Wisse zudem, daß schon die Heilige Schrift schreibt, daß die an den Schalthebeln der Macht Sitzenden sowieso nichts begreifen.

Ich erkläre feierlich, daß ich – so wie die Propheten vor mir – vom Schöpfer dazu ausersehen bin, seine Gesetze, denen wir unterworfen sind, zu erkennen. Diese Gesetze erfassen und beherrschen die gesamte Schöpfung, Großes genauso wie Unscheinbares. Das Wesen des Schöpfers selbst aber bleibt uns ebenso verborgen, wie wir nichts über uns selbst wissen und schon gar nichts über unser persönliches Geschick. Wohl aber kann Er den Naturgesetzen entsprechende, allgemeine künftige Entwicklungen einem Geschöpf zu erkennen geben. Er bedient sich dafür bildhafter Darstellungen, also mit für unsere Sinne Erfaßbarem. Ein Beispiel hierfür ist das Gesetz, nach dem sich die Gestirne bewegen. Solche Geschöpfe sind dann gleichsam von einem kleinen Strahl göttlichen Lichtes getroffen. Es sind dabei aber nur solche Menschen vom Schöpfer erleuchtet, deren Wort mit den allgemeingültigen Naturgesetzen in Einklang steht. Wo diese

Übereinstimmung fehlt, ist man eigenen Vorspiegelungen zum Opfer gefallen. Wahrlich, Gottes Werke unterliegen alle dem gleichen Gesetz. In *Ihm* gibt es keine Widersprüche. Voller Widersprüchlichkeiten ist vielmehr unsere Welt, wo Gutes und Schlechtes aufeinandertreffen und miteinander ringen. Nun, ich glaube, dies alles ist für einen normalen Verstand nur schwer zu begreifen. Der größere Verstand aber kommt zur Erleuchtung, wenn er vom Schöpfer Erschaffenes betrachtet, in das der Mensch weder im Guten noch im Bösen eingreifen kann; wo es also keine Widersprüchlichkeiten gibt: Die Gestirne am Himmel. So erging es auch mir. Nun wage ich allerdings nicht, mich einen Propheten zu nennen. Lassen wir es bei dem Begriff »Seher« bewenden, was ja letztlich dasselbe bedeutet; denn auch der Prophet »sieht« schließlich aus den natürlichen Vorgängen der Schöpfung. Bewahrheiten sich seine Zukunftsvisionen, so ist damit erwiesen, daß er alles in Übereinstimmung mit den göttlichen Gesetzen betrachtet hat. Er konnte dies aber nicht aus sich heraus, sondern nur, weil der Schöpfer selbst ihm Einblick in sein Werk gewährte. Sind wir nämlich auf uns allein angewiesen, berücksichtigen wir also nicht die Gesetze des Schöpfers, machen wir mit Sicherheit Fehler. Wissen allein reicht noch nicht. Wir müssen die Zusammenhänge und Ursachen begreifen lernen. Und genau dies lassen die »Wahrsager« außer acht. Die Gestirne sind vom Schöpfer der gleichen Ordnung unterworfen wie alles übrige Erschaffene. Und das kann man schließlich auch mit normalem Verstande begreifen.

Berücksichtigen wir dies, können Ursachen des Zukünftigen also durchaus bei aufmerksamem Betrachten der Gegenwart erkannt werden. Daran ist dann gar nichts mehr geheimnisvoll. Aber: Zusammenhänge klar zu erkennen, ist eine Gnade Gottes. Der Impuls geht vom Schöpfer aus, anschließend muß der Mensch seinen Verstand benutzen. Man kann sich dabei getrost göttlicher Leitung anvertrauen. Sie führt unsere geringen geistigen Kräfte anschließend schon auf rechtem Wege weiter. Ohne seine Leitung vermögen wir aber niemals Kommendes zu erkennen.

Eines möchte ich dir dringend ans Herz legen: Gib dich nie mit Wahrsagerei oder dummer Zauberei ab. Diese Dinge bringen dich nicht nur von der Wahrheit ab, sie sind überdies auch noch gefährlich, weil die mächtige Kirche solches ausdrücklich verbietet. Halte du dich an das Gesetz, dem auch der Lauf der Gestirne unterworfen ist. Dies, sowie göttlicher Impuls – verbunden mit ständigem Studium der Heiligen Schrift – liegen meinen Texten zugrunde. Obgleich solches ja nun niemandem verboten ist, konnte ich es nicht riskieren, den vom Gesagten Betroffenen die Wahrheit frei ins Gesicht zu sagen. Andere mußten in frühen Zeiten genauso handeln. Ich habe mir darum alles genau eingeprägt und anschließend das Niedergeschriebene verbrannt. Was da in den Flammen zu Asche wurde, waren gewissermaßen die Klarheit und Helligkeit der Wahrheit selbst. Daneben wollte ich durch das Vernichten der Texte auch möglichen Mißbräuchen vorbeugen. Man könnte sich sonst anhand des Geschriebenen darauf einstellen und die sowieso schon kranke menschliche Gesellschaft noch kranker machen. Auch ließen sich dann leicht unsere uns überkommenen, kostbaren Grundwerte vollends ins Gegenteil verkehren und so die Fundamente des menschlichen Daseins aufs Tiefste erschüttern.

Aber so wahr die himmlische Gerechtigkeit auch Gesetzmäßiges kommen läßt, so gewiß muß man sich hüten, Vorspiegelungen zum Opfer zu fallen. Und solche treten immer wieder auf. Man muß sich ganz auf das der göttlichen Eingebung Wesensgemäße beschränken, die mit gegebenen, ewig gültigen, himmlischen Zeichen übereinstimmt. Schließlich bilden Gegenwart, Vergangenheit und Zukunft, von der Ewigkeit her betrachtet, eine Einheit. Dieses gilt immer und überall; denn Gott ist ewig und allgegenwärtig. So wird alles klar und erkennbar. Beherzigst du dies, erkennst du auch mit deinem durchschnittlichen Verstande, daß sich Kommendes einerseits durch Nachdenken und Beobachtung des Firmamentes – also rein natürlichen Vorgängen – erklären läßt, andererseits durch Eingebung von oben. Letzteres ist nicht erklärbar. Bestenfalls läßt es sich so beschreiben, daß der Geist des von der Eingebung Ergriffenen – der ja seiner Natur nach ein sterblicher Mensch ist – so nahe am Himmlischen ist, wie seine Füße gleichzeitig fest auf der Erde stehen. Und so (aus diesen beiden Wurzeln zehrend) kann ich keine Fehler begehen oder Irrtümern unterliegen. Dies hat nun allerdings nichts mit meinen persönlichen, menschlichen Unzulänglichkeiten zu tun.

Wenn mich in langen, beschwerlichen Stunden nächtlichen Nachdenkens einmal der Impuls des Sehers erfaßt, bin ich dann davon allerdings so vollkommen überwältigt, daß mir die dafür aufgewandten Mühen einzigartig vergolten scheinen. Dabei habe ich Bücher und Prophetien verfaßt, von denen jeder einzelne Teil einhundert – den Naturgesetzen entsprechende – Weissagungen enthält. Diese habe ich dann etwas verschleiernd aufgebaut. Sie haben heute genauso Gültigkeit, wie auch noch dann, wenn die Gesellschaftsordnung, in der wir leben, zugrunde gegangen ist und ein sich anschließendes, neues Zeitalter bereits wieder alt geworden ist. Erschrick nicht vor einem so langen Zeitraum; denn gerade das demonstriert in einmaliger Weise die Gleichartigkeit menschlichen Denkens in jeder Zeitperiode und an jedem beliebigen Ort. Außerdem wird gerade hierdurch die Gleichartigkeit der Ursachen für den Ablauf des Geschehens am besten bewiesen.

Wenn du einmal reif und aufgeklärt bist, wirst du erkennen, daß die Sterne dir niemals aus dem Geburtshoroskop dein Schicksal offenbaren können; denn das Wissen um dein Geschick liegt allein bei Gott. Und ich will es dir nur ganz offen gestehen: Von Seiner gewaltigen Größe erfährt man Eingebungen nur nach langdauernden, leidvollen Mühen. Zwei wesentliche Prinzipien, durch göttliche Eingebung empfangen, liegen meinen Texten zugrunde. Erfaßt werden können sie nur von demjenigen, der selbst weissagt. Einmal verdankt man der Eingebung höhere Klarheit, sowohl im Hinblick auf die Aufnahmefähigkeit für göttliche Offenbarung als auch für die Erkenntnis der Naturgesetze, aus denen heraus dann gemeinsam geweissagt werden kann. Offenbarung ist Beweis, daß die ewige Gottheit selbst daran beteiligt ist. Sie allein lehrt den Propheten zwischen göttlichem Einfluß und dem Ergebnis eigenen Nachdenkens zu unterscheiden. So kann sicheres Wissen um die Wahrheit des Ausgesagten gewonnen werden. Das ist mindestens so wertvoll wie vom logischen Verstand her gewonnenes Wissen. Dabei hat es doch schon die Logik allein ermöglicht, daß Philosophen großartige Lehrsätze für die Natur aufzustellen vermochten. Doch Schluß jetzt, mein Sohn, damit ich durch allzu tiefschürfende Gedankengänge das begrenzte Fassungsvermögen deines Verstandes nicht überfordere. Außerdem geht es um viel zu wichtige Dinge, um sie in langatmigem Geschwätz zu zerreden.

Ich will dir vielmehr jetzt meine Vorstellungen mitteilen: Wir stehen vor einer vollständigen Umwandlung der Gesellschaftsordnung, die sich überall in brutalem Umsturz vollzieht. Keine Gegend, keine Idee, die in den Streit hineingezogen wird, bleibt verschont.

Das führt ins völlige Chaos. Dabei können wir schon heute die schlimme geistige Verarmung erkennen, die letztlich die Ursache der Katastrophe darstellt. Glaubensfanatismus wird schon dafür sorgen, daß niemand verschont bleibt. Wir erleben es ja bereits heute. Das wird sich in naher Zukunft noch verstärken. Solches geht dem völligen Umsturz voraus, dessen Ursache es bildet. Derzeit erleben wir die Glaubenskriege, die in ihrer Brutalität immer noch mehr zunehmen. Unter ihrem Einfluß verschlechtert sich der menschliche Charakter. Das Ergebnis ist eine völlige Konfrontationsstellung. Der Fanatismus der einen Seite löst nämlich die Fanatisierung der Gegenseite aus. Alles geschieht in einem ständig stärker werdenden Maße als Reaktionsverhalten des einen auf den anderen. Zu Ende gedacht, führt dies zur Zerstörung jeder menschlichen Grundordnung. Der Schöpfer wird allerdings nicht zulassen, daß der Mensch sich völlig entwürdigt und selbst vernichtet. Wir sehen ja auch am Lauf der Gestirne, daß diese nach Abschluß einer Umlaufbahn an ihren ursprünglichen Ort zurückkehren. Also haben auch wir Menschen wieder einmal bessere Zeiten zu erwarten. Die bevorstehende Umwälzung hat ihre Ursache im großen Schisma von 1378. Damals zerbrach die Einheit des Abendlandes. Und welch geistige Vergiftung, seelische Verarmung, Mord und Totschlag wurden damit schon bis heute ausgelöst! Aber das alles war erst der Anfang. Sehr, sehr viele Menschen müssen deswegen sterben. Neben dem furchtbaren Schaden am Körper entsteht auch viel geistige Armut. Und das ist gewiß gegen Gottes Willen. Aber wir werden uns wieder aufwärts entwickeln; denn wir stehen noch in einer sehr frühen Periode der Menschheit. In Zukunft werden Engstirnigkeit und der daraus entstehende Fanatismus abgebaut werden. Damit kehrt alles zur gottgewollten Ordnung zurück, die in sich fest gefügt ist und sowohl die Erde als auch den Menschen trägt. Letztlich bestimmt Sein Wille und nicht der kleindenkender Menschen. Irrlehrer versuchen die göttliche Ordnung falsch darzustellen. Seien es nun Heiden oder ungetreue Diener der christlichen Kirche selbst, die das erhabene Gesetz verachten und verdrehen möchten; zuletzt siegt doch Er: Sein Wille erfüllt sich.

Weissagung, die von logischer Vernunft her erfolgt, kommt für Teilbereiche zu richtigen Ergebnissen; denn sie entsteht vermittels menschlicher Logik. Sie ist Teil der Wahrheit und führt zur rechten

Beurteilung der Dinge. Sie ist nicht Einbildung unsinniger Art; denn man kann die Vernunft doch nicht einfach ableugnen. Allerdings muß die Berührung durch das Göttliche – durch das, was sie sendet – den Menschen anregen und ihm damit die erleuchtete Gabe der Weissagung vermitteln. Die Erregung, die diesen Menschen dann ergreift, ist nur scheinbar Phantasie nächtlicher Spukgestalten. Der Weissagende kommt nämlich zur Gewißheit des Tages, wenn alles mit den Naturgesetzen des Firmamentes übereinstimmt. Dies empfindet er als vom Schöpfergott empfangen. Er muß sich allerdings dabei vor jeder Form von Selbstbetrug hüten. Ich glaube – mein Sohn – mit dem, was ich selbst an völlig Neuem herausgefunden habe, dem zu entsprechen. Es stimmt nämlich mit enthüllter Eingebung überein.

Die Menschen werden bald Mord und Totschlag, geistige Vergiftung und schlimmere Kämpfe erleben, als es sie je in der Geschichte menschlicher Unterdrückung gegeben hat. Das wird ständig von neuem beginnen, wie sich ja auch die Bahnen der Himmelskörper ständig wiederholen. In der Heiligen Schrift heißt es zudem: *Mit der Rute werde ich sie wegen ihrer Widerspenstigkeit heimsuchen und sie mit Peitschen schlagen;* denn Gottes Erbarmen wird wegen der Zersplitterung der Christen in fanatische Sekten dahinschwinden, so daß alle meine schlimmen Weissagungen und Erwartungen eintreten werden. Das fanatische Vorurteil wird einfach keine Ruhe eintreten lassen. Solange es herrscht, gibt es auch keinen wahren Gottes-Frieden. Viele andere unheilvolle Geschehnisse werden noch eintreffen, wie ich es in anderen, schriftlich niedergelegten Weissagungen ausführlich und freimütig dargestellt habe. Darin habe ich Ort und Zeitpunkt genannt, so daß es die Menschen als das von mir Gemeinte begreifen werden – was mit Sicherheit eintritt –, wenn sie es selbst erleben. Ich habe nämlich verstanden, was kommt. Andere haben es zwar auch begriffen, dabei allerdings außer Acht gelassen, in welche Gefahr sich intelligente Wissende begeben, wenn sie ihre Erkenntnisse offen darzulegen wagen. Denn noch herrscht die Torheit und regiert deshalb der Fanatismus. Wann wird das einmal vorbei sein? Welch ein Segen wäre das für die Menschheit!

Mein Sohn, ich komme zum Schluß. Nimm dies als Geschenk deines Vaters Michael Nostradamus. Ich hoffe sehr, daß dir jeder Vierzeiler, den ich dir hiermit in die Hand gebe, in seiner Absicht und Be-

deutung klar wird. Ich bitte den Schöpfer, daß er dir (wenn du meinen Anweisungen folgst) ein langes, erfolgreiches Leben und Glück
schenken möge.

Salon, den 1. März 1555

4. Die Entzifferung des Briefes
an König Heinrich

Vorrede an »König Heinrich«

Der Weisheit gewidmet, die einmal über Frankreich herrschen wird, wenn die gegenwärtigen, unzulänglichen Herrscher vergangen sein werden.
Zu ihr bekennt sich Michael Nostradamus.
Ihr wünscht er als seiner Herrin endlichen Sieg und Erfolg.

Erst nach langen Mühen und Irrwegen bin ich zu dir, erhabene Weisheit, gelangt und habe gerade deswegen große Beachtung gefunden. Seit ich dich erkannt habe, weiß ich erst, wie gewaltig und erhaben du bist. Und erst seitdem handle ich weise und vernünftig. Ich habe mir jetzt ein Herz gefaßt und Vorurteile abgelegt. Und das wurde mir leicht, weil ich ja dir folgte. Erst seitdem ich die Vorurteile abgelegt habe, habe ich auch die Gesetze erkannt, nach denen du die Welt regierst.

Lange war ich darüber im Zweifel, wem ich die drei noch fehlenden Centurien – um die Zahl 1000 meiner Weissagungen enthaltenden Vierzeiler vollzumachen – widmen sollte. Nachdem ich es mir lange und reiflich überlegt hatte, habe ich sie der Weisheit selbst gewidmet, aus der sie schließlich entsprungen sind. Nun bin ich nicht selbst die Weisheit, nicht selbst der Verstand, nähere mich vielmehr in Demut, aus ihr heraus habe ich aber geschöpft. Ihr gilt die Ehre, nicht meiner Person. Und unter Berücksichtigung all dessen habe ich es schließlich gewagt, zumal die Weisheit Güte einschließt und Verstand, was mich davor schützt, mißverstanden zu werden. Einem Gewaltherrscher gegenüber dürfte ich das nicht wagen; denn bei ihm herrscht Torheit und Despotismus. Ich aber habe meine Schriften einem äußerst weisen und einsichtsvollen Mächtigen der Zukunft zugeeignet, der versteht, was meinen Studien und Texten zugrunde liegt. Was ich niedergeschrieben habe, entspringt zunächst einmal einem ererbten, natürlichen Instinkt, den mir meine Vorfahren mitgegeben haben, zugleich einem damit verbundenen Drang, dem auch Ausdruck zu verleihen. Es ist abgestimmt mit einer genauen Beobachtung des Firmamentes. Aus der Astronomie heraus habe ich – zusammen mit dem zuerst Genannten – sicheres Wissen gewonnen. Die Naturgesetze gelten für alle Zeit und jeden Ort der Welt; denn wer Naturgesetze erkennt, begreift damit auch, daß sich wirklich alles durch sie erfüllt, gleichgültig wo oder wann. Das kann jeder erkennen, der sich von Vorurteilen frei macht und für das Wissen öffnet. Ist doch der Rhythmus der Umlaufbahnen der Gestirne so einfach zu begreifen, wie es andererseits schwer ist, seine liebgewordenen, bequemen Vorurteile, die der Erkenntnis im Wege stehen, abzulegen. Aber gerade deswegen – o menschenfreundliche Weisheit – ist alles so problematisch; denn jene, die Macht ausüben, lieben weder Erkenntnis noch Wissen. Noch weniger aber wollen sie Wahrheit deutlich gemacht sehen. Ich hoffe jedoch, daß im Laufe der Zeit die Vorurteile, nach denen Mächtige handeln und gehandelt haben wollen, sich durch die Geschehnisse selbst als falsch offenbaren. Dies sollte mit sich entwickelnder Reife der Menschheit der Fall sein. Tritt dies nämlich ein, werden Engstirnigkeit und Beschränktheit zunehmend ihre Macht verlieren.

Alles habe ich sorgfältig durchdacht, und zwar mit allem mir zu Gebote stehendem Wissen. Leider besteht kein Zweifel, daß sich die Gegner der Liebe und gegenseitigen Verständnisses vorläufig noch stark vermehren werden. Ich habe mich bemüht, all meine Überlegungen so genau wie möglich mit den Naturgesetzen in Übereinstimmung zu bringen. Dabei habe ich danach getrachtet, jede Engstirnigkeit und jedes Vorurteil zu überwinden, und zwar gilt dies – und ist nötig – sowohl für Ereignislose der Zukunft wie für solche der Vergangenheit. Man betrachte alles von der Gegenwart her und wird, was sich in der Zukunft ereignen wird, vom Heute aus verstehen. Man muß verstehen, daß die Zukunft ihre Ursachen in der Gegenwart hat, wie das Heute seinerseits Folge der Vergangenheit ist. Hierbei muß man sich auf das Wesentliche konzentrieren und jede Art von Beimengungen vermeiden. Weil es aber nun nicht ganz unvermeidlich ist (eigene Vorstellungen hineinzumischen), bleibt zwangsläufig bei der Vorausberechnung der Zukunft ein Unsicherheitsfaktor.

Zunächst traute ich meinen – von den Vorfahren ererbten – Fähigkeiten, weissagen zu können, selbst nicht. Später brachte ich diese

Anlagen durch lange Berechnungen, die ich anstellte, in Übereinstimmung mit dem Wissen. Ich reinigte Seele, Geist und Verstand, indem ich ganz still wurde und mich vom überkommenen Denken mutig befreite und außerdem jede Sympathie oder Antipathie beiseite ließ. Alles Vergleichen und Weissagen beruht zu einem guten Teil auf Intuition – also Eingebung. Mögen mir auch viele unterstellen, alles was ich sagte, sei reiner Phantasie entwachsen. Der ewige Herr und Lenker der Geschichte allein kann beurteilen, was von mir richtig gemacht worden ist. Er allein besitzt all die guten Eigenschaften und notwendigen Fähigkeiten, um zu wissen, welchen Wahrheitsgehalt das von mir Ausgesagte besitzt. Ich flehe diesen allwissenden Gott an, daß er mich vor meinen Verleumdern beschütze. Diese sind es ja auch, die sich einbilden den wahren Grund zu kennen, weshalb eure sehr alten Vorgänger, die Könige von Frankreich (zu der Zeit also, als unser Land noch weise regiert wurde), die Gabe hatten, Halskrankheiten zu heilen, die Könige anderer Nationen die Schlangenbisse wirkungslos zu machen, wieder andere zu weissagen und anderes, was hier darzulegen zu weit führen würde. Eines ist jedenfalls sicher: Diejenigen, denen nicht von Haß, Neid oder Mißgunst der Blick getrübt sein wird, werden später, wenn man objektiver über das von mir Geschriebene urteilen kann, viel mehr echtes Verstehen dafür aufbringen und deshalb auch größeren Nutzen daraus ziehen. Das gilt selbst für den Fall, daß ich mich bei meinen Überlegungen und Berechnungen in einen oder anderen geirrt haben sollte, bzw. wenn das von mir Ausgesagte manchem nicht in seine Vorstellungen hineinpaßte. Ich bitte dich, du wahre Weisheit, um Verständnis, wenn ich unter Berücksichtigung der heute allgemein verbreiteten Vorstellungen mich davor hüten mußte, etwas gegen kirchliche Lehrmeinungen zu schreiben (und mich damit der Unterlassung schuldig machte). Dies tat ich, obwohl ich mich in meinen Berechnungen streng an die weltbestimmenden Gesetze hielt. Denn die Zeitabläufe in der Vergangenheit sind nun einmal so wiederzugeben – wobei ich mich auch dem Kirchengericht unterwerfen kann –, daß der erste Mensch Adam – etwa 1242 Jahre vor Noah (also der großen Sintflut) lebte. Dabei verwandte ich beileibe keine heidnischen Zeitberechnungen – etwa die von Varro –, sondern ich habe streng darauf geachtet, mich an Zeitbestimmungen zu halten, die der Heiligen Schrift entsprechen. Dann habe ich meine eigenen Berechnungen damit in Zusammenhang gebracht: Nach Noah selbst und der allgemeinen Sintflut hat es bis Abraham etwa 1080 Jahre gedauert. Dieser war angeblich selbst ein hervorragender Astrologe. Einige behaupten sogar, daß er der erste gewesen sei, der Sterndeuterei betrieben habe. Danach folgte nach etwa 515 oder 516 Jahren Moses. Zwischen der Zeit von Moses und David liegen etwa 570 Jahre. Danach folgen zwischen David und der Zeit unseres Retters und Erlösers Jesus Christus, geboren von der einzigartigen Jungfrau, 1350 Jahre. So berichten es jedenfalls einige Historiker. Man kann natürlich einwenden, diese Überlegung sei falsch, und das einzig, weil sie von der offiziellen kirchlich festgelegten Berechnung – auf die Eusebius fußt – abweicht.

Es hat nach der Erlösung der Menschheit genau 621 Jahre gedauert, bis der erschreckende Massenabfall zum Islam durch die Verführung der Sarazenen erfolgte. Aus all dem Gesagten (und besonders aus dem letzten Grunde) läßt sich leicht begreifen, was ich sagen will und inwiefern meine Berechnungen die Wirklichkeit erfassen, und zwar gleichermaßen für alle Völker.

Alles ist unter Berücksichtigung der Bewegung der Gestirne am Firmament berechnet. Also: Eine Verbindung zwischen Inspiration, meiner Sensibilität – die ich von den Vorfahren ererbt habe – mit wissenschaftlich überprüfbaren Fakten. Aber, du erhabene Weisheit, die über allem waltet, die Verfemung, der du und damit auch ich in der Gegenwart ausgesetzt sind, verlangt – obwohl es sich hier um Wohlfundiertes handelt –, daß man Tatsachen nicht klar darstellen darf. Es ist vielmehr nur in unklar erscheinender Rede möglich, die dann mehrere Deutungen zuläßt. Dabei habe ich beileibe nicht die Absicht, Zwei- oder gar Mehrdeutiges von mir zu geben. Vielmehr erfolgte die Verschleierung aus rein praktischen Überlegungen, wobei sich der Text in seiner Ausdrucksweise allen Propheten annähert, die es bisher überhaupt gegeben hat. Diese waren zu ihrer Sicherheit auch gezwungen, zu verschleiern. »*Ich gieße meinen Geist aus über allem Fleische und eure Söhne und Töchter werden weissagen*«, so spricht Gott selbst in bezug auf die Propheten. Jede Weissagung geht von der absoluten Macht des Hl. Geistes aus. Mit seiner Hilfe haben einige Propheten große und wunderbare Dinge geweissagt. Verglichen mit diesen habe ich wahrlich nicht das Recht, mir diesen Titel »Prophet« zuzulegen. Ich bekenne klar: Alles stammt von Gott. Ihm schuldet man für seine Gnade Ehre und Preis in Ewigkeit. In das, was von Ihm stammt, habe ich nichts *vom Schicksal* hineingemischt, sondern es enthält nur das, was von *göttlicher Natur* herstammt. Dabei ist das meiste von den Gesetzen des Universums begleitet. Man schaut gewissermaßen wie in einen leuchtenden, von Nebelschwaden überzogenen Spiegel und erkennt, was sich an Großem, Traurigem, Gewaltigem und Tragischem den bestehenden Kulturen nähert. Zunächst in bezug auf die Stätten, wo man zu Gott betet. Dann aber auch im Hinblick auf die weltlichen Mächte, denen sich mit vielen anderen, unheilvollen Begebenheiten der Verfall nähert. Die Ursachen hierfür wird man im Laufe der Zeit erkennen.

Für die Kirche zieht Gott die logische Konsequenz, weil sie ihre Pflicht vernachlässigt. Aus ihrer Mitte heraus und mit dem von ihr vernachlässigten Gedankengut entstehen ihr Nachfolger und Konkurrenten. Nachdem sie nämlich zunächst den Menschen aufopferungsvoll gedient hat, beginnt sie mit zunehmendem Alter zu degenerieren. Während sie schließlich das Alter erreicht hat, da sie gleich einer Mutter dem Hauswesen vorstehen sollte, ist sie nutzlos geworden und muß zugrunde gehen. Ihr folgen drei Machtinstitutionen (Nachfolgekirchen) und eine Idee (der Humanismus). Die Nachfolger errichten ihre Altäre nicht für Gott, sondern zur eigenen Selbstverherrlichung. Obgleich sie gemeinsamen Ursprung haben, kommen sie doch schlechter als Fremde miteinander aus. In ganz Europa haben Machthaber letztlich nur Angst vor einer Idee, die menschenfreundlich und gewaltlos ist. Die neuen Bekenntnisse haben sich wahrlich nicht als Sachwalter Jesu Christi erwiesen. In Spanien hält sich nach Vertreibung der Mauren eine harte Glaubensrichtung mit Hilfe der brutalen Inquisition an der Macht. Eine andere Konfession (der Anglikanismus) breitet sich ohne Rücksicht in England aus. Das Heilige Römische Reich Deutscher Nation handelt – obzwar reformiert – auch nach den alten, rücksichtslosen Machtprinzipien, wenn auch unter einer neuen Hierarchie. Die neuen Bekenntnisse bewirken wieder Not und Tod durch Glaubenskriege. Die Unschuld wird auf dem Altar zur Erhaltung der Kirche geopfert. Den neuen Bekenntnissen fehlen Humanität und Demut vor dem Göttlichen. Zwar hat die gegenwärtige Kirche auch echte Christen in ihren Reihen; genauso aber auch Anhänger einer Ideologie, die menschenzerstörend wirkt. Diese Zerstörung wird zuletzt Europa zerstören. Dies wird aber erst spät – vielleicht zu spät – erkannt. Die spanischen Niederlande und Mitteldeutschland bilden den Ausgangspunkt kriegerischer Glaubensunruhen, die sich von dorther weit über Europa ausbreiten. Dabei entwickeln sich Glaubensformen, die vom ursprünglichen abendländischen Denken himmelweit entfernt sind. In diesen Gegenden wird man wegen der Glaubenskriege zuerst das Fürchten lernen. Dann aber werden auch Westeuropa, der Mittelmeerraum und der Osten erfaßt. Die verschiedenen Gruppen gehen elende Militärbündnisse miteinander ein. So treten sie zwar für unterschiedliche Ziele ein, handeln jedoch alle nach der gleichen, widerlichen machtpolitischen Methode. Danach setzt sich die katholische Kirche, die immer noch im Besitz gewaltiger Machtmittel ist, in der Provence und in Frankreich durch: Durch das französische Königtum, das Papsttum und das türkische Reich. Die Osmanen werden bald die Adria überqueren, Italien erobern, die Insel des Mittelmeeres überrollen und Deutschland vereinnahmen.[1] Damit haben dann die Christen in ihrem Bestreben, die jeweils anderen Konfessionen auszurotten, auf »herrlichste Weise« alle ihr Ziel erreicht.

Damit beginnt dann die Herrschaft des Islam über Europa. Dem ist nur so Einhalt zu gebieten, daß sich die europäischen Mächte endlich dazu durchringen, ihre ewigen Streitereien nicht mehr militärisch auszutragen, sondern endlich friedliche Lösungen zu suchen. Dies läßt sich durchführen, indem antichristliche Kriegs- und Zerstörungswut, die dem Grundanliegen des Christentums entgegensteht, überwunden wird. Sie hatte bisher immer die Oberhand in der Geschichte. Dadurch war, was uns durch das Christentum vermittelt werden sollte, bislang häufig sehr verdunkelt. Das gilt ganz besonders für die Jetztzeit, denn so schlimm wie heute war es bisher noch nie gewesen. Es geht mit dem Abendland dem Winter entgegen. Der geistig-moralische Abstieg ist derartig erschreckend, daß man glauben muß, in einen finsteren Abgrund gestürzt zu sein. Folge solchen moralischen Niedergangs sind die Ketzerverbrennungen. Hierdurch verrohen die Sitten noch weiter. Es gibt kein stabiles Fundament mehr. Die menschliche Gesellschaft ist durch die Taten eines neuen Babylon besudelt,[2] das aus der Kirche geworden ist. Der

---

[1]   Diese Entwicklung war 1558 durchaus zu erwarten.
[2]   Babylon im Sinne der Geheimen Offenbarung gebraucht.

Ekel darüber wird noch größer, wenn man erleben muß, daß die feierlich-furchtbaren Ketzerverbrennungen – diese Perversion des Christentums – dargestellt werden, als dienten sie zur Reinigung der Menschheit. Das gilt ganz deutlich für die Zeit, für die ich meine Vierzeiler geschrieben habe. Erst wenn solches überwunden wird, kann durch eine Synthese zwischen dem Geist eines Erasmus von Rotterdam und eines Calvin(?) das entstehen, was die christliche Kirche wahrhaft erneuert. Nur daraus kann Friede entstehen, Gemeinsamkeit, Eintracht, Einigkeit zwischen den Kindern des verirrten und getrennten Geistes. Die Anhänger von Streitereien und diejenigen, die zum Glaubenskrieg anstacheln, werden durch einen solchen Frieden ihren Einfluß völlig verlieren. Anschließend gelangen dann solche an die Macht, die (zwar) Friede und Freiheit sagen, aber Zügellosigkeit meinen. Und all die Gegenden und Gesellschaftsordnungen, alle Herrschaftsgebiete und Provinzen, die dieser Zügellosigkeit folgen, glauben dabei wahre Freiheit gewonnen zu haben. Sie werden sich aber – von Ordnung und Moral befreit – durch ihre Leidenschaft noch viel stärker unterjocht wiederfinden, als sie es vorher gewesen waren. Nachdem sie jede moralische Bindung verloren haben, sehen sie ein, daß es ihnen nur Schaden gebracht hat. Deshalb wenden sie sich von solch verworfener Handlungsweise ab, suchen neue Ordnung und erwarten ihr Heil wieder von den Kräften, die zuvor das Wort Gottes verkündeten. Haben die Vertreter der alten Ordnung die Macht aber zurückerlangt, werden sie bald auf das bewährte Mittel der Unterdrückung zurückgreifen und zuletzt selbst das Denken verbieten. Sie führen die früheren Normen wieder ein und setzen auch die alten Funktionäre wieder an ihre angestammten Plätze. Diese unterdrücken alles gewaltsam, was ihnen nicht paßt. Für sich selbst aber nehmen sie allen Luxus in Anspruch und geben sich allen Ausschweifungen hin. So kommt es beim Volk zu erneuter Geistesverwirrung. So entstehen Gegenkräfte. Jede Macht und jeder Einfluß werden den Amtsträgern genommen. Es bleibt ihnen nichts, als die Zeichen ihrer Würde. Da ihnen jetzt Amtsmißbrauch unmöglich gemacht ist, kehren die Menschen wieder zu ihnen und ihren Lehren zurück. Damit aber erlangen die hohen Herrschaften erneut Macht und Einfluß. Sie haben aus der vorangegangenen Entmachtung nichts gelernt und fallen prompt in ihre alten Fehler zurück. Dabei kann doch aus der recht verstandenen Lehre demütig-dienenden

Glaubens das Volk ohne Gewalt wirklich befreit und zu rechter Lebensgestaltung geführt werden. Die Macht, die über die Seelen herrscht, macht es sich da aber leichter und beschreitet erneut den bequemeren Weg der Gewalt unter Erzeugung von engstirnigem Fanatismus. Hierdurch entkleidet sie sich selbst ihrer Ehren und Würden. Und das angeblich im Namen der menschlichen Gesellschaft. In Wirklichkeit wird sie hierdurch nur innerlich erbärmlich und nach außen hin despotisch. So verliert die Kirche ihren Mittelpunkt: die Lehre Jesu Christi selbst. In ihrer Verblendung begreift sie nicht, daß sie dadurch nur den Absichten des Satans Vorschub leistet. Die Bösen, die sich von Satans zerstörerischer Kraft leiten lassen, gelangen offen zur Herrschaft. Was das wirklich bedeutet, erkennt man allerdings erst, wenn es eingetreten ist. Das wird sich ereignen, wenn es mit der Kraft des Klerus zu Ende geht. Es sind die führenden Vertreter der Hierarchie, die das Unheil heraufbeschworen haben. Sie befinden sich nicht mehr auf dem Boden der Lehre, die zu vertreten sie vorgeben. Diejenigen, die in einer der drei verschiedenen Glaubensrichtungen (Katholizismus in Spanien; Nationalkirche in England; Luthertum in Deutschland) wahrhaft gläubige und demütige Menschen sind, werden verfolgt und unterdrückt. Durch diese erschreckende Beschränktheit eigenen Denkens wird das Christentum selbst nahezu ausgerottet; denn diejenigen, die Diener der Menschen sein sollen, leben nur ihrem Genuß. So bleibt von allem nichts übrig als hirnloser Fanatismus. Die »Kirche der Nächstenliebe« wird von finsterem Despotismus regiert. Die Methode haben sie von orientalischen Gewaltherrschern gelernt. Deren Praxis stehen sie (als gelehrige Schüler) in nichts nach. Als der Schöpfergott zuließ, daß sich die Osmanen auf das Abendland zu in Bewegung setzten, wollte er in Wirklichleit nur bewirken, daß sich Europa geistig damit auseinandersetzte. So aber – wie es nun gekommen ist – sind weder Verfolger noch Verfolgte richtig zu unterscheiden, und man ist unfähig, den Sinn zu begreifen. Der innere Schaden, der der Kirche aufgrund solchen Handelns entsteht, ist größer als es je äußere Verfolgung vermocht hat. Diese Geisteshaltung animiert nun weltliche Machthaber zu noch übleren Taten, als sie schon von der Kirche begangen wurden. Geistig und physisch wird alles verwüstet, und jede Gemeinschaftsordnung ist egoistischem Wildwuchs gewichen. Unter denen, die priesterliche Funktionen zum Wohl der Menschen ausüben sollten, herrscht selbst geistige Verwirrung. Von der Südspitze Italiens, wo die Spanier herrschen, bis zur Provence hin, ist alles verdreht, was einmal wahrer Glaube gewesen ist. Dadurch zerbricht der Schutz vor dem Götzen der gewalttätigen, fanatischen, engstirnigen Masse.

Die Befreiung Spaniens von den Mauren hat in Wirklichkeit gar keine Befreiung gebracht, sondern nur neue, blutige Unterdrückung. Die sich als Kreuzfahrer für Befreier halten, haben sich neben der Rückeroberung Spaniens auch um Palästina gekümmert und auch dorthin den Krieg gebracht. Sie vollzogen und vollziehen hier Töten und Zerstören angeblich in Ausführung des Willen Gottes.[3] Das Gebiet des Hl. Landes wird von allen Seiten her militärisch angegriffen. Seine Bewohner werden von den Kreuzrittern stark dezimiert, und auch sonst wird dort großes Unheil angerichtet. Der Geist der Nächstenliebe wird durch Gewaltanwendung völlig beseitigt. Dabei halten sich die Eroberer noch für Gottes Werkzeug. Angeblich geht es darum, das Hl. Grab Christi für den Besuch offen zu halten. In Wirklichkeit treiben sich da nur Abenteurer und Glücksritter herum. Welch ein Unheil für schwangere Frauen in dieser Zeit.[4]

Die aus Nord- und Westeuropa besiegen zunächst die Menschen. Als Folge davon werden die ansässigen Bewohner des Landes hart unterjocht. An ihnen erfüllen sich so die Worte Salomos, daß Gott die Klagen der Gefangenen und die ihrer versklavten Kinder hört. Vom anfänglichen Sieg sind die Machthaber Europas berauscht. Das gilt gleichermaßen für germanische, slawische und romanische Gebiete. Auch Araber und die Nordafrikaner geraten darüber in Aufregung. Ihre Herrscher werden besiegt und alles wird zerschlagen. Das geschieht aber nicht nur durch die vereinigten Streitkräfte der abendländischen Staaten, sondern auch weil die Orientalen in die Intrigen hineingezogen werden, die europäische Mächte in erster Linie gegeneinander spinnen. Sie wollen sich ja gegenseitig zerstören. Die Machthaber angeblich christlicher Staaten schließen sich für eine gewisse Zeitspanne zusammen, um so zuerst die anderen zu vernichten. Angeblich dient der Zusammenschluß dem Erhalt der christlichen Lehre, und so knüppeln sie Aufsteigendes nieder. Dabei

---

[3] Aufruf im Mittelalter zu den Kreuzzügen: »Gott will es!«
[4] Siehe »Kleine Apokalypse« Jesu im Neuen Testament.

werden so viele Kämpfe angezettelt, daß selbst die Heiden vor so viel Unchristlichkeit zittern. Die Machthaber haben sich nur zum Kampf zusammengeschlossen. Füreinander besitzen sie keine Sympathie. Da solche Herrscher auch hierzulande nicht christlich handeln, bleibt mir – du wahre Herrscherin Weisheit – nichts anderes übrig als das, was ich sagen will, verschleiert darzustellen. Nur so vermag ich auszudrücken, welches Übel geschieht und was sich noch daraus entwickeln wird. Um etwas über die gemeinte Zeit – die Gegenwart – und was sie bewirkt auszusagen, muß ich meinen Texten eine scheinbar völlig andere Bedeutung geben. Was wirklich geschieht, habe ich aus den Gesetzen des Himmels und aus der Hl. Schrift abgeleitet.

Und dabei kann es ja keine Irrtümer geben! Wenn ich wollte, ich könnte für jede einzelne Weissagung deuten, was gemeint ist und wann; bereits das wäre für mich gefährlich. Aber noch schlimmer wäre es, diese Dinge auch noch zu erklären. Die Schwachköpfe würden mich in ihrem primitiven Fanatismus vernichten. Da sehe ich mich lieber vor und gebe mir keine Blöße. Weil man nun aber einmal gerne Jahreszahlen hören möchte, will ich einige ungefährliche nennen: Seit Erschaffung der Welt bis Noah vergingen 1606 Jahre. Seit dessen Geburt bis zur Annäherung der großen Flut verstrichen weitere 600 Jahre. – Seien die Jahre nun Sonnen- oder Mondjahre oder aus beiden zusammengesetzt. – Ich gehe davon aus, daß die Heiligen Schriften Sonnenjahre benutzten. Noah baute dann sechs Jahre, um die Arche, die ihn vor der großen Flut retten sollte, herzurichten. So entging er dieser. Sie selbst dauerte ein Jahr, zwei Monate. Seit dem Ende der Sintflut bis zur Geburt Abrahams verflossen 295 Jahre. Von Abrahams Geburt bis zu der von Isaak verflossen 100 Jahre und von Isaak bis Jakob 60 Jahre. Vom Zeitpunkt, da die Kinder Israels nach Ägypten kamen, bis sie es wieder verließen, verstrichen 430 Jahre. Und seit dem Auszug aus Ägypten bis zur Errichtung des Tempels durch Salomo dauerte es 430 Jahre. Den Tempel erbaute er im vierten Jahr seiner Regierung. Und seit der Errichtung des Tempels bis zu Jesus Christus vergingen weitere 450 Jahre. Ich habe mich hier sehr davor gehütet, kirchlichen Lehrautoritäten ins Gehege zu kommen. Folgt man dem, so sind seit Erschaffung der Welt 4173 Jahre vergangen. Die Zeit, die von Jusus Christus an bis heute verstrichen ist, zähle ich jetzt nicht auf, weil es seitdem die Zersplitterung in verschiedene Glaubensbekenntnisse gegeben hat, die ja alle anders zählen (Juden, Christen, Islamiten). Unter Berücksichtigung dieser Zersplitterung habe ich meine Überlegungen angestellt. Ich habe die Naturgesetze zugrunde gelegt und auch meine natürlichen Anlagen genutzt. Dies berücksichtigend, erkenne ich Geschehnisse als zwangsläufige Folgen einer aus diesen Tatsachen erwachsenen Entwicklung.

Astronomischen Berechnungen zufolge sieht das dann so aus: Saturn beginnt am 7. April seine Rückläufigkeit und bleibt so bis zum 15. August; Jupiter ist vom 14. Juni bis zum 7. Oktober rückläufig; für Mars lauten die entsprechenden Daten 17. April bis 22. Juni, für Venus 9. April bis 22. Mai, und Merkur ist vom 3. bis zum 24. Mai rückläufig. Das sind gesicherte astronomische Daten. Genau so sicher weiß man, daß der Merkur vom 1. Juni bis zum 24. Juni und vom 25. September bis zum 16. Oktober erneut rückläufig ist.

Aber: Saturn im Steinbock, Jupiter im Wassermann, Mars im Skorpion, Venus in den Fischen, Merkur einen Monat lang im Steinbock, im Wassermann und den Fischen, der Mond im Wassermann, der Kopf des Drachen in der Waage, der Schwanz im ganz entgegengesetzten Sternbild. Daraus folgt eine Konjunktion von Jupiter und Merkur mit einem Quadrat-Aspekt von Mars auf Merkur; der Kopf des Drachen wird mit der Sonne in Konjunktion zu Jupiter stehen. Also: Das Jahr wird friedlich sein. Von alledem stimmt nichts! Man muß vielmehr die Ursachen der Dinge verstehen. Selbst ein Anfänger erkennt aber, daß das angeblich ach so friedliche Jahr genau das nämliche ist, in dem sich eine gewaltige Christenverfolgung abspielt, wie es sie nicht einmal in der Zeit der Albigenser-Kriege gegeben hat. Solches dauert bis zu einer totalen Vernichtung der Kultur an und bis einer aufsteht, der die Kirche nach einem Zeitalter voller Glaubenskämpfe erneuert. Dann glaubt man, ein völlig neues Zeitalter habe begonnen. Nachdem sich die selbstzerstörerischen Kräfte als Irrwege erwiesen haben, besinnt man sich auf das Wesentliche zurück und sucht wieder die Quellen des Glaubens. Bei der Selbstreinigung des Christentums muß man sich sowohl von den in Verkrustung Erstarrten, als auch von den Zügellosen trennen. Wenn dann wieder Friede herrscht, wird Handel, Wandel und Wohlstand entstehen können.

Zum gleichen Zeitraum hat der Islam im Osten großen Aufschwung genommen. Die von Deutschland und vom Norden ausgegangenen Wirren haben die Kraft des Abendlandes sehr geschwächt. Auch von der Ostkirche her ist für Europa nichts Gutes zu erwarten. Was im Westen an Glaubensfanatismus entstanden ist, wirkt sich ebenfalls zugunsten der andrängenden Osmanen aus. Trotzdem finden Ost- und West-Europa glaubensmäßig nicht zueinander, und das »Lateinische Kaiserreich«[5] in Byzanz war nichts als kurzes Zwischenspiel. Der überwunden geglaubte Zwist zwischen Orthodoxie und Römischer Kirche bricht erneut aus. Das kommt der orientalischen Macht des Islam zugute, und so vermag dieser das christliche Volk weiter zu dezimieren. Dabei sind ihm auch die entzweienden Modeideologien des Abendlandes zugute gekommen. Diese haben die Massen verblendet. Und Modeideologien vermögen mehr zu zerstören als Amokläufer. Die Machtzunahme der Türken wird so lange weitergehen, wie diese Ideologien herrschen, die auch (als Nationalismus) Frankreich ruinieren. Auch die Papstkirche hat mit ihrer weltlichen Macht ihren Teil beigetragen. Dieser Glaube besteht in Spanien und der Provence, und er herrscht ohne Mitmenschlichkeit. Der Nationalismus putscht die Massen in Frankreich auf und gewinnt solche Macht, daß die Kurfürsten des Deutschen Reiches von Frankreich gezwungen werden, seiner Forderung bei der Kaiserwahl nachzugeben. Für die geistigen Strömungen wirkt sich das allerdings günstig aus; denn damit wird der Fanatismus von der Religion etwas abgelenkt. Dann aber beginnt auch da die Unterdrückung denkender Menschen und der Anhänger humanistischer Ideale. Es machen sich Haß, Fanatismus, Unordnung auch in Frankreich breit. Spät zwar, aber schließlich doch, dringt die Erkenntnis durch, daß Zusammenleben nur friedlich und bei Verständnis füreinander möglich ist. Wieviel Bitteres auch Säuerlinge mit ihren seelischen Vergiftungen in diese Süße schütten wollen. Das alles wird auf höherer Ebene erfolgen. Dann sind Mißbräuche – fanatische Abarten des Christentums, die in Deutschland entstanden sind – beendet. Es kommt zu einem Umsturz von Grund auf. Was ich hier schreibe, gilt aber auch für die Zeit nach der totalen Umwälzung. Das habe ich gemeint, als ich in meinem Anschreiben an meinen Sohn Cesar vom Jahre 3797 sprach; denn diese Zahl hat nichts mit Weissa-

---

[5]   Lateinisches Kaiserreich: Kaiser Johannes von Ostrom trat zum Katholizismus über.

gung zu tun. In diesem Briefe aber – o erhabene Weisheit – habe ich die Folgen der Geschehnisse aufgezeichnet, die allerdings erst für später Kommende begreifbar sind.

Aufgrund meiner Kenntnisse der himmlischen Naturgesetze und der Heiligen Schriften sind die Schwierigkeiten des Abendlandes bedingt durch das Zusammentreffen der Bürgerkriege, die ihren Ausgang von den in Deutschland entstandenen Ideologien genommen haben, mit dem Vorstoß der Türken in das Herz Europas. Das wird mehr als ein Jahrzehnt dauern, aber nicht allzulange, weil sich die Unruhen im Norden langsam legen. Aber die Aufstände beschränken sich nicht nur auf den Norden. Bildersturm und Bauernaufstände greifen auch auf die Provence über, wo die Friedliebenden für etwa drei Jahre die Geißel dieser Unruhe ertragen müssen.[6] Dabei gehen dann die Machthaber der katholischen Kirche statt mit Vernunft und Überzeugung mit militärischen Kräften gegen die anderen vor. So verraten sie das wahre Anliegen des Christentums. Die es aber vertreten, werden von jenen verfolgt und getötet. Hauptopfer sind diejenigen, die ihr Leben ganz in den Dienst am Mitmenschen gestellt haben. Der Inquisition, die für die Morde verantwortlich ist, wird von ihren Anhängern noch Lob gezollt, daß sie Menschenblut in Massen verspritzt, um den Laienkelch beim Gottesdienst zu verhindern. Die Inquisition macht sich so am Wesen des Christentums ungeheuer schuldig. Bei ihren Blutbädern macht sie weder vor den Wohnungen der Menschen noch vor dem Haus Gottes halt. Nicht weniger schlimm ist der Fanatismus mit dem sich christliche Konfessionen selbst begegnen. So schaffen alle Seiten neuen Haß. Dieser ist deshalb so stark, weil sie ja schon vorher seelisch-geistig verarmt waren. Solches bringt schlimmeren Schaden für die Gesamtheit der Christen mit sich, als es ihn je zuvor gab; sei der Angriff da von innen oder von außen auf die Kirche erfolgt. Die schlimmsten Verbrechen gegen die Menschlichkeit hinterlassen in Spanien ihre Spuren. So ist es zu verstehen, daß die Menschen in Scharen humanistisch-calvinistischen Ideen zulaufen, weil sie hier die Heimat ihrer Grundsehnsucht erkennen. Dort wird der große Fehler vermieden, den die bisherigen Konfessionen alle begangen haben. So folgt man wirklich dem Grundanliegen des Christentums, das so wieder emporsteigt.

---

[6]   3 x 13 Monate = 39 (Zahl der Geißelhiebe für *Christus.*)

Das Papsttum bleibt zwar erhalten, doch ist es innerlich völlig verwahrlost. So ist die katholische Kirche in ihrer Struktur nur noch äußerlich christlich, innerlich aber vollständig heidnisch geworden. Die Heiligen Schriften interessieren sie nicht mehr; man versucht sogar ihre Botschaft auszulöschen. Zuletzt ist die Römische Kirche in ihr Gegenteil pervertiert. So jagt sie das Abendland wieder für eine ganze Generation in Angst und Schrecken. Da ist der Streit, die Zerstörung, der die Wohnstätten der Menschen, ihre ganze Gesellschaft, ihre Ordnungsstrukturen und alles übrige zum Opfer fallen. Wie immer haben dabei die Schwächsten und die Schutzwürdigsten am meisten zu erdulden. Das Unheil ist so groß, daß man getrost sagen kann, der Satan habe das Weltregiment angetreten. Bevor das soweit ist, haben andere Ideologien ihr Kriegsgeschrei angestimmt. Und selbst wenn sie verschwunden sind, wirken sich die Folgen davon noch lange aus.

Aber das ist nun nicht das Ende der Menschheit. Es folgt auch wieder eine gute Zeit. Gott spricht zu den Menschen durch Vernunft, Gerechtigkeit, Liebe, Friede und die anderen Gaben des Heiligen Geistes. So ist das Satanische seiner Macht beraubt. Sind die Gaben des Geistes Grundlagen menschlicher Handlungsweise, so kann man eine lange Zeitspanne erwarten, in der es den Menschen seelisch und materiell gut geht. Aber auch dies findet einmal ein Ende. Schließlich entarten auch hier Führer und Geführte.

All diese bildhaften Darstellungen sind genau abgestimmt, sowohl mit den von Gott geoffenbarten Schriften, als auch mit den Naturgesetzen, deren Auswirkung man beim Laufe der Gestirne am Himmelszelt erkennen kann. Dies gilt für die Planeten wie die anderen Himmelskörper. Einfacher allerdings kann man es aus den Vierzeilern entnehmen, die ich alle gründlich durchdacht habe. Ich habe alles miteinander in Einklang gebracht.

Es ist mir durchaus klar – o erhabene Weisheit –, daß die Unterdrücker geistiger Freiheit – würde ich deutlicher – mich in Schwierigkeiten brächten. So beende ich nun meine Abhandlungen hier um meiner eigenen Sicherheit willen. Ich habe in dieser Zusammenfassung (der Centurien und Vierzeiler) – o über alles mächtige Weisheit – manches von den Folgen der Gegenwart klar und deutlich gemacht. Alles aber in diesem an dich gerichteten Brief aufdecken wollte und konnte ich nicht. In groben Zügen erhellt sich aber für den

Verständigen bereits aus dem hier Gesagten menschliches Verhalten und – als Folge davon – das Schicksal, das der Menschheit bestimmt ist. Du, Weisheit, bist in jeder Beziehung gut. Du allein verdienst die Herrschaft im weltlichen wie geistigen Bereich.

So hoffe ich denn, du gnädig dich neigende Weisheit, daß ich dir in meinen Bemühungen zu deiner einzigartigen und verständigen Liebe zum Menschen ein wenig näher gekommen bin und mich mit meinen Schriften auf dem rechten Wege bewegt habe. Dies hat damit begonnen, daß ich ein wenig von deiner Größe und deiner Güte spürte, die ich aber weder jemals erreichen noch erforschen kann.

Salon, den 27. Juni 1558
gemacht von Michael Nostradamus,
Salon, Provence.

B. Die Centurien

1. Erster Teil der Centurien (Übersetzung)

CENTURIE I

Estant assis, de nuict secret estude,
Seul; reposé sur la selle d'airain?
Flambe exigue, sortant de solitude
Fait proferer qui n'est a croire en vain.

1. Zum Studium dunklen Geheimnisses hingesetzt,
   allein; (dazu) auf ehernem Stuhle niedergelassen?
   Die winzige Flamme, die von geheimem Ort ausgeht,
   läßt erscheinen, was wertvoll zu durchdenken ist.

2. Der Stab in der Hand weist auf das Zentrum des Verborgenen,
   von dieser Woge ist auch Gewand und Fuß benetzt.
   Wenn brausende Stimmen durch den Umhang wallen:
   [Ehrfurcht.
   Göttliches Licht läßt sich beim Seher nieder.

3. Wenn das Lager der Herrschaft vom Wirbelsturm umgestoßen
   und dadurch Gesichter mit ihren Mänteln zugedeckt sind:
   Dann wird der Staat von neuen Scharen drangsaliert,
   weswegen dann Weiße und Rote umgekehrt richten.

4. Ist unter den Menschen eine Herrschaft errichtet,
   wird sie nicht lange in Friede und ihrer Art verbleiben,
   dann wird sich die Fischerbarke verirren,
   großer Nachteil wird davon die Folge sein.

5. Ohne langes Federlesen wird verfolgt,
   die Länder zugleich heftig bedrückt:
   Herrensitz wie Bürgerwohnung ertragen starke Schläge.
   Die Herzenskraft von Carcassonne und Narbonne wird
   [geprüft.

6. Ravennas Herrschaft nieder,
   wenn ihm die Schwingen zu Füßen stürzen.

Die Altäre werden von Bresse eingesetzt,
Turin, Versailles, was die Gefährten niedertrampeln.

7. Spät Angekommenes wird vernichtet,
Gegenwind, die Schriften auf dem Weg beschlagnahmt.
Die 14 in einer Gemeinschaft Verbundenen
durch greisen, inquisitorischen, ladenhüterischen Senat
[behelligt.

8. Wie oft wird erhabene Christengemeinde vereinnahmt.
Du lebst im Wechsel barbarischer nutzloser Gesetze,
das Unheil nähert sich dir, du fühlst die Rute,
der weise Herrscher berührt dich dann an deinen Hohlheiten.

9. Aus dem Orient kommt punische Lebensart, die Macht
dem weisen Herrscher und den Römern Böses bringend.
Arabische Flotte begleitet sie,
bringt Malta zum Zittern, macht die nahen Inseln menschenleer.

10. Hinterlistige Schlangen hat man in das Gefängnis gebracht,
wo die verseuchten, getrennten Erstgeborenen der Idee
[gefangen.
Die Alten der Antike und die Glaubensväter kommen aus
[der Erde,
sehen die Grundideen – ihre Frucht – in Not und Tod
[vergehen.

11. Unruhe im Denken, im Herzen, Bewegung und Kraft
sind gleichermaßen in Neapel, Spanien, Sizilien.
Schwerter, Feuer, Wassersnot, die Brunnen der edlen Römer
versiegt, ruiniert, wertlos wie Schwachsinnigenhirn.

12. Man kann sagen, daß die übersatte, brutale, brüchige Sense
von unten hoch kommt, prompt aufgezogen;
davon wird folgerichtig alles hinterlistig und schwankend,
was die Herrschaft in Verona besitzt.

13. Die durch Haß ins Exil Getriebenen erzeugen neuen Haß.
Sie schaffen große Verschwörung gegen die einmalige Idee.
Gleich im unterirdischen Gang heimlich gesendeten Feinden
erheben sich ihre alten Anhänger gegen sie.

14. Von Sklavenvolk Gesänge, Lieder, Bittgebete,
in den Verliesen von Fürsten und Kirchenherren eingesperrt.
Solches geschieht durch hirnlose Schwachköpfe,
die man gleich göttlichen Geboten ansieht.

15. Es droht uns Glaubensfanatismus in Kriegsgewalt,
    der verspritzt immer wieder Blut.
    Das ist der Mörteltrog und der Ruin der Kirchlichen,
    von jenen her, die nicht auf sie hören wollen.

16. Falsches Ansehen (Quelle) stößt mit Häschern zusammen,
    in höchster Schwärmerei.
    Pest, Hunger, Tod von Söldnerhand,
    das Zeitalter der Erneuerung zu nähern.

17. Vierzig Jahre erscheint kein Zeichen des Friedens,
    aber vierzig Jahre lang sieht man täglich
    verbrannt-verdörrtes Land in Trockenheit verschmachtet
    und große Überschwemmungen, wenn abkassiert wird.

18. Durch den Zwist ist Gallien unaufmerksam.
    Für Mohammed(s Scharen) ist ein Weg geöffnet.
    Von Blut das Land getränkt, das Meer bis Marseille,
    der Hafen von Toulon von Segeln und Schiffen gefüllt.

19. Wenn sich um den Bogen Schlangen winden
    ist Trojanerblut von Spaniern hart bedrängt.
    Von jenen her wird die Zahl heftig ausgedünnt.
    Der Chef geflüchtet, unter Meeren abgezapften Blutes
    verborgen.

20. Tours, Orleans, Bloys, Angers, Reims und Nantes,
    drangsalierte Gemeinschaft durch plötzliche Veränderung.
    Gleich fremden Zungen sind fremde Zelte errichtet.
    Flüsse, Spieße, Geschöpfe, Erde und Meer erbeben.

21. Unwissender weißer Grund ernährt den Felsen,
    aus seiner einzigartigen Tiefe gibt er Nahrung:
    Vergebens die Erregung, Vernebelte sind nicht davon erfaßt.
    Die Unwissenden sind im schlechten Tonboden.

22. Das, was da sinnloserweise lebt,
    macht aus seiner Pflugschar das Schwert.
    Autun, Chalon, Langres und beide Sens,
    der Hagelschlag, das Eis schafft großes Übel.

23. Im Frühjahr steigt die Sonne wieder hoch,
    Wildschwein und Gier bereiten sich zum Kampfe.
    Aufgelebte Gier breitet am Himmel seine Herrschaft aus,
    man sieht einen Adler auf die Sonne einwirken.

24. In der Gesellschaft neues, verdammenswertes Denken,
    der Raubvogel am Himmel, bietet sich an,
    nach dem Sieg Unterworfene zu begnadigen.
    Cremona und Mantua, großes Übel ist zu erdulden.

25. Verloren, gefunden, versteckt von langem Zeitalter,
    der Hirte halb wie Gott geehrt,
    der Erste – wenn der Mond seine hohe Zeit erlebt –
    wird durch andere Alte entehrt.

26. Der Große stürzt durch Blitzschlag bei Tage,
    Übel und vorhergesagt durch den, der sich ums Amt bewirbt.
    Der Vorhersage folgend, fällt er zur nächtlichen Stunde.
    Streit, Reims, London, Etruskerland ist Pestträger.

27. Unter hellem Haar ist Guien vom Himmel heimgesucht,
    Nicht weit davon ist der Schatz verborgen,
    der für lange Zeitspanne geraubt war.
    Ist er gefunden, geht er zugrunde, entmachtet.

28. Der Turm von Boucq fürchtet sich vor dem Barbarenstock
    eine Zeit lang, viel später geht die Barke auf Spanien zu.
    Vieh, Volk und alle Sachen, Glaubensstreit bringt große Last,
    Stier und Waage, welch tödlicher Streit!

29. Wenn der Fisch aufs Land, und vom Meer her
    durch starke Woge an den Strand gespült,
    seine Gestalt fremdartig, zart und schreckenerregend.
    Durch das Meer kommen schnell Feinde an die Mauer.

30. Das Kirchenschiff durch ängstlichen Seesturm
    läuft in die Nähe eines unbekannten Hafens.
    Trotz seiner Zeichen von Palmzweigen.
    Danach Niedergang, Plünderung, gute Meinung spät
    [erschienen.

31. So viele Kriegsjahre, so lange dauert in Gallien
    die Hetzjagd der kastilischen Ideologie an.
    Zweifelhafter Sieg krönt unterdrückte Größe.
    Adler, Hahn, Mond, Sonnenlöwe trägt davon Narbe.

32. Bald wird das große Reich verlegt sein
    aus unbedeutendem Grunde, der schnell zunimmt.
    Die Gegend ist ganz winzig. Eine unbedeutende Grafschaft,
    inmitten derer es seine Herrschaft errichtet.

33. Nahe am großen Punkt einer weiten Ebene,
    der große Löwe mit gleichsam cäsarischer Kraft
    macht gnadenlos alles nieder, was nicht von seiner
    [Gemeinschaft.
    Ihm sind aus Furcht die Tore verschlossen.
34. Der Raubvogel fliegt ans Fenster,
    er macht Frankreich den Schmuck streitig.
    Der Einzigartig-Gute stirbt, der Doppelzüngige verdirbt ihn.
    Schwachköpfe halten das für ein gutes Vorzeichen.
35. Der junge Löwe überwindet den alten,
    auf dem Schlachtfeld bei einzigartigem Zweikampf.
    Im goldenen Käfig sticht er ihm die Augen aus.
    Einzigartiger, Verwundeter Gottesglaube, um schlimmen Tod
    [zu sterben.
36. Der wahre Herrscher wird erst spät Ruhe finden,
    weil er seinen Feind nicht vernichtet hat.
    Vielmehr gewährt er höchste Milde und Gnade,
    was all die Seinen dahinschwinden läßt.
37. Kurz bevor die Sonne untergeht
    ist Streit entbrannt. Viel Volk in Verwirrung.
    Neubekehrte, der Meereshafen gibt keine liebende Antwort.
    Papst und Grabmal von den Altären weg in fremder Gegend.
38. Sonne und Adler erscheinen uns wieder,
    nur leere Versprechungen macht man dem Besiegten.
    Nicht durch Herz noch durch Schrei halten sie den
    [Harnisch auf,
    der Friede ahndet. Durch Tod vollendet er diesen plötzlich.
39. Aus dem Dunkel kommt der größte Würger zur Herrschaft,
    weil der blonde Schüler zu viel getan hat.
    Durch Unterdrückung hat er das Reich in andere Hände
    [gegeben,
    das Maß verachtet, die Sendung (Ostern) gehört ihm nicht.
40. Der falsche Wirbelsturm verbirgt die Narrheit,
    er bringt Byzanz Änderung der Gesetze,
    Ägyptens Gebärmutter, die will, was erfreut,
    Edikt, Geld und Edelmetallgehalt ändernd.
41. Der Sitz in der Gesellschaft ist dann aus dem Dunkel
    [angegriffen;

wenig hat überlebt, nahe beim Meer der Streit.
Dirne, Söhne rückwärts, schwächer geworden.
Gift in Briefen verborgen, in den Falten des Gewandes.

42. Die zehn ersten Frühlingstage sind wahrhaft gotisch.
Angestiftet dazu von üblem Volke,
das Feuer ausgelöscht, satanische Versammlung,
die Gebeine von Amant und Pselin suchend.

43. Bevor das geschieht (liegt) die Veränderung des Reiches,
es tritt ein wunderbarer Fall ein.
Der Acker umgepflügt, die Porphyrsäule
vermischt auf gleichartigen Fels gesetzt.

44. In Kürze wird's dann wieder Opfer geben.
Sich-Widersetzende erleiden das Martyrium,
fernerhin gibt es keine Mönche, Äbte, Novizen mehr
der Honig wird viel teurer sein als Bienenwachs.

45. Nachfolger der Lehren (bereitet) dem Verräter große Pein.
Erzdummkopf im Theater, er hat das Schauspiel inszeniert.
Ob ungerechter Tat ist der Erfinder ausgezeichnet.
Gleich und durch Fanatismus ist die Welt verwirrt, gespalten.

46. Ganz nahe bei Aux, Lectore und Mirande
fällt in bedrücktem Dunkel Feuer vom Himmel.
Der Grund hierfür ergibt sich äußerst dumm und wunderlich.
Kurz danach wird die Erde beben.

47. Die Predigten vom Genfer See erregen Ärgernis.
Von den Empfangstagen an dauern sie über Wochen,
dann Monate, dann Jahre, dann werden sie ganz

[dahinschwinden.
Die hochnäsigen Amtsträger verurteilen die Gesetze.

48. Zwanzig Jahre der Herrschaft des Mondes sind verstrichen,
siebentausend Jahre übt Anderes seine Macht aus:
Greift es nach der Sonne, so ermüdet seine Kraft,
damit erfüllt sich Prophetie und zeigt entscheidende Linie.

49. Sehr lange bevor diese Dinge geschehen sind,
jenen vom Orient wegen der Kraft des Mondes,
bringt das Jahr 1700 durch diese großen Entführungen.
Sie unterwerfen fast noch den Winkel des englischen Königs.

50. Herr des Frühling, guter Herrscher und goldene Zeit,
ewiger Gott, welche Veränderungen (gibt es)!

Dann kehrt für lange Zeit die schlechte Zeit wieder,
Südfrankreich, Norditalien welche Erregungen.

51. Von der meerhaften Dreiheit entsteht
Einer, der den Donnerstag zu seinem Feiertag macht.
Seiner Härte Lobpreis, seine Macht nimmt zu
über Land und Meer; im Orient Sturm.

52. Die schlimmen »Altäre« des Herbstes in Hinterlist
                                       [verbunden,
im eigenen Saale ist der große Herrscher ermordet,
Geistiges Gift in der Kirche durch die der neuen Idee
                                     [Verbundenen,
(was) Europa Basel und der Norden (beschert).

53. Von diesen her sieht man viel Volk gequält,
und das heilige, erhabene Gesetz davon völlig ruiniert.
Durch andere Gesetze die ganze Christenheit,
wenn man von Gold, von Silber neue Ader findet.

54. Glaubensrevolten sind Taten üblen Unterleibs,
dessen Herrschaft und Zeitalter Veränderung schafft.
Unruhiges Verhalten von seiner Art nimmt es in sich auf,
in die Glaubensformen wie die Triebe, beide.

55. Unter dem Gegensatz entsteht babylonisches Klima,
ein gewaltiges Blutbad gibt es,
Erde, Meer, Luft, selbst Himmlisches aus dem Gleichgewicht.
Zersplitterung, Verarmung, im Land Gift und Verwirrung.

56. Bald erkannt, und doch tritt spät erst großer Wechsel ein.
Ungeheurer Schrecken und Rachetaten.
Wenn der Mond durch einen guten Engel geführt ist,
nähert sich vom Himmel Zuneigung.

57. Durch große Zwietracht erhebt sich gewaltiger Sturm.
Eintracht zerbrochen, das Haupt stolz aufgereckt.
Das blutende Maul schwimmt im Blute,
den Blick auf den Boden, von Milch und Honig triefend.

58. Der Leib zerteilt, entstanden sind dabei zwei Köpfe
und vier Arme, einige Jahre wird das tatsächlich existieren.
Es ist der Tag, da der Norden seine Feste feiert.
Fossen, Turin, Ferraras Herr entflieht.

59. Die Ausgewiesenen sind auf die Insel verbannt,
beim Wechsel zu einer höchst grausamen Idee

sind sie vernichtet, glänzende Verkünder sind geopfert,
die sich nicht zu reden scheuten.

60. Ein mächtiger Kaiser zeigt sich bei Italien,
um hohen Preis wird ihm das Reich verkauft.
Man sagt, daß das Volk mit dem er sich umgibt,
eher Metzgern als dem Anhang weisen Herrschers gleicht.

61. Der armselige unglückselige Staat
wird von neuen Würdenträgern und Räten verwüstet.
Ihre massenhaften Verbannungsverdikte,
sie stärken gewaltig den großmächtigen Vertrag der Schwaben.

62. Das Ergebnis ist großer Schaden Es sind die Schriften (weg)
bevor der Mond seinen Kreislauf beschrieben.
Feuer, große Überschwemmung, mehr noch durch unwissende
[Herrscher,
was lange – wie man sieht – nicht repariert werden kann.

63. Die Plagegeister durchgezogen, sie haben die Erde ausgedünnt.
Lange Zeit ist der umfriedete Garten, die Lande unbewohnbar.
Unkraut breitet sich bei der Religion über Land und Meer aus,
schließlich wird dadurch neuer Krieg angezettelt.

64. Im Dunkel glauben sie Sonnen gesehen zu haben,
wenn man das halbe Schwein als Menschen ansieht.
Ein greulicher Gesang, um Glaubensfragen bricht der Kampf
[aus
und grausamem Vieh hört man beim Reden zu.

65. Die Nachkommen kraftlos, nie sah man solchen Niedergang,
Kinder der Modeideologie schon von einem Bällchen verletzt:
am Bergland (der Auvergne) gescheitert, Blitze zerschmettern,
an die Eichen gedrückt, von der Umwelt beladen.

66. Derjenige, der dann die Neuerungen weiterträgt,
atmet nach kurzer Zeit auf,
Viviers, Tournon, Montferrant und Pradelles,
Hagel und Sturm läßt sie aufseufzen.

67. Der große Hunger, dessen Annäherung ich fühle,
ist einmal hier, dann da, dann ist er allgemein.
So groß und dauerhaft, daß man ausreißt
Baumwurzeln, und das Kind von der Mutterbrust wegreißt.

68. O welch schreckliche und unglückselige Qual!
Unschuld bedrückt, man sieht sie ausgeliefert.

Gefährliches Gift, schlecht bewachte Überlieferung
in Angst versetzt durch berauschte Henker.
69. Der große Berg von sieben Stadien Umfang,
nach Friede, Streit, Verödung, verwirrender
[Überschwemmung,
schwankt er lange herum; große Gegensätze lassen (ihn)
[stürzen,
sowohl sein Altes als auch seinen großen Unterbau.
70. Regen, Hunger, Streit, von Persien nicht zurückgewichen.
So gewaltiger Glaube, er wird seinen wahren Herrn verraten.
Gleich dem Ende hat es in Gallien auch angefangen.
Geheim ist der Seher für Einzigartiges vor Gericht.
71. Der Kriegshafen ist dreimal eingenommen und zurückerobert,
durch Spanier, Barbaren und Ligurer,
Marseille und Aix, Arles gleich denen von Pisa
verwüstet. Feuer, Schwert, Avignon plündert Savoyarden aus.
72. Die Einwohner von Marseille haben völlig gewechselt.
Rennen und heftige Verfolgung fast bis Lyon,
Narbonne, Toulouse gleich Bordeaux mit Füßen getreten,
fast eine Million getötet, gefangen.
73. Frankreich durch Ungerechtigkeit von Lumpenart überfallen,
Tunis, Algier durch Perser aufgewiegelt.
Spanien (Leon), Sevilla, Barcelona lassen es fehlen.
Von Venedigs Flotte sieht man nichts.
74. Nach einer Pause feiern sie in Epirus Kirmes.
Die großartige »Fürsorge« gilt Syrien-Palästina.
Der Schwarz-Kraushaarige behält die Herrschaft,
der harte Bartmensch röstet am Spieß.
75. Der Gewaltherrscher Sienas besetzt Savona,
den großen Sieg erringt die Flotte,
zwei Heere durch Anconas Marken,
der Chef sieht es voll Schrecken.
76. Es bildet sich von einem wilden Geschlecht,
was die drei Schicksalsgöttinnen sagen:
Dann wird in Sprache und Art viel Volk dahermarschieren,
grausamer als jedes andere und dadurch berühmt.
77. Zwischen zwei Meeren errichtet das Vorgebirge,
was dann durch Pferdebiß stirbt.

Sein Neptun wird das schwarze Segel bezwingen,
durch die Straße von Gibraltar ist dann die Flotte bei Rocheval.

78. Von einem alten Chef entsteht stumpfsinniger Geist.
Entartet gleich dem Geist sind auch die Seelen.
Von seiner Schwester ist der Herr von Frankreich sehr
                                     [gefürchtet.
Bewohntes Land geteilt, den Mietlingen überlassen.

79. Bazax, Lectore, Condon, Auch, Agen,
aufgewühlt durch Gesetze, Streitereien und Intrigen,
folglich Bordeaux, Toulouse, Bayonne zum Ruin gebracht.
Sie wollten ihre junge kraftvolle Gemeinschaft neu beleben.

80. Vom Satan heller Glanz.
Gewaltiges Donnern entsteht in Burgund:
Dann entsteht von entsetzlichstem Viehzeug ein Monstrum,
März, April, Mai, Juni große Zerstückelung und
                                    [Zerschneidung.

81. Aus der menschlichen Gemeinschaft sind sie erneut
                                    [ausgeschlossen:
Von Rechtssicherheit und Ratsversammlung getrennt,
ihre Stärke wird vermindert (davon) abnehmen,
Kappa, Theta, Lambda heruntergebracht, Ausgewiesene
                                      [hilflos.

82. Wenn die Säulen vom Unterholz sehr in Angst.
Von hier geleitet, von Meßbucheinband zusammengequetscht,
hat man sich in raffinierter Weise am andern Ort versammelt.
Wien und Österreichs Länder müssen sich dann fürchten.

83. Das fremde Volk teilt sich die Beutestücke
von Zeit und Glaubenskampf, sein Anblick ist furchtbar.
Schreckliche Tragik im Toskanerland und bei den Lateinern,
von Sorgen sind auch die Griechen betroffen.

84. Der verdunkelte Mond im tiefsten Schatten,
sein einfarbiger Bruder zieht dahin:
Lange Zeit ist der Große verdunkelt,
das Schwert hält er an die blutende Wunde.

85. Gleich der Kirche ist auch weltliche Macht verdüstert,
ihre Vertreter begehen Freveltat an ihrer Lebensart.
Der Große ist, sie imitierend, scheinheilig gegen seine Brüder,
gleich Göttlichem sterben sie in Zorn, Haß, Mißgunst.

86. Wenn sich die große Königin besiegt sieht,
    handelt sie in einem Übermaß menschlichen Mutes:
    Gefoltert durchquert sie ganz in Dunkelheit den Fluß,
    vom Schwerte verfolgt, sie klagt sich selber an.

87. Streithaftes Feuer aus der Mitte des Landes
    macht den Schöpfer des neuen Gemeinwesens zittern:
    Große Steingebäude führen langen Krieg,
    dann rötet Arethusa den neuen Fluß.

88. Das himmlische Übel fällt auf den großen Fürsten.
    Er hat kurz davor die Frau geheiratet:
    Im Nu sind seine Erhabenheit und Glaubwürdigkeit
                                            [fadenscheinig,
    die innere Befreiung vergeht zugunsten des rasierten Schädels.

89. Alle jene aus Straßburgs Gegend sind im Mosellande,
    um die von Loire und Seine zu ruinieren.
    Die Meereshilfstruppe kommt nahe dem hohen (Nonnen-)
                                            [Schleier,
    wenn der Spanier erscheint, die Vene zu öffnen.

90. Bordeaux, Poitiers, beim Klang der Kirchturmglocken.
    In großer Masse geht es bis Angon,
    ihr Sturm ist gegen Gallien gerichtet,
    wenn nahe bei Orgon schlimme Ungeheuer entstehen.

91. Göttliche Dinge kann der Mensch nur sehr äußerlich erfassen,
    so kommt es, daß dadurch gewaltiger Streit entstehen kann.
    Man glaubt Degen und Lanze hätten mit Göttlichem zu tun:
    Was linker Hand sehr große Betrübnis auslöst.

92. Unter einem Einzigartigen ist totaler Friede ausgerufen,
    schon kurz danach tobt wieder Plünderung und Aufstand:
    Durch Zurückweisung, Stadt, Land und Meer zerfressen,
    eine Drittelmillion seelisch tot und gefangen.

93. Italienisches zittert bei laut verkündeten Patentrezepten.
    Löwe und Hahn; nicht hinreichend verbündet.
    Im Angesicht der Furcht bedient sich einer des anderen,
    nur Katalanen und Kelten halten das nötige Maß ein.

94. Bei gerechter Denkungsart ist die Tyrannei dahingeschwunden,
    dennoch ist die Freiheit nicht zurückerlangt.
    Neuer Glaubensstreit durch Schuldgefühl und Gewissensbiß.
    Dame wegen der Schreckensherrschaft hoch gefürchtet.

95. Ein Zwillingskind ist vor dem Kloster aufgetaucht,
    mutvoll-stark vom ins Amt eingeführten Mönch.
    Sein Rauschen durchdringt die Sekte, ihre Sprache und Macht,
    man kann sagen die »Vobiscums« haben's sich selbst
                                            [großgezogen.
96. Derjenige, der die Sendung hat, niederzureißen,
    verwandelt in falschen Vorstellungen Kirche und Lehre.
    Mehr schadet sein Wort Häusern und Felsen als den
                                            [Lebenden,
    ihre Ohren sind der gekünstelten Sprache endgültig
                                            [überdrüssig.
97. Das, was Schwert, was Feuer nicht völlig zu vernichten wußte,
    läßt in der Gemeinschaft süße Töne hören.
    Worte der Beschwichtigung, Reue, große, gute Idee einge-
                                            [schläfert.
    Ganz heftig bringt böser Feind den Feuertod, er ist militant.
98. Der Führer, der das zahllose Volk führen soll,
    ist vom Gottesauftrag weit weg. Fremdartig Sitte und Sprache
    sind 5000 in Kreta, dann geht es mit Thessalien zu Ende,
    der vergehende Chef hat vom Ufer des Reichtums »selig
                                            [gemacht«.
99. Die große Macht, die die Gemeinschaft anführt,
    in Freundschaft ist sie mit Glaubensideen verbunden.
    O welch Seufzen bewirkt die große Hinterlist,
    Bewohner Südfrankreichs, welch ein Jammer!
100. Für lange Zeit beherrscht elendes Denken die Glaubenslehre
    von Dole her und vom Toscanerland,
    hält es in seinem Schnabel das Friedenszeichen,
    stirbt das Mächtige bald, und so endet der Kriegsstreit.

1. In Aquitanien herrschen durch die britischen Inseln
   und bei jenen gleichermaßen große Attacken
   von Regen. Frost macht die Länder unpassierbar.
   Auf die Lebensart der Vernunft wird heftig eingedrungen.
2. England schafft Märtyrer.
   So Übeles (geschieht), wie es auch Frankreich reichlich tut,
   Tod am Mastbaum, viel Aufhängen an Ästen.
   Die herrschende Ideologie bestimmt, wieviel der ihren es trifft.
3. Wegen der Sonnenhitze auf dem Meere
   sind vom Schwarzen Meer hier die Fische halb gekocht.
   Sie kommen die Bewohner zur Ader zu lassen.
   Rhodos, und dann Genua wäre ihnen dabei das Naschwerk.
4. Folglich ist von Monaco bis Sizilien
   die ganze Küste verwüstet, menschenleer.
   Es gibt keinen Flecken mehr, Gemeinschaft noch Stadt,
   der von den Barbaren nicht geplündert und beraubt.
5. Wenn im Fisch das Schwert bejaht und die Schriften unter-
   [drückt,
   entsteht in dessen Folge sehr übler Krieg.
   Man hat durch das Meer seine Kriegsflotte hübsch verborgen,
   die nahe am Lateinerland erscheint.
6. Nahe bei Lebensarten und in zwei Glaubensgemeinschaften
   sind glaubenszugehörige Plagegeister, solche hat man nie
   [gesehen.
   Innere Verarmung in Vergiftung, vom Schwert Volk verjagt.
   Schreie um Rettung zum unsterblichen Gott.
7. Unter Vielen, die auf die Insel deportiert,
   entstand Einer, der in sich Spott für Glaubensformen trägt.
   Sie sterben an seelischer Verarmung, die Bäume sind
   [abgefressen,
   dafür (erläßt) neue Idee neue Verordnung ihrer Tat.
8. Kirchen, die zunächst römischem Ritus geweiht,
   weisen deren verschwenderische Grundlagen zurück,
   verstehen ihre Gesetze einmalig und menschlich.
   Vertreiben – wenn auch nicht ganz – heiligen Kult.

9. Neun Jahre läßt der Mächtige den Mageren in Frieden,
dann jagt er ihn in wildem Blutdurst;
viel Volk stirbt seinetwegen ohne Glaube und Gesetz.
Gleich einem äußerst Guten ist es umgebracht.

10. Vor langer Zeit hat man das Ganze weggeräumt.
Wir erhoffen eine Zeit des guten Alten.
Den Staat der Masken und aufs Diesseits gerichtet
[gut verwandelt.
Überfressen finden sie, was seinem alten Rang entspricht.

11. Der nahe Nachkomme des Erstgeborenen erreicht das Ziel.
Sehr hochgehoben bis zur mächtigsten Herrschaft.
Sein ungehobelter Glanz wird jedem Ehrfurcht abnötigen,
aber seine Nachkommen werden aus der Herrschaft
[vertrieben.

12. Vernagelte Augen, alter Phantasterei geöffnet.
Den Umhang der Erdgebundenheit haben sie ins Nichts
[geführt:
Der mächtige Herrscher straft ihre Raserei,
wie vorher den Kirchenschatz zu rauben.

13. Der seelenlose Leib soll nicht mehr Opfer sein.
Licht hat von der Leblosigkeit zur Geburt Christi geführt.
Göttlicher Geist beglückt die Seele.
Das göttliche Wort in seiner ewigen Bedeutung erkennend.

14. Zu Tours, Gien sind sie von durchbohrenden Augen über-
[wacht,
sie entdecken von weitem die große Verführung.
Sie und ihr Gefolge dringen in die Gesellschaft ein.
Zu Auseinandersetzungen getrieben, die Staatsmacht
[hoch-moralisch.

15. Kurz bevor der Monarch abgemurkst
sind Castor und Pollux im Kirchenschiff, Komet.
Die öffentliche Überstrapazierung hat allem den Schmuck
[genommen.
Pisa, Asti, Ferrara, Turin entmündigt – sprachlos.

16. Neapel, Palermo, Sizilien, Syracus,
neue Tyrannei, Blitze, himmlisches Feuer.
Gewalt von London, Gent, Brüssel und Susa,
gewaltige Opferungen, Siegestaumel, Feste feiern.

17. Das Gebiet des Gotteshauses der Vestalenpriesterin,
    abseits gelegen von Athen und den Pyrenäenbergen;
    das große Hilfsgerät ist verborgen im verschlossenen
                                        [Weidenkorb.
    Der Norden hat zerstört, Flüsse, und Weinberge mißhandelt.
18. Nachricht und (darauf) Regen erlitten. Sehr heftig
    widersetzt er sich plötzlich (durch) religiöse Exercitien.
    Fels, Himmel, Familie, das Heer steinig zu machen.
    Untergang der Infizierten, Land und Meer unterworfen.
19. Neue sind gekommen, Südfrankreichs Häuser
                                        [verteidigungslos,
    die Gegend zu besetzen, die dadurch unbewohnbar.
    Wiesen, Häuser, Felder, Stadt zum Vergnügen sich anzueig-
    nen.
    Verarmung, Pest, Krieg, neue Feldvermessung bringt
                                        [viel Arbeit.
20. Brüder und Schwestern wegen zuviel Ehrerbietung gefangen.
    Sie sehen sich nah an den Herrn selbst gerückt.
    Sie stellen Betrachtung an über ihre Ehrenzweige.
    Ihr Zeichen ist: sie sehen an Kinn, Gesicht, Nase verdrießlich
                                        [drein.
21. Der Abgesandte durch zweideckige Galeeren geschickt,
    auf halbem Weg von Ignoranten zurückgewiesen.
    Von jenen kommen als Verstärkung schroff vierrudrige
                                        [Galeeren.
    Geschirr und Schimmel sind am Schwarzen Meer aufgeputzt.
22. Das Land Äsops ist von Europas Volk und Weg getrennt,
    sich nahe bei der überschwemmten Insel zugesellend.
    Von Artons Gefolgschaft krümmt sich die edle Schar wieder.
    Als Weltennabel hat die hocherhabene Stimme Anderen
                                        [gewählt.
23. Offen-klare Gedanken gleich einem Vogel abgeschossen,
    sogleich nachdem der Machthaber hochgekommen.
    Wie sehr er auch anscheinend endlos den Feind abgewehrt,
    den Vogelzug von draußen hat er in Wirklichkeit unterstützt.
24. Unwissende, wild wegen innerer Armut, schleppen sich
                                        [endlos dahin,
    der größte Teil des Blickes ist gegen den Balkan gerichtet.

In einem Käfig schleppt man das wahrhaft Große hinter
[sich her,
wenn das Kind des Verschlingers eigenen Bruder belauert.

25. Die merkwürdige Wache verrät das Bollwerk.
Hoffnung und Schimmer von der sehr hohen Hochzeit.
Die Belegschaft verraten, stark unter Druck gesetzt,
Loire, Saône, Rhône zu Tode getrampelt.

26. Wegen der Nachsicht, die die Gesellschaft übt,
dem Großen, der das Schlachtfeld bald verloren.
Schüttet dann die Waffentruppe vom Po im Tessin aus
Blut, Feuer, Ertränkte, von schneidenden Hieben.

27. Das göttliche Wort ist vom Himmel geschlagen.
Es kann nicht weiter voranstürmen.
Vom Verschlossen-Halten ist der fürstliche Schatz verstopft,
daß es drunter und drüber geht.

28. Der Verletzte mit dem Propheten-Beinamen
wählt sich die Nacht für seine Arbeit und sein Stillwerden.
Weit schweift es durch seinen hektischen Kopf herum,
um so viel Volk vom Betrogen-Sein zu befreien.

29. Der aus dem Morgenlande verläßt sein Gebiet,
durchquert den Apennin, um Gallien zu erreichen,
durcheilt den Regen und den Schnee vom Himmel.
Von da schlägt er jeden mit seinem Stabe.

30. Einer der Hannibals satanische Geisteshaltung hat,
läßt Schrecken des Menschengeschlechtes neu erstehen
einmal. Kein Entsetzen, nicht schlimmere Nachricht,
als was den Römern – gleich Babylon – geschieht.

31. Im Land Kastilien treibt man es so,
daß man auf den Feldern nichts mehr als Wasser sieht.
Früh und spät Dauerregen.
Die Bäume im Zustand, daß man kein Grün mehr an
[ihnen sieht.

32. Leid, Blut, Froschplage von Dalmatien verborgen,
hat Streit beschert. Nah ist die Pest, von Basel:
Die Vorstellungen sind gewaltig durchs ganze Sklavenvolk,
dann macht man den Prozeß bei und in Ravenna.

33. Gleich der Flut, die von Verona herunterkommt
durch das, was dann im Hahn seinen Einzug ermöglicht:

einen großen Schiffbruch, und nicht geringer an der Garonne, wenn Genua in ihr Gebiet marschiert.

34. Der sinnlose Zorn des schrecklichen Streites, läßt bei Tische Brüder mit dem Schwert aufeinander losgehen. Diese teilen Tod aus, seltsam verletzt, das mächtige Duell bringt von und für Frankreich Schaden.

35. An heiligen Orten greift aus dem Dunkel Feuer um sich, so mancher wird davon erstickt, verbrannt. Glaubensnah – vertrauenswürdige Ideen – die Sonne kommt, der Winter zerstört alles.

36. Vom großen Propheten sind die Schriften eingezogen, zwischen des Tyrannen Hände kommen sie herunter. Ihren wahren Herrscher zu verraten, sind die Absichten. Allein der Räubereien wegen macht er sie hurtig trübe.

37. Von jener großen Erhabenheit, die man sendet zur Rettung derer, die im Bollwerk eingeschlossen, zerfrißt geistige Vergiftung und Verarmung alles; herausgeworfen sind 70 (!) Moral und Glaube.

38. Großer Erhabenheit ist Verbarrikadierung angetan, wenn die hohen Machthaber versammelt sind: für den Einzigartigen von ihnen kommt so Schlimmes an [Versperren, wie es (alle) Kriege zusammen nicht angesammelt haben.

39. Ein Jahr zuvor der italienische Konflikt: Deutsche, Franzosen, Spanier (kämpfen) um die Macht. Es hängt die Indoktrination am Staatsgebäude, und, außer wenigen, sind sie zu Tode erstickt.

40. Ein wenig später ohne lange Pausenzeit, wird man zu Wasser und zu Lande großen Tumult anzetteln. Viel größer noch ist die gewaltige Schiffsschlacht. Lebewesen, sie tragen noch mehr Unheil.

41. Große, Berühmte brennt durch sieben Tage (ständig). Die Wolke trägt zwei Sonnen, die erscheinen, Die große Sklaverei wird die ganze Nacht Geschrei auslösen, wenn sich der hohe Papst von seinem angestammten Platz [entfernt.

42. Hahn, Hunde und Katzen sind vom Blute satt, und von des Tyrannen Wunde tot aufgefunden:

im Bett sind einem anderen Beine und Arme gebrochen,
der nicht weniger grausamen Tod stirbt.

43. Während der Komet, wie bei den Vorfahren, erschienen ist,
verfeinden sich die drei mächtigen Fürsten.
Vom Himmel geschlagen die Lande, die Erde zittert vor Furcht.
Po, Tiber überschwemmend, die Schlange ist ans Ufer
[geworfen.

44. Der Adler nahe an die Mutterbrust gesetzt,
Gleich anderen Vögeln wird er von dort verjagt,
wenn das Getöse von Cimbern, Turbanen und Kuhglöcklern
der verrückt-gewordenen Dame den Verstand zurückgibt.

45. Der Himmel weint gewaltig, der Zwitter ist gezeugt.
Nahe bei diesem (ist) der Himmel. Menschenblut verspritzt.
Durch Niedergang hindurch hat sich großes Volk zu
[spät erholt,
zu spät, und alsbald kommt die ersehnte Rettung.

46. Nach großer Menschenwirrsal bereitet sich noch größere vor.
Der große Beweger erneuert die Zeiten.
Regen, Blut, Leid, Hunger, Feuer und Pest:
vom Himmel hat man's Geschick gesehen, langer Funke
[zieht herum.

47. Der Feind – nach alter Zweikampfart – stirbt durch Gift.
Der Herrscher gleich der dumpfen Masse fasziniert.
Steine, die herabregnen, hat man unter Wolle verborgen.
Durch Vernichtung sind Gesetze umsonst erleichtert.

48. Der große Überfluß, der die Berge übersteigt,
gute Zeit im Zenit umgewandelt vom Glaubensstreit im Fisch.
Anbetende sind unter Christus-Blutzeugen verborgen,
ihr Chef aufgehängt am Strick des Hahnen-Glaubenskampfes.

49. Die hohen Ratgeber des ersten Monopols.
Die es Erobernden sind durch eifernde Kleingeister verführt.
Rhodos, Byzanz (geopfert) wegen ihrer Darstellung
[vor dem Volke.
Das Land treibt die Verfolger in die Flucht.

50. Wenn die vom Hennegau, von Gent und Brüssel,
verriegelnd zu Langres den Sitz davorgestellt,
hinter ihnen und an ihren Seiten sind schreckliche Kriege,
die alte Plage. Schlimmer als die Feinde treibt man es.

51. Das Blut des Gerechten benimmt sich in London unachtsam,
    verbrannt durch Blitz von dreiundzwanzig (?) und sechs (?).
    Die alte Herrin vom hohen Platz vertrieben;
    von gleicher Gemeinschaft werden viele getötet.
52. Aus mancherlei Dunkelheit bebt die Erde.
    Es gibt wahrlich von Frühlingshaftem um Himmlisches
                                          [Folgen.
    Korinth, Ephesus zwischen beiden Parteien schwankend.
    Streit hebt an gleichwie zwischen zwei tapferen Recken.
53. Die große Vergiftung der Küstenstadt
    tut nichts, daß davon der Niedergang aufgehalten sei:
    Gerechtes Blut gefangen, ohne daß es Böses tat.
    Von der großen Dame durch Täuschung gleichsam
                                      [mit Füßen getreten.
54. Gleich fremdem Volk – und abgeschnitten von Römischem –
    ist ihre große Stadt nachher von Wasser stark verwüstet:
    Die Tochter kraftlos, zu unterschiedlich ist Wesentliches.
    Der Herr ist eingeschlossen, das Hufeisen ist nicht gerillt.
55. Im Streite tut der Große, der mehligschmeckend erscheint,
    als es mit ihm zu Ende geht, eine wunderbare Sache:
    Während Hadrian sieht, daß es mit ihm abwärts gehen mag,
    (hat) der Hochmütige beim Festmahle den Degengriff (gepackt).
56. Was Pest und Schwert nicht zu Ende zu bringen wußten,
    Tod in den Bergen. Das Höchste vom Himmel ist verwundet. Der
    (wahre) Priester geht zugrunde, wenn man zum
    Untergange schleppt
    jene, die Schiffbruch erlitten, um die Ernte einzuheimsen.
57. Im weiteren Verlauf stürzt die große Mauer.
    Großes geht herunter, plötzlich und beklagenswert tot.
    Das Kirchenschiff ist höchst unvollkommen: der größte Teil
                                         [ratlos;
    annähernd endlos ist das Land vom Blut gerötet.
58. Unbeweglich, daher kraftlos, dann mit Wasser besprengt,
                                         [also stark,
    zu Bergesstärke aufgeblasen, so die Erstgeborene.
    Nah ans Tor hat sie sich hinterrücks versetzt.
    Silene leuchtet, Klein hat Groß mitgerissen.
59. Galliens Truppe wegen Unterstützung der großen Macht

Nostradamus-Denkmal in Salon.

Ortseingang Salon.

St. Laurent de Salon (Grabplatte und Taufbecken).

St. Michel, die Pfarrkirche von Nostradamus in Salon.

des großen Neptun, und seiner Dreizack-Soldaten,
hat der Provence Ruhe geraubt. Sie muß große Bande ertragen.
Mehr tobt in Südfrankreich Glaubensstreit wie Dolch

[und Spieß.

60. Der punische Glaube vom Orient zerschlagen.
Ganges, Indre und Rhône, Loire und Tajo ändern es,
wenn des Maulesels (Mischlings) Hunger gestillt ist.
Das Volk, Blut und Leiber bedecken Spanien.

61. Euge, Tamins, Gironde und La Rochelle,
deswegen ist Trojanerblut am Eingang des Turmes tot.
Hinter ihm hat man unendlich geschickt die

[Sturmleiter aufgestellt.

Wachslichte und so Feuer großes Morden an der Mauerbresche.

62. Mabus erlischt dann schnell,
es entsteht von Volk und Schwachsinnigen ein furchtbares

[Unheil.

Dann sieht man plötzlich die Rache kommen.
Brandstiftung. Gewalt, Durst, Hunger, wenn sie marschiert.

63. Gallien, es erweckt äußerst geringe Begeisterung in Süditalien,
wenig (macht) Marne und Seine, Parma Faszination:
Der den großen Maulesel gegen diese abrichtet und aufhetzt,
vom Kleinsten auf der Mauer verliert der Große sein Leben.

64. Von Hunger matt, von Durst, das Genfer Volk.
Die nahe Hoffnung schwindet.
Auf dem Höhepunkt kommt das Cevennen-Gesetz zum Zittern.
Das Volk kann sich im großen Hafen nicht einrichten.

65. Der Pferch nähert sich großer Schwierigkeit.
Er ähnelt dem von Spanien und Norditalien.
Die Familie im Kirchenschiff (erlebt) Pest und Gefangenschaft.
Diebesgott im Zenith, die gute Zeit (wie Heu) gewendet.

66. Durch große Gefahren hindurch ist der Gefangene entkommen.
Kurze Zeit hat das Schicksal sehr gewendet.
Im Leicht-Verständlichen ist's Volk getäuscht.
Vom guten Weissager aber fühlt sich die Gesellschaft belästigt.

67. Die Helle mit der Gabelzinkennase begeht den Fehler zu

[begreifen

durch den Zweikampf (und) man verjagt sie.
Innerlich holt man die Ausgewiesenen (Dinge) wieder zurück.

Auftraggeber in der Meerregionen macht größte
[Schwierigkeiten.
68. Von England gibt es große Anstrengungen.
Zum Ozean ist der Zutritt offen.
Das Inselreich ist zurückgeholt.
London vibriert gleich gesichtetem Segel.
69. Der große Herrscher Galliens schreitet ins rechte Keltenland,
die Zwietracht des großen Reiches erkennend.
Über den unterdrückten Gegenden läßt er seine
[Herrschaft erglühen.
Der Papst ist dagegen.
70. Dolch vom Himmel breitet sich aus. Vernichtungen beim
[Reden,
davon große Exekution.
Der Fels hat vom Stamme her den Menschenstolz ermattet.
Menschenstreit zeigt sich, Buße Reinigung.
71. Die Ausgewiesenen kommen aus Sizilien,
um das fremdartige Volk vom Hunger zu erlösen.
Beim Tagesanbruch begehen Kelten ihm gegenüber Fehler.
Lebensweg bleibt zurück, zum Entschluß kommt
[hoher Herrscher.
72. Die Keltenarmee in Italien drangsaliert.
Von allen Seiten Streit, und großer Verlust.
Die Römer sind undicht geworden. Ach, Gallien ist
[zurückgedrängt,
nahe beim Tessin. Der Streit am Rubikon ist ungewiß.
73. Am Fucinus-See (entspricht) das Ufer dem des Benacus.
Gefangen vom Genfer-See, wo die Pforte des Orguion
entstanden aus bedrückter Kraft läßt kriegerisches Bild ahnen,
gleich drei Kronen (wie) beim großen Endymion.
74. Von Sens, von Autun kommen sie bis zur Rhône,
sie zu überschreiten auf die Pyrenäen zu.
Das Volk (der Türken) tritt aus der Mark Ancona heraus,
über Meer und Land folgt man ihm in großen Haufen.
75. Die Stimme von ungewöhnlichem Vogel hat geheilt,
gerichtet auf die Regel der erträglichen Wohnung:
So teuer ist der Scheffel Weizen,
daß der Mensch zum Menschenfresser wird.

76. Gewitter von Burgund schafft deswegen eine Lage,
    was Menschen durch Werkzeug nicht erreichen können:
    Der Küster ihres Senates macht wackelig,
    macht mit den Fremden gemeinsame Sache.
77. Durch Waffen, Feuer, Pech und so Familie zurückgeworfen.
    Schreie, Wehklagen zur Mitternacht gehört:
    Die drinnen sind gefangen über die zerstörten Wellen hinweg.
    Gleich Kaninchen sind die von der Überlieferung geflüchtet.
78. Der große Neptun aus der Tiefe des Meeres,
    Phönizierblut und Gallierblut verbunden:
    Die Insel im Blut, wegen allzuspäten Mühens.
    Mehr noch schadet's dem, der das verborgene Übel
                                          [versteckt hat.
79. Der schwarz-gelockte Krausbart ist gleichsam Werkzeug.
    Er unterwirft das Volk, das grausam und hochmütig ist:
    Ein großer Gewehrhahn wird sich von weit her niederlassen.
    Alle Gefangenen dadurch (unter) Selins Banner.
80. Nachdem die Beredsamkeit in der Kehrtwendung:
    kurze Zeit schließt sich der Hunger ein, Ruhe.
    Die Lage läßt nicht zu, sich von den Hohen zu befreien.
    Feinde sind zum Gespräch zurückgebracht.
81. Durch Feuer des Himmels ist die Stadt fast abgebrannt,
    selbst noch der Aschenkrug ist von *Deukalion* bedroht,
    Sardinien, Katalonien durch strafendes Soldatengewehr
                                          [behelligt,
    nachdem die Stimme Phaetons die Waage vernachlässigt hat.
82. Wegen Hungers trägt der Wolf die Beute gefangen.
    Der von außen Angreifende in höchster Not:
    Ein zum Nachfolger Gewordener ist dem Vorgänger voraus.
    Der große *Neschappe* ist sehr im Druck (öffentlicher Stimmung).
83. Durch Verfälschungen hat sich der Hochmütige verändert
    und größtenteils in vorigen Verfall zurückverwandelt.
    Soldatenbeute gleich Plünderung der Weinlese.
    Niedergang kommt durch die Juraberge und Schwaben.
84. Zwischen Campanien, Siena, Florenz und der Toscana,
    Satans Monate, neue Tage keinen Tropfen Regen:
    Die fremde Sprache im Dalmatinerland
    marschiert herauf, das ganze Land in Fäulnis.

85. Alte Klarheiten von Berberpferden unter strenges

                                           [Gesetz gestellt,
    das in Lyon unter dem Adler keltisch gestaltet:
    Der Kleine hält gegen den »plus ultra« durch.
    Waffenlärm am Himmel, gerötet das Ligurische Meer.

86. Schiffbruch der Flotte. Nah bei der Adriatischen Woge
    das Ufer bestürzt, hoch hat der Wind (sie) aufs Land geworfen:
    Ägypten hat Angst, das Islamische vermehrt sich.
    Der Herold macht im Rufen bekannt, was (schuldhaft)

                                           [geschehen.

87. Danach entsteht extremer Gegensatz.
    Der brüderliche Fürst auf goldenem Thron:
    In Dienstbarkeit, und gleich unerwartet gefundenem Wasser
    dient die Dame, ihre Zeit hat keine Dauer mehr.

88. Des großen Umkreis ruinös gemacht.
    Die Namen der Armen in der Kirche, es geschieht

                                       [im Handumdrehen:
    Von einem Außenstehenden höchst fremdartiger Krieg.
    Mouton, Paris, (es) steht nicht für Aix ein.

89. Eines Tages sind die beiden großen Meister Freunde.
    Ihr großes Können sieht sich vermehrt:
    das neue Land ist auf dem höchsten Gipfelglanz,
    dem Blutgierigen, die Zahl nachgerechnet.

90. Im Weg des Niedergangs die Herrschaft Ungarns

                                         [umgewandelt.
    Das Gesetz ist viel rauher als die Ausführung:
    ihre große Gesellschaft voller Heulen, Klagen und Geschrei.
    Castor und Pollux auf dem Kampfplatz verfeindet.

91. Nach Sonnenaufgang sieht man großes Feuer.
    Tosen und Helligkeit zieht sich auf Aquilon zu:
    In der Runde Niedergang, und man hört Schreie
    gleich Schwert, Feuer, Hunger, Niedergang erwartend diese

                                         [(alle).

92. Feuer hat man auf der Erde von goldener Himmelsfarbe

                                         [gesehen.
    Ganz Hohe hat es nicht berührt, Denkwürdiges geschieht:
    Gewaltiger Menschenmord übernommen von erhabenem

                                         [Nachfolger.

Niedergänge von solchen Darstellungen, der Hochmut
[freigesetzt.

93. Ganz nah am Tiber bedrängt die Todesgöttin.
   Kurz vorher große Überschwemmung:
   Des Kirchenschiffes Lenker im untersten Schiffsraum
   [eingesperrt,
   Festungsschloß und Palast (Öffentlichkeit) in Umwälzung.

94. Trauer, Po, er erleidet großes Übel wegen Gallien,
   nutzlos die Furcht am Morgen in Lyon:
   So zahlreich wie Meer zieht unendlich viel Volk entlang.
   Für eine Viertelmillion gibt es kein Entrinnen.

95. Bevölkertes Gebiet wird unbewohnbar,
   für Länder gibt es heftige Zerstrittenheit:
   Herrschaft solchen ausgeliefert, die unfähig zur Klugheit sind.
   Zwischen diesen die Brüder in Niedergang und Zwietracht.

96. Am Himmel wird brennendes Fanal gesehen,
   sowohl an der Quelle als auch an der Rhônemündung,
   Hunger, Schwert. Spät erst ist die Rettung vorgesehen.
   Persien marschiert, es fällt in Mazedonien ein.

97. Römischer Papst, hüte dich vor dem, was sich dir naht
   von der Gesellschaft, die Altar-Strömungen ernährt:
   Dein Blut kommt nah daran, ausgespuckt zu werden,
   du und die deinen, wenn die Rose erblüht.

98. Demjenigen, dem das Gesicht vom Blut bespritzt
   des Opfers, das man nahe gebracht hat;
   Krachend, im Sommer, wie der Augur Weissagung macht,
   (ist) zum Niedergang gebracht, weil der Glaube weit weg ist.

99. Römisches Gebiet, wie der Augur sich darzustellen bemüht,
   ist gleich dem gallischen Volk aufs äußerste bedrängt.
   Sicherlich hat die keltische Nation das Zeitalter zu fürchten.
   Nord-Nord-Ost-Wind, er hat das Volk zu lange vorwärts
   [getrieben.

100. Inmitten der Inseln so entsetzlicher Tumult,
   nichts hört man als kriegerische Intrige.
   So gewaltig ist das, was den Prophetenworten entgegensteht,
   daß man trachtet das Bündnis gemäß Erhabenem zu ordnen.

1. Hinter Land- und Seeschlacht,
   der große Neptun bei seiner stärksten Arbeit.
   Der rote Feind wird kräftig wegen der Angst,
   so daß der Große den ganzen Ozean in Schreck versetzt.

2. Das göttliche Wort schenkt Wesentliches.
   Darin gefaßt Himmel und Erde. Gold unter Kulthandlungen
                                        [versteckt,
   Leib, Seele, Geist hat der Staat ganz
   so sehr unter seinen Füßen, wie es beim himmlischen Sitze (ist).

3. Mars und Merkur und das Geld verbinden sich.
   Gegen Süden zu äußersten Trockenheit.
   Aus der Tiefe Asiens glaubt man, daß die Erde erbebt.
   Korinth, Ephesus sind davon in Ratlosigkeit gestürzt.

4. Wenn die mondhaften Fehler beisammen sind.
   Zwischen dem einen und dem anderen kein weiter Weg:
   Kälte, Trockenheit, Gefahren für die Hirne,
   zugleich dafür, wo Glaubenswahrheiten grundgelegt sind.

5. Ganz nah dabei langes Fehlen von großen Gotteserleuchtungen,
   was zwischen April und März eintritt.
   Oh, welche Teuerung! Aber Gott ist großer Wohltäter,
   er hilft allenthalben über Land und Meer.

6. Blockierte Gotteshäuser trifft der Blitz,
   die in ihnen Ansässigen sind in ihren Kräften geschwächt:
   Folterwerkzeuge, Dummheiten, die Menschen, die Woge trifft
   sie
   durch Hunger, Durst bewaffnet unter den sehr schwach
                                        [Gewordenen.

7. Die Flüchtigen, Himmelsfeuer turmhoch überlegen,
   dann Streit wegen sich tummelnder geschäftstüchtiger Pfaffen:
   Von der Erde schreit man zum rettenden Himmel um Hilfe,
   wenn die Streitenden an den Mauern (der Kathedrale) sind.

8. Die Kimbern sind mit ihren Nachbarn verbunden,
   sie kommen fast bis Spanien, die Menschen zu dezimieren:
   Massiert ist das Volk von Guienne und Limousins
   mit ihnen eins und leistet ihnen Gesellschaft.

9. Bordeaux, Rouen und La Rochelle verbunden,
   sind im guten Verhältnis zum Großen Ozean.
   Engländer, Bretonen, und die Flamen vereinigt,
   jagen diese bis in die Gegend von Rouen.
10. Von Blut und Hunger sehr große Schwierigkeit,
   viele Male nähert es sich dem Meeresstrand:
   Monaco hungert, das Land dort von Einengung gepackt.
   Den Großen hat der Enterhaken ergriffen, eisenbewehrter Käfig.
11. Die Waffenschläge am Himmel haben große (Ernte-)Zeit.
   Der Baum (der Erkenntnis) in der Mitte der Stadt gefällt.
   Ungeziefer, Spinnen, Schwert vorm Kopf ein
                        [halbverkohltes Brett,
   deshalb der, der die Macht hat von Hadrian, unterworfen.
12. Wie eine Krebsgeschwulst von Ebro, Po, Tajo, Tiber, also: Rom,
   und durch den Eigensinn am Genfer und Aretiner See:
   Die Glaubensfundamente haben Herr und Bewohner der
                        [Garonne
   eingezwängt, gedrückt, erstickt, Menschlichkeit ist geraubt.
13. Durch Blitz ins Gewölbe von Staat und Kirche Gold und Silber.
   Befangene in religiösen Dingen fressen einander.
   Von der Gesellschaft hat sich der Stärkste ausgedehnt,
   wenn die Menge überwältigt und ratlos ist.
14. Wegen der Tat erhabener Persönlichkeit, kirchlicher Würde.
   Frankreich Unglück dem Winzigen gleich dem
                        [Erhabenen, Hohn:
   Ehrungen, Reichtümer, die Stütze seines Alters,
   weil er dem Rat menschlicher Narrheiten gefolgt ist.
15. Zuneigung, Kraft, Himmelsglanz, die Herrschaft wechselt
   in jeder Hinsicht, das Gegenteil besitzt ihr Widersacher:
   Dann fasziniert der durch sein Schwach-Werden den
                        [Franzosen.
   Der wahrhaft große Herrscher ist dann herausgedrängt.
16. Der englische Fürst hat sein Herz ganz an Glaubensstreit
                        [gehängt,
   einzig seinem Nutzen will er folgen.
   Bei Glaubensstreitereien ersticht der Bittere den Einzigartigen
                        [(Glauben)
   Haß von diesem, wegen seiner Reinheit sehr geliebt.

17. Der Aventinhügel wird in seiner Dunkelheit brennen gesehen.
    Von Flandern her ist der Himmel plötzlich finster:
    Wenn der Herrscher seinen Abkömmling jagt,
    begehen die vom Kirchenvolk Skandale.
18. Nach dem Leid-Regen, der sehr lange und heftig (dauert),
    ist in vielerlei Hinsicht von Reims her der Himmel gestoßen.
    O welch blutiger Streit nähert sich von diesem her!
    Väter und Söhne, der Herrschaft würdige Ideen nähern

    [sich nicht.
19. In Lucca regnen Blut und Regen nieder.
    Ein wenig davor Umschwung vom »Priester« her.
    Gewaltig in Pest und Krieg, läßt er Hunger und Durst sehen.
    Weit von dem, wo ihm großer Fürst und Lenker ist, stirbt der.
20. Durch die Gegenden am großen Fluß Guadalquivir
    weit, in Iberien, im Königreich Granada,
    Kreuze gleich Mohammeds Geschlecht zurückgeschlagen.
    Der Einzigartige aus Cordoba täuscht Partnerschaft vor.
21. In Crustumerium gleich an der Adria
    ist ein grausamer Fisch offenbar.
    Äußerlich feucht und (so) im Wasser lebend,
    der es fertigbringt, sich dem Angelhaken zu entziehen.
22. Sechs Tage Kampf bevor die Gesellschaft übergeben,
    starke und mühsame Schlacht wird sich geliefert.
    Bedrückte in ihr ergeben sich, ihnen gewährt man Gnade.
    Der Rest in Feuer und in Blut zerschnitten.
23. Fährst du, Frankreich, außerhalb des Ligurischen Meeres,
    siehst du dich zwischen Inseln und Meeren eingeschlossen.
    Mohammed im Gegensatz dazu, (kommt) über die Adria:
    (Sie haben) die Pferde, und du nagst die Knochen von Eseln ab.
24. Große Verwirrung von dem Unternehmen.
    Verlust an Menschen, Schätzen ohne Zahl:
    Du sollst dich nicht noch weiter ausdehnen!
    Auf mein Wort, Frankreich, tu doch, was vernünftig ist.
25. Was im Königreich Navarra gelingt,
    wenn Sizilien und Neapel vereint sind:
    Bigorre und Les Landes für den Glauben erhalten,
    von einem, der Spanien allzusehr verbunden ist.
26. Von Ideen und Fürsten werden Trugbilder errichtet,

Hohlheiten prophezeit, Eingeweideschauer hochgehoben:
Lüge, vergoldetes Opfer, vom Norden erfahrt ihr Bitteres.
So haben diese die Eingeweideschauer interpretiert.

27. Vom Westen (gestützt) ist libyscher Fürst im Westen mächtig.
Franz (I.) ist ja von den Arabern ganz entzückt:
Einmaliger Schriftgelehrter (Pharisäer) ist herablassend.
Arabische Art von Franz I. verlegt.

28. Aus unbedeutendem Lande und von armseliger Abstammung
kommt es durch Raub und um Blutpreis zur hohen Herrschaft,
um lange zu herrschen. Ein ausdörrendes Muttertier,
wie niemals davon an Herrschaft so Schlimmes vorkommt.

29. Die Glaubensnachkommen aus unterschiedlichen
[Gründen genährt,
Seeschlacht, der Mutterboden hat Steine ausgeworfen,
bewirken – so gewaltsam hingerissen – Streit, Kämpfe, Krieg,
das Unrecht zu rächen (an den) unterworfenen Feinden.

30. Derjenige, der im Kampf von Ringen und Schwert,
vielmehr als der andere den Preis errungen haben (sollte):
Aus dem Dunkel erstechen ihn Teuflische an seinem Platze.
Wehrlos (wie er ist) ist er schnell unterworfen.

31. In den Gebieten der Meder, Araber und Armenier
sammeln sich zweimal große Imitatoren unterdrückten
[Glaubens

nahe beim Ufer des Araxes, das Gefolge
des großen Soliman vom Land zu vertreiben.

32. Das große (Massengrab) des Volkes in Südfrankreich
nähert sich aus der Gegend der Toscana:
wenn Glaubenskrieg nahe beim deutschen Gebiet ist,
und im Terrain der Mantuaner.

33. In der Stadt, in die die Gier eintritt,
ist ganz nah auch Teuflisches dabei:
(Merkwürdige) fremde Armee verwüstet viele Lande.
Über Berge und Alpen gehen die, die Liebe empfinden.

34. Wenn dadurch an der Kirchenlehre Mangelerscheinungen
[auftreten,

geschieht am hellen Tage das Wunderbare:
jetzt stellt man alles ganz anders dar.
Hat man die Liebe nicht beachtet, kann man nichts erreichen.

35. Aus dem finstersten Winkel von Europas Abend
    entsteht aus armseligem Geschlecht eine ausgedörrte
    [Nachkommin,
    die durch ihre Reden viel Volk verführt.
    Ihr Getöse zerstört von guter Herrschaft mehr (als) der Orient.
36. Verschüttet, nicht am Schlaganfall gestorben,
    hat man erkannt, daß sie kraftlos ist.
    Wenn die Gesellschaft das Häretische verdammt,
    betreffend ihrer Gesetze, die scheinbar Geändertes betreffen.
37. Vor dem Angriff eine unverkennbare Grabrede gehalten.
    Der Mylan vom Adler eingenommen durch verkündete
    [Betrügereien:
    Alte Verteidigungsmauer durch kirchliches Recht
    [zusammengekracht,
    gleich Feuer und Blut, von Gnade wenig übrig.
38. Der gallische Stamm und die fremde Nation
    jenseits der Berge, Vernichtung, gefangen und zugrunde
    [gerichtet:
    Binnen Monatsfrist geschieht dann aus Rache das Gegenteil.
    Die hohen Herrschaften stimmen da in Einmütigkeit überein.
39. Diese – durch Druck getrennt – sind zur Eintracht gebracht,
    zum Faszinieren die Apeninnenberge:
    Sturm kommt und zerstört feigen Bund
    zu gestürzten Ruinen.
40. Das große Theater richtet sich (aber) wieder auf,
    Ketzer werden ausgestoßen und dazwischen Fallen aufgestellt.
    Zu sehr ermüdet der Erste in seinem Geschnatter.
    Gleich umgestürzten Bögen von langer Zeit mittlerweile
    [zerspalten.
41. Verbeultes wird von der Gemeinschaft ausgewählt,
    Schrecklicheres Scheusal ward auf Erden nie erblickt:
    Gewaltsam ist der starke Stoß des Prälaten, er sticht das Auge
    [aus,
    Trauer bleibt der königlichen Idee, weil sie treu geblieben.
42. Nachfolgerin erhebt sich gegen Göttliches, Brutalität im
    [Rachen.
    Schleifsteine vom Germanenland, gleich Regen fallen
    [sie herunter.

Wenige Jahre später gibt es weder Weizen noch Gerste,
um die zu speisen, die vor Hunger umsinken.

43. Volk in der Umgebung von Tarn, Lot und Garonne,
hütet euch die Apeninnen zu überschreiten:
Euer Grab ist nahe bei Rom und Ancona.
Der mit dem schwarzen Kraushaar errichtet dort das
[Siegeszeichen.

44. Wenn im Menschen das Tier gezähmt,
erhält es nach langen Schwierigkeiten und Wechselfällen
[die Sprache.
Die heftige Liebe zur Unschuld (Jungfrau) ist so ungeheuerlich
von der Erde weggenommen und ins Ausgetrocknete gehängt.

45. Die lumpigen Fremden betreten das Gotteshaus.
Ihr Blut beschmutzt den Boden.
Von Toulouse gibt es da ein höchst eindrucksvolles Beispiel
von Einem, der kommt, die Regeln auszutilgen.

46. Der Himmel, der Stadt des Plancus, sagt uns voraus
durch klare Zeichen und gleich den festen Bahnen der Sterne,
was sich dem Zeitalter an plötzlicher Änderung nähert.
(Aber) weder etwas über Gutes noch was an
[Unheilvollem kommt.

47. Der alte Monarch aus seiner Herrschaft vertrieben.
Dem Aufsteigenden bringt seine Rettung mächtige Angst.
Er entfaltet aus Furcht vor dem Kreuz sein Banner.
Von Mythilene aus marschiert er über Hafen und Land.

48. Infiziert, verbrannt, Gefangene brutal gefesselt.
Für die Mitte ist das Schicksal bestimmt zu sterben:
Die nahe Hoffnung kommt schnell,
aber nicht so geschwind, daß nicht schon ein Fünfzehntel tot ist.

49. Gallisches Reich, du bist sehr verändert.
Fremdartiger Denkweise ist deine erhabene Herrschaft gegeben.
Von anderen Gesetzen und Sitten bist du ihrer Ordnung
[unterworfen.
Rouen und Chartres, du erträgst Schlimmstes.

50. Der Staat der großen Gemeinschaft,
der strengen Befolgung will man nicht zustimmen:
Große Idee zu verlassen wegen hochgelobten Ohrenbläsers.
Die Sturmleiter an der Mauer läßt die Stadt bereuen.

51. Paris trägt bei, eine große Mordtat zu begehen.
    Blois jagt es in voller Wirkung heraus:
    Sie wollen Orleans als ihren Chef wieder einsetzen,
    Angers, Troýes, Langres gegen das Fundament große Freveltat.
52. Im Lande ist so langer Regen
    und vom großen Dreckstall so lange Trockenheit.
    Der Hahn sieht den Adler flügellahm geworden,
    durch den Hochmut geht es mit ihm zu Ende.
53. Wenn sich der sehr Große des Wertvollen bemächtigt
    derjenige in Nürnberg, von Augsburg und die aus Basel.
    Durch Kölns Chef ist Frankfurt getadelt, angegriffen.
    Sie machen Gleiches wie die Flamen durch bis zum Übermaß.
54. Einer der ganz Großen flüchtet nach Spanien,
    der in langer Plage nachher zur Herrschaft gelangt.
    Menschen verschlingend gleich den höchsten Bergen.
    Alles verwüstet, dann vom Blutpreis regierend.
55. Im Jahre da einzigartiger Herrscher in Frankreich regiert,
    ist Beschränktes in einer fatalen Verwirrung.
    Der Große von Blois tötet seinen Freund.
    Das Land ist doppelt in Schlechtes und Zweifelhaftes geführt.
56. Montalban, Nîmes, Avignon und Béziers,
    Pest, Gewitterdonner und Hagel gegen Ende des
                                            [Glaubenskampfes:
    Spiel des Paris ist vernagelter Hochmut, Montpellier.
    Jetzt streut der Satan Asche und infiziert auf den 23°
                                            [Niederkünfte.
57. Siebenmal hat man britisches Volk den Glauben wechseln
                                            [gesehen,
    getränkt von Blut in religiösen Fragen neunzig Götter (?):
    Frankreich kein Glaubensgesetz durch deutsche
                                            [Unterstützung.
    Verstärkt ist der Zweifel am Hahnen-»Lied« im Sklavenlande.
58. Nahe dem Rhein aus belgischem Land
    ersteht ein Großer aus dem Volk. Er ist sehr sehr spät
                                            [gekommen.
    Dieser verteidigt die Nordküste des Schwarzmeeres und
                                            [Ungarn.
    Man weiß nicht, ob er Erfolg hat.

59. Grausam das erhabene Reich durch die üble Bande an sich
                                                    [gerissen.
    Der größte Teil seiner Familie ist heruntergekommen,
    zu Tode vergreist. Durch ihn ist das Land heimgesucht
    aus Furcht, daß das Geschlecht gleich dem Gemüt tot sei.
60. Über ganz Asien die große Ächtung,
    zugleich über Mysien, Lydien und Pamphylien:
    Sie vergießt Blut gleich wie Absolution,
    von einem Unreifen, schwarz gefüllt von Treulosigkeit.
61. Die große Bande und fanatische Gruppe der Kreuzkrieger
    erhebt sich in Mesopotamien.
    Aus der Umgebung ein endloses Rudel von Oberflächlichen,
    was deren Satzung (Gesetz) dem Satan in die Hände liefert.
62. Harter Verwandter vom Duero läßt sich nicht wegbeten
                                        [mit Kirchenwachs.
    Er kommt, die hohen Pyrenäenberge gewaltsam durchstoßend.
    Das Kriegsvolk beschränkt, beschränkt ist auch seine
                                            [Argumentation.
    Die Scharen führt man nach Carcassonne.
63. Römische Macht liegt ganz am Boden,
    wenn sein Rest den mächtigen Nachbarn zu imitieren trachtet:
    Geheimgehaltener Haß, gesittetes Betragen und Bescheidenheit
    lassen ihre Torheit bei den Narren (aber) zurückbleiben.
64. Der Perserkönig versetzt den Olchaden neuen, harten Schlag.
    Läßt dreideckige Schiffe gegen das Volk Mohammeds fahren,
    Parther und Meder, und so den Zykladen als Stütze dienen.
    Lange Ruhezeit für den großen Jonischen Hafen.
65. Wenn das Grabmal des großen Römischen herausgefunden,
    setzt man sofort danach den Papst(-Thron) höher:
    Die Streitlust der Kurie, er kann es nicht gewollt haben.
    Eingezwängt ist sein Wesen in heiligem Giftkelch.
66. Der große Wächter von Orleans ist ruiniert.
    Durch den Einen von rachsüchtiger Art geschieht dies:
    Verdienstlos stirbt man nicht, noch durch das Schicksal.
    Füße und Hände krank, die die Kirche binden sollten.
67. Eine neue fanatische Gruppe philosophischer Art,
    völlig verachtend, Gold, Ehren und Reichtümer,
    sie werden von Deutschlands Bergen nicht begrenzt gehalten.

Diesen folgen Hilfe und Beispiel.
68. Volk ohne Chef von Italien und Spanien,
völlig niedergeschlagen auf der Krim:
Ihre Lehre durch leichtsinnige Narrheit verraten.
Das Volk völlig ratlos beim Erleben (dessen).
69. Große Aufgabe vom Jüngling ausgeführt,
er liefert sich in der Feinde Hände aus:
Aber der halb zum Schwein Gewordene,
macht, daß Chalon und Macon verlorengehen.
70. Die große Bretagne ist von England eingenommen.
Gleich Wasser kommt es dort zum Überschwemmen:
Der neue Bund von Süd- und Mittelitalien führt Krieg.
Was ihnen widersteht, findet sich in Banden.
71. Die auf den Inseln für lange Zeit belagert,
ergreifen kraftvoll gegen die Feinde die Macht.
Sie sind besiegt durch die, die draußen im großen
[Hunger sind,
im größten Hunger, den sie jemals schufen.
72. Der gute Weise ganz lebendig begraben,
nahe dem Großen plötzlich durch falschen Hintergedanken,
Der neue Alte mit Reichtum ausgezeichnet:
Auf der (rechten) Straße weggenommen, das ganze Lösegeld.
73. Wenn der Hinkende zur Herrschaft kommt,
ist beim Mitbewerber das Unrecht nahe.
Er und das Reich sind dann so stark beschnitten,
daß das, wovon er geheilt, später sein eigenes Schicksal ist.
74. Neapel, Florenz, Pavenza und Imola
gehen von solchem Streit beinah zugrunde,
was den Unglücklichen von Nola entgegenkommt,
weinend wegen Querelen, die ihrem Chef gemacht werden.
75. Pau, Verona, Vincenza, Saragossa,
von langen Schwertern der Boden vom Blute naß:
So große Pest dem »Großen« gemäß kommt
zu kosten nahe Rettung. Und (so) sind die Heilmittel fern.
76. In Deutschland entstehen verschiedene Fanatikergruppen,
sich dem glücklichen Heidentum stark annähernd.
Das Herz verfangen, und (so nur) geringe Rezepte
bringen zurück, den wahren Zehnten zu bezahlen.

77. Das fremde Klima unter dem Widder aufgefaßt.
    Zeitalter infiziert Denken, angekettet, vom Herbst infiziert.
    Die Herrschaftsidee der Musen durch die von Ägypten
    [weggenommen.
    Streit, Niedergang, Verlust dem Kreuz. Gemäße,
    [große Schande.

78. Der Chef von Escosse mit dem Satan aus Deutschland,
    gleich das Volk vom rein Orientalischen gefangen.
    Sie passieren die Straße von Gibraltar und Spanien,
    sie erscheinen ängstlich nach Perserart bei neuem König.

79. Die einer Kette gleichende Schicksalsordnung,
    wandelt sich durch die nachfolgende Ordnung:
    Dem Phokierhafen ist der Halt zerbrochen.
    Die Stadt hat der Satan Stück für Stück genommen.

80. Um die englische Herrschaft unwürdig zu erjagen,
    hat jener den Ratgeber aus Haß ins Feuer geworfen:
    Seine Anhänger so tief zu bedrücken,
    daß der halbe Bastard begeistert aufgenommen ist.

81. Der große Schreihals von kühner Schamlosigkeit
    wird erwählt als Herr der Armee (des Volkes).
    Entsprechend der Kühnheit seiner Streitereien
    ist die Brücke zerbrochen, die Stadt vor Angst außer sich.

82. Fréjus, Antibes, Wohngebiet um Nizza herum
    sind verwüstet, schwer, gleich dem Reinen und
    [wegen des Knieens.
    Die Heuschrecken (finden) über Land und Meer
    [günstigen Wind.
    Eingenommen, gedrückt, geplündert, kassiert ohne Kriegsgesetz.

83. Die langen Fäden von Galliens keltischer Angelrute,
    von fremden Völkern begleitet,
    nehmen das Aquitanische Volk gefangen,
    es ihren Absichten zu unterwerfen.

84. Die große Stadt wird völlig ruiniert,
    von den Bewohnern bleibt nur einer wohnen.
    Bauten, Geschlecht, Gebetsart und Jungfrau geschändet,
    durch Eisen, Feuer, Pest, Kanon(en) stirbt das Volk.

85. Die Stadt durch Täuschung und Betrug eingenommen,
    vermittels eines schön (aufgemachten) Vertrockneten getäuscht.

Der Angriff ist erfolgt, Kanal an der Aude.
Er und alles niedergegangen, weil man sich täuschen ließ.

86. Ein Chef von Süditalien begibt sich zu den Spaniern,
gleich Reinem trifft er in Marseille Anordnung.
Vor seinem Ruin redet man lange Zeit schlecht von ihm.
Ist er zerstört, sieht man ihn als Herrlichen an.

87. Gallische Flotte (Schar) nähere dich nicht Korsika
noch weniger Sardinien, du wirst es bereuen.
Traurig gestorben, enttäuscht von der alten Vettel Hilfe,
Blut strömt gefangen, wenn du mir nicht glaubst.

88. Von Barcelona her kommt große Armee übers Meer.
Ganz Marseille zittert vor Furcht.
Die Inseln gekapert, von Waffen die Hilfe ausgeschlossen.
Dein Glaubensverräter schwimmt an Land.

89. Genau zu dieser Zeit ist Zypern enttäuscht,
wegen seiner Rettung von jenen aus der Ägäis:
Das Alte abgemurkst, aber durch eigene Bosheit und
[Überheblichkeit.
Ihr König ist verlockt, die Königin aufs höchste beleidigt.

90. Die große Satire und Komik der Gegenwart;
sie hat denen vom Ozean ein Geschenk gemacht:
Ein Chef der Flotte unterhalb Carmaniens,
der nimmt Land der Phokier im Tyrrhenischen Meer.

91. Der Baum, der so lange ausgetrocknet schien,
kommt binnen Tagesfrist wieder zum Grünen:
Zeit, König krank, Fürst mit verschmutztem Fuß.
Feindesfurcht läßt den Schein(-Mantel) sich wieder
[hochschwingen.

92. Die Welt nahe dem verflossenen Zeitabschnitt,
erst spät wird goldene Zeit wiederkehren:
Die Nation der Broden zum Schlechteren verschoben,
das Auge zu Narbonne wie in der Umgebung herausgerissen.

93. In Avignon der ganze Anfang des Einflusses.
Er macht Gekünsteltes wegen dessen Paris betrübt:
Die Trikaster ergreift unbezähmbarer Haß gegen Rom.
Der Hochmut im Aufwind, Wechsel ist ein schlechter Trost.

94. Fünfhundert Jahre begleicht man nicht mehr das Konto
dem, der seiner Zeit Zierde sein soll:

Dann (erst) gibt es plötzlich große Klarheit,
was durch diese Zeit ihnen Zufriedenheit zurückgibt.

95. Man sieht das Gesetz Moricums zugrundegehen.
Drauf ist ein anderes höchst verführerisch,
Boristhenes wird zunächst schwächer.
Durch Gaben und (schöne) Reden ist das Eine sehr attraktiv.

96. Der Chef von Fossan hat die Gurgel durchgeschnitten.
Durch den Führer der Kerze und des Jagdhundes
die Tat abgewehrt, gleich denen vom Berge Tarpée.
Saturn im Löwen 13. Februar.

97. Neues Gesetz, das Land neu zu besetzen,
auf Syrien, Judäa und Palästina zu.
Der Große macht das barbarische Reich kräftig,
bevor Phoebus seine Zeit abgeschlossen hat.

98. Religiöse königliche Brüder bekämpfen sich so mächtig,
daß zwischen ihnen der Streit tödliches Ausmaß annimmt,
daß ein jeder des anderen festen Platz besetzt.
Um Herrschaft und Leben geht ihr großer Streit.

99. Auf den (mit Kresse) bestellten Feldern und bei Varneigne,
Berg von Lebron nah der Durance,
ihr Lager von Glaubensparteien. Der Kampf ist so bitter.
Zwischenstromland siecht von Frankreich dahin.

100. Unter Galliern ist das Niederste geehrt.
Über die Menschen ist der Satan siegreich.
Stärke und so das Erdreich auf seinen Wert geprüft,
durch einen Kraftakt, wenn es abwärts geht.

1. Dasjenige vom Rest des nicht verspritzten Blutes,
   bittet Venedig um Hilfe. Ist gewährt.
   Nachdem eine sehr lange Zeit gewartet wurde,
   ist beim ersten Hörnerklang die Stadt ausgeliefert.

2. Zu seinem Niedergang entschließt sich Frankreich zum
   [Kreuzzug.
   Wegen Wahrheit Tumult, die Pyrenäen weltlich
   [niederzuschlagen.
   Von Spanien her die Verwirrung, Kriegsvolk marschieren
   [zu lassen,
   daß wegen des Größten, die Damen in Frankreich davon
   [begeistert sind.

3. Von Arras und Bourges im Brodenland große Beispiele.
   Gewaltige Zahl von Gasgoniern kämpft, solchen Spuren
   [entsprechend.
   Die Spanier lassen diejenigen entlang der Rhône bluten,
   nahe dem Berg, wo sich Sagunt befindet.

4. Der machtlose Fürst betrübt, Klagen und Streitereien.
   Wegen Menschenraub und Plünderung durch Hähne,
   [gleich Libyschen
   ist da der Große. Über Reines unzählbar viele Schleier,
   Italien jagt die Keltischen sauer nach unten.

5. Unter einem Einzigartigen ist Kreuz, Friede, Göttliches
   [Wort erfüllt.
   Spanien und Gallien sind miteinander einig.
   Nahe ist großes Unheil, und so der Streit sehr bitter.
   Es gibt kein noch so mutiges Herz, das nicht zittert.

6. Aus alten Kleidern ist danach der Waffenstillstand hergestellt.
   Der Webrahmen ist übel und (so folgt neuer) Anschlag:
   Den ersten, der darauf die Probe macht, ereilt das Unheil.
   Venedigs Banner ist die Hinterlist.

7. Der kleinste Sohn des großen und so erhabenen Fürsten,
   wird mit zwanzig Jahren stark von Lepra befallen:
   Wegen Duell Niedergang seiner Mutter, traurig und armselig,
   und er verdirbt, wo er die Hauptsache leichtfertig fallen läßt.

8. Die große Stadt, von raschem Handeln und Spielerart,
   ist vom Dunkel ergriffen. Die Wacht hat aufgehört.
   Herausgedrängte und Wachende vom Vorabend von
   [St. Quentin
   haben die Stellung zerstört und die Tore zerbrochen.

9. Der Chef der Partei inmitten der Bedrängnis.
   Durch Nachgeben ist er im Laufe verletzt.
   Genf ist dadurch in Trauer und Tränen.
   Von Lausanne und den Schweizern ist es im Stich gelassen.

10. Der junge Prinz, der fälschlicherweise angeklagt,
    versetzt aus Bestürzung die Partei in Streitigkeiten:
    Vernichtet ist so die Hauptidee als Stütze,
    Herrschaft zu befrieden, darauf Skrufalose zu heilen.

11. Derjenige, den die große Kappe deckt,
    wird dazu geführt, auf irgendeine Weise Hirte zu sein:
    Die zwölf Roten kommen, das Tafeltuch zu beschmutzen.
    Darunter (ist's) verheerend, man übt Mordtat aneinander.

12. Die sehr große Partei ist vom Wege ab zum Schwinden
    [gebracht,
    darüber hinaus wird sie nicht mehr verfolgt;
    die Partei, wiedererstarkt und (so) Herrschaft zurückgeholt.
    Darauf wird Gewendetes aus Gallien verjagt.

13. Vom Verfall der sehr Großen neuerliche Berichte.
    Das Ergebnis macht, daß die große Menge sich erneut abwendet.
    Vereinigte Scharen haben dagegen revoltiert.
    Erneut verläßt die Phalanx die Große.

14. Der Niedergang der Ehrfurcht vor der ersten Figur
    bringt Änderung und man hat anderem das Reich gegeben:
    Schnell, endlich zu hohem und deshalb vergreistem Alter,
    bringt er Land und Meer dazu, daß man ihn fürchtet.

15. Von wo aus er beabsichtigt den Hunger kommen zu lassen,
    von da erscheint die Wiedergeburt:
    Das Auge des Reinen ist gleich dem eines gierigen Hundes.
    Wegen des einen gibt der andere Öl (und) Weizen.

16. Durch Freiheit ist die freie Stadt zum Dienen gebracht.
    Zugrundegerichteten und Denkern bietet sie Asyl:
    Die Lehre verändert, sie ist nicht hochmütig gegen sie.
    Aus hundert haben sich tausend (Talente) entwickelt.

17. Wechsel zu Beaune, Nuit St. George, Chalon, Dijon;
    der Heiland will Versperrten durch Gesetz Verbesserung
    [gewähren.
    Fast gangbar (der Fluß), Lump hat sich völlig verrechnet.
    Man sieht das Ende: Der Eingang ist versperrt.
18. Sehr viele Schriften über himmlische Dinge
    sind von dummen Fürsten unterdrückt.
    Durch Edikt gestraft, Verrückten gleich gejagt,
    und dort niedergemacht wo man sie gefunden hat.
19. Im Fall, daß von den Insubrern vor Rouen Stellung bezogen ist,
    sind auf Land und Meer die Wege versperrt,
    vom Hennegau: und (so) Flandern von Gent und die
    [von Lüttich
    begeistern durch Können und erhobene Spinnereien die Küste.
20. Gott verleiht lange Zeit nördliche Blutstrafe.
    Aus seinem ganzen Herrschaftsgebiet schwindet die
    [Lilienblume.
    Leiber getötet, Wasser; mit Irdischem deckt man alles zu.
    Umsonst hoffend, daß es durch Glück wieder ausgegraben
    [werde.
21. Der Wechsel ist sehr schwierig.
    Stadt, Land gewinnt im Wechsel.
    Erhöhtes Herz, Verstand geopfert, auf geschickte Weise
    [gefangen.
    Meer, Land, Volk sein Zustand ändert sich.
22. Der große Überfluß, der verjagt wird,
    bringt dem König in einer Hinsicht Nutzen:
    Der lange Zeit vorgeschriebene Glaube ist verschüttet,
    nackt sieht man sich in erbärmlicher Ratlosigkeit.
23. Die Masse in Aufruhr (wie wildes) Meer
    zu Asche verbrannt. Magnesium, Schwefel und Pech brennen;
    die lange Ruhe des gesicherten Ortes,
    Weg (zu) Selin. Die Kinder der Familie, Feuer frißt sie.
24. Heimlich unter der Erde die Heilige vernommen.
    [Heuchelstimme (ist)
    menschliche Flamme wegen Göttlichem leuchten zu sehen.
    Es trifft Vereinsamte, deren Blut den Boden tränkt,
    und die Unreinen zerstören weiterhin die heiligen Gotteshäuser.

25. Endlos: geläuterte Leiber für sichtbare Herrschaft geopfert.
    Man kommt zu Vernebeln zugleich ihre Gründe.
    Gehäuse (nur), Hirn vernagelt, Sinn, Hauptsache und
    [Ungreifbares.

    Diese vermindern(d) die geheiligten Gebete.
26. Dieser große Schwarm erhebt sich von Wittenberg.
    Wer nicht als Opfer gebraten, (den) segnen dienernde Rächer.
    Fette Weiden gefunden, im Betrug der Verdammung
    [Schlammloch

    die Stadt verraten. Im Handumdrehen unkrautbewachsen.
27. Salon, Tansol, Tarascon von (Aquae) SEX (tiae) der Bogen,
    wo noch die Pyramide aufgerichtet steht:
    Sie kommen, es dem Fürsten von Dänemark auszuliefern.
    Auslösung zur Schande dem Fürsten der Artusrunde.
28. Weil Venus von der Sonne verdeckt ist:
    Unter dem Glanz ist geheimnisvolles Bild:
    In Feuer deckt Merkur (das Gewand) auf, legt bloß.
    Durch Kriegslärm ist das zur Verhöhnung gebracht.
29. Die Welt bedeckt, Verfinsterung wegen Merkur.
    Nichts ist da, was den Himmel neu vorwärts bringt.
    Hermes erhält das Gewand vom Waffengott (Vulkan).
    Die Sonne wird gesehen gleichsam bombastisch und
    [blondhaarig.

30. Mehr als elf Male begehrt die Welt den Mond nicht.
    Alles gefüllt und stufenweise vermindert:
    so tief geführt, daß man sich übersatte Spitzensäume anheftet.
    Davon Hunger, Pest, setzt Verborgenes dem Feuer aus.
31. Der Mond ist beim tiefen Dunkel auf seiner höchsten Höhe.
    Eines Einzigen Hirn hat die neue Weisheit erkannt.
    Durch seine Schüler ist seine Botschaft unsterblich.
    Aufgepaßt! Von Aufpeitschen werfen Hände Körper ins Feuer!
32. Von Solchen leicht statt Fisch dem Fleische Raum.
    Das Gesetz zum Gemeinwohl wird ins Gegenteil verkehrt.
    Der Alte hält an der Macht fest, dann von der Mitte
    [weggeräumt.

    Alles beschneidend, Freund stark zurückgeworfen.
33. Jupiter mehr der Venus als dem Monde verbunden,
    so in Fülle rein erscheinend:

Venus hat verborgen, unter ihr ist der Weißmacher Neptun.
Von Mars geschlagen, deswegen großer Ast.

34. Der Große von befremdlicher Welt gefangengenommen.
Im Golde verfangen, bietet er dem König Christus von
[Nazareth an:
Der in Süd- und Mittel-Italien, der Milan verliert den Krieg.
So sind seine Gebeine ins Feuer zu den Waffen geworfen.

35. Das Feuer ausgelöscht, die Jungfrau lassen sie im Stich,
die Allergrößte Teil der neuen Bande;
Blitz ins Fundament wirft Säulen um, die Könige schützen.
Etrurien und Korsika wegen Dunkels die Brust ein Feuerofen!

36. Die Spiele neuerlich in Gallien ausgerichtet,
nach dem Siege von norditalienischen Schlachtfeld.
Der Haufen der Iberischen, die verbündeten Großen
[aufgebrochen,
vor Furcht zittern (zu machen) Romanenland und Spanien.

37. Gallier wie Heuschrecken, kommt die Berge zu durchstoßen,
besetzt das große Gebiet Norditaliens:
Von ganz unten kommt sein Feind,
Genua, Monaco treiben die mit der liturgischen Ordnung voran.

38. Während es schwebt, daß Herzog, König, die Rhône besetzt,
ist der Chef von Byzanz von der Ägäis her gefangen:
Vor dem Angriff zerfrißt einer den anderen.
Falsch beschlagen folgt er der Blutspur der Familie.

39. Die Rhodier erbitten Hilfe,
wegen Nachlässigkeit von ihren Erben verlassen.
Das Araberreich rächt sich für ihre Kaperei.
Durch die Hesperer ist die Ursache angekurbelt.

40. Die Festungen von Belagerten geschlagen.
Durch Schießpulver die Erschütterten in den Abgrund:
Die Herauskommenden werden lebendig zerteilt.
Nie näherte sich den Dienern der Kirche so elendes Schisma.

41. Griechengeschlecht ist durch den Krieg gefesselt,
es kommt aus dem Dunkel die Wächter zu täuschen:
der Feldherr gleich seiner Truppe enttäuscht.
Das Volk geht weg, es wird Schlimmes ertragen (müssen).

42. Genf und Langres gleich denen von Chartres und Dole,
und gleich Grenoble im Gebiet von Montelimar

gepfändet. Lausanne bereitet betrügerische Machenschaft vor.
Sie begehen um sechzig Goldmarks Willen Verrat.

43. Am Himmel hört man Waffenklirren.
Dies ist genauso den göttlichen Dingen Feind.
Unrechtmäßigerweise wollen sie heilige Gesetze niederschlagen,
gleich dem Blitz. Wahre Gläubige niedergemacht.

44. Stürmische Glaubensrichtung von Mende, Rodes und Millau,
Cahors, Limoges, Katharer: wehe Septimanien!
Aus dem dunklen Norden der Zug, von Bordeaux ein Stein,
durch das Perigord vom Heerhaufen.

45. Durch Königsstreit verwahrlost die Herrschaft,
der höchste Grundsatz leidet dabei Not.
Niedergeschlagen, wenig überdauert davon,
alles zerstört. Einer gibt davon Zeugnis.

46. Die Tat heftig verteidigt durch ausgezeichnete Reden.
Hüte dich, Tours, vor deinem nahen Ruin:
London und Nantes (genau wie) Reims verteidigt.
Andere sind nicht weitergekommen in Zeiten des Kampfes.

47. Der Schwarze leidenschaftlich, wenn er (die Macht) gekostet hat;
seine Hand durch Feuer, Schwert blutig; kraftlos die Bögen.
Aufs äußerste ist das Volk erschreckt.
Die ganz Großen an Hals und Füßen aufgehängt.

48. Ebene, Ausonien fruchtbar; die Weite,
sie bringt Bremsen und viele Stechmücken hervor.
So wird die Sonnenklarheit vernebelt.
Das Rentier tut alles das, wovon große Pest kommt.

49. Bevor des Volkes Blut verspritzt,
der, der der Höhe des Himmels nicht vermehrend dient;
lange Zeit hat man nicht mehr gehört
den Geist. Von einem Einzelnen wird das bezeugt.

50. Die Waage sieht man die Hesperer regieren:
Des Himmels und der Erde große Macht besitzend.
Die Mächte Asiens gehen nicht davon zugrunde,
da sie nicht infiziert durch hierarchische Ordnung.

51. Wehe, geldgierigem »Heiland« folgt sein Feind.
Der tritt, die Phalanx verwirrend, herein.
Auf schnellem Fuße folgen baldigst Verfolgungen,
die das Werk des Tages nahe Brandigem aufs Spiel setzen.

52. In der Stadt von Zwang sind Männer, Frauen gefangen.
Draußen sind Feinde, (so) verliert man das Wesentliche schnell:
Der Wind ist stark für das Volk, das für die Seele ist.
(Diese) jagt man durch Kalk und Staub und (so zur) Asche.

53. Die Geflohenen und Verbannten zurückgerufen.
Väter und Söhne diese in den tiefen Schacht.
Von grausamem Vorgänger sind die Seinen erstickt;
sein Sohn – noch schlimmer – leitet Überschwemmung
[in den Brunnen.

54. Vom Titel, der früher dem großen gallischen Herrscher zu eigen,
hat es nie so ein ängstliches Niederschlagen gegeben.
Italien zittert, Spanien und die Engländer,
vor Fremder, sich Anpassender, die in hohem Maße gefällig ist.

55. Wenn die Hornartige zu festgefügtem Ziegel ganz geworden,
hört man sieben Stunden weit nichts als Schreien.
Niedergang der blutüberzogenen Statue vorhergesagt.
Der Henker hat zugeschlagen, das Volk betet zu Gott.

56. Nach dem Siege der hinreißenden Sprache,
erforscht der Geist in Ruhe und Stille:
Blutiges Opfer in Verschmelzung mit strafpredigender Tatsache;
die Schriften zu verbrennen und (so) das Fleisch und das Gebein.

57. Unwissende Mißgunst von großem König unterstützt.
Man hat das Vorhaben die Schriften zu verbieten:
Seine Frau ist wegen anderem zu weiblichem Titel verführt.
Stellvertretende Konfession macht weder Hartes noch Schreie.

58. Brennende Sonne in den Schlund geflossen.
Von Menschenblut Etruriens Erde zu besprengen:
Chef dürstet, seinen Sohn am Seile halten(d).
Gefangene Dame ins Despotenland geführt.

59. Glaubensgemeinschaft von hitziger Wut belagert.
Von Durst Erstickte in zwei geistlosen Haufen.
Der Starke ausgehöhlt und (so) ein alter Träumer (geworden).
Bei den Genfern der Weg Glaubensabschwören und Reinigung.

60. Die erkrankten Kinder von der Gastlichkeit verlassen.
Der Fremde kommt den Nachkommen zu töten:
Glaubensform gleich seinem Sohn werden von Degen
[durchbohrt.
Genua, Florenz, sie kommen daraufhin um zu Umzingeln.

61. Der Alte verspottet, und seines Platzes beraubt,
    durch den Fremden, welchen der (Alte) verführt:
    Vor seinen Augen sind seines Sohnes Kräfte verbraucht.
    Die Brüder verrät er zu Chartres, Orleans, Rouen.

62. Ein Mitraträger von Ehrgeiz betreibt,
    sich der Armee zu bemächtigen:
    Gegen seinen Fürsten erheuchelt er Verleumdung,
    und wird danach im Versteck gefunden.

63. Die keltische Armee gegen die Bergbewohner,
    die Halbwissende sind und deshalb geknebelt:
    Die Bauern, die Stirn gerunzelt, posieren bald als Possenspieler.
    Alles ist – vom Degengriff bedingt – herabgestürzt.

64. Der altersschwach Werdende im Bürgergewande
    kommt, den König von seiner Sünde in Versuchung zu führen:
    15 Soldaten, der größte Teil segel-setzende Matrosen.
    Niedrigster Lebensweg und Hauptteil seiner Herde.

65. Dem Deserteur der großen Festung,
    nachdem man hört, daß er seine Gegend im Stich gelassen hat:
    Sein Gegner vollbringt so große Heldentaten,
    der schnell heruntergekommene *Kaiser* ist aufgegeben.

66. Unter erheuchelter Einstellung von infizierten Köpfen
                                                    [entwürdigt,
    sind verschiedene Denker vermindert:
    Brunnen und Quellen mit Gift versetzt.
    In Genua Menschenfresser.

67. Das Jahr, in dem Saturn und Mars gleichermaßen entflammt,
    das Klima sehr dürr, langer Wasserlauf:
    Geheimnisse gleich den Familien, von Feuer das Land verbrannt.
    Übermaß an Regen, Wind, Hitze, Kriegen, Überfällen.

68. Im Jahre, das sich hübsch schrittweise von Venus entfernt hat,
    die beiden Größten von Asien und (so) von Affrique:
    Vom Rhein und vom Balkan sind sie gekommen, (kann)
                                                    [man sagen.
    Schreien, Weinen zu Malta und in der Provence.

69. In der großen Stadt haben die Verbannten
    die ermatteten Bürger ermordet und gejagt:
    Die aus Aquileja machen Parma Versprechungen,
    den Weg zu zeigen durch ungebahnte Gegenden.

70. Ganz nahe der großen Pyrenäenberge
    richtet sich der Adler auf große Volksschar:
    Geöffnete Adern, ausgemergelte Kräfte,
    was bis nach Pau, den Chef zu jagen kommt.

71. Wegen der Art der Gattin sind die Töchter abgemurkst.
    Zu morden um des Großen Schuld ist kein Aberglaube.
    In ihren Auvergne-Bergen durch veraltete Kleider
                              [Überschwemmungen.
    Die anschmiegsamen (Kleider) vernichtet durch hohes Aconit.

72. Die Eingeengten auf Agen und Lecture zu
    halten am Tag des hl. Felix die Beratung ab.
    Die von der Baise geraten ins Unglück.
    Die Gegend von Condom und Mont-de-Marsan
                              [wird prompt ergriffen.

73. Der große Nachkomme beweist kraftvoll
    hartes Herz bewirkt Kleinmütigkeit:
    Ferrara und Asti sucht der Feldherr heim,
    gibt man am Abend das Gebärdespiel.

74. Vom Genfer See und die von Nord-West-Frankreich
    haben sich alle gegen jene aus Aquitanien versammelt.
    Viele Deutsche und noch mehr Schweizer
    sind Unheil, zusammen mit den Giftbechern vom Main.

75. Schnell mit Waffengewalt bei der Hand zu sein, bewirkt Abfall;
    die Gegenidee erringt so den Sieg:
    Die Nachhut übernimmt die Verteidigung,
    diese bringen die Nachlassenden auf weißem Lande zu Tode.

76. Bewohner der Gegend von Agen durch jene vom Perigord,
    sind quälend bis hin zur Rhône drangsaliert:
    Die Zurechtgemachten von Gasgogne und Bigorre
    verraten das Gotteshaus, den Hohenpriester übermäßig
                              [belobigend.

77. Selin an der Macht, Italien friedvoll,
    Herrschaften zusammengeführt durch christliche Idee in
                              [der Welt:
    Verblühend fordert er Unterdrückung Belgischen Landes,
    nachdem er die Piraten vom Volke vertrieben.

78. Die Große ist vom Bürgerkrieg bewehrt,
    im weiten Dunkel hat sie Parma auf merkwürdige Art verraten.

Die neu Infizierte hat in der Stadt zugeschlagen, (hat)
die nicht Dazugehörenden alle über die Klinge springen lassen.
79. Königliches Blut vergangen zu Monthurt, Mas, Eguillan,
aufgefüllt sind (die Orte) von Bourdelois im Gebiet Landes.
Navarra, Bigorre, Wachskerzen und Fransenkleider.
Aus größtem Hunger kommen sie, Eicheln von
[Lüttich zu fressen.
80. Nahe dem Großen wirft man plötzlich einen neuen
[Graben aus,
in 15 Teile ist das Wasser geteilt:
die Stadt erobert, Feuer, Blut, Geschrei, Streit entstanden,
und der größte Teil vom Zusammenstoß betroffen.
81. Aus Kähnen baut man augenblicklich eine Brücke,
das Volk des großen belgischen Fürsten durchzuführen:
Hineingeopfert und (so) nicht von Brüssel
herausgegangen. Infekt mit der Picke zerschnitten.
82. Nähert sich Masse vom Sklavenlande kommend,
die Stadt ruiniert der alte (Ölige) Stinkende:
Stark betrübt sieht er sein römisches Land,
dann weiß man nicht die große Flamme zu löschen.
83. Nachtmessen-Bekämpfung. Der mutige Kapitän
flieht besiegt. Niedergeschlagen, übersatt vom Volk.
Der Klang hat das Volk nicht umsonst (in) Aufruhr versetzt,
seinen eigenen Sohn hat man verschlossen gehalten.
84. Ein Großer von Auxerre endet äußerst übel.
Von denen verjagt, die ihm untergeben waren.
In Ketten verwahrt, danach von dem Einen das harte Tau,
im Jahre, da Mars, Venus der Sonne im Sommer
[verbunden sind.
85. Des Schwarzen weißes Fleisch wird gejagt, gebraten,
gefangengenommen, zum Grabe geführt.
Des Bösewichts Degenspitze unter den Füßen vergessen,
dann schnurrt die Morgenröte den Gefangenen
[(wie ein Kätzchen).
86. Das Jahr, da Saturn mit Regen verbunden,
mit Sonne, ist der König stark und mächtig.
Zu Reims wie Aix wird er empfangen und mit Öl gesalbt,
später die Pfründe, (so) geht es mit der Unschuld abwärts.

87. Ein Sohn des Königs hat viel von den Reden angenommen,
    von seinem Erstgeborenen ist er in der Herrschaft verschieden.
    Sein herrlicher Stifter im äußerst aufgeputschten Sohn begriffen,
    läßt – was der Grundidee anhaftet – dahinschwinden.

88. Der große Antonius von (solcher) Niedrigkeit beschmutzt,
    in Phytriase ist er an seinem Höchsten zerfressen.
    Einer der der Sicherheit begierig ist,
    Die Lebensart führen, wird er vom Erzogenen ertränkt.

89. 30 von London verschwören sich insgeheim,
    gegen ihren König übertragen sie das Ganze auf den

    [Gegenspieler.
    Er, seine Anhänger verkosten den Untergang.
    Einen König hat man gewählt, blond und von Geburt friesisch.

90. Glaubensgruppen können sich in ihrer Sturheit nicht verbinden.
    In diesem, was geschieht, macht es Tessin und Mailand zittern:
    Hunger, Durst, so starken Zweifel lassen diese zum

    [Vorschein kommen.
    Fleisch, Brot, noch Nahrung, sie haben keinen Bissen davon.

91. Dem Herzog gallischer Art aufgezwungener Zweikampf.
    Das Kirchenschiff nähert sich nicht von Monacos Mole:
    Idiotisch verklagt, ewige Gefangenschaft,
    sein Abkömmling müht sich vor dem Untergang zu regieren.

92. Des heldenmütigen Kapitäns Haupt abgeschlagen.
    Es wird seinem Feinde vor die Füße geworfen.
    Sein Leib von seiner Mannschaft an den Mastbaum gehängt,
    bestürzt vergeht er, gleich dem Ruder im Gegenwind.

93. Eine Schlange ist nahe am Königslager gesehen worden,
    es geschieht durch die Dame, die Wachhunde bellen nicht:
    Dann wird von Frankreich ein sehr christlicher Prinz erstehen,
    daß er vom Himmel stammt, sehen alle Fürsten.

94. Große religiöse Brüdergemeinschaften sind von Spanien

    [verfolgt.
    Der Erstgeborene wird am Fuß der Pyrenäen besiegt:
    Das Reine zu verfolgen, Rhônes Weg von Schwaben der

    [Genfer See,
    Narbonne, Béziers, d'Ath, verunreinigt.

95. Herrschaft einer Glaubensgemeinschaft nur von sehr

    [kurzer Dauer.

Gedrückte Jahre, infizierte Monate, die es gab, bewirken
[den Krieg:
Die göttlichen, keuschen Jungfrauen begehren dagegen auf.
Sieg entsteht dann vom harmonischen Prinzip.

96. Die von der Britischen Insel als erste entstandene Schwester,
15 Jahre davor entwickelt sich der Bruder.
Durch seine wahrhaft erfolgversprechende Vermittlung
folgt sie in der Herrschaft der Waage.

97. Im Jahre, da Merkur, Mars, Venus rückläufig,
die Richtung des großen Monarchen geht darin zugrunde.
Entwickelt vom Lusitanischen Volk nahe bei Graulade,
was in Herrschaft und Friede sehr zu Neid anreizt.

98. Die Albanois kommen nach Rom (St. Rome!),
vermittels Langres Ausgeleerte, lächerlich Ausstaffierte.
Graf und Herzog Gnade den Menschen,
Feuer, Blut, Kränkelnde, Wassereinbruch, Hinterland zerstört.

99. Der Erstgeborene der Tochter des Königs,
wird in Zukunft die Keltischen wieder so gewaltig stoßen,
daß er einen Blitzschlag schafft, wie schon so viele im Land.
Übersatt und lange Zeit, davon dann zutiefst hesperischer
[Zustand.

100. Himmelsfeuer ist im königlichen Gebäude,
wenn das Licht des Mars verblaßt.
Infizierter Monat macht großen Krieg, erniedrigt das Volk
[vom Unheil.
Rouen, Evreux, geht deswegen für den Krieg verloren.

1. Bevor des Keltischen Ruin gekommen ist,
   debattieren im Gotteshaus Glaubensrichtungen.
   Herzstich, von einem, der mit Streitroß und Picke bewaffnet,
   ohne Lärm zu machen. Sie begraben den Großen.

2. Arme Mönche tragen beim Festmahle das Licht,
   gegen die Unterdrückung, die Kraft aus der Lenkung

   [des Schiffes.
   Einzigartiger führt Glaubensrichtungen großartig zusammen,
   wenn (dann) von hinten ihm das Übel ins Hirn

   [eingepflanzt wird.

3. Der Nachfolger der Herzogin kommt
   von viel weiter weg als die Reine aus dem Toskanerland.
   Die gallische Abteilung hält Florenz (Blüte).
   In seinem Schoß Übereinstimmung der meerhafte Rane (Frosch).

4. Der große Diener der verjagten Stadt
   wird durch feindliche Allianz bedrängt.
   Nachdem sie den Hirsch im Felde gejagt haben,
   bringen sich Wolf und Bär Mißtrauen entgegen.

5. Im Schatten das Heilige (wegen) Wegnehmens des Dienens.
   Volk und Stadt eignet es sich selbst an.
   Schlimmer die von der vertrockneten Hure gemachten Fehler.
   Im Felde ausgeliefert falsche Höhe wählend.

6. Beim König legt der Augur auf die Hauptidee die Hand,
   er kommt um italienischen Frieden zu bitten:
   Aus Art linker Hand kommt es, die Herrschaft zu ändern.
   Vom König kommt die friedvolle, große Herrschaft.

7. Von Dreier-Herrschaft findet man die Gebeine (Reste),
   wenn man tief den rätselhaften Schatz sucht:
   Die vom Zurückdrehen der Entwicklung lassen

   [deswegen keine Ruhe.
   Vom Marmorschleifen und so im Boden metallisch festgestampft.

8. Man läßt das Feuer lebendig, und (so) ist Niedergang verdeckt,
   darin die entsetzlichen Wichtigtuer schrecklich
   haben aus dem Dunkel dem Volke die Stadt in den

   [Staub geworfen.

Die Stadt im Feuer, der Feind im Vorteil.

9. Bis auf den Grund ist von der Großen der Bogen zerstört.
Durch Grundidee ist Freund, der Vorleistung erbrachte,
[gefangen.
Es entsteht von der Dame her ein im Gesicht Behaarter
[(Werwolf).
Darauf ist durch Verschlagenheit der Heiland zu Tode überlistet.

10. Ein keltischer Chef im Streit verwundet,
nahe beim Inhaltslosen die Seinen niedergemacht.
Von Blut und Plagen und (so) von Feinden gedrückt.
Und Hilfe ist gleich der Unwissenheit der Albigenser.

11. Wie Edelstein verstößt Vertrauensvolle nicht gegen Gesetz.
Die von Liebe besitzen ganzes Albigenserland (Affrique):
Ihre Herrschaft wird keine Dauer haben
und wechseln zur despotischen Rolle.

12. Am Genfer See ist geplant,
durch fremde Hure die Stadt mißbrauchen zu wollen.
Vor ihrer Verheerung zu Augsburg die große Konsequenz
und die vom Rhein kommen, sie zu überschwemmen.

13. Wegen der großen Leidenschaft (will) der römische
[König Belgien
durch einen Barbarenhaufen verheeren:
Zähneknirschend vor Wut jagt libysches Geschlecht
von Ungarn bis Südspanien den Jahrmarkt zum Ende.

14. Saturn und Mars im spanischen Löwen gefangen,
durch Libyens Chef beim Streite überlistet:
Nähe Malta *Herod* (Kindsmörder) vom Flinken genommen,
und Roms Herrschaft wegen (verräterischem) Hahn geschlagen.

15. Vom Steuern wird der große Pontifex gefangengenommen.
Mächtig haben nach dem Niedergang die
[Geistlichen Lärm gemacht:
Der Nachgewählte geistesabwesend, gewaltiger Schwachsinn.
Ihr heißgeliebter Bastard umgebracht.

16. Um ihres hohen Wertes Willen noch mehr ausgetropftes Fett
vom Menschenfleisch hin zum Tode in Asche verwandelt.
Auf der Insel der große Leuchtturm durch
[Kreuzfahrer ganz verwirrt,
dann erscheint zu Rodes ein harter Alptraum.

17. Aus dem Dunkel geht der König nahe am Mannweib vorbei,
    das von Cyprians Art und (so) die Grundidee belauert hat.
    König hat Kraft benötigt, die an der Rhône dahinschwand.
    Die Verbrüderten, die ihn reizen, zu Tode gebracht.
18. Vom Streit geht der unglücklich Zugrundgerichtete nieder.
    Das Riesenopfer feiert seine Besiegerin:
    Monströses Gesetz, freies Edikt zurückgezogen,
    Schutzwall und Prinz am siebten Tage gefallen.
19. Der große Königliche von Gold gegängelt, von vermehrter Härte.
    Der Friede gebrochen, durch Vertrocknete Kampf eröffnet.
    Das Volk wegen einer bejammerten Idee betroffen.
    Die Erde ist von barbarischem Geschlecht bewohnt.
20. Jenseits der Alpen bewegt sich viel Volk,
    ein wenig davor ist eine denkwürdige Blutwallung entstanden:
    Gewaltig und plötzlich wird das sehr tätig,
    dem großen Toskaner (steht es) in seiner Art näher.
21. Gleich dem Wege des lateinischen Monarchen,
    für jene, denen er durch seine Herrschaftsform »Rettung« bringt:
    Das Feuer brennt, die Beute geteilt,
    öffentlicher Tod den Kühnen, die nicht der Masse folgen.
22. Bevor in Rom der Mönch große Anstrengungen für die
                                       [Seele gemacht,
    ist der Schrecken groß für die fremdartige Menge:
    Durch Scharen ist das Hindernis nahe bei Parma.
    Dann beginnen die Verfolgenden ein Techtelmechtel.
23. Zerstrittene Glaubensrichtungen sind (dann)
                                       [miteinander vereint,
    wenn der größte Teil im Glaubensstreit »verbunden« ist:
    Der Große von Affrique in Schrecken und Angst.
    Das Duumvirat gleich dem Volke entzweit.
24. Die Herrschaft und das Gesetz unter Venus erhoben.
    Saturn hat unter Jupiter die Herrschaft:
    Gesetz und Reich gleich der Sonne aufgestiegen,
    Wegen Saturninus dauert das Schlimme an.
25. Arabiens Fürst, Mars, Sonne, Venus, Löwe,
    Herrschaft der Mächtigen wird der Reinen gleich unterworfen.
    Abgewandt Persien reichlich von einer Million (?).
    Byzanz, Ägypten betritt das Wort der Schlange.

26. Das versklavte Volk, durch ein kriegerisches Ereignis,
    gerät in hohem Maße gewaltig zu höherer Erkenntnis:
    Sie wechseln den Fürsten aus, es kommt ein Provençalischer,
    daß die reine Gemeinschaft auf die Höhen marschiert.

27. Durch Feuer und Waffen, nicht weit vom Schwarzen Meer,
    erscheint er von Persien, um Trapezunt zu besetzen.
    Pharos kommt ans Zittern, Methylene, Sonne ergibt sich flugs.
    Arabervolk hat die Wege der Adria gefüllt.

28. Die Knospe geknickt und das Bein gefesselt,
    das Angesicht erblaßt, im Zeichen ist Dolchspitze verborgen.
    Gedrückte, die sich der Mischung verschworen haben.
    Dem Großen von Genua wird die Waffe freigegeben.

29. Freiheit nicht wieder entdeckt, sie hält der Schwarze besetzt,
    hochmütig, abstoßend, ungerecht:
    Wenn das Material der Brücke bearbeitet wird,
    vom Balkan. Die Küste der Normandie hat den Staat verärgert.

30. Überall in der Umgebung der großen Stadt
    sind in Land und Stadt Soldaten einquartiert.
    Paris unterstützt den Angriff, Rom hat dazu aufgestachelt.
    Auf der Brücke gibt es dann große Plünderung.

31. Durch den Acker von Artois Grundidee der Weisheit,
    die von der Gegenwart an die Rose der Welt ist:
    Deswegen zu Boden geworfen und weil sie sehr überlegen,
    wird ihr Übles angehängt und von dummer Masse ertränkt.

32. Wo alles gut ist, (ist) ganz der Lohn Sonne und Mond.
    Herrscht Überfluß, nähert sich diesem der Ruin.
    Vom Himmel kommt deines Glückes Zerstörung,
    in gleicher Weise wie beim infizierten Fels.

33. Grundprinzipien von der zurückgestoßenen Stadt,
    sie bleiben dabei die Freiheit zurückzuerhalten:
    die Kräfte zu trennen hat Unglück hineingemischt.
    Schreien, Gebrüll zu Nantes, schrecklich anzusehen.

34. Aus dem äußersten Westen Englands,
    wo die Hauptstadt der Britischen Insel liegt:
    Tritt die Menge ins Gebiet der Gironde gleich dem von Blois,
    wegen Wein und Salz. Übles ist in den Fässern verborgen.

35. Durch die edle Frankenstadt großartig wie reiner Selin,
    die noch in ihrem Innern das Gefängnis trägt:

Das englische Volk kommt unter ihr zum Streit,
sich einen Zweig vom großen geöffneten Kampf zu nehmen.

36. Von der Schwester bereitet sich der Bruder die gleiche
                                            [Täuschung.
Er kommt Tau in Stein zu verderben.
Sauer der Kuchen, dem Veralteten verspätet gegeben.
Der stirbt, das versuchend, was einfältig und bäurisch ist.

37. Unterdrückte Entflammte sind einig und eines Willens.
Das, um zum Ziel ihrer Wünsche zu gelangen:
20 Monate später ist alles erfüllt und so aufs höchste gestiegen.
Ihren König hat erkünstelte Begeisterung getäuscht.

38. Jener große Herrscher, der dem Niedergang folgt
gibt unlauteren und lüsternen Lebensweg:
Aus Unbekümmertheit sagt er zu allem »Ja«,
so daß er damit das salische Gesetz zugrunde richtet.

39. Von wahrem Lilienblütenstengel stammend,
gestellt und gesetzt (zum) Erbe Etruriens:
Sein altes Blut ist von hoher Kraft ausgegangen,
trägt die Blume von Florenz im Wappen.

40. Das königliche Blut hat sich so sehr verändert,
Gallier sind verkrampft von Spaniens Druck:
Man hofft, daß (endlich) Schluß sei mit dem Niedergang,
und das Gewissen völlig heruntergekommen sei.

41. Er entsteht unter den Schatten und verdunkelten Zeiten,
er kommt ins Reich und (so) gute Herrschaft.
Er läßt sein Wesen vom alten Gefäße her erstehen,
das goldene Zeitalter statt des eisernen damit erneuernd.

42. Mars vom höchsten Bergfried aus hochgehoben,
läßt die Allobrogen von Frankreich zurückschieben:
Das Langobardenvolk bringt gewaltige Schrecken
denen vom Adler, die unter der Waage festgehalten.

43. Der große Ruin heiliger Dinge ist dann nicht weit entfernt.
Provence, Neapel, Sizilien, Seez und Ponz:
In Deutschland, am Rhein und (so) in Köln
total gepeinigt durch die von Mainz.

44. Gleich dem Reinen auch der Inquisitor piratengleich
                                            [angeeignet.
Durch dessen Tat ist der Friede gestört:

Zorn und Geiz beschlagnahmt deswegen heilige Handlung.
Dem großen Pontifex ist die Volksmasse verdoppelt.

45. Schnell ist die erhabenste Herrschaft verwüstet,
und umgewühlt in ein Gebiet ähnlich dem Ardennerwald:
Unebenbürtige Konfession, die nahe der Alten, vernichtet.
Es herrscht orientalischer Despot mit Gesicht Konstantins.

46. Durch Kardinalshüte Streit und neue Spaltungen,
wenn man den Sabinischen gewählt hat.
Gegen ihn produziert man große Spitzfindigkeit,
Rom ist (dann) verletzt, gleich dem Albigenserland.

47. Der große Araber marschiert machtvoll vorwärts,
wird im Stich gelassen gleich Byzantinern
das alte Rhodos. Es geht ihm voraus
und gleich anderem geschieht sehr Übles den Ungarn.

48. Danach die große tiefe Betrübnis in der Herrschaft.
Dem glaubensmäßigen Gegner gleich sind die Niederlagen.
Afrikanisches Heer kommt bei den Ungarn hervor.
Durch Meer und Land sind schreckliche Geschehnisse zu sehen.

49. Keiner von Spanien, niemand vom (guten) alten Frankreich,
wird zum Wohl des schwankenden Nachens erwählt:
Dem Feind schenkt man Vertrauen,
der in seinem Reiche grausame Pest bereitet.

50. Das Jahr, da die Brüder der Verletzten ihre Lebenszeit haben,
besitzt einer von ihnen das große romanische Gebiet,
daß die Führenden zittern. Offen ist der Weg des Lateinischen,
wohlgeordneter Garten zieht gegen die (Zwing)burg
[Armeniens.

51. Das Volk von Süd-Ost-Ungarn, von England und Polen
und von Böhmen bildet einen neuen Bund:
Nach draußen die Säulen des Herkules zu passieren,
gieren Barceloner, Tyrrhener nach grausamer Intrige.

52. Ein König beschert das Gegenteil.
Die Verbannten holt er ins Reich:
Vom Gemüte des keuschen Hypolitt her das Volk zu steuern
und solcher Schild blüht lange Zeit.

53. Das Gesetz von Sonne, Erde und Venus auf guten Klang
[gestimmt,
den Geist von der Prophetie her reinigend:

Weder der eine noch der andere überhebt sich,
der Sonne gleich hält er das Gesetz des großen Messias (hoch).

54. Vom Schwarzen Meere und dem weiten Tartarenlande
ist da ein König, der auf Gallien schaut.
Er durchstößt das Land der Alanen und Armenien
und verzichtet in Byzanz auf den bluttriefenden Stock.

55. Gallischer Art widerspricht Arabien,
machtvoll von Mohammeds Gesetz entwickelt:
Spanien zu quälen, Granada zu erobern,
und darüber hinaus übers Meer bis zum Ligurischen
[Volk zu kommen.

56. Wegen der Gesetzesübertretung des uralten Papst(tums),
ist Römisches von guter Lebensart entfernt:
Man sagt, daß der (Hl.) Stuhl für gültig und ungültig erklärt.
Und er hält die Leine fest und (ist so) ein stachliger Verhau.

57. Schmierenkomödianten von Gallien und vom Aventin,
so daß wegen der jämmerlichen Wohnung die Menge
[übel vermerkt:
Zwischen Heiligem wird Gestein als Beute genommn.
Vom Satan besetzt, das Ansehen (kommt zu) Schwinden.

58. Dadurch lebenspendende Wasserleitung von Utica und dem Gard
gleichsam ein unzugänglicher Bergwald:
Mitten auf der Brücke ist alles in der Kraft zerschnitten,
die Hauptidee von Nîmes. Was so schrecklich ist.

59. Man gibt in Nîmes dem englischen Grundgedanken viel Raum.
Spanien verschüttet, mit Aenobarb im Wettkampf.
Viele gehen zugrunde weil Mars diese Zeit beginnt,
wenn der Hochberühmte von Artois in Fäulnis übergeht.

60. Wegen rasiertem Kopf geschieht es, daß man sehr Schlimmes
[erwählt,
mehr als sein Zerrbild tritt nicht durch die Tür:
So große Wut und Raserei bewirkt sein Geschrei,
daß es zu Feuer und Blut die ganze Menschheit zerschneidet.

61. Des Großen Nachkömmling bleibt nicht beim Ursprung,
er fasziniert die hohen Apeninnenberge,
wird alle die von der Waage erschüttern,
und hat erhabene Familie betrogen bis zur Welt
[(heruntergezogen).

62. Nah bei den Felsen sieht man Blut regnen,
    Sonne Orient, Saturn Okzident.
    Nahe bei Orgon Krieg, zu Rom sehr Übles zu sehen.
    Kirchenschiffe weggeschmolzen (so) des Tridentinums Erfolg.

63. Von leeren Unternehmen die Klage, daß Ehrenämter
                                              [vorgetäuscht.
    Irrende Schwärmer, Überlegungen, Kälte, hungernde Streuner.
    Nah am Tiber die Erde blutgefärbt,
    die Menschen leiden Plagen.

64. Die Zusammengekommenen schmückt der Friede
                                        [des großen Namens,
    überall hat sich (öffentliche) Meinung dagegen gestellt:
    Nahe am Herbst, Genua, Nizza vom Schattenbilde,
    durch Land und Stadt die Hauptidee durchgeschmuggelt.

65. Plötzlich hat man gesehen, daß der Furchtbare sehr mächtig ist.
    Wesentliche Dinge der Angelegenheit verheimlicht:
    Hochedle aus der Feuersglut nicht mehr zu sehen.
    Von der langsamen (Art) sind die Mächtigen verärgert.

66. Zur Zeit der Antike errichtete Prachtbauten (sind) verwüstet,
    die Würde des ruinierten Aquäduktes zerrissen.
    Von Gold und Silber sind die leuchtenden Metalle,
    höllische Gier hat Trajan wegen des Reichtums durchfurcht.

67. Wenn Etruriens Herr wagt seine Tunika
    schutzlos sich ganz nackt auszuziehen,
    sind alsbald die Aristokraten von der Krankheit gepackt.
    Initiator wie Nachfolgende sind gleichermaßen niedergemacht.

68. Von der Donau und vom Rhein kommt der Ochsentreiber,
    der große Bösewicht. Er läßt nicht davon ab:
    die von der Rhône zu erschrecken, stärker noch
                                        [die von der Loire,
    und nahe den Alpen ruiniert sie der Hahn.

69. Der Große ist nicht länger in falscher Träumerei.
    Unruhe kommt den Frieden wegzunehmen:
    Der Phalanx von Reichtum, Norden, Prälaten,
                                        [den Weg zu ebnen,
    Affrique zu unterwerfen, es bis auf die Knochen abzunagen.

70. Der Waage unterworfene Gebiete,
    lassen durch großen Streit die Berge erzittern:

Das ganze Gottesvolk und (so) ganz Byzanz gefangen,
daß man Land für Land laut nach der Morgenröte ruft.

71. Wegen der Leidenschaft von einem, der Lebenskraft ersehnt,
ist das ganze Volk tollwutartig erregt.
Von Edelleuten 17 Advokaten anvertraut.
Umständlich ist spät der Bote von der Rhône gekommen.

72. Wegen der Willkür des schwelgerischen Ediktes
mischt man Gift in das Gesetz:
In den laufenden Verhandlungen gebärdet sich Venus
[so tugendhaft,
daß der ganze Wert der Sonne mißfällt.

73. Schwer ist die Kirche von Gott verfolgt,
Gotteshäuser sind preisgegeben:
Nackt bringt der Nachkomme die Mutter ins Hemd.
Die Araber sind mit den Polen einig.

74. Von Römischem Geschlecht entsteht germanischer Mut,
was zu so großer Kraft führt,
daß er das fremde arabische Volk verjagt,
die Kirche zur alten Würde erhebend.

75. Er erhebt zur besten rechten Art,
läßt sich auf dem Eckstein nieder:
gen Süden hat er mit wichtiger Miene gewiesen als zur Linken,
gewundener Stock in der Hand, der Mund ist verschlossen.

76. Aus freien Stücken (hält er an) seiner Flagge (fest),
und will nicht von der Bürgerschaft das Amt entgegennehmen:
Aix, Carpentras, Volskerland, Berg Cavaillon,
durch die ganze Gegend schafft er die Wege ab.

77. Alle Stufen kirchlicher Ehrenämter
sind zu Jupiterpriestern umgestaltet:
Mars- und Romulus-Priester,
das fordert ein König von Frankreich zurück.

78. Die Glaubensrichtungen bleiben nicht lange vereint,
und innerhalb von 13 Jahren verfängt man sich in Barbarei:
In (ihren) Gottesbildern richten sie derartige Verwirrung an,
daß man dem Schiff und seinem Kapitän preisend
[Gedeihen gibt.

79. Durch heiligen Pomp kommt der, die Flügel zu stutzen,
weswegen der Gesetzgeber vom Großen gekommen ist:

Er erhebt das Demütige, schindet die Rebellen.
Es entsteht mancher Nachahmer auf der Erde.

80. Der Ogmion nähert sich dem großen Byzanz.
Die (Größe) hat dies barbarische Bündnis vertrieben.
Von Kirchengesetzen her setzt die Einmalige Heidnisches frei.
Barbarei und Edelhaftigkeit in dauerndem Intrigieren.

81. Der königliche Vogel aufs blühende Gemeinwesen,
Vor vergifteter Trockenheit gibt es dunkle Weissagung:
Es fällt der Vergangenheit des Ostens anheim, Gewitter.
Pünktlich sind sieben Tage (darauf) die Feinde an den Toren.

82. Vom unter Ausschluß der Festung geschlossenem Frieden
bringt (es) dem, der in Verzweiflung geführt ist, nichts ein:
Wenn die von Albi, von Langres gegen Bresse vorgehen,
haben sie weniger (als) Dole, das von Feinden geküßt ist.

83. Diejenigen die es unternehmen umzustürzen
einzigartige Herrschaft, mächtig und unbesiegbar,
tun es durch den Betrug, Geschädigte als
                                [Unterdrückte zu warnen,
wenn der sehr Große an der Tafel die Bibel auslegt.

84. Aus Strudel und Gesellschaft entsteht, die kein Maß
                                [(mehr) kennt,
von elenden und undurchsichtigen Eltern geboren:
Wenn des großen Königs Gewalt verehrt wird,
beliebt es ihm gleichermaßen Rouen und Evreux zu zerstören.

85. Gleichermaßen die Schwaben, wie die umgebenden Gebiete,
sind wegen Schwärmereien in Streit verwickelt.
Die Masse voller Heuschrecken und Mücken.
Fahrlässigkeiten vom Genfer See sind deutlich entdeckt.

86. Gleich wie zwei Köpfe und drei verschiedene Arme,
ist die Gemeinschaft sehr durch Überfluten gequält.
Große haben sich wegen gegenseitiger Ausweisung verirrt.
Durch persische Leitlinie ist Byzanz stark unter Druck geraten.

87. Das Jahr, da der Lastträger frei von Leibeigenschaft ist,
auf edlem Boden ist (dann alles) von Wasser überspült:
Die Aussteuer stammt von der trojanischen Familie
und ist allein von Spaniern umstellt.

88. Wegen einer scheußlichen Sintflut ist der Strandkies sauer.
Andere Wasser hat das Meerungeheuer gefunden:

Man hat aus naheliegendem Grunde einen Zufluchtsort

[geschaffen,

indem man von Turin her Savoyen versklavt hat.

89. In Ungarn gleich Böhmen, Navarra,
    überall um Fahnen Aufstände an denen nichts dran ist:
    Gleich Lilienblumen tragen die Lande die Versperrung.
    (Gegen) Orleans (richtet sich die) Aufregung.

90. Auf die Zykladen aus Perinth und Larissa,
    nach Sparta alles vom Peloponnes:
    Viel Hunger, Pest, Schweigen, wegen üblem Einverständnis,
    erhält neue Ausbeute, ganz auch des Schwarzen Meeres

[Nordrand.

91. Auf dem großen Markt der Trugbilder,
    beim Torrenter Landzipfel und auf großem Athener Gebiet:
    Sie sind durch leichte Reiterei überrumpelt,
    gleich Albigenser-Fanatismus. Hochmut hat der Satan

[eingeschenkt.

92. Nachdem der Heilige Stuhl 17 Jahre gehalten,
    verändert er sich im Handumdrehen in derartig veraltete Weise.
    Dann wird einer aus der Jetztzeit gewählt,
    so daß Römisches nicht mehr voll damit übereinstimmt.

93. Im Lande unter der runden Mondkugel,
    wird danach der Herrscher Merkur heißen:
    Der Vorraum des Speisesaals trägt einen Leuchter,
    was die Engländer mißtrauisch macht.

94. Es überträgt in das gesamte Deutschland,
    Brabant und Flandern, Gent, Brügge und Bologne,
    der große Herzog von Armenien vorgetäuschten

[Waffenstillstand,

er überfällt (damit) Wien und Köln.

95. Die Meeresbucht bietet Zuflucht und Geborgenheit
    des großen Reiches, dann kommt es zum Streit:
    Aber reine Fruchtbarkeit hält dies in Grenzen,
    hindert spanisch-tyrannische Unruhestifter sich auszudehnen.

96. Sauer das Milieu, (wo) die Rose auf der großen Welt ist.
    Für neue Dinge Volkes Blut vergossen.
    Wahres zu sagen, hat man geschlossenen Mund,
    so kommt Erhofftes in der Not (zu) spät.

97. Das häßlich Entstandene macht vor Schreck sprachlos,
    (dringt) in die Stadt der bewohnbaren Idee:
    Die nüchterne Form vom Gefangenen widerrufen.
    Hagel und Donner (bewirken) unbezahlbare Wendung.
98. Am 48. Breitengrade sehr kritische Situation
    Gegen Ende des Krebses so große Trockenheit.
    Der Fisch im Meer, Fluß, See heftig erledigt.
    Bearn, Bigorre wegen Himmelsfeuer in Trauer.
99. Mailand, Ferrara, Turin und Aquileja,
    Capua, Brindisi gleich Keltenvolk drangsaliert,
    wegen des Hochmuts und britischer Schar,
    wenn Rom den abgenutzten britischen Leitgedanken hat.
100. Der Rädelsführer gleich seiner Familie überlistet,
    Himmelsfeuer zu Carcassonne und Cominge,
    Foix, Auxerre, Meze. Der hohe Greis entkommen
    wegen denen von Hessen, aus Sachsen und Thüringen.

1. Im Gebiet der Pyrenäen großer Haufe,
   fremdes Volk, den neuen König zu unterstützen:
   Bei der Garonne, dem großen Gotteshaus des hohen Hauses.
   Dies macht einen römischen Chef wasserscheu.
2. Im Jahre 580 – mehr oder weniger –
   erwartet man das äußerst fremdartige Zeitalter:
   von »Göttern« Infektion, Einäscherung und Bedrückung
   daß es viele Reiche im Handumdrehen ändert.
3. Endlos war das neue keltische Geschlecht heimgesucht.
   Dem guten Reiche ist es gewaltig entgegengesetzt:
   Der vertrocknete Fürst gehorcht dem Kirchengeschlecht,
   bekackt das königliche Zepter der Eintracht.
4. Der Keltenfluß verändert seinen Lauf,
   er hat nicht mehr die Gemeinschaft Agrippas:
   Völlig verändert, die abgegriffene Sprache ausgenommen,
   Saturn, Leo, Mars, Krebs davon Raub.
5. So großer Hunger zugleich auch Pestwoge,
   durch langen Regen der vom arktischen Pole (kommt):
   Amiens, hundert Orte der Hemisphäre.
   Leben ohne Religion, abgesehen von (der des) Staates.
6. Gegen Norden zu erscheint,
   nicht weit vom Krebs, der Komet:
   Susa, Siena, Boëtien, Eritrea,
   sieht großen Niedergang Roms. Die schadet ist verschollen.
7. Norwegen, Ost-Ungarn und die Britische Insel
   sind durch die vereinten Brüder drangsaliert:
   Der romanische Chef von gallischem Geschlechte

                          [ausgegangen.
   So haben sie die Menge in die Wälder zurückgetrieben.
8. Diejenigen die als Wissende im Reiche sein könnten,
   sind beim königlichen Wechsel verarmt:
   Welche sind ohne Schutz verjagt, Reichtum ist nicht zu haben.
   Literatur und Schriften sind dem Großen Strafe (wert).
9. An heiligen Gotteshäusern geschehen äußerst

                          [skandalöse Dinge,

und dies wird noch für ehrenhaft und lobwürdig gerechnet:
Von einem, dem man Silber- und Goldmünzen prägt,
kommt unter äußerst merkwürdigen Qualen das Ende.

10. Kurzfristig sind die Gotteshäuser farbig (blühend),
von Weiß und Schwarz die Glaubensgemeinschaften gemischt:
Ihnen zerstören Rote und Gelbe ihre Illusion.
Blut, Erde, Pest, Hunger, Familie vom Wasser völlig verwirrt.

11. Von sieben Zweigen sind sie auf drei gestutzt,
die darüber hinaus Entstandenen der Vernichtung
[anheimgefallen:
Die Glaubensgemeinschaft Bruder zu morden verführt.
Die Gemeinschaft stirbt im Schlafe.

12. Nachahmung aufzubauen, um allgemeine Herrschaft
[zu erlangen,
hält man sich vom Vatikan an königlichem Blute:
Flamen, Engländer, Spanier mit großer Anstrengung,
Gebiet von Italien und Frankreich streitet heftig.

13. Ein Zweifelnder kommt nicht für lange zur Herrschaft,
er will das meiste reparieren,
will einen guten Jupitertempel errichten. Da er herrscht,
kann er seine große Aufgabe nicht erfüllen.

14. Von den Seinen weit weg verliert der König die Schlacht.
Schnell entsprungen, verfolgt, gefangengenommen,
völlig ahnungslos in goldener Schlinge gefangen,
in heuchlerisch-geistlichem Gewande. Satan hat gesiegt.

15. Unter (christlichem) Grabstein ist der wahre Fürst entdeckt,
der den sittlichen Wert über Nürnberg hinaus hat:
Der spanische König im Machtanspruch geschwächt,
nachgeahmt und durch den Großen mißbraucht in Wittenberg.

16. Das, was dem vertrockneten Konstantin
[gewaltsam genommen ist,
durch die Normannen Frankreichs und der Picardie:
die Schwarzen der Zeit vom Schwarzwald
geben (dem) Heimstatt und der Erblasser der Lombardei.

17. Nachdem die Spürhunde die Spalter verbrannt haben,
wechseln sie gezwungenermaßen verschiedene Kleider aus:
Die Saturnini gleich den Musoniern verbrannt.
Ausgenommen der größte Teil, der sich verborgen hat.

18. Wegen schlechter Heilmittel großer König hoffnungslos
                                            [aufgegeben.
    Jude erhält weder durch Schicksal noch
                                  [Geschicklichkeit Lebensweg:
    Er und sein Stamm im Reiche hart geschunden.
    Das ist die »Gnade« für das Volk, das Christus hervorgebracht.
19. Die wahre Liebesglut verzehrt die Dame,
    die die Unschuldigen ins Feuer bringen will.
    Die in Widerwärtigkeiten Geübte entzündet sich
                                            [nahe beim Angriff,
    wenn in Sevilla eine Mißgeburt von Ochse gesehen ist.
20. Von kurzer Dauer ist die betrügerische Vereinigung.
    Einige verändert, der größte Teil abgeschafft:
    Das Volk ist in die Schiffe eingepfercht,
    Rom hat damit einen neuen Leoparden.
21. Wenn die der nördlichen Tochter einander verbunden sind,
    im vom Gold (geblendeten) Großen Schrecken und Furcht.
    Neu erhöht, das Gotteshaus des Großen aufrechterhalten.
    Rodes und Bisance von Barbaren blutgefärbt.
22. Im Lande des großen, himmlischen Gotteshauses,
    ist in London der Nachkomme durch
                                      [falschen Frieden ermordet.
    Das Schiff wird darauf schismatisch werden.
    Vorgetäuschte Freiheit bringt Gewalt und Geschrei.
23. Vom Geiste die(-ser) Herrschaft sind beschriebene Bollwerke,
    auch hetzen sie die Völker gegen ihren König auf.
    Friede, neue Tat, heilige Gesetze verschlechtert.
    Einmal Raub ausgeführt im äußerst harten Kreislauf.
24. Mars findet sich mit der Herrschaft verbunden,
    unter dem Krebs furchtbarer Krieg:
    Kurz danach ist der neue König gesalbt,
    was die Herde für lange Zeit befriedet.
25. Wegen Mars ist die große Herrschaft pervertiert
    vom großen Fischer in ruinösen Wirbel gebracht:
    Vertrockneter Schwarzer reißt auf rote Weise Hierarchie an sich.
    Denunzianten geben winterliche Zeit wütend zurück.
26. Vier Jahre ist der (Hl.) Stuhl in einigermaßen gutem Zustand.
    Einer taucht auf, begierig nach Brot (und Leben):

Ravenna und Pisa, Verona geben Kraft,
das Kreuz des gierigen Papstes zu entwenden.

27. Im Menschenland aus fünf Bewegungen zu einer
[(zusammengeflossen),
gleich der Zunahme des großen »Christlichen Trajan«:
Wegen der Streitstifter um Luft Toben von Einzigartiger.
Satan entwichen, Leinwandballen versteckt.

28. Der große Keltische betritt Rom,
die Menge der Geflüchteten und Verbannten führend:
Der gute Hirt bringt jedermann zum Hafen,
was wegen des Hahnes bei den Alpen vereint sein mag.

29. Die Witwe, die neuen Dinge prompt erwartend,
ist von deren Palmzweigen in Ratlosigkeit und
[Verwirrung gestürzt.
Was gelehrt ist, Streitigkeiten beizulegen,
wegen seiner Jagd auf Mönche gibt es gerade davon die Fülle.

30. Wegen des Gehabes des Hochheiligen
ist der Heilige Stuhl dem Satan überantwortet.
Es ist dunkel, wenn man glaubt zu schlafen.
Die von Lüttich marschieren in Brabants Nähe.

31. Der König sinnt auf das, wonach es ihn so sehr verlangt,
wenn es der Prälat auf krummem Wege entwendet:
Dem Herzog Gewährung, der vergilt es übel,
daß er in Mailand viele niedermacht.

32. Gleich wie um Verrates willen mit Stöcken schwer geschlagen,
ist er dann um seiner Liederlichkeit willen überwunden.
Leichtfertiger Plan hat Großem Hirn in Wohlgeruch vernebelt,
Gesicht strahlt Begeisterung aus, wenn dieser
[Narr drauf eingeht.

33. Sein ganz primitives Volk ist blutgierig wie ein Schmarotzer,
nimmer kann einer (wie) der andere reine Wahrheit garantieren.
Zwischen religiösen Strömungen ist Kriegsvolk zu befürchten.
Schwarzer bereut Zornausbrüche für die er
[Verantwortung trägt.

34. Die Verschwörung stammt von verrückt gewordener Familie.
Sie trübt, verwirrt, die große, festgesetzte Grundidee.
Solch ein Aufruhr herrscht in ihr,
daß die Niedergedrückten in Verzweiflung geraten.

35. Nahe bei Rion und nahe beim reinen Leinen
Widder, Stier, Krebs, Löwe, Jungfrau:
Mars, Jupiter, die Sonne verbrennt das ganze Land
Blois, die Bewohner haben die Schrift bei Hirschen versteckt.

36. Weder Gutes noch Schlechtes (erreicht man) bei
[irdischem Streit,
so gelangt man nicht ans Ende der Räubereien.
Pisa in Aufruhr zu versetzen, Florenz Übles erblicken zu lassen,
König sehr verletzt, der auf dem Maultier, höchste Trauer.

37. Das Werk vollendet sich auf alte Weise ganz.
Vom Menschenhause liebt man Großes sehr, das übel ruiniert.
Unschuldiges getötet, was man anklagt,
Schadendes verborgen, Jungholz zum Verbrennen.

38. Den Unterdrückten gewähren die Feinde Friede.
Danach ist Italien als überwunden anzusehen:
Der Schwarze blutdürstig, der Rote (ist) Knecht (hierbei).
Familie, Blut zu vergießen, Wasser vom Blute gefärbt.

39. Der Nachkomme im Reich, gemäß dem
[Vorangegangenen erfaßt,
ist ausgeraubt, um gerettet zu sein:
Der Südliche nah dem Trasimenischen See festgesetzt.
Die Eingedrungenen berauschen sich allzusehr.

40. Der Große von Mainz her wegen großen Durstes ausgetrocknet,
er ist der hohen Würde entkleidet:
Die von Köln beklagen das so sehr,
daß der große Fuchs in den Rhein geworfen wird.

41. Der nachfolgende Chef in Dänemarks Herrschaft,
wegen denen von Friesland und der Britischen Insel,
bringt es dazu, über 100 000 Mark auszugeben,
von Italien her einen Kreuzzug zu betreiben.

42. (Keltischem) Herkules ist die Herrschaft überlassen
des großen Selin, was mehr Defekte bewirkt.
Er entfaltet durch Italien weit sein Banner,
(die Herrschaft) hat er wegen kluger Nachäfferei.

43. Lange Zeit ist unbewohnt,
das Land wo Seine und Marne zusammenfließen
von der Themse und (so) deren kriegerischem Angriff (her).
Die Wachen sind im Glauben, davon ausruhen (zu können).

44. Aus dem Dunkel erscheint gegen Nantes zu die Iris.
    Meeres-Teufelskünste erneuern den Regen:
    Arabischer Abgrund verschlingt viel Volk.
    In Sachsen entsteht eine Mißgeburt aus Bär und Muttersau.
45. Der Herr der Macht gut abgerichtet,
    er will nicht mit Genießbarem, Königlichem übereinstimmen.
    Die Nektar-Menge (erhält) durch ihn Gegenwind.
    Höchst unanständig widersetzt er sich der Klage.
46. Ein Gerechter ist in Verbannung geschickt
    wegen dieser Pest, bis zu den Grenzen der Nicht-Schöpfung.
    Verantwortung (liegt) beim Roten, er macht sich schuldig.
    Der König zieht sich zu Frosch und Adler zurück.
47. Unter heiligen Höhen sind die beiden Großen versammelt,
    sie verlassen ihr gemeinsames Geheimnis:
    Brüssel und Dole gleich Langres übermannt.
    Draußen zu Mecheln bringen sie ihre Pestilenz zustande.
48. Die Heiligkeit ist zu sehr Schein und Täuschung,
    (das Ganze) von einzigartig beredter Sprache begleitet:
    Überalterte Gemeinschaft und damit Edelstein sehr attackiert.
    Florenz und Siena erklären sehr die Einöden.
49. Aus der Partei von Mammer großer Papst.
    Er unterjocht die äußersten Gebiete der Donau:
    Die Christen gleichsam mit dem Schürhaken heftig zu jagen,
    gefangen, Reichtum, Ringe, mehr als hunderttausend Rubine.
50. In den Schächten findet man die guten Sitten.
    Durch die Rabenmutter ist Blutschande betrieben:
    Der Zustand geändert, man erträgt Getöse vom (Söldner-)haufen
    und hat sich Mars zum Leitstern erkoren.
51. Volk ist versammelt neues Schauspiel zu erleben
    (von) Fürsten und Königen gleich vielen Helfern,
    Säulen zu stürzen, Mauern. Aber welches Wunder:
    König gerettet und so 30 Seelenmessen als Gericht.
52. In der Gegend des Großen was niemand will,
    kommt sein Freund aus der Gefangenschaft an dessen Stelle:
    Trojanische Hoffnung in sechs Monaten dem
                                          [Niedergang verbunden.
    Sonne (handelt) nach Art der Aschenkrüge,
                                          [Flüsse zu Eis erstarrt.

53. Der große keltische Prälat ist dem König verdächtig.
Aus dem Dunkel – gleich dem Lauf der Sterne –
[verläßt er sein Reich:
Wegen Herzogs seinem großen König wertvoll. Große Bretagne
(liefert) Normannen wie Cypern aus. Tunis gilt als unverdächtig.

54. Beim Tagesanbruch, beim zweiten Hahnenschrei
die von Tunis, von Fez und (so) von Ägypten:
Von den Arabern ist des Königs Minister gefangen,
im Jahre 1607 der Liturgie.

55. Aus Stroh sucht der Herzog eine Erklärung herauszureißen.
Arabischen Raub zu sehen, plötzliche Entdeckung:
Tripolis, Chio, und (so) die von Trapezunt,
Heiland gefangen, Schwarzes Meer. So seine Gruppe verwüstet.

56. Die Angst daß die Armee des Bösen (in) Narbonne,
setzt die von Spanien so sehr in Schrecken:
Perpignan leer, wegen blinder Armbrüste
[Verblendung vom Geschrei:
Folglich erzeugt Barcelona »wegen der Reinheit« die Spieße.

57. Derjenige, der im Reiche gut vorangekommen sein mag,
hat nahe bei der Hierarchie roten Chef:
Unerbittlich und (so) grausam (schafft) er sich große Furcht.
Er folgt auf geheiligte Herrschaft.

58. Unter weltlichem wie geistlichem Herrscher kaputtgemacht,
ist dann die Sonne so wie Selins Klarheit verloren ist:
Die Große (Idee) ist gleichsam zwischen zwei Unwürdigen,
(so)daß auf den Inseln und in Siena die Freiheit verloren.

59. Die Dame in Leidenschaft gleichsam wie wilde
[Raserei des Ehebruchs.
Sie kommt zu ihrem Fürsten ihn zu beschwören nichts zu sagen,
aber schnellstens Makel durchschaut,
da 17 zum Martyrium geführt.

60. Der Fürst außerhalb seines keltischen Bodens
ist verraten, enttäuscht wegen der Vorführung:
Rouen, Rochelle gleich denen der ganzen Bretagne.
Im Habitus des Ackerbestellers von Mönch
[und Nonne getäuscht.

61. Der große gefaltete Teppich zeigt nicht,
– nur zur Hälfte sichtbar – das meiste der Weltgeschichte:

Wohnhaus des Nostradamus in Salon.

Das »Uhrentor« von Salon.

Rest des Geburtshauses in St. Remy.

Turm der Kathedrale von Orange.

Der Jagdzug der Macht macht große Gier deutlich,
was so jeder von kriegerischer Tat, die geschieht, halten mag.

62. Zu spät alles Göttliche, Blumen sind verwelkt,
was will man gegen das Schlangengesetz ausrichten:
Vereinigte Streitkräfte sind mit Gewehrschäften vermengt.
Savona, Albigenserland (leidet) gleich Monaco große Pein.

63. Die Dame verbleibt allein an der Macht,
Einzigartiger ruiniert, der der erste am Ehrenplatz ist.
Er ist sieben Jahre lang unter Schmerzen gesucht.
Viel längeres Leben an der Herrschaft ist großem Glücke gleich.

64. Man hält keinen Frieden, (weil) jeder (innerlich) gefangen ist,
alles Empfangene reißen sie in ihrer Täuschung weg:
Vom Blutpreis Dreifuß überall öffentlich bekannt gemacht,
gleich Barcelonas Volk (alles) von der Erregung erfaßt.

65. Rausch und Strohfeuer, um Weniges ist der Krieg eröffnet.
Sie sind aus dem Dunkel überfallen und ausgeplündert:
Der Karneval ist zu Ende, jetzt wird durch die Kelter gepreßt.
Sein Tempel ist offen, aber die Götter sind aus gebranntem Gips.

66. Tief im Boden der neuen Glaubensgruppe
ist die Art vom großen Römischen entdeckt.
Es zeigt sich das Marmorgrabmal geöffnet.
Die Erde zu erschüttern im Frühjahr, der Mastbaum ist errichtet.

67. Bald folgt dem großen Reiche ein anderes.
Das Gute ist weit weg, nichts ist von Glück zu sehen:
beherrscht von einem, der nicht weit vom Steuer her stammt,
um in den Landen großes Unheil aufleuchten zu lassen.

68. Immer wenn Söldner in aufrührerischer Erregung (Wut)
gegen ihren Herrn aus Dummheit die Waffe leuchten lassen,
erscheint der Feind von Albi durch wütende Gewalt.
Rome (!) dann zu quälen und die Grundlagen zu verändern.

69. Das große Unheil läßt nicht lange auf sich warten.
Jene, die geben sollten, sind zu Nehmenden verkehrt.
Die Gemauserten durch Kälte ausgezehrt, Durst, Ich-Sucht.
Die Hohen zu verderben und dadurch großen Skandal erzeugend.

70. Eine Grundlage der Welt ist der große *Chiren:*
Viel später erst geliebt, ehrfürchtig behandelt, sehr gefürchtet:
Sein Aufsehen und das der Seinen unübertrefflich.
Und allein mit dem Titel »starker Held« gibt er sich zufrieden.

71. Wenn man sieht, daß der Große den König in der Familie erkennt,
bevor er die Seele ganz verloren hat:
sieht man ihn bald als Verwandten handeln.
Von Adlern, Löwen, Kreuz, Krone bestochen.

72. Durch vorgetäuschte Begeisterung für göttliche Ergriffenheit
ist die Frau vom Großen sehr geschändet:
Richter wollen derartiges Lehrgebäude verdammen.
Als Opfer ist es dem unwissenden Volke dargebracht.

73. In der Stadt ist ein Mönch und Gründer groß,
er ist nahe am Tor und bei den Mauern einquartiert:
Gegen Modena Kunstgriff, er sieht sich beim Sprechen vor,
Mißbräuche hervorzubringen unter dem Deckmantel
[der Anpassung.

74. Im Reiche kehrt sich die Treibjagd um:
Als Feinde sind die in der Gemeinschaft Verbundenen erfunden:
Mehr denn je triumphiert seine Zeit.
Zu Tode gedrückt und infiziert, die aus der Gruppe
[zu vertrauensvoll.

75. Der Große ist als Pfeiler gerufen, durch den König.
Die Masse aufgegeben. Um sehr viel Höheres zu erlangen,
ist sieben Jahre später Schleichhandel betrieben,
kommt barbarische Masse der Normandie Furcht zu bereiten.

76. Die antike Stadt von goldenem Füllhorn geprägt,
kann den Henker nicht länger ertragen:
Der falsche Krüppel, den Konfessionen den Hals abzuschneiden,
kommt das Volk, die Seinen zu Tode zu hetzen,

77. deswegen Sieg des betrogenen Betrügers.
Glaubensgruppen eins, der deutsche Aufstand.
Der Chef geschlagen und sein Nachkomme in Versuchung.
Florenz, Imola im römischen Land unnachsichtig verfolgt.

78. Sieg zu schreien, glaubend – von großen Selin –.
Durch die Römischen ist der Adler angerufen.
Das Tessin, Mailand und Genua damit übereinstimmend.
Dann gibt, diesen gleich, auch Basel sein großes Stichwort.

79. Nahe beim Tessin die Bewohner der Loire,
Garonne, Saône, Seine, Tarn und Gironde.
Sie errichten jenseits der Berge das Vorgebirge.
Streit geschaffen, Po, Granicus, die Woge aufgegraben.

80. Zu denen von Europa kommt das Reich von Fez,
ihre Stadt anzuzünden, und so die Seele zu zerschneiden:
Die Große von Asien zu Land und Meer in großer Menge,
was Blaue, Vorfahren, Kreuz zu Tode hetzt.

81. Weinen, Geschrei und Wehklagen, Geheul, Ängste,
unmenschlich abgetrieben, die Ordnung qualvoll und erstarrt:
Genfer (See), die Inseln, die Wichtigen von Genua,
Blut zu verspritzen, öffentlicher Hunger, keine Gnade.

82. Durch die Wüsteneien der Phrasen, zügellos und

[leidenschaftlich,
läuft der Nachkomme des großen Pontifex herum:
Zur Infektion ermattet, mit schwerem Stammbaum belastet,
gleich Jenen, die später das Weihrauchpulver besitzen.

83. Er, der so hohe Ehre und Beliebtheit besitzt,
bei seinem Eintritt ins belgische Gallien,
begeht er etwas später viele Grobheiten:
Und er ist äußerst kriegerisch gegen die blühende Art.

84. Derjenige, der nicht als spartanischer Claudius regieren kann,
(er) macht so vieles auf betrügerischem Wege:
Was gedrückt, auf lange, klagt er an,
was königlichem Wesen entspricht.

85. Die große Stadt von Spanien – wie Frankreich
wird zerstört: Alle sind vom Turban gefangen:
Hilfe durch Masse von Portugals Großem.
Erstes davon ist am Tag des hl. Urban gewesen.

86. Der große Prälat, einen Tag nach seiner Träumerei,
hat im Gegensatz zu seinen Vorstellungen vorgetragen:
Aus der Gascogne tritt gegen ihn ein Mönch auf,
was der große Prälat von Sens erwählt.

87. Die Wahl hat in Frankreich stattgefunden.
Sie hat kein Gebiet (Vorstellung), Mailand widersetzt sich:
Der ihm sehr Ähnliche scheint so mächtig zu sein,
daß er jenseits des Rheines die Sumpfgebiete bekämpft.

88. Ein großes Reich geht verheert unter.
Sie betrieben beim Ebro die Zusammenkunft.
Die Pyrenäenberge vergelten es getrösteterweise,
da ja nun einmal im Frühjahr Erdbeben stattzufinden pflegen.

89. Hände und Füße zwischen heiligen Zymbeln gefesselt.
    Honiggesalbt das Aussehen und milchig als Inbegriff:
    Wespen und Fliegen machen die Bürschleinsliebe unzufrieden,
    den Mundschenk abzusetzen, der Weihrauch verführt.

90. Die stinkende Mißhandlung ist entsetzlich,
    nach der Tat herrscht (scheinbar) Glückseligkeit:
    Große redet sich heraus, damit man ihr gewogen ist,
    so daß Neptun (nicht) aus der Ruhe gereizt wird.

91. Vom Urheber der Seeschlacht,
    rot (vom Feuer) umzüngelt, streng, entsetzliche Kralle.
    Befangenes ausgeschlüpft vom Nachkommen in Basel:
    Weg von der Großen (als) Nachfahre Agrippas entwickelt.

92. Der Prinz von Schönheit (und) voller Liebreiz
    dem Chef gegeben, er begeht im folgenden Verrat:
    Der Stadt ist mit dem Schwerte von Pulver
                              [das Gesicht verbrannt,
    mit sehr großem Mord der Grundgedanke der Idee versteckt.

93. Der habsüchtige Prälat ist durch Herrschsucht getäuscht.
    Nichts gibt es, was man darüber hinaus fordert.
    Seine Anzeichen, und (so) von ihm sehr getäuscht.
    Alles entgegengesetzt (von dem) zu sehen,
                              [so das es Betrug spaltet.

94. Einige Könige voll Raserei bei Bruch des Satanischen,
    wenn Kriegswaffen verbannt sind:
    das Gift mit Zucker bestreut, gleich Stechpalmen,
    Wasserzerstörung. Vernichtete sehen Kerkermeister
                              [altes Spiel treiben.

95. Dann durch verleumderische Verleumdung entstanden:
    Wenn es bodenlos dumme und so kriegerische Dinge gibt:
    Der minderwertige Teil im Zweifel an Ursprünglichem.
    Und kaum an der Herrschaft: sind Leistungen zerschlagen.

96. Die große Stadt Söldnern ausgeliefert,
    niemals hat es so schnell folgenden Aufruhr gegeben.
    Oh, welch schreckliche Sterblichkeit nähert sich.
    Außerhalb einer Sünde ist nichts verstattet.

97. Bauerntölpel und abgetakelte Academie Française,
                              [Himmel in Frost.
    Feuer nähert sich von der Großen der neuen Stadt.

Augenblicklich springt verteilte Flamme in die Höhe,
(wie man auch) vom Norden (Galliens) den Beweis hat.

98. Verderben für den Volskerstamm, Angst,
[furchtbar schlimme Dinge.
Ihre Stadt verdunkelt (verdummt), pesthaft gemacht:
Gold und Silber zu rauben, so ihre heiligen Stätten
[zu schänden.
Und Glaubensbewegungen von fließendem Blute gequält.

99. Der mächtige Feind wendet sich (zu) Verwirrung.
Das große Lager krank und defekt durch Völlerei.
Die Pyrenäenberge und Phönizierland sind ihm
[abstoßende Taten,
nah der Bewegung alte Götter (Horus) entdeckend.

100. Tochter des Reichtums, Sitz der geistigen Krankheit,
wo sich bis zum Himmel das (Amphi-)theater füllt:
Hüte dich, dein Unheil ist sehr nahe!
Bist gefangen, so ist dein Gottesglaube mehr Teufelsanbetung.

Vorsichtsregel gegen läppische Beurteiler:
Die heutigentags die Verse studieren, müssen reifes Urteil besitzen: Das Gewöhnliche und Unwissend-Gemeine darf nicht angezogen sein: Alle Astrologen, Tröpfe, Ungebildete haben weit fern zu bleiben. Wer es anders zuwege bringt, derjenige ist wahrlich eingeweiht.

1. Der Himmelsbogen des darauf Hörenden gleich Achill getäuscht.
   Dem Gezeugten hat man den Quadrat(-Aspekt)
                              [als Reiz (gegeben):
   Im Königlichen nur versteht man das »Wie«.
   Die Sache aufgehängt gesehen nach Willen des gemeinen Volkes.

2. Weil Mars entbrannt, gibt es in Arles Krieg.
   Über Nacht sind die Soliden in Erschütterung gebracht:
   Schwarz, weiß erscheint violett, verborgen in der Welt.
   Unter täuschendem Schimmer Verräter gesehen und gehört.

3. Danach Schiffssieg von Frankreich,
   bei den Phöeniziern, Calabriern, den Marseillanern:
   Schlinggewächs des Reichtums,
                              [Amboß kalt zusammengeschlagen.
   Die aus Ägypten sind im Betruge gleich.

4. Der Herzog von Langres hat sich ins Land von Dôle begeben,
   von Autun und den Bewohnern Lyons begleitet:
   Genf und Augsburg sind jenen von Mirandola verbunden,
   die Berge gegen die aus Ancona zu übersteigen.

5. Davon ist Wein über die Tafel ausgegossen.
   Der dritte (außenstehende) Teil hat nichts davon, was er braucht:
   Gottesglaube vom Schwarzen von Parma heruntergestürzt.
   Hunger bringt Pisa, was es beansprucht.

6. Neapel, Palermo und (so) ganz Sizilien
   ist durch Barbarenhand eingenommen.
   Korsika, Salerno und die Insel Sardinien.
   Hunger, Pest, Krieg, vollendet die angestrengten Übel.

7. Hart das Treffen wegen flinker, heftiger Marterwerkzeuge.
   Man schreit, glaubend, daß die Große umkehrt
   aus dem Dunkel zu töten. Die Haufen Schäfergewänder,
   rote Abgründe in sie tief eingegraben.

8. Die Blume, Aufwühlung, der allernächste Römische geflohen,
   am Fesulan ist Streit entstanden:
   Blut vergossen, der ganz Große mit Gewalt eingesperrt,
   weder Gotteshaus noch Menschengeschlecht erhält
                              [Begnadigung.

9. Dame bei Abwesenheit ihres großen Kapitäns,
   ist vom Vizekönig um Liebe angegangen.
   Erheucheltes Versprechen und (so) unglückliche Umarmung.
   In der Gewalt des Großen der Prinz *Barroy.*

10. Wegen des großen Prinzen nahe am Ärmelkanal,
    tapferer und mutiger Chef der großen Truppe:
    über Meer und Land von Schwärmern und Normannen.
    Plünderung zu Barcelona geschehen, Insel zerstampft.

11. Der königliche Nachkomme zerschneidet die Mutter.
    Auge, Füße verletzt, roh, ungehorsam.
    Diese Neuigkeit ist der Dame fremd und für sie sehr bitter;
    von der ihren sind über 500 getötet.

12. Die große Vergiftung bewirkt das Ende des Streites.
    Beim Göttlichen mit dem Begnadigten versammelt:
    Cahors, Moissac erregen sich mächtig wegen der Kelter.
    Sizilien lehnt ab, Bewohner des Agen dem
                                    [Erdboden gleichgemacht.

13. Von der meerhaften und (so) abhängigen Stadt,
    ergreift das rasierte Haupt Besitz:
    Auf schmutzige Weise zu jagen, was da entgegensteht.
    Über 14 Jahre hält die Tyrannei.

14. Fehler zu beschreiben, ist zur Ortsbeschreibung geworden.
    Dummköpfe bewundert man gleich öffentlichen
                                    [Kunstwerken:
    Die Fanatiker zu vermehren, erdichtete Philosophie,
    für Weiße, Schwarze und so für alte Grüne.

15. Vor die Stadt des Insubrergebietes,
    ist der Hl. Stuhl sieben Jahre herausgestellt:
    Sehr großer König zieht ein,
    dann ist die Stadt »frei« außer von ihren Feinden.

16. Gründliches Lehrgeld von der großen Königin gezahlt,
    sie gibt die Art mächtiger Unnahbarkeit auf:
    Die Partei des falschen Hochmuts ist geschlagen,
    die in ihr Scheußliches und Schlimmes anstellt.

17. Der Fürst, der wenig Mitleid und Milde kennt,
    nachdem er sieht, daß den Seinen der Friede gebracht,
    müht sich, große Erkenntnis durch Vernichtung zu verändern.
    Das Reich gleichsam zur ewigen Ruhe geführt.

18. Bedrängte lassen ihren Friedenszustand entrinnen.
    Sieben Tage später machen sie grausamen Ausbruch.
    Immer wieder Familie blutig geschlagen, infiziert in Beilesart.
    Dame gefangen, die den Frieden hätte als Kleid weben können.

19. Der starke Nizäanische (Glaube) ist nicht von außen besiegt,
    vom glänzenden Metall ist er überwunden.
    Seine Handlungsweise ist für lange Zeit Gesprächsstoff
    bei den Bewohnern der Stadt, als äußerst [befremdliches Verhalten.

20. Botschafter der Sprache der Toscana.
    April und Mai Alpen und Meer zu durcheilen.
    Derjenige, der zum Mammon gehört, hält langen Sermon,
    gallische Lebensart nicht zur Vollendung gelangen zu lassen.

21. Gleich seuchenartiger Feindschaft bei den Volskern,
    verfolgt böse Herrschaft die Verborgene (geistige Betätigung):
    An der Brücke von Sorgues treibt sie den Schwindel,
    den (Geist) und seinen Anhang zu ruinieren.

22. Die Bewohner von Mesopotamien,
    gegen die Verbündeten Tarascons aufgebracht.
    Spiele, Gelächter, Festgelage, alles Volk eingeschläfert.
    Stadt des Vikars an der Rhône vereinnahmt von Italien.

23. Königliche Herrschaft ist gezwungen zu unterdrücken
    dasjenige, wofür sich die Vorgänger eingesetzt haben:
    so daß man den Ring schlecht versteht, den man trägt,
    dieweil man das Staatsgebäude auszuplündern kommt.

24. Aus dem Grabe steigt der Verschüttete,
    läßt die Kraft der Brücke mit Ketten binden:
    Vergiftet mit des Werwolfs Brut ist
    der Große von Lothringen durch den Papst.

25. Das Volk ist durch langen Krieg völlig ausgeplündert,
    so daß die Söldner in Zukunft dort keine Wertsachen mehr finden:
    Verstecke für Gold, für Geld, man kommt das Fell zu gerben.
    Gallien in Erz glänzend, Zeichen des Mondes im Aufgehen.

26. Gewehrschäfte und Kriegsflotte umgeben von
    [Infektion die Schiffe,
    einen tödlichen Streit gibt es:
    Von Madrid her erhält der Grundgedanke
    [einen machtvollen Hieb.

Glaubensinhalt weg, nur alte Kleiderlumpen noch auf der Erde.

27. In der Ökumene große Zusammenschneidung
[wegen der Verwüstung,
nahe Cap St. Martin große Geschäftigkeit im Troß.
Zu Turin Aussaugung, solch gewaltigen Diebstahl begehen sie,
daß sie darin heftig umherrennend Lohn für sich fordern.

28. Den großen Raub führt der Chef aus.
Im Lande gleicht es sehr Satanstaten:
Die Gegend genau durchsucht, durch Feuer verlangt
[er solchen Weg,
Alles verloren, Trienter Schmuck in Stücke zerbrochen.

29. Der mächtige Herzog Alba kommt, sich dagegen aufzulehnen,
begeht dabei an seinem großen Ahnen Verrat:
Er macht sich auf, den Edlen von erhabener Art zu besiegen;
hat ihn gefangengenommen und (so) auch das errichtete Werk.

30. Die Plünderung nähert sich, Feuer, viel Blut vergossen.
Po, große Bewegungen, das ganze Ochsentreibern überlassen:
Von Genuesen der Sieg, später langes Warten.
Foussan, Turin, bei den Bewohnern der Save der Erfolg.

31. Vom Languedoc und dem Guienne über zehn,
die Alpen wollen wieder tausend übersteigen:
Gegen Brindisi marschieren viele Allobrogen,
Aquinaten und die von Bresse erscheinen, sie zu zerbrechen.

32. Von königlicher Höhe entwickelt sich ein Hausbackener.
Leerer Wahn ist es, und (so) wird Wesentliches unterdrückt,
Nachahmung aufzurichten von der Grenzmark Mailand.
Favenz, Florenz, sich an Besitz und Menschen
[selbst anzueignen.

33. Durch den Betrug die Kräfte und das Reich zu»reinigen«,
schindet (sie) das ihr anvertraute Volk. Kreuzzüge
[zum Spionieren:
Erhabene, brüderliche Glaubensbekenntnisse sich
[wieder anzugliedern,
den Haß neu zu beleben, der seit langem in ihr schwelt.

34. Das gallische Volk ist in großem Seelenschmerz.
Das eitle Herz, leicht fällt es der Voreiligkeit anheim:
der Masse, Geist (ist) nicht Wein, Wasser, Gift statt Hirn,
völlig vernagelt, Hunger, Kälte, Bedürftigkeit.

35. Die Große erscheint zu beklagen, zu beweinen den Eitersack,
    den man erwählt hat: Sie sind von der Zeit getäuscht,
    man will mit jenen nicht zusammen wohnen bleiben:
    Sie ist enttäuscht durch die von der eigenen Sprache.
36. Gott, der Himmel (bringt) das göttliche Wort ganz durcheinander.
    Durch Rote Infizierte, Rasierte nach Byzanz gebracht,
    handeln gegen die trotz Druck zäh Festhaltenden
                                        [wie harte Rammböcke,
    stellen Glaubensgesetze auf, damit Schrecken, dazu Altarbeitisch.
37. Angeordnetes ausgeführt, der Kirche Grundidee ruiniert.
    Von einem ist gewarnt, offener Bürgerkrieg im Volke:
    Der Anführer heißt Verwirrung, so stirbt Erhabenes
                                        [und fault dahin.
    Der Rhein, Kirchen auf den Stöchaden, Kopf in die Erde.
38. Die erstgeborene Königliche auf trabendem Streitroß,
    reibt sich bei so hartem Herumrennen zuletzt auf:
    Großmäulig, lautstark, Fuß in vornehmem Steigbügel.
    Hingesiecht, ausgemergelt, kommt sie schrecklich zu Tode.
39. Der Lenker der französischen Truppe,
    glaubend die Hauptschar sei verloren,
    sinkt vor Begierde gleichsam ohnmächtig aufs Pflaster.
    Das Gesetz schmilzt, wegen Genua fremdes Volk (im Lande).
40. In Tonnen – ausgenommen die mit Öl und Fett Gesalbten –,
    die hineingezwungen, die der Einzigartige ausgesperrt hat.
    Todesmutige Heldentat begehen sie bei der nächsten Furt,
    erobern die Tore, und (so) die Verantwortung für die Wache.
41. Mut von erwachenden Hähnen und Kräften auf den Abend zu.
    Wegen des Aufruhrs ist der Wohnort lange unbewohnt.
    Träumen gleich sind Hohlheiten ausgegraben,
    das Haus heilsam gemacht und (so) geräuschlos belebt.
42. Neu entstandene heilige Dinge von Gift erfaßt,
    das in des großen Prinzen Kost gegossen:
    In der Tat alles dem Heiligen Zugehörige durch den Abfluß.
    Zum Quälen das entführt, was Erstgeborene vom
                                        [Tode retten könnte.
43. Immer, wenn man religiöse Einhörner sieht,
    zum einen gelindere Seiten aufziehend, zum anderen sich
                                        [demütigend,

stehen die Menschen im Mittelpunkt, ist Ausplünderung
[verbannt.
Dann verkriecht sich die zahlreiche Nachkommenschaft.

44. Dann wenn ein Turnier sehr Gutes bringt,
die Zeichen der Gerechtigkeit in sich tragend,
trägt der von seinem Geschlecht den Namen,
empfängt durch ungerechte Vergänglichkeit seine Marter.
(Andere Vierzeiler aus der XII. unter die VII. Centurie gesetzt.)

73. Sitze verstärkt durch Blitz und Donner und (so) manipuliert
Heiliges verändert, so ist's auf den Prediger übergegangen.
Erfaßt und eingeengt nutzt es nichts, Gebete zu verdreifachen.
Aufs tiefste Heruntergekommenes erhoben, auf den
[Thron gesetzt.

80. Der Okzident liefert die Britischen Inseln aus.
Erkanntes in die Tiefe zu führen, dann äußerst hoch.
Unzufrieden lauernde Rebellion konkurriert mit
[Schottenschriften,
die dann aufs höchste zu erregen und so über
[Nacht Laubhütten.

82. Die entsprechende Kriegslist ist merkwürdig:
Durch das Land tobt sich entwickelnder Niedergang.
Wegen Rückkehr der Barbarenart
freuen sich die protestantischen Länder.

83. Sturm in den Hütten, Grübeln, Tränen, Furcht.
Ohne Wehr aus Dummheit auf dem Ruhelager angegriffen.
Durch Unterjochung entsteht großes Elend,
in Weinen und Tränen ist das Brautgedicht verkehrt.

Ende

(Die Vierzeiler 73 bis 83 gehören offensichtlich nicht an diese Stelle.
Man beachte, daß Nostradamus in Centurie I, Quartain 3 und Centurie VII, Quartain 44 jeweils einander Entsprechendes aussagt. Er
verwendet damit die in den Psalmen übliche Porm der»Antiphon«)

2. Die Entzifferung des ersten Teiles

CENTURIE I

(1) Habe ich mich auf dem Stuhle des Sehers niedergelassen, um allein dem Geheimnis auf die Spur zu kommen? Nein, es ist ein Funke göttlichen Lichtes, der aus der Stille der Ewigkeit kommt, was den Verstand zum rechten lenkt! (2) Er allein weist auf den Kern der Dinge und läßt uns so vom Fundament, wie von der Umwelt her, begreifen. Der Seher selbst braucht bei seinem Werke Ehrfurcht. So nur gelangt er zur Erkenntnis. (3) Immer wieder werden bestehende Herrschaftsstrukturen umgeworfen. Alte Herrscher verschwinden; aber unter neuen Machtverhältnissen wechseln letztlich nur die Rollen von Verfolgten und Verfolgern. (4) Jede Herrschaftsart, die von Menschen entwickelt wird, bleibt auf Dauer weder gut noch unangefochten. Sie gerät mit Sicherheit auf Abwege und wird dafür zur Rechenschaft gezogen. (5) Umgehend und konsequenterweise tritt anschließend ihre Verfolgung ein. Darunter haben dann alle zu leiden: die Mächtigen wie der kleine Mann sind davon betroffen. Liebes Südfrankreich, du brauchst viel Kraft! (6) Jede Grundidee stürzt in sich zusammen, wenn nicht mehr nach ihren Grundlagen gehandelt wird. Wir sehen es an Italien und Frankreich, die beide eigene Wege gehen, wobei einer des anderen Unheil sucht. (7) Gewiß, es werden Rettungsversuche unternommen. Wegen verkrusteter Machtstrukturen kommen diese aber nicht zum Zuge. (8) Wie oft ist die großartige Idee des abendländischen Christentums für anderes benutzt worden. Jede bestehende Herrschaft nutzte es – jeweils einander ablösend – für eigene Hohlheiten aus. Daß dadurch Unheil entsteht, ist unausweichlich. (9) Despotie muß sich so entwickeln. Sie bringt sowohl dem Geist als auch den Menschen des Abendlandes viel Unheil. Gleichzeitig brechen die Türken gegen Europa auf. Von Süden her überziehen sie das Land mit Krieg. (10) Bei uns spinnt man gegen den erneuernden Geist dessen, was Antike und Christentum geschaffen haben, Intrigen. So muß alles in Not und Tod enden. (11) Dabei ist jedoch der Drang zur Erneuerung in Spanien, Italien und Sizi-

lien (also allenthalben) zu spüren. Ja, Krieg, Brand und Umsturz ruinieren das Abendland. Sinnloser Tumult läßt alles zugrunde gehen. (12) Man kann es durchaus so formulieren, daß die derzeit herrschende, übersättigte, brutale, brüchig gewordene Macht ihre Gewalt einsetzt, dabei alles aus der Bahn wirft und so die Einheit der Kirche vernichtet. (13) Unverständnis füreinander erzeugt eine Spirale von Haß und Gegenhaß. Dieser Wahnsinn entspricht letztlich einer Verschwörung gegen das Christentum selbst. Man holt sich gewissermaßen die Feinde selbst herein, indem man sich gegeneinander erhebt. (14) Für einfaches Volk bleibt nur Singen und Beten. Die geistlichen wie weltlichen Machthaber geben ihnen keine Möglichkeit, sich zu entwickeln. Dabei leitet Torheit das Handeln der Machthaber, die sich noch Gott ähnlich wähnen! (15) Aus all dem entstehen für uns Kriege in ihren unterschiedlichen Formen. Immer wieder kommt es zu Blutvergießen. Das Blut soll gewissermaßen der Mörtel sein, der die gesellschaftliche Ordnung festigt. In Wirklichkeit aber führt er zu ihrem Ruin. Warum begreift das nur keiner? (16) Hie falsche Schwärmerei, da Verfolgung, und alles aus den »Quellen des Glaubens« begründet. Vergiftung des Denkens, geistigseelische Verarmung, Tod durch gewaltsame Auseinandersetzung: Und so etwas soll der Erneuerung des Zeitalters dienen?! (17) Ein Menschenalter lang gibt es keinen Frieden. Statt dessen erlebt man nur, daß äußere Zerstörung – wie innere Verarmung – mehr und mehr zunehmen. Die Massen, die das erleben, werden so zur Revolte getrieben. (18) Im Gebiet der Franzosen und Norditalianer kann man ja nichts anderes mehr erleben. Dadurch ist im letzten dem Islam der Vormarsch ermöglicht worden; deshalb ist im Lande um Marseille (der Provence) alles mit Blut getränkt. Gleichzeitig landen (in Toulon) die Mohammedaner. (19) Herrscht im geistigen Gebäude des Abendlandes Hinterlist, so ist sein Geist von den Spaniern her völlig ruiniert. Sie dezimieren das Volk. Unter Blutströmen ist wahrer Glaube zugedeckt. (20) Durch plötzliche Veränderungen sind die Menschen in Nord- und Nordwest-Frankreich drangsaliert. Fremdes Volk nistet sich hier mit seinem Denken ein. So entstehen da Erschütterungen. (21) Das unwissende Volk nährt – ohne sich dessen klar zu sein – die Gewalttätigkeit. Es hat keine Ahnung, wer und was es letztlich in Aufruhr versetzt. Die Massen sind eben unwissend. (22) In ihrem Wahne verfertigen sie aus Pflugscharen Schwerter. Man kann es in Nordost-Frankreich erkennen, wo hieraus Erstarrung und Satansgeist entstehen. (23) Löst sich die Erstarrung der Kirche, so kommt es neuerlich zum Streit zwischen der Zerstörungswut der Reformatoren und der alten Gier nach Besitz der Römischen Kirche. Ihre Gier, die bereits besiegt schien, gewinnt erneut die Oberhand und steht höher als der Glaube. (24) So ist das Denken in der menschlichen Gesellschaft weiter heruntergekommen. Anzeichen von Gnade erkennt man an der Gier erst, wenn sie ihren Hunger gestillt hat. So muß Norditalien großes Übel ertragen. (25) Der Papst ist deshalb wie Gott geehrt, wenn sein lange verschütteter Glaube endlich wieder sichtbar wird. Aber leider bringt die Kirche neue Übel hervor. (26) Sie wird plötzlich zusammenstürzen und ich, der ich gern ihrer rechten Lehre folgen wollte, sage ihr das deutlich voraus. Ihr Sturz erfolgt unerwartet. Dabei betätigen sich der Norden Frankreichs (und Flandern), England und Römisches Land selbst als Vergifteter. (27) Westfrankreich wird heftig von den Engländern heimgesucht. Dabei hätte man so leicht zur Einigung kommen können! Aber es ist immer wieder das alte Lied: Machtpolitik siegt über Vernunft. (28) – Erste Zeile nicht deutbar – dann geht die Vorherrschaft an Spanien über, das auch die Seele bevormundet. Vieles muß dieserhalb leiden. Daß die Menschen statt aufeinander zuzugehen. Sich in Konfrontationsstellung begeben, bewirkt viel Unheil. (29) Stellt man aus solcher Perspektive heraus Christus pervertiert dar, so wird es entsetzlich. Dann ist der Weg für den Angriff äußerer Feinde freigemacht. (30) Die katholische Kirche gerät so in große Bedrängnis. In Unsicherheit ist sie über ihr künftiges Schicksal. In dieser Situation signalisiert sie Verständigungsbereitschaft. Leider kommt ihre verständnisvolle Haltung aber erst zum Tragen, wenn ihr keine gewaltsame Lösung mehr zur Verfügung steht. (31) Die spanischinspirierte Inquisition bringt große und lange Not auch über das Volk der Kelten (Franzosen, Norditaliener). Es ist ein zweifelhafter Sieg, den die Kirche dadurch erringt. Machthunger, Menschenverrat, Unglaubwürdigkeit hinterlassen in der hochmütig gewordenen Kirche ihre Spuren. (32) Dann wird ihre Macht schnell schwinden. Ihre Faszination hat für die Massen zu sehr gelitten. (33) Hat sie doch überall Gewalt ausgeübt und sich dabei auf die weltliche Macht gestützt. Rücksichtslos vernichtet sie alles, was sich nicht zu ihr bekennt. Was Wunder, daß sich die Menschen deshalb von ihr zurückgezogen haben. (34) Fremdartiges Gedankengut sucht über gute, französische Lebensart zu siegen. Stirbt dessen Gutes durch Hinterhältigkeit, so halten das nur geistige Schwächlinge für ein hoffnungsvolles Zeichen. (35) Neuer Hochmut siegt über alten. Hat einer gesiegt, macht er den anderen machtlos. Leider geht es so auch auf dem Gebiet der Glaubensbekenntnisse zu. (36) Einzig die Idee der Toleranz hat es schwer, sich durchzusetzen. Sie vernichtet ja ihren Gegner nicht. Der aber ruiniert seinerseits alle, die mitmenschlich denken. (37) Ehe die Kirche ganz dahingesiecht ist, bäumt sie sich noch einmal auf, erneuert den Streit und beschert den Menschen Chaos. Sollte aber nicht gerade die Kirche Menschenliebe üben? Sie tut jedoch genau das Gegenteil und entfernt sich so völlig von ihrem Ursprung. (38) Kirche siegt über weltliche Macht. Was man den Unterlegenen versprochen hat, bleibt anschließend nur leere Versprechung. Nichts hält die Gewaltherrschaft auf, die den Frieden verfolgt. Sie kennt nur totale Vernichtung und nennt das Frieden. (Der Friede eines Kirchhofs.) (39) So kommt der totale Zerstörer an die Macht: denn die Lutheraner haben sich zu weit vorgewagt: Die Macht durch Unterdrückung hat jedes Maß überschritten. Von »Auferstehung« kann man bei ihnen nichts entdecken. (Der Fürst hat jetzt die Macht über Seele *und* Leib.) (40) Hinter der Revolte steckt Unvernunft. Die Radikalisierung wird so verstärkt. Der Wert der Kirchenlehre nimmt ab. (41) Aus Unwissenheit und Unvernunft heraus wird die Ordnung aus den Angeln gehoben. Wenig Wertvolles bleibt übrig. Das gemeine Volk gerät in Verwirrung. Neue Ideen sind schwach. Gift ist in Wahrheit, was man schreibt und ins Volk schmuggelt. (42) Was Aufbruch zu neuem Lebensweg sein sollte, ist von Verführern in Aufruhr umgemünzt worden. Die Flamme des Geistes ist ausgelöscht. Alles wird durcheinander geworfen, während man glaubt, einen guten, ausgleichenden Führer gefunden zu haben.[1] (43) Zuvor hat man in der Herrschaft Gutes versucht: Man hat von einer erneuerten Kirche her Anstrengungen unternommen, sich dem Volke zu nähern und es auf rechte Weise zu lehren. (44) Leider bleibt das nicht von langer Dauer. Man bringt einfach diejenigen, die nicht gehorchen, um. So gibt es keine Klöster mehr, die sich noch an die Regeln halten, die ihnen gegeben wurden. Kaum noch ist Liebevolles bei ihnen zu finden. Statt dessen verkaufen sie überall Devotionalien. (45) Nachfolgende Glaubensrichtungen arbeiten ihrerseits auch mit Unterdrückung. So

---

[1]   Durcheinanderwerfen = diaballein (gr) = Symbol für den Satan.

äußert sich bei allen Unvernunft, die im letzten für ihr Handeln verantwortlich ist. Spaltung in Konfessionen – wie diese selbst auch – bringen überall Verwirrung mit sich. (46) Weil man in Frankreich die alte Kirche mit Gewalt von oben her erhalten will, was zudem noch in sehr unvernünftiger Weise geschieht, erhebt sich das gemeine Volk und gerät in Aufruhr. (47) Die Erregung entspringt der Lehre, die aus Genf stammt (Calvin). Man hatte sie in Überlebenschance und Bedeutung unterschätzt. Die hochnäsigen Amtsträger von Staat und Kirche unterdrücken sie mit allen ihnen zu Gebote stehenden Mitteln. (48) Aufruhr und Veränderung bleiben nur kurze Zeit, Unterdrückung dagegen währt sehr lange. Aber: wenn man totale Herrschaft anstrebt, kann man sicher sein, daß es zu Ende geht! Das ist es, was ich in meinen Schriften sagen und erklären will. (49) Despotismus hatte sich bereits lange vorher angekündigt und Unheil gestiftet. Europa hatte sich fast bis in den letzten Winkel gespalten, und bis ins Heilige hinein wirkte sich das Schisma aus. (50) Gab es anschließend auch neuen geistigen Aufbruch und gute Herrschaft, so währte dies nicht lange. Die schlechten Zeiten sind wiedergekommen. Südfrankreich, Norditalien, was mußt du ertragen! (51) Durch die Inquisition wird viel Menschenblut vergossen, um zu verhindern, daß dem Volk beim Abendmahl Christus nicht nur im Brote, sondern auch im Wein (Blut!) begegnet. Auf die Anhänger der Inquisition singt man wegen ihrer Härte auch noch Lobeshymnen. Die Zunahme der Kirchenmacht gleicht deshalb einem despotischen Sturm, der über das Abendland dahinfegt. (52) Die alte, ruinierte Kirche steckt voller Hinterlist. Man kann sagen, daß von ihr Christus selbst ermordet wurde. Aber auch die neuen Konfessionen bringen Vergiftung des Denkens. Aus dem Schwäbischen und dem Norden Europas stammen die dafür Verantwortlichen. (53) Was sich in Schwaben tut (Bauernkriege, Bildersturm) schindet das Volk und ruiniert die altehrwürdigen Gesetze. Andererseits ruiniert die katholische Kirche die Christenheit in ihrer Gesamtheit, weil ihre Funktionäre sich auf die »Ausbeute« an Gold und Silber konzentrieren. (54) Glaubensaufstände sind triebhaft bewegt. Wenn sie herrschen, wird Herrschaft und Ordnung aus den Angeln gehoben. Es ist eine sehr unheilvolle Kombination, wenn sich Glaubensformen und Triebe miteinander vermischen. (55) Diese Vermischung schafft ein Klima, wie wir es aus dem alten Babylon kennen. Die Folge ist furchtbares Blutvergießen. Alles, selbst himmlische

Dinge, geraten aus den Fugen. Als Folge davon treten Zersplitterung, seelisch-geistige Verarmung, Verwirrung und moralische Vergiftung auf. (56) Wenn ihr richtig hinschaut, könnt ihr das jetzt erkennen. Handelt! Bald ist es zu spät! Schrecken, Vergeltung und Wiedervergeltung sind sonst die Folgen. Jeder Wechsel und jede Veränderung müssen in Übereinstimmung mit dem Heiligen Geiste Gottes erfolgen. Nur dann liegt Segen darauf. (57) Zwietracht bewirkt Aufruhr. Uneinigkeit bringt Anmaßung und Blutgier mit sich. Der Blick ist dabei auf Niederes gerichtet, wenn man es auch noch so schön darstellt. (58) Spaltung bewirkt Streit. Gewaltlose erträgt die menschliche Gesellschaft nur für eine gewisse Zeit. Die Ideen aus Nordeuropa triumphieren, und der Leitgedanke, der für Italien bestimmt ist, verliert seinen Führungsanspruch. (59) Regiert die Brutalität, so geraten denkende Menschen zwangsläufig in innere Emigration. Vernünftiges Denken und Handeln – wie wahre Gläubigkeit – sind dann ohne Macht und Einfluß. Sie werden sogar vernichtet, sollten sie es nämlich wagen, ihre Stimme zu erheben. (60) Gewaltherrschaft (Inquisition) ergreift dann von der Kirche Besitz. Dabei muß das Volk einen gewaltigen Blutzoll entrichten. Die »Knechte« sind hierbei eher Henkersknechte als Knechte eines demütigen Glaubens. (61) Der arme, unglückliche (französische) Staat wird von neuen Würdenträgern und Gemeinschaften verwüstet. Das stärkt – wegen der zahlreich ausgesprochenen Verbannungen – den Einfluß der reformierten Lehre. (62) Das Ergebnis kann nur Unheil sein. In Zeiten der Verwirrung sind Denken und Meinungsfreiheit unterdrückt. Die Verletzungen, die von Staat wie Kirche begangen werden, reißen die Masse zum Aufstand hin. Die Anstifter des großen Unheils sind die Machthaber wegen ihrer krassen Unwissenheit. (63) Sind diese Plagen ertragen, bleibt hinterher nur fast entvölkertes Land zurück. Überall entstehen Wildwuchs und Wildnis, Ursachen neuer kriegerischer Handlungen. (64) Die armen Menschen greifen in ihrer Not nach jedem Strohhalm und suchen selbst im Unreinen ihr Heil. Ideen, die sie verkünden, sind schlimm. Glauben sie doch, um des Glaubens willen zu kämpfen. (65) Dabei sind junge Menschen so jämmerliche Schwächlinge, daß sie unter der kleinsten Belastung bereits zusammenbrechen. Was dazu als Beispiel in der Auvergne geschieht, ist niederschmetternd. (66) Die Neuerer haben es also leichter. Sie verlangen von den Menschen ja nicht so viel. Armes Keltenland[2], du leidest gleichermaßen an Gewalt von oben wie

Aufstand von unten. (67) Was an innerer Verarmung da beginnt und abwechselnd die verschiedenen Glaubensrichtungen wie die Staaten erfaßt, geht zum Schluß auf alle über. Schließlich bleibt ihnen nur noch, gewissermaßen Baumwurzeln zu fressen, weil sie nämlich die Naturgesetze auf den Kopf stellen, (68) denn wie handelt man? Die Unschuld wird verfolgt, in alles dringt Gift, die Tradition geht verloren, und zugleich ist man überall in Angst von der Inquisition. (69) Die eine Kirche hat letztlich statt Friede, den sie ja den Menschen bringen sollte, Streit bewirkt. Auf ihre innere Armut ist der Aufstand der Menschen zurückzuführen. Das Ende ist darum ihr Sturz, wobei dann auch ihre geistigen Fundamente zugrunde gehen.(70) Was Wunder, daß ihre innere, seelisch-geistige Armut und Trübseligkeit sie letztlich despotisch werden läßt. Das bedeutet Verrat an Christus selbst. Aber der französische Staat handelt selbst ja auch nicht besser. Ich kann dabei nur daran erinnern, wie sie mich heimlich vor ihr Inquisitionsgericht bestellt haben.[3] (71) Es geht ständig hin und her: Hie Spanier, da Türken, dort Ligurer, alles tummelt sich in der Provence. (Unsere) Provence wird von Italien her verwüstet. Krieg gibt es, Vernichtung muß ertragen werden; die weltliche Gewalt des Papsttums plündert Südfrankreich aus. (72) Das ist so schlimm, daß die ursprünglichen Bewohner von Marseille fast ganz verschwunden sind. Aber die Verfolgung tobt überall in der Provence. Von Narbonne bis Bordeaux (der ganze Süden Frankreichs) ist durch die Inquisition, die in Toulouse ihren Sitz hat, unterdrückt. Man hat fast eine Million Menschen ermordet oder eingesperrt. (73) Frankreich ist ganz von solcher Unrechtshaltung befallen, das Albigenser Land von Despotie total bedrückt. Von Spanien her kann man keine Hilfe erwarten, und auch von Venedig aus ist nichts dergleichen zu erhoffen. (74) Statt dessen hält es die katholische Kirche für angebracht, in der griechischen Inselwelt Kirmes zu feiern.[4] Sie meinen, sie müßten Palästina erobern. Zuletzt bleiben doch die Mohammedaner Sieger und machen den Kreuzfahrer den Garaus. (75) In Italien fallen die kleinen Tyrannen der einzelnen Stadtstaaten in Eifersucht übereinander her. Was Wunder, das

[2]   Norditalien und Südfrankreich.
[3]   Siehe S. 33 (Nostradamus wurde in der Zeit, als er in Agen lebte, vor das Inquisitionstribunal nach Toulouse geladen.)
[4]   Die Kreuzfahrer setzten sich gemäß dem Brief an König Heinrich zum größten Teil aus disziplinlosen Glücksrittern und Entwurzelten zusammen.

dann über das Meer der türkische Angriff erfolgt. Was alles muß Italien über sich ergehen lassen. Das Ergebnis ist für die Christenheit erschütternd. (76) Es ist das von Gott bestimmte Geschick. Er erlaubte dem islamischen Osten sich in Bewegung zu setzen. Dies fremde Volk wird in seiner Grausamkeit noch viel Schrecken verbreiten. (77) Vom Meere her wird so das gewaltige Babylon (Rom) zerstört. Anschließend durchstoßen die (Mohammedaner) die Straße von Gibraltar und fahren die Biskaya herauf. (78) Bei Roms Herrscher (dem Papste) hat sich eine Starrheit entwickelt, die sowohl Geist wie Seele erfaßt. In Frankreich haben die Reformierten Angst vor dem König. Sein Gebiet ist geistig gespalten. Söldner und Häscher treiben darin ihr Unwesen. (79) Wegen der Ideologien ist der ganze Südwesten Frankreichs in wilder Erregung. Streitigkeiten und Intrigen richten das ganze Gebiet zugrunde. Dabei will man doch gerade damit das Christentum kraftvoll neu beleben. (80) Es ist eine satanische Macht, die da anmaßend behauptet, der Wahrheit zum Siege zu verhelfen. Das ist ebenso in Burgund. Es ist geradezu furchtbar anzuschauen, wie man dort ebenso frühlingshaftes Aufblühen zerfetzt. (81) Diejenigen, die neue Kraft bringen wollen, sind statt dessen aus der menschlichen Gesellschaft (der sie doch dienen wollen) ausgeschlossen. Zum Freiwild hat man sie erklärt. Aber mit deren Schwinden ruinieren sich zuletzt sowohl die katholische Kirche wie der Staat selbst. So können die Verjagten nicht helfen, wie ihnen selbst nicht geholfen werden kann. (82) Wenn einfaches Volk einesteils in Angst befangen, andererseits in Besitzgier im »Meßbucheinband«[5] fest eingequetscht ist, findet man sich klugerweise an anderer Stelle wieder zusammen. Die Reformation flammt dann in Wien und den österreichischen Landen auf. (83) Deshalb ziehen andere Nutzen aus unseren Reformbestrebungen. Diese gehen dann nicht so vorsichtig wie unsere Reformatoren vor. Italien bekommt die Folgen davon zu spüren, und auch die Griechen haben unter der Auswirkung zu leiden (sie fallen u. a. der islamischen Herrschaft anheim). (84) Die Veränderungen geschehen in einem dunklen Zeitalter, werden wir doch heutzutage von Glaubensauseinandersetzungen beherrscht. Die katholische Kirche ist jetzt als völlig verfinstert anzusehen. Ihre Untaten auf seelischem Gebiet genügen ihr aber noch nicht. Sie mischt sich zusätzlich offen in Kriege ein. (85)

---

[5] Eingeklemmt in Formen religiöser Betätigungen.

Wie die Kirche verhält sich auch der Staat. Die Machthaber des Staates bringen Bürgerkrieg ins Land. Die katholische Kirche greift scheinbar reformatorische Ideen auf. In Wirklichkeit geht es ihr aber nur darum, ihre Konkurrenten zu vernichten. Deren Zerstörung erreicht sie zwar, gleichzeitig wird aber durch Wut, Haß und Neid die Religion selbst in ihren Wurzeln zerfressen. (86) Sieht sich die Kirche schließlich besiegt, zeigt sie (endlich) Zeichen großer Herzenstapferkeit; denn sie, die jetzt selbst der Verfolgung anheimgefallen ist, klagt sich ihrer eigenen Fehler an. (87) Neue Machthaber erleben durch diese fundamentale Tat eine Erschütterung ihrer – gefestigt geglaubten – Macht. Weil diese sich untereinander nicht einigen können, siegt zuletzt Spanien (Inquisition, letzter Hort der katholischen Kirche zu dieser Zeit) blutig über sie. (88) Auch über Frankreichs Herrscher siegt die katholische Kirche völlig, der er sich ganz unterworfen hat. Mit dieser Niederlage sind Würde wie Wahrheit vom Königtum gewichen. Die Mönchskirche macht ihn zu ihrem Sklaven. (89) Die Glaubensfanatiker, die den Reformatoren anhangen, ruinieren Nord- und Mittelfrankreich. Dann aber tritt Spanien auf und läßt Frankreich endgültig ausbluten. (90) Die dumpfe Masse erhebt sich – angeblich zur Erhaltung der alten Kirche – in Südwest-Frankreich und stürzt dabei das ganze Land ins Chaos. Zugleich kommt (mit den Bilderstürmern) aus der Schweiz ebenfalls Unheil. (91) Göttliches, Übernatürliches können Menschen nur in sehr unvollkommener Weise erfassen. Nur deswegen ist es möglich, daß um seinetwillen übler Streit entsteht. Man glaubt sogar, Religion mit militärischen Aktionen in Übereinstimmung bringen zu können. Die solches zu verantworten haben, haben nichts von wahrer Religion begriffen. (Sie haben Wind gesät), sie werden Sturm ernten. (92) Herrscht tatsächlich einmal der einzigartige Zustand vollen Friedens, sind kurz darauf mit Sicherheit schon wieder Neid und Aufruhr obenauf. Das Krebsgeschwür der Menschheit ist, daß man einfach nicht aufeinander zugeht, nicht aufeinander eingeht. Der ungebildete Teil der Menschheit ist geistlos und verbohrt. (93) Die Italiener haben unter den ihnen aufgenötigten Patentrezepten viel zu leiden. Der hochmütige Staat, die verräterische Kirche ziehen in diesem Lande nur äußerlich an einem Strang. Einer bedient sich in Wirklichkeit nur aus Angst des jeweils anderen. Das rechte Maß finden nur Südfranzosen und Katalanen. (94) Durch Gerechtigkeit im Denken überwindet man Gewaltherrschaft. Weil diese Gerechtigkeit aber auch Gewissensbisse und Schuldgefühle hervorrufen muß, erringt man letztlich nicht die Freiheit zurück. Man verstrickt sich vielmehr erneut in Auseinandersetzungen um den rechten Lebensweg. Dieser chaotische Zustand – diese neue Schreckensherrschaft – bringt dadurch die alte Kirche wieder zu Ansehen. (95) Gleichsam als Zwillingsbruder der katholischen Kirche entwickelt sich von einem sprachgewaltigen Mönch, der von der Kirche als Professor eingesetzt ist, eine neue Konfession. Mächtig durchdröhnt er die Kirche, ihre Macht genau so wie ihre Sprache. Man kann getrost sagen, daß die lateinische Kirche ihn selbst geformt hat. (96) Er ist gesandt, der Veräußerlichung und der weltlichen Macht der Kirche – nicht aber den Menschen – zu schaden. Das Volk kann nämlich das Gekünstelte und Unwahr-Theatralische nicht mehr ertragen. (97) Was aber von der katholischen Kirche der Vernichtung entgeht, spricht jetzt in süßlichen, beschwichtigenden Worten von Gemeinsamkeit und heuchelt Reue über eigene Schuld. So wird das Gute in seiner Aufmerksamkeit eingeschläfert. Hat sie dann die Oberhand zurückgewonnen, vernichtet sie mit blanker Gewalt ihre Gegner. Die Katze läßt eben das Mausen nicht. (98) Wer zum Führer des Volkes berufen war, hat den ihm gegebenen Auftrag in ungeheuerlicher Weise verraten. Er stammt zudem nicht von Art und Sprache des Volkes. Wenn nur genügend viele seiner Art nach Griechenland gelangen, so bringt er es zum Schluß noch fertig, das Stammland der erhabenen Antike zu ruinieren. In ihrer Gier nach Reichtum hat die vergehende Kirche die Menschen »selig« gemacht. (99) Der Humanismus dagegen läßt jeden echten, wahren Gottesglauben gelten. Wie schlimm, wenn man daran geht, auch ihn auf hinterlistige Weise zu zerstören. Du Volk von Südfrankreich, welcher Jammer kommt über dich! (100) Lange Zeit herrscht elendes Denken vor, das seinen Ausgang vom Norden wie vom Land der Römer hat. Wenn dann aber endlich die Toleranz des Humanismus zur Herrschaft gelangt ist, geht die Militanz der Kirche zugrunde. Und dann, endlich, herrscht Friede!

(1) Schlimmes haben die Engländer in Westfrankreich ausgelöst. Aber auch ihnen selbst geht es nicht besser. Geistige Unbeweglichkeit läßt keine Entwicklung zu. Die Vernunft ist stark unterdrückt. (2) In England bringt man Menschen um, in Frankreich handelt man nicht besser. Die Engländer hängen die ihren an die Mastbäume ihrer Schiffe, die Franzosen benutzen dazu die Bäume ihrer Wälder. Die jeweils bestimmende Ideologie legt fest, wer leben darf oder sterben muß. (3) Zu den inneren Kämpfen, unter denen das Volk zu leiden hat, kommt von außen noch die Attacke der Türken. Sie lassen, wo immer sie einmarschiert sind, das Volk gewaltig zur Ader. Rhodos haben sie schon erobert. Jetzt möchten sie Genua einnehmen. (4) Sie verwüsten die gesamte Westküste Italiens. Alles wird dort geplündert und geraubt. (5) Christen greifen gegeneinander zum Schwerte; sie müssen aber mit noch Schlimmerem rechnen. Die Invasion Italiens durch die Kriegsflotte der Türken steht zu erwarten. (6) Im Abendland sind aus Glaubensgründen Plagen – schlimmer denn je – entstanden. Seelisch-geistige Verarmung, vergiftetes Denken und Krieg haben das Volk ruiniert; so bleiben dem nur noch Bittgebete übrig. (7) Unter denen, die die Glaubensformen ablehnen, entwickelt sich Ablehnung der Religion selbst. Sie gehen an seelischer Verarmung zugrunde. Um dem entgegenzuwirken, artikulieren sich neue Glaubensgemeinschaften. (8) Sie entstammen zwar der römischen Kirche, weisen aber deren Prunksucht entschieden zurück. Sie sehen den Dienst am Menschen im Mittelpunkt und vermindern in der Liturgie stark die äußeren Formen. (9) Fast ein Jahrzehnt lang läßt die katholische Kirche die mit der wenigen Liturgie gewähren, dann aber werden sie von ihr blutdürstig gejagt. Man behauptet, sie seien ohne Religion. Sie müssen als Märtyrer sterben. (10) Hat man schließlich alles was im Wege schien beiseite geräumt, so erzählt man uns, gutes, ursprüngliches Christentum sei wiederhergestellt. Aber diese Herrschaften haben sich mit ihrer angeblichen Zuwendung zum Menschen nur verkleidet, und binnen kürzester Frist führen sie alles übersatt in den alten Zustand zurück. (11) Die angeblich erneuerte Kirche erreicht dadurch ihr Ziel und erlangt aufs neue große Macht. Ihre Erhabenheit nötigt Ehrfurcht ab, aber Refor-

men werden von ihr beseitigt. (12) Sie erkennen nicht, was wirklich vonnöten ist, sind vielmehr von ihren alten Phantastereien erfüllt. Der Dienst am Menschen war nur Verkleidung. Aber Gott wird ihren Wahn strafen, der ihnen schon vorher als Vorzeichen den Verlust ihres Kirchenschatzes (in Orange) gab. (13) Das Meßopfer sollte nicht mehr in Formalismus steckenbleiben. Christus hat schließlich göttliches Licht unter den Menschen erweckt. Es ist der Geist Gottes, der die Seele beglückt und so zur Erkenntnis der ewigen Bedeutung seines Wortes führt. (14) Die Inquisition ist in Mittelfrankreich äußerst aktiv geworden und untersucht alles. Sie dringt in die Gesellschaft ein, und erst durch ihr Verhalten wird zu Auseinandersetzungen aufgereizt. Dabei leistet der Staat Handlangerdienste. (15) Kurz bevor die Einheit zugrunde geht, hat das große Schisma sich als warnendes Vorzeichen Gottes gezeigt.[6] Die damit verbundene sehr starke Belastung (des Abendlandes) hat seine Selbstverständlichkeit in Frage gestellt. Darauf weiß Norditalien keine Antwort. (16) Süditalien wird von neuer Tyrannei (durch Spanien) unterdrückt. England übt Gewalt aus. Flandern, die Schweiz, überall gibt es schlimme Verluste an Menschen und Dingen. Im Rausch fühlen sich dabei diejenigen, die sich als Sieger wähnen. (17) Das Heiligtum der Unschuld ist weder von der Antike her noch von Spanien aus zu verstehen. Was hierfür vielmehr Schlüssel ist, das habe ich in meinen Weidenkörben eingeschlossen.[7] Der Norden zerstört Ideen und bebautes Land. Aber (18) die neuen Wege haben die an sie gestellten Erwartungen nicht erfüllt. So kehrt das Volk wieder zu den alten religiösen Formen und Normen zurück. Die Kirche gibt dem Volk aber anstelle von Brot Steine. Die Ketzer werden vernichtet, alles gewaltsam unterworfen. (19) Die Bilderstürmer finden deshalb Südfrankreich für sie aufgeschlossen vor. Sie erobern das Land und machen es unbewohnbar. Sie rauben geradezu zu ihrem Vergnügen. Verarmung, Vergiftung, Krieg sind ihr Werk. Bis alles wieder geordnet ist, dauert es sehr lange. (20) Grund, daß diese sich so entwickeln konnten ist, daß Mönche und Nonnen in der Vergangenheit sich zu sehr hofieren ließen und sich geradezu gottähnlich wähnen. Sie machen sich viel

---

[6]   Gemeint ist die große abendländische Kirchenspaltung 1378–1417.
[7]   In Weidenkörben hatte Nostradamus seine Texte »zur Verwendung für denjenigen seiner Söhne, der sie am besten zu nutzen weiß«, aufbewahrt (a. d. Testament).

zu viel Gedanken darüber, wie sie am Gründonnerstag mit ihren Palmzweigen einherstolzieren. Wenn sie fasten, zeigen sie das durch mürrische Gesichter an.[8] (21) Was doch weniger Stolz zeigen sollte, wird von Ignoranten zu Anmaßung umgewandelt. Dabei bereiten sich bereits die osmanischen Reiterscharen zum Sturme vor. (22) Die griechische Antike wird so geistig wie politisch von Europa getrennt. Wegen der Einengung im Denken und durch fremde Truppen ist das edle Griechenland niedergebeugt. Nach Gottes Willen ist damit Europa nicht mehr das geistige Zentrum. (23) Wie Vögel schießt man hierzulande frei geäußerte Gedanken ab, sobald die Macht von Kirche und Staat groß geworden ist. Zwar meinen sie damit den inneren Feind abzuwehren, in Wirklichkeit aber haben sie mit ihrem Verhalten nur den Angriff, der von außen her erfolgt, unterstützt. (24) Die Herrschenden sind ja dumm und wegen ihrer inneren Armut fanatisch und sehen fast nur vom Balkan her die Gefahr kommen. Die Größe der Lehre Christi benutzen sie nur für sich selbst in einer zurechtgemachten Weise. Dabei belauert sich die Satansbrut ständig gegenseitig, um einander zu verschlingen. (25) Solche »Bewahrer« verraten ihnen anvertrautes Gut. Staat und Kirche versprechen sich viel von ihrer »Hochzeit«. Am Ende sind die Menschen die Verratenen und Unterdrückten. Ganz Frankreich wird so zu Tode getrampelt. (26) Man hat sich nicht vorgesehen, als die Machthaber der Kirche am Boden zu liegen schienen. Von den Alpen her fallen sie über Norditalien ein. In Blut und Scheiterhaufen ertrinkt alles. Furchtbar sind die Schläge. (27) Gottes Wort ist unterdrückt. Seine Gaben haben die Prälaten den Menschen vorenthalten.[9] Ist es ein Wunder, wenn da alles drunter und drüber geht? (28) Dies Dunkel habe ich in meiner Arbeit beschrieben und legte die Vorurteile ab, um alles genau zu begreifen, was mir durch den Kopf geht. Ich will schließlich viel Volk vom Betrug freimachen. (29) Die Türken werden kommen. Durch Italien dringen sie über die Alpen nach Frankreich vor und werden dort für alles, was an Unvernünftigem geschehen ist, Strafe sein. (30) Was Hannibal einst den Römern getan hat, werden die Türken Rom erneut spüren lassen. Entsetzlich wird es diesem neuen Babylon dabei ergehen. (31) Spanien wird völlig überrollt. Aber wegen

---

[8]   Pharisäer.
[9]   Siehe Brief an das Domkapitel von Orange.

der langen, gegenseitigen Querelen, hat man es sich letztlich selbst zuzuschreiben. Jeder Hoffnungsschimmer ist dahingewelkt. (32) Wegen der Dinge, die auf der Ostseite der Adria geschehen, hat man eigene nahe Probleme überhaupt nicht erkannt, die in pestartiger Weise um sich greifen. Die Vorstellungen aus Schwaben (Bildersturm, Bauernaufstand, Glaubensstreit) haben das ganze, unterdrückte Volk erfaßt. Die Römische Kirche kennt als einzige Antwort die Inquisition. (33) So schlimm wie eine Überschwemmung ist dann im gallischen Gebiet der Krieg zwischen Narbonne und dem Po. Wenn man von Genua einmarschiert, wird zwangsläufig auch Südwestfrankreich davon erfaßt. (34) Wie sinnlos ist doch dieser tödliche Bruderzwist von Menschen gleicher Art und gleichen Glaubens! Er bringt Frankreich großen Schaden. (35) Die Lebensgrundlagen werden von solch Dunklem zerstört. Es entstehen so gute Ideen für den Lebensweg des Menschen, so wahrhaft christliche Gedanken: Aber alles wird vernichtet. (36) Die Gewaltherrschaft ist es auch, die meine Schriften unterdrückt; denn sie läßt Wahrheit und Weisheit nicht hochkommen. Um ihr keine Möglichkeit dazu zu geben, habe ich das von mir Gemeinte in dunkler Weise dargestellt. (37) Das Weise, was man (ich!) zur Rettung der unterdrückten Menschen übermitteln will, wird nämlich andernfalls von geistiger Vergiftung und Verarmung zerfressen. Die 10 Gebote[10], Moral, Glaube: Alles hat man vertrieben. (38) Erhabenes hat man ausgesperrt; und solches Handeln ist allen Machthabern gemeinsam. Das geistige Fundament schließen sie so völlig aus ihren Überlegungen aus, wie es alle Kriege zusammengenommen nicht schlimmer tun könnten. (39) Da kann als Beispiel der Zeit der Italienfeldzug gelten, wo Deutsche, Franzosen und Spanier um die Vormacht ringen. Das dies so ist, hängt mit der Vorstellung vom Staat zusammen. Daran geht sehr viel zugrunde. (40) Schon kurz danach finden überall wieder neue Kriege statt. Schlimmer noch sind allerdings die Glaubens- bzw. Bürgerkriege. Das Menschengeschlecht, alles was lebt, muß dabei noch mehr Unheil über sich ergehen lassen. (41) Man kann sagen, daß die ganze Christenheit ständig in Brand ist. Gott wird in zwei »Wahrheiten« verkündet. Die

---

[10] Die »Septuaginta« = die in den fünf Büchern Moses festgelegten Grundlagen menschlichen Zusammenlebens wie des Verhältnisses des Menschen zum Schöpfer.

niedere, geknechtete Masse jammert in ihrer Dunkelheit, wenn der Papst Rom verläßt (1378). (42) Die Kirche ist blutgesättigt, das Menschengeschlecht durch ihren Fanatismus todwund geschlagen. Auch jeder anderen geordneten Herrschaft hat man alle Kraft genommen, so daß sie ebenso entsetzlich zugrunde geht. (43) Trotz des Gotteszeichens der Strafe und Warnung, wie es auch früher erschienen ist, haben sich die Mächtigen doch verfeindet. Vom Himmel gezüchtigt, zittern die Lande, die Erde ist voller Furcht, Italien in Aufruhr, Satan an Land gestiegen. (44) Man hatte den abendländischen Grundgedanken einmal nahe an der Quelle angesiedelt. Gleicht anderen Lehren hat man ihn von dort vertrieben. Erst der Lärm den Nördliche, Türken und Schweizer machen, schreckt die Kirche aus ihrem Wahn auf. (45) Göttliches wurde unterdrückt, man ist zwiespältig geworden. In Verbindung mit dem Glauben an Christus vergießt man Menschenblut! Von solchem Niedergang erholt das Volk sich erst spät, fast zu spät. Hat es sich endlich doch erholt, so kommt auch die ersehnte Rettung. (46) Ist diese Verwirrung unter den Menschen überstanden, kommt eine noch größere. Wieder wird die Zeit, wie sie war: alles Schlimme wiederholt sich, gleich dem Lauf der Gestirne. (47) Immer wieder mordet man seinen Gegner. Darin denken Mächtige genau so wie die törichte Masse. Solch vernichtendes Verhalten ummäntelt man noch mit schönen Worten. Gemilderte Gesetze bringen allerdings nichts, wenn sich das Denken nicht ändert. (48) Das Großartige, das christlichem Denken zugrunde liegt, wird durch Fanatismus von seiner Höhe heruntergezerrt. Blutzeugen allein zeigen noch alte Vertrauenswürdigkeit. Verräterische Kirche hat sie und ihre Absicht auf dem Gewissen. (49) Im Anfang war diese durch gute Ideen geleitet. Die sich aber heute in ihr die Macht angeeignet haben, sind nur kleingeistige Eiferer. Der christliche Osten ist deswegen schon verloren, ist dort zu Boden geschmettert. (50) Denen aus dem Hennegau und aus Flandern hat man mit militärischer Macht jede Entwicklung unmöglich gemacht. Bei ihnen tobt schlimmer Krieg, diese alte Geißel der Menschheit. Man treibt es dabei schlimmer als die Teufel. (51) Die Gerechten in England sind leichtfertig. (Verbrannt durch Blitz 23 die sechs [?]). Die alte Kirche haben sie von ihrem Platz vertrieben, und viele, die sich zu ihr bekennen, werden getötet. (52) Wegen mancherlei Schlimmen bebt die Erde. Die Anstrengungen um eine Erneuerung des Glaubens haben Folgen. Der christliche Osten schwankt zwischen beiden hin und her. Der Kampf gleicht dem zwischen zwei mutigen Recken. (53) Weil die Volksgemeinschaft vergiftet ist, tut sie nichts, um solchen Niedergang aufzuhalten. Die Kirche ihrerseits täuscht die Gutwilligen. Sie werden schuldlos unterdrückt und mit Füßen getreten. (54) Ist das Volk – weil mittlerweile von guter römischer Art entfernt – Fremden gleich geworden, gerät es alsbald in Aufruhr. Was da an Neuem entstanden ist, ist kraftlos; denn sein Fundament ist vom Ursprung weit entfernt. Ohne Christentum sind Ideologien kein Lebensweg. (55) Als es mit der Kirche zu Ende zu gehen scheint, greift sie hochmütig zum Schwert. Nur Hadrian (Hadrian VI.) erkennt das als Niedergang. (56) Was innere Vergiftung und Krieg noch nicht vernichtet hatten, das geht in den Bergen der Auvergne zugrunde. Dabei ist selbst das Heiligste nicht verschont. Der wahre Priester geht verloren, wenn er die, die schon Schiffbruch erlitten haben, auch noch zum Untergang schleppt. Er glaubt, so könne er »Ernte« für sich einheimsen. (57) Aber bald danach bricht die große Macht zusammen, und das schnell. Die Leitung der Kirche ist nicht imstande, bessere Wege zu bestreiten, und hat das Land deshalb fast völlig im Blut ertränkt. (58) Starrheit macht sie kraftlos. Erneuert sie sich aber, bringt ihr das gewaltige Kraft. So ist sie unvermutet wieder zum Vermittler für die Menschen geworden; denn wenn Demut über Macht siegt, erstrahlt Liebe.

(59) Galliens Heeresmacht unterstützt türkische Truppen. Darunter hat die Provence zu leiden, die fremdes Kriegsvolk ertragen muß. Schlimmer noch als die Angriffe von außen aber tobt in Südfrankreich der Glaubenskrieg. (60) Der Glaube, Rom besiegen zu können, hat sich wegen der bestehenden Türkengefahr als nichtig erwiesen. – Ganges (?), Indus (?), und Rhône, Loire und Tajo ändern es (?). – Wenn der Troß des Heeres seinen Hunger gestillt hat, bedecken in Spanien Blut und Leiber des gezüchtigten Volkes den Boden. (61) Am Niedergang römischen Glaubens trägt Südwestfrankreich seinen Anteil an Schuld. Der Einbruch in die Glaubensfestung ist geschickt erfolgt, und so kommt es zu Mord und Brandschatzung. (62) Der Wahn, von der Masse der Ungebildeten und der Idioten her inszeniert, ist bald überwunden. Dem folgt dann die Rache mit Brandschatzung, Gewalt und innerer Armut. (63) Wenig Begeisterung findet Frankreich bei den Italienern, weil es dort seinen Hee-

restroß hinsendet. Rom geht an dem Troß der Heerhaufen zugrunde. (64) Was sich Genf von Calvinismus erträumt hat, geht nicht in Erfüllung. Er strahlt in seiner Wirkung zwar bis in die Cevennen aus, bietet aber nicht das erwartete Glück für die Menschen. (65) Die Menschen werden auch da bedrängt und, ähnlich wie in katholischen Ländern, zu einem bestimmten Verhalten ihrer Glaubensformen gezwungen. Die Gesellschaft wird geradezu eingepfercht. Brutalität läßt erwartete und erhoffte Freiheit nicht aufkommen. (66) Nur kurzfristig scheint Besserung einzutreten, es war nur ein Traum! So einfach ist es eben nicht; denn die Menschen wollen Wahrheit einfach nicht hören. (67) Habsburgs Macht versucht seine Ordnung aufzuzwingen. Das gelingt nicht. Im Reich können sich die Reformierten entfalten. Die Papstkirche kann dort das Volk nicht halten. (68) England entwickelt sich zur Seefahrer-Nation. Man vibriert vor Tatendrang, um über das Meer hinweg zu fahren. (69) Der König von Frankreich dringt in Norditalien ein. Er benutzt dabei die Uneinigkeit im deutschen Reich. Seine Expansionspolitik stößt auf den Widerstand des Papstes. (70) Überall Krieg! Es waren die Glaubenszwistigkeiten, die für all dies letztlich verantwortlich sind! Der Verlust eines guten Grundkonsenses hat die Menschen moralisch verkommen lassen. Bei solcher Streitsucht, wie sie heute allenthalben herrscht, hilft nur Rückbesinnung. (71) Spaniens Truppen versuchen Katholizismus und Einheit des Abendlandes wiederherzustellen. Die Morgenröte der Freiheit, die sich in Frankreich gezeigt hat, wird falsch gehandhabt und bleibt auf der Strecke. Die Entscheidung der französischen Staatsmacht ist falsch. (72) Die Attacke gegen Mailand schlägt nämlich gegen die Franzosen zurück; sie müssen Niederlagen einstecken und werden zurückgedrängt. Wie der Kampf ausgehen wird, ist ungewiß, so wie es einst bei Cäsar war, als er aus Gallien zurückkam und den Rubikon überschritt. (73) Überall herrscht in Italien Ungewißheit. Man starrt gebannt auf Genf und die von dort kommende Lehre und kann auch da mit kriegerischen Auseinandersetzungen rechnen; denn der Papst, der Priester, Hirte, Lehrer sein sollte, schläft. (74) Frankreich will die Pyrenäengrenze erreichen, die Türken werden nach Italien einfallen und das in großen Scharen. (75) Allenthalben ertönt Kriegsgeschrei. So wird die Heimstatt der Menschen (die Erde) zerstört. Folge sind schlimme Teuerungen und furchtbare Hungersnot. Zuletzt geht so jede menschliche Ordnung zugrunde. (76) In Burgund z. B. entsteht deswegen Unheil, das man nicht mehr steuern kann. Was die Ordnung schützen sollte, zerstört sie nun selbst.[11] (77) Krieg richtet soviel Unheil an, daß nahezu alle Errungenschaften menschlicher Kultur verlorengehen. Das kann man nur tief beklagen. Aus geordneten Verhältnissen Herausgerissene stieben anschließend aus jeder Ordnung heraus. (78) Die türkischen Herren des Mittelmeeres sind wegen Tunis mit Frankreich verbündet. Man hat da allzuspät auf Abwehr der Katastrophe gesonnen. Frankreich hat darunter selbst am meisten zu leiden. (79) Der Osmanensturm ist gewissermaßen nur Gottes Werkzeug: Er soll als Gottesgeißel das grausam-hochmütige Volk erniedrigen. Es soll dadurch wieder erkennen lernen, was gute, gerechte, weise menschliche Herrschaft bedeutet. (80) Anschließend gibt es kurzfristig Ruhe. In einer solchen Zeit wird nicht mehr gegeneinander intrigiert. Nur läßt bestehende, äußere Bedrohung nicht zu, sich ganz von kriegerischem Denken zu befreien. Die grundsätzlich Verfeindeten beraten zumindest über ein gemeinsames Vorgehen gegen die äußere Bedrohung. (81) Der Streit um die Glaubensfragen hat die Gesellschaft nahezu zerstört. Selbst das Wenige, was übriggeblieben ist, ist in Gefahr. Spanien leidet unter militärischem Druck. Der Papst hat die Gerechtigkeit vernachlässigt. (82) In Aufruhr geratene Masse eignet sich willkürlich alles an. Hierdurch sind sowohl die Kirche als auch die Anhänger eines geordneten Gemeinwesens in höchste Bedrängnis geraten. Die Bilderstürmer sind ja noch schlimmer als diejenigen, die sie bekämpfen. So ist das Domkapitel[12] in äußerste Bedrängnis geraten, (83) aber der Hochmut der Unterworfenen ist schnell wieder erstarkt. Von ihnen ausgesandte Söldnerhaufen handeln dann genau so übel wie die marodierenden Bauernknechte. Was in Schwaben angefangen hatte und über die Burgundische Pforte bis in die Provence vorgedrungen ist, bewirkt den Niedergang des Bodenständigen. (84) Über die Hälfte ihrer Jahre hinaus herrscht so in der ganzen römischen Kirche völlige innere Dürre. Gleichzeitig dringen die Osmanen aus Dalmatien vor. Sie finden keinen nennenswerten Widerstand mehr, weil in den von ihnen angegriffenen Gebieten die geistigen Fundamente aus den Fugen geraten sind. (85) Die Folge

---

[11] Die Kirche hat ihre Grundwerte selbst verraten.
[12] Bildersturm in der Kathedrale von Orange.

ist, daß die alten christlichen Gebiete zum einen Teil unter das
strenge Gesetz des Islam, zum anderen unter das des Despotismus
geraten. In Frankreich ist ebenfalls gute, alte, keltische Art despoti-
schem Gesetz unterworfen worden. Hier weiß man nichts Besseres,
als sich militärisch mit dem Kaiser auseinanderzusetzen. Was Wunder, daß das Meer vor der Küste der Provence bald darauf von Flut
gerötet ist. (86) Das Volk hat vom vordringenden Islam gewaltigen
Schaden zu gewärtigen. Über das adriatische Meer hin dringt er vor
und weitet sein Herrschaftsgebiet aus. Ich sage euch: An all dem
tragt ihr selbst Schuld. (87) Im extremen Gegensatz dazu würde eine
Gesellschaft stehen, in der Humanismus zur Herrschaft gelangte. In
ihrer Spätzeit versucht zwar die Kirche zu dienen und die Lehre
Christi endlich wieder unverfälscht zu verkünden; ihre Zeit ist
aber abgelaufen. (88) Weil sie innerlich verarmte, hat sie das Abendland ruiniert. So ist sie schnell dahin. Die Osmanen bringen den
Krieg (in die Provence). Und der Schafskopf, der in Paris an der Regierung ist, hilft ihnen noch dabei. (89) Wirken dagegen Christentum
und Humanismus zusammen, so entsteht daraus viel Gutes; die
Erde kann sich erneuern, und man ist bereit zu erkennen, was unter
zuvor herrschenden Verhältnissen Schlimmes getan wurde. (90) Dadurch ist nämlich Ungarn verlorengegangen. Man hatte sich nicht an
das alte Gesetz gehalten. Was Wunder, daß dort heute Trauer und
Wehklagen herrschen. Europas Herrscher, die doch zusammenar-
beiten sollten, sind statt dessen miteinander verfeindet. (91) Nach
Flandern, wo der Humanismus zuerst seine Stimme erhoben hat,
ziehen Fürsten mit Militärmacht. Der Humanismus hat – weil von allen Seiten bekämpft – seinen Niedergang zu erwarten. (92) Man kann
da nur aufs höchste staunen. Was Christus den Menschen übermittelte, kam von Gott. Die Machthaber sind von all dem unberührt geblieben, und leider hat sich auch das Papsttum die gleichen, brutalen Methoden angeeignet. Was da allenthalben an Hochmut sichtbar
wird, muß man Niedergang nennen. (93) Rom gerät durch diese
Wirrsal nahezu in die Hände des Würgeengels. Christus ist vollends
aus der Leitung »seiner« Kirche verbannt. Dadurch ändern sich Fürsten genauso wie Volk in ihrem Verhalten. (94) Über Norditalien
kommt großes Leid durch Frankreich.[13] Umsonst haben dort Ein-
sichtsvolle ihre Stimme erhoben. Unabsehbares muß das Volk erdulden. Hunderttausende kommen um. (95) Was ist das Ergebnis eines

solchen Krieges? Nur, daß das Land der Menschen unbewohnbar wird und die einzelnen Länder hoffnungslos miteinander zerstritten sind. Die Mächtigen in den Staaten sind einfach zur Vernunft unfähig. Genauso sind Vertreter des gleichen Glaubens an Christus miteinander zerstritten. (96) Zu allem Überfluß zeigt sich noch die Fackel des Aufruhrs. Sei es nun in der Schweiz, sei es in der Provence. Dort dauern innere und äußere Not und Krieg lange an. Dabei marschiert der Despotismus des Ostens – sowohl durch seinen militärischen Einfall als auch wegen der Annahme despotischer Herrschaftsformen bei westlichen Fürsten – machtvoll nach Europa herein. (97) Römischer Papst, hüte du dich vor dem, was sonst dein Schicksal sein wird: Despotismus und Aufruhr – wählst du es dir zur Richtschnur wie die Deinen auch – man wird dich verachten, wenn einmal Weisheit und Gerechtigkeit herrschen. (98) Du hast so viele Blutopfer dargebracht, daß du unter gewaltigem Getöse zusammenbrichst, wenn Weisheit und Vernunft herrschen. Das dir entgegengebrachte Vertrauen hast du völlig verspielt. Das sage ich dir! (99) Die katholische Kirche ist aufs äußerste gefährdet. Gleiches gilt für Frankreich. Das ist es, was ich hier deutlich machen wollte. Frankreich, für dich stehen die Zeichen der Zeit auf Sturm! Was da aus Deutschland und der Schweiz herüberweht, hat dich mächtig angesteckt. (100) In allen Ländern herrscht Tumult. Allüberall sind kriegerische Intrigen zu erkennen. Es ist so ungeheuerlich, was da dem Wort des Mahners entgegensteht! Bringt man es denn nicht endlich fertig, das Verhältnis der Menschen untereinander in Verständnis, Vernunft und Weisheit zu regeln?

[13] Franz I. schickt Truppen, um sich Mailand anzueignen.

(1) Hinter dem, was Staat und Kirche an Streit auslösen, kann man die höchste Kraft der Zerstörung erkennen. Aus Angst glaubt man dem vermittels der Inquisition beizukommen. Damit aber erregt die katholische Kirche erst recht die dunklen Triebe der Massen. (2) Dabei hat uns doch Gott selbst den Weg gewiesen, welcher Art rechte Führung sein sollte. Bei der Kirche ist alles unter Äußerlichkeiten verschüttet. Kirche wie Staat haben statt dessen in ihrem Führungsstil, Leib, Seele und Geist mit Füßen getreten. (3) Heute sind Engstirnigkeit, Geschäftssinn und Geld verbunden. Was den Menschen wärmen sollte, hat ihn ausgetrocknet. Zur gleichen Zeit erweitert der Islam seinen Machtbereich. Griechenland hat er schon an sich gerissen. (4) Die Fehler der Leidenschaft liegen alle nahe beieinander. Sie sind: Starrsinn, Engstirnigkeit, innere Leere, Unterdrückung des Denkens, selbst für die Dinge, die dem Glauben zugrundeliegen. (5) In dem, was die ganze Zeit hindurch geschieht, kann man bei solchem Verhalten kaum göttliche Leitung erwarten. Aber Gott hilft in seiner großen Güte selbst dann noch! (6) Es ist sein Blitz, der die Gotteshäuser aufspaltet, die Menschen verschlossen haben. Die hier ihren Dienst verrichten sollten, haben sich selbst geschwächt. Volkswut trifft die zu ihnen Gehörenden, ihre Folterwerkzeuge und übrigen Torheiten. Beim schwachen Volk ist der Drang nach geistiger Nahrung übermächtig geworden. (7) Gottes Gewalt ist derjenigen der sich verflüchtigenden Macht (der Prälaten) turmhoch überlegen. Tumult ist durch geschäftstüchtige Pfaffen – nicht durch den Glauben an Gott – ausgelöst. Diese aber schreien dann ihr Ach und Weh zum Himmel, wenn diejenigen, die sie erst kriegerisch gemacht haben, anschließend bei ihnen selbst anklopfen. (8) Was in germanischen Ländern seinen Anfang genommen hat, hat sich auf die Nachbarn fast bis Spanien hin ausgedehnt. Wie das vor fast 1700 Jahren auch gewesen ist, schließen sich dem gallischen Völkerschaften (die Ambronen) in großer Zahl an.[14] (9) (Wie war es denn beim britisch-

---

[14] Gegen 115 v. Chr. überschwemmten Kimbern und Teutonen Gallien bis Nordspanien hin. Ihren ruhelosen Zügen schlossen sich die von ihnen angesteckten gallischen Ambronen an. Rom zitterte vor diesen nomadisierenden Stämmen.

französischen Krieg?) Südwestfrankreich, also das am Meer gelegene Gebiet, wurde von den vereinigten Engländern, Bretonen und Flamen bis in die Gegend von Rouen hin erobert. (10) Krieg und seelische Leere bringen stets neue Not mit sich. So erduldet auch der Süden Hunger und Unterdrückung. Große Ideen sind unterdrückt und können sich unter solchen Umständen nicht entfalten. (11) Wo man hinblickt, herrschen allenthalben Streit und Krieg. Den Baum der Erkenntnis, den Gott in die Mitte der menschlichen Gesellschaft stellte, hat man aus Verblendung gefällt. Der Krieg erzeugt auch blutsaugerisches Ungeziefer. Die Machthaber, die ihn bewirken, haben alle ein halb verkohltes Brett vor dem Kopf. Das kann auf Dauer nicht gut gehen. Sie müssen ausgemerzt werden (12) und gleichen einer Krebsgeschwulst, die genauso Katalonien wie Norditalien, Kastilien, Rom am Tiber, aber auch Deutschland und Genf erfaßt hat. Streit um Glaubensfragen hat Herren wie einfaches Volk in Südwestfrankreich eingeengt, niedergedrückt, ihm die Luft abgeschnürt, die Mitmenschlichkeit genommen. (13) Welch ein Unheil bedeutet dies: Konfessionen haben heute Gold und Silber zu ihrem Fundament gemacht. In ihren borniertenVorstellungen fallen sie übereinander her, huldigen nur dem Gesetz des Stärkeren. Was Wunder, daß ihnen Anbefohlene in Ratlosigkeit verfallen. (14) Frankreich hat sich vom Prunk kirchlichen Aufgeblasenheit blenden lassen. Seine natürliche Würde muß, genau wie sein einfaches Volk, Schaden davontragen. In ihrem Wahne glauben sie, Ehrungen und Reichtümer garantierten ihre Zukunft. In Wirklichkeit haben sie sich da nur menschlicher Narrheit gebeugt. (16) Durch dieses Verhalten haben sich Menschlichkeit, Kraft und Weisheit der frühen Kirche ins Gegenteil gekehrt. Verständlich, wenn die Kirche so in Frankreich ihre Macht verliert, aber danach in ihrer Ohnmacht wieder Anhang gewinnt. Dem Volk eröffnet sich die Möglichkeit, sich der Kirche freiwillig wieder zuzuwenden. (16) Dann aber huldigt der[15], der eine Zeitlang den Engeln gleich wurde, neuem Glaubensfanatismus. Hierbei sucht er eigenen, materiellen Nutzen. Die Einzigartigkeit des rechten Glaubens geht unter solchen Umständen verloren. Was man seiner Reinheit wegen liebte, ist nun voller Haß geworden. (17) In solcher Finsternis wird die Menschenliebe zerstört. In Flandern kann man dazu ein schlim-

---

[15] Der Papst.

mes Beispiel erkennen, wenn man betrachtet, wie die Kirche den ja von ihr abstammenden Humanismus bekämpft und dabei in rücksichtsloser Weise wütet. (18) Nach langem, heftigem Ertragen von Leid kommt aus Deutschland unter mancherlei Gestalt viel Schlimmes für Glaube und Lebensweg der Menschen. Von dort entwickelt sich äußerst blutige Auseinandersetzung! Erwartet doch davon weder Weisheit noch innere Freiheit! (19) In Italien herrschen dadurch blutige Verfolgung und Leid, wenn der Klerus endlich vernünftig geworden ist. War er in seiner Verblendung und seiner Streitsucht mächtig, zeigt er nun Sehnsucht nach rechtem Verhalten. Es ist aber zu spät. Er hatte sich schon zu weit von Christus entfernt. So ist sein Untergang nicht aufzuhalten. (20) In Granada in Südspanien werden heute Islam und Christentum gleichermaßen bekämpft. Die katholische Kirche täuscht dortzulande eine Partnerschaft mit den Menschen nur vor. (21) In Crustamerium an der Adria wird ein monströser Fisch offenbar. (?) (22) Bevor sich die menschliche Gesellschaft endgültig zum Frieden durchringt, ist mit ständigem Kampf zu rechnen. Letztlich werden nur Friedfertige überleben. Streitsüchtige gehen im Laufe der Zeit alle zugrunde. (23) Frankreich, wenn du deine Grenzen überschreitest, bist auch du streitsüchtig und wirst Unheil erleben. Die Türken werden sich über die Adria hin ausdehnen. Sie erringen den Sieg, du wirst mit Abfällen abgespeist. (24) Was du da tust (den Türken Toulon zur Verfügung zu stellen, Mailand für dich zu beanspruchen), bringt Wirrnis und Verlust an Menschen und Werten mit sich. Dehne dich doch nicht noch weiter aus! Es steht dir viel besser an, maßvoll zu bleiben. (25) Vom Baskenlande, das sich nach Spanien hin ausdehnt, kommt das Glück, das es Südwestfrankreich für den weisen Glauben rettet.[16] Süditalien aber annektieren die Spanier. (26) Fürsten und Ideologien errichten nur Trugbilder. Das Ergebnis sind Hohlheiten und Unsinnigkeiten törichter Wahrsager. Daß ihre Wege falsch sind, wird ihnen der Norden schon eintränken. (27)Der Islam nimmt an Macht in Europa immer mehr zu. Franz I. von Frankreich ist ja geradezu darauf versessen, den Arabern Hilfsdienste zu leisten. Dieser einzigartige Pharisäer bewirkt »in seiner erhabenen Gnade«, daß arabische Art nach Frankreich ein-

---

[16] Der Besuch des späteren Königs Heinrich IV. von Navarra als Kind in Salon. Nostradamus erwartete damals viel von diesem jungen Prinzen.

dringt. (28) Aus unbedeutendem Winkel der Erde und von armseliger Abstammung dringt der Islam so in das erhabene Abendland durch Verrat ein und errichtet dort für lange Zeit seine Macht. So hohl war die Macht hier in Frankreich bisher überhaupt noch nicht. (29) Verschiedene Glaubensrichtungen haben aus unterschiedlichen Gründen – aber einig in ihrem Fanatismus, der ja wahrem Glauben entgegensteht – das alles unterstützt. Sie wollten sich dabei aneinander für erlittenes Unrecht rächen. (30) Derjenigen Idee, der in der geistigen und kriegerischen Auseinandersetzung noch am ehesten der Preis gebührte, wird dabei satanisch der Garaus gemacht; sie ist nicht militant. (31) Im Bereich, den der Islam im Osten unterworfen hat, versuchen ebenfalls gläubige Friedliebende ihrerseits der Despotie der Türken Einhalt zu gebieten. (32) Der große Niedergang für das südfranzösische Volk nähert sich aus der Toskana, wenn Deutschland und Norditalien von fanatischem Glaubenskrieg geschüttelt sind. (33) Läßt sich menschliche Gesellschaft von Gier leiten, so ist immer der Satan in der Nähe. Dann werden die Lande verwüstet, jede Mitmenschlichkeit verbannt. (34) Verliert die Kirche, weil sie ja militant handelt, ihre Glaubwürdigkeit und damit ihren Einfluß auf die Seelen, stellt sie sich um. Ja, wenn man die Mitmenschlichkeit vernachlässigt, kann man auf keine dauerhaften Erfolge rechnen. (35) Es ist die negativste Seite europäischen Charakters, daß sich hier eine jämmerliche Ideologie entwickelt, die viel Volk verführt und in ihrer Herrschaftsform eher orientalischer Despotie entspricht. (36) Man kann aber erkennen, daß solches auf Dauer keine Kraft besitzt. Man hat die Quellen, aus denen das Abendland gespeist wird, verschüttet. Häresie wird verdammt, weil sie angeblich die Gesetze des Christentums verändert. Die darüber wachen sollten, haben das aber in Wirklichkeit selbst getan. (37) Das lange Predigen, bevor sie zuschlagen, entspricht deshalb mehr einer Grabrede. In betrügerischer Weise schlägt so die Wehrhafte Friedfertige nieder. Ihr Kirchenrecht mißachtet die Schutzwürdigkeit des Menschen. Es wird wenig Gnade gewährt, statt dessen bevorzugt man Töten. (38) Handle es sich nun um Gallier oder Fremde: Jeder fällt ins Gebiet seines Nachbarn ein. Kurz darauf rächen sich dann die anderen und schlagen ihrerseits zurück. Die Hohen Herrschaften handeln alle gleich. (39) Endlich einigen sie sich doch, weil sie (angeblich) Süditalien vor dem Islam retten wollen. Aber ihr jämmerlicher Bund bricht unter Belastungen zusammen, gleich einer alten Mauer im Sturm. (40) Dann geht das alte Theater wieder von vorn los: Die einzelnen Gruppierungen suchen sich gegenseitig Fallen zu stellen. Dazu drischt man auf dem Konzil viel leeres Stroh.[17] Das Gebäude in seiner Starrheit geht letztlich an Altersschwäche zugrunde. (41) Der gewaltsam gesteigerte Haß, der vom Papste ausgeht, tötet. Diese Gesellschaft entscheidet sich für Überaltertes und deshalb Unbrauchbares. Es ist furchtbar! Wer der guten Idee treu bleibt, kann nur noch trauern. (42) Deswegen erhebt sich das Luthertum, ist aber in Deutschland in seinen Bemühungen, den Glauben zu reinigen, nicht weniger brutal in der Wahl seiner Mittel. Folge der militanten Auseinandersetzung ist, daß die Menschen seelisch und materiell furchtbar hungern. (43) Süd-West-Franzosen hütet euch nach Italien zu schauen; denn in Rom und Süditalien findet ihr euer Grab. Dort siegt der Despotismus. (44) Der zivilisierte Mensch ist letztlich dazu befähigt, sich zu verständigen. Dabei ist auch Liebe zur Gottesmutter entwickelt worden. Aber man hat sie ihrer realen Bedeutung entkleidet und deshalb nutzlos gemacht. (45) Lumpen herrschen an Gebetsstätten. Sie morden. In Toulouse hat die Inquisition das sehr deutlich gemacht,[18] wie Staat und Kirche Grundgebote einfach außer Kraft setzen. (46) Der Himmel zeigt uns im festgelegten Kreislauf der Gestirne, daß Veränderungen für Gallien zu erwarten sind. Auf gutes und schlechtes Geschehen haben Gestirne allerdings überhaupt keinen Einfluß. (47) Das ehrwürdige Fundament des Christentums ist aus dem Mittelpunkt gedrängt. Was man dazu – angeblich zu seiner Rettung – (vom Westen) unternimmt, reizt erst den Islam so recht zum Angriff an, und er unterwirft auf seinem Marsch nach Westen zunächst Griechenland. (48) Engstirnige brutal Infizierte unterliegen dem Wahn, sie müßten zur Rettung Brandschatzung begehen. Daß dabei das Zentrale des Lebens verlorengehen muß, ist selbstverständlich. Es kommt zwar (geistige) Hilfe, bis dahin ist aber schon ein Fünfzehntel (?) zugrunde gegangen. (49) Frankreich, wie sehr hast du dich verändert! Artfremder Denkweise und Gesetz hast du dich unterworfen. Schlimm geht es im Nordwesten deines Landes zu. (50) Du willst dich nicht der gotteswollten Ordnung unterwerfen, läßt dich von

---

[17] Gemeint ist das Konzil von Trient.
[18] Zentrum der französischen Inquisition.

276

Ohrenbläsern, die du auch noch bewunderst, einwickeln. Wenn du erkennst, was du tust und worauf du dich da einläßt, wirst du es bereuen. (51) Paris hilft ja bei dem Frevel mit, den sein Herrscher so sehr begeht: Krieg soll wieder die große Lehre an ihren angestammten Platz setzen. Auch der Norden und der Osten des Landes begehen Verbrechen gegen den Humanismus. (52) Trübe wird es dadurch im ganzen Land, und dieser Dreckstall erzeugt gewaltige innere Armut und Leere. Da ist nicht mehr viel von Christus selbst in der verräterischen Kirche zu finden. Aber eines ist gewiß: Ihr Hochmut wird sie ruinieren! (53) Dann bemächtigt sich der Staat der Seele. Das kann man in Nürnberg, Augsburg und Basel als Folge der Reformation erleben. Auch Kölns Erzbischof sucht übrigens die Reformation gegen das Reich durchzudrücken. In den Niederlanden geht es nicht anders zu. (54) Nur noch in Spanien herrscht die katholische Kirche unangefochten; aber Brutalität allein hält sie dort am Ruder. Ihre Untaten vernichten in großem Maße Menschen. Allein ihre Morde halten sie letztlich an der Macht. (55) Wenn allerdings einmal in Frankreich eine weise Herrschaft regiert, dann kann sich Engstirnigkeit nicht breitmachen. Der jetzige Herrscher jedoch zerstört alles, was letztlich auch ihm selbst dienlich wäre. Durch dieses Verhalten hat er den gesamten Staat in Schwierigkeiten gebracht. (56) Zwischen Béziers und Avignon (in Südfrankreich) hinterläßt der Religionskrieg Vergiftung und Zerstörung. Schuld ist der vernagelte Hochmut, daß jeder der Erste sein will. Deshalb können ja auch Europas Fürsten keinen Frieden halten und bewirken statt dessen immer neue Zerstörung. (57) In England ändert sich der Glaube dauernd und das unter viel Blutvergießen. Frankreich läßt keine Glaubensgespräche nach deutschem Vorbild zu. Die Menge steht der Kirche hier allerdings zunehmend skeptisch gegenüber. (58) Aus dem Humanismus in Flandern entwickelt sich – leider erst sehr spät – eine Idee, die das Abendland wirklich vor dem Despotismus retten könnte; aber man kann noch nicht sagen ob ihr Erfolg beschieden sein wird. (59) Leider ist das Abendland von heruntergekommenen Anhängern einer großen Idee beherrscht. Sie hat sich aber überlebt. Das ist das Unglück unter dem die Menschen zu leiden haben. Die Vertreter dieser überlebten Ideen können – angstvoll – Entwicklungen nicht mehr mitvollziehen. (60) Mit der Ostkirche können sie sich nicht verständigen. Im gleichen Maße nämlich, wie sie Verzeihung üben sollten, verspritzen sie Blut. Innerlich unreif, verraten sie ihren Stifter. (61) Als Kreuzfahrer haben sich Fanatiker versammelt und ziehen in den Orient. In endloser Menge finden sich bei ihnen Glücksritter ein. Deren Handeln ist vom Satan geleitet. (62) Ähnliches treibt auch die Spanier an, die mit Waffengewalt in Südfrankreich einfallen. Primitive Söldnerscharen ersetzen die Argumente. (63) Ist Roms Macht ausgezehrt, versuchen es seine noch übriggebliebenen Anhänger mit Toleranz. Weil sie nun so nett und friedlich auftreten, lassen sich die Narren von ihren Torheiten wieder verleiten. (64) Der Despot (des Fanatismus) versetzt dem Schatze von Weisheit und Vernunft einen neuen Schlag. Kriegsschiffe sendet er gegen den Islam, mit kriegerischer Brutalität soll damit angeblich Griechenland geholfen werden. Das klassische Erbe bleibt so für lange Zeit einflußlos (im Westen). (65) Findet man aber zum Fundament der römischen Lehre zurück, so steigt sofort die Bedeutung des Papsttums wieder. Er selbst ist aber in der Kurie eingezwängt, kann sich weder entfalten noch artikulieren. (66) So ist auch Frankreichs Freiheit dahin. Die neu erstarkte Kirche übt Rache. Aber es ist nicht blindes Schicksal, das hier zuschlug denn die Staatsführung hatte – als es noch Zeit war – Schwäche gezeigt. (67) Eine Ideologie neuer, fanatischer Art, die jeden Schmuck und alle Ehrungen ablehnt, breitet sich von Deutschland her aus. Man nimmt sie sich auch außerhalb der deutschen Grenzen zum Vorbild. (68) Das Volk in Italien und Spanien hat innerlich nichts mehr zu bieten und ist vom Despotismus ruiniert. Man hatte die Grundidee leichtfertig aufgegeben. So stehen jetzt deren Anhänger hilflos da. (69) Die junge Idee des Humanismus will und kann hier in die Bresche springen. Aber es ist verständlich, daß sie sich gegen Militärmacht nicht behaupten kann: Die Vertierung durch den Sittenverfall (Ketzerverbrennungen usw.) ruiniert Ostfrankreich. (70) England hat die Bretagne erobert. Bei ihm selbst toben Aufstände. Spanien und Rom attackieren die anderen Gebiete und verfolgen rücksichtslos eigene Machtinteressen. (71) Die Gebildeten, die man für lange Zeit unterdrückt hatte, ergreifen jetzt die Initiative gegen die Fanatiker, die seinerzeit die furchtbarste innere Verarmung, die es je gegeben hat, zuwege gebracht haben. Jetzt wendet sich der von jenen erzeugte Fanatismus gegen sie selbst. (72) Die Idee geistiger Freiheit wird in ihrer Blüte auf hinterlistige Art und Weise vernichtet. Das Neuerstarkte, auf Prunk und Reichtum ausgerichtete

Alte (die alte Kirche), hat rechten Weg blockiert und zugleich alles, was schon auf dem Wege zu sein schien. (73) Kommt dann Verkrüppeltes an die Macht, ist es nur von falschem Glanze begleitet. Es selbst, wie das von ihm Beherrschte, sind dann so unfähig, daß es dem gleichen Schicksal unterliegt wie das, was es selbst zuvor abgelöst hat. (74) Davon geht ganz Italien zugrunde. Das kommt natürlich den zur Reform Unwilligen entgegen. Sie jammern, daß man ihren erhabenen Vorstellungen Schwierigkeiten macht. (75) In Norditalien und Nordspanien gibt es viel Blutvergießen. Diese große innere Vergiftung befällt, so wie einst die alte, jetzt auch die neue Idee. Also ist keine Rettung – die doch so nah erschien – zu erwarten. (76) Fanatische Gruppen entstehen in Deutschland, die Christliches fast völlig aus ihrer Lehre verdrängen. Dadurch ist aber kaum eine Lösung gegenwärtiger Probleme zu finden. Also geht es zwangsläufig in die alte Richtung zurück. (77) Man glaubt, Veränderung sei schon Erneuerung. Das Zeitalter erfaßt das Denken in Form einer Untergangsstimmung. Überall unterliegt die Herrschaft des Guten und Schönen dem Verfall. Es ist die ewige Streitsucht, die den Niedergang bewirkt. So verliert selbst das Kreuz seinen Glanz. (78) Die Verwirrung – und mit ihm der Satan kommen von Deutschland her. Es gelangt bis an den Atlantik und nach Spanien. Dort zittern sie vor der Despotie der neuen Herrschaft. (79) Es ist schicksalhaft, daß sich Ordnungen durch Neues ständig wandeln müssen und gilt auch für das erhabene Marseille, dessen Gesetz mittlerweile Stück für Stück zerbrochen ist. (80) In unwürdiger Weise hat sich der englische Herrscher seines Ratgebers[19] mit Gewalt entledigt. Weil dessen Herrschaft viel Unterdrückung mit sich gebracht hatte, wird die neue, merkwürdige Mischung[20], die der Herrscher präsentiert, begeistert angenommen. (81) Dieser lautstark und frech Auftretende macht sich ganz zum Herrn über das Volk (über Leib und Seele). Verständigungsmöglichkeiten gibt es nicht mehr. Das Abendland gerät darüber sehr in Angst und Schrecken. (82) Auch die Küste der Provence ist verwüstet und mit ihr die neue, reine Idee durch jene, die beim Gottesdienst Kniebeugen verlangen. Für Söldnerscharen herrscht hier ein günstiges Klima. Raub, Plünderung, Unterdrückung; der

[19] Der katholischen Kirche.
[20] Anglikanismus.

Krieg ist ohne Gesetz. (83) Frankreich in seinem Streben nach Ausdehnung seiner Macht – wie das ja bei anderen Staaten auch der Fall ist – unterwirft Südfrankreich und benutzt es nur für eigensüchtige Ziele. (84) Die ganze menschliche Gemeinschaft wird durch dieses Verhalten ruiniert. Niemand kommt ungeschoren davon. Bauwerke, Menschen, Gebetsstätten und Moral sind ruiniert. Das ganze Volk ist durch Krieg, Brandschatzung, Vergiftung der Seelen vom Kanonischen Recht, und zwar durch Kanonen kaputtgemacht. (85) Das Alte und Vertrocknete bemächtigt sich wieder der Gesellschatt. Es hat sich lediglich ein wenig kosmetisch hergerichtet. Nach dem Überfall finden sich Südfrankreich und alle umliegenden Gebiete ruiniert. Sie ließen sich täuschen. (86) Roms Herr (der Papst) und Süditalien fallen unter die Macht der Spanier. Marseille untersteht seinem Befehl. Bevor die Kirche ruiniert war, schimpfte man auf ihn; ist er dann aber dahingeschwunden, wird er in der Erinnerung verklärt. (87) Gallier, bleibt von Korsika und mehr noch von Sardinien weg. Ihr habt es sonst sehr zu bereuen. Die falschen Vorstellungen lassen euch den kürzeren ziehen. Wenn du mir nicht glaubst, Frankreich, mußt du einen hohen Blutzoll entrichten. (88) Dann sendet Spanien neuerlich seine Truppen, dann ist Marseille wieder in Gefahr, dann ist das Menschengebiet gekapert. Hilfe kannst du nicht erwarten. Deine Lebensart wird vielmehr unterdrückt. (89) Zypern hat das schon am eigenen Leibe erfahren müssen. Von außen kam ihm nämlich auch keine Hilfe. Ihnen ist schon unmöglich gemacht zu leben, wie sie möchten. Eigene Überheblichkeit trägt an allem Schuld. Man hat sich verlocken lassen und dabei die eigenen Grundlagen, nach denen man handeln sollte, schwer verletzt. (90) Dies große, lächerliche Theater, das man heute aufführt, bringt nur dem Islam Nutzen. Die Küste der Provence fällt einem nicht-persischen Despoten[21] (Dank dem französischen König) anheim, der mit vielen von seinem Volk dort erscheint. (91) Der so lange Ausgetrocknete (römische-katholische Glaube) ist dadurch wieder voll zur Blüte gelangt. Die Zeit, ihre Ideen müssen einfach krank sein, wenn sich ein König (Franz I.) zu so etwas hinreißen läßt. Klar: Die Angst vor den orientalischen Feinden spielt das Volk der Gaukelei der Kirche wieder zu. (92) Damit

---

[21] Aenobarb: Griechischer Seeräuber in türkischen Diensten, Zeitgenosse des Nostradamus.

führt alles wieder in Überwunden-Geglaubtes zurück. Die Zeit wird so für lange schlimm. Den Provençalen geht es zunehmend schlechter, und Südfrankreich ist macht- und kraftlos. (93) Es sind die Machthaber Roms, die hierfür mit ihren Künsteleien den Grund gelegt haben. Frankreich wird dadurch in eine schlimme Lage gebracht. Gegen jene erfaßt die Provençalen eine unbändige Wut. Hochmut aber bringt keine Besserung. (94) Nur eines ist sicher: Aus dem, was ich sage, zieht man ein halbes Jahrtausend lang keine Konsequenz. Dann endlich – so nehme ich an – wird man begreifen lernen und durch Ziehen der notwendigen Folgerungen eine wahrhaft lebenswerte Zeit schaffen. (95) Zunächst einmal geht die Reformation zugrunde. Ihr folgt aber wieder eine neue Verführung. Despotismus wird erst dann nachlassen, wenn Erfreuliches (so wie ich es lehre) entsteht. (96) Man bemüht sich heute, Rom zu ruinieren, sowohl das Rom der Demut wie das der brutalen Verfolgung. Es wird nicht gelingen, denn die Zeit ist zu sehr voller Hochmut. (97) Eine neue Lehre bemüht sich erneut, sich des Heiligen Landes zu bemächtigen. Bevor aber nur eine Zeitperiode vergangen ist, hat sich auch beim neuen Machthaber wieder Despotismus entwickelt. (98) Christliche Konfessionen bekämpfen sich auf Leben und Tod. Jede versucht die anderen zu vernichten, ihre Existenz zu untergraben, um selbst die Herrschaft auszuüben. (99) Deswegen ist das liebliche Gebiet der Provence zuletzt voll von fanatisierten Scharen bewaffneter Glaubenskämpfer. Das gewaltsame aufeinander Einschlagen erstickt in Frankreich begonnene Glaubensgespräche. (100) Die negativen Instinkte von Gewalt und Brutalität triumphieren in Frankreich satanisch über die Kultur. Ungeheuerlich wird die Volksmasse aufgewühlt, wenn das Alte seinen Niedergang erlebt.

(1) Was von der Kirche übrigblieb, läßt sich von kriegerischen Vorstellungen umgarnen. Die kriegerische Absicht wird dann erfolgreich in die Tat umgesetzt. Die menschliche Gesellschaft hat zu lange gezögert und ihre Verteidigung gegen neuen Despotismus nicht vorbereitet. Beim ersten gegen sie ausgeführten Angriff sind sie deshalb selbst der Gewalt anheimgefallen. (2) Zum eigenen Unheil entscheidet man sich in Frankreich zur kriegerischen Lösung im Glaubensstreit. Um Glaubenswahrheiten gibt es militärische Auseinandersetzungen. Um den katholischen Glauben mit Gewalt zu retten, setzen sich die Spanier in Bewegung. Von deren Verhalten lassen sich die Konfessionen in Frankreich anstecken. (3) Die Nordfranzosen marschieren so in den Süden. Das gleiche ist in der Gascogne der Fall. Die Spanier marodieren in einer Weise an der Rhône, daß Intrigen, Bestechung und Gewalt herrschen. (4) Die Ideen von Toleranz und Humanismus haben dabei ungeheuer gelitten. So richten innerer Verrat an den eigenen Grundideen, wie die äußere Attacke durch den Islam viel Unheil an. Machtpolitik bestimmt alles. Reinheit ist verschwunden. Römische Gewalt hat über keltische Lebensart gesiegt. (5) Dabei könnte der Humanismus, der zutiefst von Gott stammt, sowohl Glaubensfrieden bringen als auch die Völker miteinander aussöhnen. Aber wie weit sind wir noch davon entfernt! Jeder, der vorurteilslos denkt, kann nur tief erschrecken. (6) Die Art, wie man derzeit zu Übereinkommen gelangt, ist da leider von völlig anderer Art: es fehlt innere Wahrhaftigkeit. Deshalb auch bricht alles bei der ersten Belastungsprobe zusammen, geht es doch in hinterlistiger Weise nur um Machtpolitik. (7) Die derzeit jüngste christliche Konfession besaß zwar die Chance es zu ändern. Aber in den seither vergangenen 20 Jahren hat sich gezeigt, daß auch sie schon innerlich zerfressen ist. Damit wird auch das Gute, das ihr zugrunde liegt, zerstört. Sie hat ihre Hauptaufgabe – nämlich Toleranz zu üben – leichtfertig fallen gelassen. (8) Man hat unter ihren Anhängern alles nicht ernsthaft genug durchdacht. Ihre Unaufmerksamkeit trägt die Schuld, daß sie unerwartet Angriffen ausgesetzt ist. Die alten Machthaber, die schon besiegt schienen, vermochten es deshalb, ihr Existenz und Entfaltungsmöglichkeit zu nehmen. (9) Calvins Lehre

gerät wegen ihrer allzu nachgiebigen Form bald in Bedrängnis. Vergeblich auch hofften diese auf Unterstützung und Gemeinsamkeit von den zwinglianischen Schweizern. (10) Wegen harter Angriffe, denen sich der neue Glaube ausgesetzt sieht, werden dessen Anhänger untereinander uneins. Hierdurch geht das entscheidende Fundament, das Frankreich den Frieden und dem Volk eine verständnisvollhelfende Herrschaft geben sollte, verloren. (11) Der Papst möchte zwar sein Hirtenamt wahrnehmen. Es sind aber die herrschsüchtigen Kardinäle der Kurie, die an der Lehre Verbrechen begehen und hintenherum gegeneinander intrigieren.[22] (12) Die einst überaus mächtige Kirche ist durch ihr Abweichen vom rechten Wege jetzt überaus schwach geworden. Von außen entstehen ihr kaum Schwierigkeiten. Ihre äußere Macht nimmt zu, und sie sorgt dann für eine Abkehr von jeder Reform. (13) Hierdurch bewirkt sie selbst ihren Verfall. Die Volksmenge wendet sich wieder von ihr ab. Sie abzulehnen, bedeutet aber erneut, moralischem Verfall entgegenzugehen. (14) Vor der Kirche keine Ehrfurcht mehr zu haben, weil man jetzt anderen Grundvorstellungen huldigt, führt dazu, daß nun so schnell groß gewordene – trotzdem völlig wertlose – »Ideale« nichts Gutes bewirken, vielmehr aller Welt Unheil bringen. (15) Unterdrückung der Kirche läßt diese wieder innerlich erstarken. In ihr entsteht nun notwendige Klarheit, wo zuvor nur Gier herrschte. Nun gibt sie den Menschen, was diese wirklich brauchen. (16) Ist ihr Machthunger von ihr abgefallen – erkennt sie die ihr gebührende dienende Funktion –, so richtet sie die Menschen wieder innerlich auf; denn jetzt hilft der Glaube den Menschen und führt zum Aufblühen der dem Menschen eigenen guten Anlagen. (17) In Burgund zum Beispiel will so die weltliche Macht ihren Untertanen bessere Lebensbedingungen bieten. Das Ende ist aber leider schon wieder abzusehen, weil Lumpen erneut das Sagen in der Kirche erhalten. Damit sind dann hoffnungsvolle Ansätze aufs neue dahin. (18) Die Engstirnigkeit der Herrschenden verbietet jede freie Diskussion in Glaubensfragen. Ihre Edikte dienen der Verfolgung der Geistesfreiheit und des gedruckten Wortes mit beispielloser Härte. (19) Wenn es römischem Machtanspruch gelingt, auch den geistigen Aufbruch im Norden

---

[22] Dieser Vierzeiler läßt sich ebenso leicht auf den König und seine Amtsträger beziehen.

Frankreichs zu blockieren, ruiniert er auch das, was humanistisch-calvinistische Ideen in Belgien an Begeisterung in den Menschen ausgelöst haben. (20) Gott selbst straft so sein Volk in allen Landen. Reinheit schwindet ganz: hie Volksaufstand, da Inquisition. Solches Verhalten läßt den geistigen Aufbruch wegen höchst weltlicher Dinge ersticken. Auf dessen Wiederkehr wartet man vergeblich. (21) Einen Wandel zu schaffen, durch den sich die Gesellschaft bessert, ist äußerst schwierig. Heizt man Emotionen an, verdrängt man damit auch den Verstand. Das schafft natürlich Wandel, (22) aber vertreibt zugleich auch freies Denken. Das ist ja für Herrscher manchmal durchaus »nützlich«. Aber die Zerstörung der inneren Werte des Christentums bieten gewiß letztlich keinen Ausweg aus dem Dilemma. (23) Die Folgen sind vielmehr Aufstand der Masse, Scheiterhaufen und brennende Häuser. Die Ordnung unter einem guten, gerechten Herrscher ist so verschwunden. Es sind die Menschen der christlichen Gemeinschaft (Ökumene), die daran zugrunde gehen. (24) Heuchelei ist es, zu sagen, daß man zur Erfüllung göttlichen Willens Menschen verbrennen läßt. Die solches tun, haben die Menschen vielmehr in ihrer Not allein gelassen. Sie sind es, die die Kirche Gottes innerlich ausgehöhlt haben. (25) Um ihrer Macht willen »läutern« sie endlos menschliche Leiber. Vernebelt im Rausch, vernebelt ihr Hirn für das wahre Gesetz. Allein das Gehäuse ist übrig geblieben. Dabei ist doch nur das Göttliche selbst wichtig. Was hier geschieht, widerspricht ihm total. (26) Derartiges war es auch, das die Menschen für Luthers Lehre aufgeschlossen gemacht hat; denn die Herren Inquisitoren töten ja alle, die nicht bedingungslos gehorchen. Von diesen Betrügern am wahren Glauben wird alles abgemäht. Sie verwandeln die gesittete, menschliche Gesellschaft in ein Unkrautfeld. (27) Die herrliche Ordnung der Provence wird – wie in der Zeit der Kimberneinfälle – dem Chaos überliefert. Es ist schandbar, was da der edle König Artus[23] zuläßt. (28) Der gepredigte Christusglaube stellt sich ohne Liebe dar. Was geboten wird, ist geradezu obskur: Es geht nur ums Geld, und man kann deutlich erkennen, daß dies – zusammen mit der kriegerischen Art und Weise – geradezu eine Glaubensverhöhnung darstellt. (29) Das Menschen-

---

[23] König Artus: Symbol des guten Herrschers Frankreichs.

land ist wegen dieser Profitsucht völlig verdunkelt. Nichts geschieht, um den Glauben neu zu beleben. Aber eines ist gewiß: Die Sucht nach Reichtum führt zum Streite. Man bietet uns ein geradezu pervertiertes Christentum an. (30) Fast das ganze Zeitalter sieht man keine Verbesserung bei entstehenden Änderungen – will es ja auch gar nicht! Nur Prunksucht ist Trumpf. Äußere Pracht aber zieht unweigerlich innere Verarmung und Vergiftung nach sich und gefährdet das zutiefst Wesentliche der Religion. (31) In diesem tiefsten Dunkel ist man dann dem Chaos nahe. Erkennt doch, wie es statt dessen wirklich sein sollte: Folgt weisem Denken, das ewige Gültigkeit hat. Hütet Euch! Aufputschen von Emotionen führten dagegen zuletzt nur zu Scheiterhaufen und Zerstörung. (32) Dabei verwechselt man nämlich allzuleicht die Begriffe und mißdeutet lebensspendendes Gesetz, woraus folgerichtig Unheil enstehen muß. Weil es denen von der alten Ordnung (von Staat und Kirche) nur noch um die Erhaltung ihrer Macht geht, werden sie, zusammen mit der an sich guten Ordnung, zuletzt hinweggefegt. Die menschenfreundliche Philosophie allein kann sie nämlich nicht ersetzen. (33) Ist gute Herrschaft dagegen, mehr an Nächstenliebe als am Wechsel interessiert, so zeigt sie sich uns in wahrem Reichtum und wahrer Reinheit. Wildgewordene Massen, die sich als Erhalter der einen Lehre fühlen, tragen von Nächstenliebe nichts in sich. Im Krieg-Führen und Lynchen erschöpft sich ihr Verstand. (34) Derjenige, der die große Idee vertreten sollte, hat sich seinerseits völlig im Reichtum verfangen. Er bietet eine Form der »Armut« Jesu dar, die dem wahren Bilde des Erlösers völlig entgegengesetzt ist. Spanier und Rom sind beide schuld, wenn die edle Idee unterliegt. Christus aber ist bei den Verfolgten und den vom Krieg Ausgeplünderten. (35) Das Feuer der Idee, die Lehre der gewaltigen Klarheit, wird vom größten Teil der Funktionäre verraten. Diese fundamentale Zerstörung auf religiösem Gebiet greift auch auf die weltliche Ordnung über. Aus solch geistigem Dunkel heraus sind Rom und Norditalien dem Fanatismus anheimgefallen. (36) Nach dem Friedensschluß von Mailand kommt das alles auch wieder nach Frankreich. Die Menschen dort müssen wegen des Bündnisses zwischen Spanien und dem Römerland zittern. Die Taten der Verbündeten versetzen die Menschen in Schrecken. (37) Der französische König hat mit diesem Kriege angefangen. Er war es, der ja zunächst massenweise Truppen über die Alpen nach Norditalien geschickt hat. Der Gegner hat da zuerst niedriges Denken erfahren. Von Genua und Monaco her sind die von der Liturgie, die religiösen Formalismus vertreten und Geld meinen, im Vormarsch. (38) Während man sich um Heiland und Herrscher streitet, ist der Türkensturm schon über das ehemalige Ostrom hinweggefegt. Nun, bevor sie auch uns überrollen, haben wir uns schon selbst ruiniert. Und der Islam dringt verwundend auf jener Blutspur vor, die wir schon selbst vorgezeichnet haben. (39) Rhodos geht so an die Türken verloren. Der Westen ist ja mit eigenen Querelen beschäftigt. Jetzt schlägt der Islam mit gleichen Waffen zurück, die wir seit den Kreuzzügen in Spanien und heute mit spanischer Hilfe bislang selbst schon angewandt haben. (40) Gleichzeitig gehen christliche Konfessionen mit beispielloser Härte gegeneinander vor. Die jeweils Besiegten werden brutal abgeschlachtet. Es gab zwar schon oft Glaubensspaltung, aber wie sich Christen heute gegeneinander verhalten, das ist schlimmer als je zuvor. (41) So sieht man alte Weisheit am falschen Platze. Laßt euch nicht täuschen: Herren wie Volksmassen unterliegen dieser Täuschung. Auch das Volk entfernt sich von der Leitlinie des lebendigen Glaubens und hat deshalb Schlimmes zu erdulden. (42) Nämlich: Die Calvinisten durch die Katholiken und umgekehrt und genauso durch die wilden Bilderstürmer.[24] Auch durch die Wiedertäufer geschieht Schlimmes. So wird Christus von allen Seiten verraten. (43) Um Glaubensfragen willen führen sie nämlich alle Krieg. Krieg, der ja gerade ein Feind der Lehre Christi ist; dessen Gesetze zertrampeln sie und gleichzeitig töten sie dabei wahre Christen. (44) Die wilden Vorstellungen der Albigenser und Katharer haben Gleiches an Unheil für Südfrankreich bewirkt wie jetzt die neuen, dumpf-dunklen Ideen aus dem Norden. Genau wie sie geben auch die Kirchenoberen dem fanatisierten Volk Steine statt Brot. (45) Weil die Mächtigen miteinander im Streit liegen, muß das Land verwahrlosen. Dabei bleibt das Fundament christlich-abendländischen Geistes zum größten Teil auf der Strecke. Das aber ist es, wovon ich hier Zeugnis ablege. (46) Man kann dieserhalb noch so schöne Worte machen: Für Tours (das Herz Frankreichs) bedeutet das die Katastrophe. Anglikaner, Calvinisten, Katholiken meinen sich in dieser Weise verteidigen zu müssen. Aber: Durch Streit und von ihm er-

---

[24] Plünderung der Kathedrale von Orange.

286

zeugtes Klima ist man noch nie weitergekommen. (47) Ist Negatives einmal zur Herrschaft gelangt, läßt es die Menschen sobald nicht wieder los. Blutige Zerstörung bei kraftloser Ordnung erschrecken die Menge derart, daß es zur Zerstörung jeden Grundgesetzes kommt. (48) Was aus Rom kommt, ist im Grunde durchaus fruchtbar, wenn ihm auch viele negative Auswüchse anhaften; was aber jetzt vom Norden hervorgebracht wird, das vernebelt und vergiftet den Glauben völlig. (49) Luther und seine Lehre haben nicht der höheren Erkenntnis göttlichen Gesetzes gedient. Davon kann man nichts erkennen. Es kommt zwangsläufig zu Blutvergießen. Heiliger Geist kann sich nur in der Einheit entfalten. (50) In geistiger wie weltlicher Hinsicht ist Spanien ungeheuer mächtig geworden. Aber die Despotie läßt sich wahrscheinlich nicht überwinden, indem man es bei der alten, hierarchischen Ordnung beläßt. Sie sind so auch von geistigem Gift befallen. (51) Wehe, einem nach Reichtum gierenden Fürsten folgt der Satan dichtauf und bringt die Anhänger durcheinander. Schnell entsteht dann Verfolgung, und dabei wird alles aufs Spiel gesetzt, was im Laufe der Zeit aufgebaut wurde. (52) In einer von Zwangvorstellungen beherrschten Gesellschaft sind die Menschen voller Vorurteile. Diese aber helfen nichts, wenn sie einmal auf die Probe gestellt werden. Da ist es aus praktischen, politischen Gründen doch viel einfacher diejenigen, die für das Gute sind, lieber gleich zu verbrennen. (53) Man rief zuerst diejenigen zurück, die man vertrieben hatte oder die sich selbst zurückgezogen haben, dann erstickt die alte Richtung neue Ideen. Die Heutigen sind noch schlimmer. Sie vergiften nämlich die Quellen (des Glaubens). (54) Der alte Herrscher Frankreichs in der klassischen Zeit hatte es in seiner Würde nicht nötig, aus Angst Ideen zu unterdrücken. Italien, Spanien aber haben Angst. Das gleiche gilt für England, für die so anpassungsfreudig erscheinende, fremd gewordene Kirche. (55) Erscheint sie heute auch noch so elastisch, sie wird wieder zur alten Härte zurückkehren, und die Klage des gequälten Volkes klingt deshalb weit hinaus. Ich sage der Blut verspritzenden Erstarrten ihr Ende voraus. Wenn sie gerichtet ist, atmet das Volk auf. (56) Wenn danach die (Gruppierung) mit den schönen Worten siegreich ist, muß man mit Verstand und vorurteilsfrei nachforschen, was dahintersteckt: blutige Vergeltung im Verein mit Strafpredigten, Unterdrückung der Geistesfreiheit und Verbrennung von Menschen. (57)

Es sind Torheit und mit ihr verbundener Neid, die da beheimatet sind. Jawohl, dann schafft man die Geistesfreiheit ab. Das Volk hatte sich von waschläppischer Art verführen lassen – einer Art Ersatzreligion –, die nichts Konsequentes zuwege brachte. (58) Mit brutaler Gewalt ist im römischen Lande unter Blutvergießen ein Christusglaube den Menschen aufgezwungen worden; ein Glaube, der gleichzeitig an Ausdehnung nach außen wie an Unterdrückung nach innen interessiert ist. Die fanatisierten Anhänger handeln auf despotische Weise. (59) Ihre Despotie kommt zum Ausdruck, wenn sie sich in Konfessionen aufspalten. Was da ursprünglich guter Glaube war, ist theologischer Träumerei (Spitzfindigkeit) gewichen. Der Humanismus zeigt den Weg auf, den Glauben zu reinigen, indem er zur Realität zurückkehrt. (60) Die Menschen sind ja wirklich krank geworden. Anstatt sie aber liebend zurückzuführen, mordet man sie einfach dahin. Hierdurch hat man den Türken die Bahn freigemacht, die zuletzt alle christlichen Glaubensformen zerstören werden. Für diese Entwicklung sind aus Norditalien kommende Attacken verantwortlich. (61) Man hat so das Urchristentum verachtend aufgegeben: durch einen Despotismus, der einer anderen Despotie den Weg bereitet hat. Unter ihrem Einfluß ist Erneuerung verwelkt, und diejenigen sind vernichtet, die sich in dieser Absicht in Nordwest-Frankreich zusammengefunden haben. (62) Der Papst macht große Anstrengungen, die Massen unter seinen Einfluß zu bringen. Dabei legt er verleumderisches, heuchlerisches Verhalten gegen denjenigen an den Tag, dem zu folgen er doch verpflichtet sein sollte. Er hat sich statt dessen lieber hinter anderes zurückgezogen. (63) Die Masse in Frankreich rottet sich zusammen und zieht dann gegen Denker zu Felde, denen man die Möglichkeit nimmt, sich weiterhin zu äußern. Es ist geradezu ein Possenspiel, wenn Bauern so auftreten, als würden gerade sie den verinnerlichten frommen Glauben retten. Ihre Sprache ist in Wirklichkeit nur die der Gewalt. (64) Die altgewordene Kirche spielt jetzt die Einfache, und so gelingt es ihr vorzutäuschen, daß die Grundidee des Glaubens in ihr das Denken beherrsche. [15](?) Söldner, zum größten Teil Vagabunden primitivster Art, sind ihre Hauptanhänger. (65) Hierdurch hat sie das Erhabene, dessen Bewahrung ihr anvertraut war, schmählich verraten. Schändliches hat sich in ihr – bis ganz nach oben – durchgesetzt. So sind alle Grundlagen christlichen Glaubens schnell dahin. (66) Diese neue, entwürdigende Heuchelei der Machthaber greift leider auch auf Denkfähige über. Allenthalben enthalten jetzt verkündete Lehren Gift. In Norditalien (Genua) herrscht gieriger Mord. (67) In der Zeitperiode, in der sowohl Glaubensfanatismus als auch Schwärmerei stark geworden sind, herrscht allgemein seelische Dürre, und das für lange Zeit. Heilige Ideale der Gemeinschaft sind ebenso wie das Land verheert. Alle Arten von Unbill und Not sind dadurch stark geworden. (68) In dieser Zeitperiode, die sich mehr und mehr durch ihre Lieblosigkeit auszeichnet, öffnet man einerseits vom Balkan her den Türken, andererseits den vom Rhein kommenden Häretikern unsere Heimat. Wie auf Malta wegen der Seeräuber ist auch das Weinen der Menschen in der Provence und an der Ligurischen Küste zu hören. (69) In der menschlichen Gesellschaft hat man Denkende wie schlichte Gemüter verjagt oder getötet. Angeblich können nur die Ideologien aus dem Norden dem Süden einen neuen Weg aus dem Chaos weisen. (70) Zugleich kommen die kaiserlichen Spanier in Massen nach Südfrankreich, um ihren katholischen Glauben, der innerlich schwach geworden ist, mit Waffengewalt aufrecht zu erhalten bzw. wieder einzusetzen und so die dortigen reformatorischen Vorstellungen zu vertreiben. (71) Die Kirche hat sich mit diesem Staat verbunden, alles Neue – was ja letztlich aus ihr selbst stammt – zu zerstören. Ihre Morde hält sie noch für Zeichen und Ausdruck wahren Glaubens. Alte Reformationsbestrebungen, die sich im Albigenserland schnell wieder ausbreiten und zweifellos zu bequeme Thesen vertreten, sind einfach vergiftet worden. (72) Die Unterdrückten in der Gegend von Agen finden sich am Tag des hl. Felix (?) zusammen. Die ganze weitere Umgebung dieser Gegend ist schnell davon erfaßt. (73) Die erneuerte katholische Kirche liefert den Beweis, daß brutales Verhalten und Kleinmütigkeit zusammengehören. Mit militärischer Macht hat sie Norditalien »befriedet« und dadurch alte, liturgische Formen gerettet. (74) Calvinisten breiten sich nach Südfrankreich aus. Das Luthertum, das da aus Deutschland kommt, ist Vergiftung (wegen seiner bei den Fürsten zusammengefaßten Macht über Körper und Seele) und betreibt Machtpolitik. (75) Wer schnell zu Unterdrückung mit Gewaltanwendung greift, darf sich nicht wundern, wenn man ihm den Rücken kehrt. Wer sich allerdings in einer solchen Situation nicht wehrt, muß wiederum damit rechnen, niedergemacht zu werden. (76) So geht es derzeit in Südfrankreich zu. Es ist Verrat am wahren Glauben, den Papst über seine Aufgaben, die er erfüllen soll, hinaus aufzuwerten. Das aber geschieht von denen, die aus Nord und Süd über uns herfallen. (77) Im Anfang war er Friedensbringer und Ausgleicher unter den Fürsten aus christlichem Geist. Jetzt ist seine Macht verknöchert, und das führt, wie wir es in Nordgallien[25] sehen, zum Unterdrücken. Neben Schlechtem zerstört er auch Gutes. (78) Ja, die Kirche setzt sich mit Waffengewalt durch und verrät in dieser Umnachtung die Menschen Italiens (in Parma). Hier schlägt sie gewaltsam zu und vernichtet jeden, der sich nicht zu ihr bekennt. (79) Wahres für die Seele ist in Südfrankreich dahingeschwunden. Diejenigen, die von den Pyrenäen kommen, setzen an dessen Stelle nur Wachskerzen und Chorröcke. Davon aber wird die Seele nicht satt! So wenden sich die Menschen dem armseligen Luthertume zu. (80) Die Kirche hat – weil sie sich auf die Waffen des Staates stützen[26] – zwischen sich und dem Volk einen Graben aufgeworfen und unterdrückt nur noch mit brutaler Macht. (81) Die große Idee des Humanismus wird schnell hingeopfert, und seinem »Infekt« ist man mit der Waffe zu Leibe gerückt, sobald sich nur eine Möglichkeit dazu bietet. (82) Wenn sich die unterdrückte Masse erhebt, ruiniert sie im Auftrag der alten »Stinkenden« die Gemeinschaft insgesamt. Schlimm sieht es dann im Gebiet der Römischen Kirche aus. Sie selbst weiß dann die Flamme des Aufruhrs nicht mehr zu löschen. (83) Man kämpft mit Hilfe der dunklen Liturgie. Von der inneren, guten Idee ist nichts mehr übriggeblieben. Die Masse hat zuletzt alles kaputtgeschlagen. Erst hatte man ja das Volk zur Gewalt aufgerufen; so ist ihm letztlich das wahre Wesen der Lehre vorenthalten worden. (84) Etwas, das in Frankreich an brüderlicher Hilfe früher stark entwickelt war, ist von denen, die es einstmals befolgten, abgeschafft worden. Das geschieht, wenn man aufs höchste Eiferei mit Liebe verwechselt. (85) Anhänger der verborgenen Idee werden gejagt, als Märtyrer auf den Scheiterhaufen geführt. Man hat die Militanz der alten Machthaber bei den neuen Bewegungen übersehen. Wie ein Kätzchen hatten diese ja bei denen geschnurrt, die sie dann anschließend zu Gefangenen machten. (86)

[25] Heimat sowohl von Erasmus von Rotterdam (Flandern) wie von Calvin (Picardie).

[26] Als Konstantin der Große der Kirche seine militärische Unterstützung gewährte, löste das eine gewaltige Heidenverfolgung aus. Damals organisierte er das Reich in 15 Großprovinzen neu.

Zuerst war das Christentum fruchtbar und bildete eine hervorragende Lebensgrundlage. In Nord- wie Südfrankreich wurde es begeistert angenommen. Dann kam die Pfründenwirtschaft, und damit begann sein Abstieg in schuldhaftes Verhalten. (87) Eine neue Konfession hat viel vom Auftreten der alten Kirche angenommen, ist allerdings in der Machtstruktur anders aufgebaut. Wer aber Christus im Ritus sucht, erkennt nicht, worum es diesem in Wirklichkeit ging. (88) Was sie von ihm sagen, ist wertlos; denn wegen der Begünstigung der Tyrannei ist das Grundlegende zerstört. So sucht die Kirche Sicherheit zu gewinnen. Luther beseitigt sie. (89) Dreißig(?) (Verräter?) finden sich in England zusammen. Sie erfüllen die Kirche mit dem Geist Luthers. Dabei geht das Alte zugrunde. (90) Die einzelnen Machtgruppierungen bleiben starr in Konfrontationsstellung. Man hat in Norditalien und im Tessin deswegen zu leiden. Es zeigt, daß sie selbst an den Grundlagen ihrer Ideologie Zweifel hegen und innerlich ausgehöhlt sind. (91) Frankreich ist diese Entwicklung von außen aufgezwungen worden. Nichts geschieht von Italien her, um die Einheit der Kirche wieder herzustellen. Statt dessen kommen von dort nur Beschimpfungen und Verfolgungen. So will man die eigene Herrschaft vor dem Untergang bewahren. (92) Die große Idee von Friede und erfüllter Vernunft wird ruiniert. Feindliches übt die Herrschaft aus. Die erregte Masse gibt ihr den Rest. Man muß hestürzt erkennen, daß es rückwärts geht. (93) In heimlicher Weise hat man erhabene christliche Vorstellungen, dank des primitiven Kirchenvolkes, aufs schlimmste verändert. Der in Frankreich entwickelte Humanismus ist für alle Denkenden allein Bewahrer des Christentums. (94) Von in Spanien entwickelten Formen der Kirche werden nämlich von Gott inspirierte Gemeinschaften verfolgt, und wahres, reines Christentum unterliegt ihr. Das Gebiet an der Rhône, wie Südfrankreich insgesamt, sind von Bauernaufstand, Bildersturm und Calvinismus in schlimme Unruhe gebracht. (95) Nur kurz bleibt eine Glaubensform unangefochten an der Macht. Hier Unterdrückung, da Vergiftung der Seelen führen bald zum Streit. Das Erhabene, Reine wehrt sich dagegen; denn wahr ist: Allein Harmonie führt zum Erfolge. (96) Der ursprüngliche anglikanische Glaube gleicht dem ein halbes Menschenalter früher entstandenen Gallikanismus. Aus seiner erfolgversprechenden Art allein kann gerechte Herrschaft entwickelt werden. (97) In einem astronomisch genau bezeichneten

Jahre – nämlich heute – geht es mit dem von Gott gegebenen Gesetz zu Ende. Was an seiner Stelle auf der Pyrenäen-Halbinsel entwickelt wurde, zieht eine schlimme Zeit nach sich. (98) Luthertum kommt in das Albigenserland. Daran tragen der militante Staat wie die pompöse Kirche letztlich die Schuld. Gnadenlos wüten die Machthaber. Es sind doch nur Schwache, denen sie gegenüberstehen. Diese werden verbrannt oder mit dem Schwerte getötet. So ruiniert man, statt zu helfen. (99) Nun wird die Kirche, die ihre Wurzeln ja im Judentum hat, das ursprünglich das Göttliche empfangen hatte, Frankreich erneut quälen. Wie schon so oft, wird wieder einmal alles mit elementarer Wucht niedergemacht. Das gilt für lange Zeit, und damit erdulden auch wir, worunter Spanien schon länger zu leiden hat. (100) Erst wenn Glaubensfanatismus verblaßt, entsteht wahres göttliches Licht in der Gemeinschaft der Religion. Infektion durch Fanatismus jedoch bewirkt Krieg und Seelenmord. Dieser aber ist es, der das französische Herrschaftsgebiet jetzt total vergiftet.

CENTURIE V

(1) Es ist besser, vernünftig um eine Glaubenslinie zu ringen, weil sonst nämlich der allgemeine Zusammenbruch kommt. Greift einer ohne langes Federlesen zur Gewalt, so bleibt letztlich die Idee des Christentums auf der Strecke. (2) Demütige sind es, die in der menschlichen Gemeinschaft wirkliche Vermittler der Weisheit sind. Sie aber hat man heute herausgedrängt. Verständnis aus humanistischem Geiste versteht es, Getrenntes wieder zusammenzubringen. Aber das Übel dringt hinterrücks immer wieder ins Denken der Menschen ein und blockiert gemachte gute Ansätze. (3) Was nämlich dann zur Herrschaft gelangt, hat nichts mit ursprünglichem, römischem Glauben zu tun. Den Schlüssel für wahres Aufblühen besitzt Gallien, wenn man die Menschen verschiedener Lebensart nebeneinander gelten läßt. (4) Diese Einstellung, die früher auch in der Christengemeinde bestand, wird jetzt von »Falken« unterdrückt. Aber: Wenn sie die »Tauben« ausgeschaltet haben, fallen sie abschließend übereinander her. (5) Die göttlich gegebene Aufgabe, den Menschen zu dienen, ist kaum noch erkennbar. Masse und Staat bestimmen jetzt die eingeschlagene Rich-

tung. Schlimmer aber noch handelt die hohlgewordene, sich scheinbar anbiedernde Kirche, die – wegen ihres Niederganges – sich zum
erneuten Aufstieg des falschen Mittels der Gewalt bedient. (6) Auf Verständnis und Friede weise ich die Herrschenden in Staat und Kirche
hin, und ich flehe um gegenseitiges Sich-Geltenlassen. Es ist verdam-
menswert, entgegengesetzte Methoden anzuwenden, um an der
Macht zu bleiben. Nur wahres Christentum führt zu friedvoller, erhabener Herrschaft. (7) Man besinne sich auf die ursprüngliche römische Herrschaft, wo Gewaltenteilung möglich war, wenn man ernsthaft den Schatz friedvollen Lebens sucht. Die wieder an die Macht
Drängenden geben keine Ruhe. Ihnen allerdings geht es nur um Prunk
und Reichtum. Sie haben jedes Aufkeimen guter Ideen unmöglich gemacht. (8) Nur mit Scheiterhaufen halten sie ihren Niedergang auf.
Durch ihr äußeres Gehabe haben sie der menschlichen Gesellschaft einen üblen Dienst erwiesen: Sie haben Aufstand auflodern lassen, dem
Satan den Weg bereitet. (9) Das Fundament ist bis in die tiefsten Tiefen erschüttert. Die Grundidee und die ihm Anhangenden sind gleichermaßen blockiert. Die Kirche zeigt sich nur als eine Nachäffung
Christi.[27] Die weltliche Macht ist durch List zerstört. (10) Solcher Streit
widerspricht ursprünglicher, keltischer (französischer) Lebensart.
Geradezu wahnsinnig ist, weshalb man diese niedermacht. So drückt
Satan durch Blutvergießen und Plagen die Menschen nieder. Diese Art
von »Hilfe« entspricht der Unwissenheit der Albigenser(?). (11) Dem
Gesetz der Liebe zu gehorchen, ist wertvoll. So ist es bei den Albigen-
sern. Ihre Kirche hat dienende Funktion und ist nicht despotisch. (12)
In Genf (Calvinismus) will man die Gemeinschaft durch artfremde
Anbiederung zu anderen Dingen mißbrauchen. Die Folge ist, daß die
in Deutschland entstandene schlimme Vorstellung, die sich in Augs-
burg artikulierte[28], ins Denken eindringt. (13) Deshalb verheert ja auch
der Habsburger die ihm »gehörenden« Niederlande auf barbarische
Art und Weise. Dieser europäische Bürgerkrieg ermöglicht es, den
Mohammedanern zwischen Ungarn und Südspanien wild gegen das
Abendland anzurennen. (14) So ist im spanischen Hochmut die Zeit

---

[27] Werwölfe wurden nach dem Aberglauben des Mittelalters solche Menschen, die als
uneheliche Kinder – also ohne Vater – in der Weihnachtsnacht geboren wurden und
in dieser Art und Weise Christus nachäfften.

[28] »Cuisus regio eius religio« = der Landesfürst bestimmt über den Glauben der
Untertanen.

in Glaubensfanatismus verfangen, was letztlich dem Islam hilft. Diese sind ja schon wegen dieses »Kindermordes« bis Malta vorgestorben und schlagen bald Rom wegen des Verrates, den die Kirche dabei ausübt. (15) Die große Idee des Papsttums ist wegen der Verwirrung, die unter den Menschen herrscht, nicht mehr Leitschnur. Statt dessen hört man von der Kurie nur Getöse. Was danach den Sessel Petri besteigt, ist ohne Verstand. So ist es kein Wunder, wenn derart Minderwertiges zugrunde geht. (16) Es hat ja seine hohe Stellung benutzt, viele Menschen auf dem Scheiterhaufen zu verbrennen. Im Menschenlande haben diese Fanatiker, die sich gar noch für Kreuzfahrer halten, nur Verwirrung und Unheil hervorgerufen. So hat man es ja auch schon im Albigenserkriege gesehen. (17) Aus dunklem, törichtem Sinn heraus – ? – ist das geistige Fundament letztlich in Frage gestellt. Die Staatsmacht fühlt sich von einer brüderlichen Christengemeinschaft belästigt, und deswegen zerstört sie sie. (18) Diese werden unter ungeheuren Opfern kriegerisch vernichtet und dahingemordet. Die Machthaber glauben dann noch einen großen Sieg erstritten zu haben. Wird Geistesfreiheit durch Unterdrückung getötet, herrscht zwar Ruhe, aber heilsame Idee und Entwicklung sind dahin. (19) Die Kirche wird wieder härter in ihren Methoden, findet sich selbst in Gier nach Reichtum gefangen und hält den Frieden Christi nicht. Überlebtes erhält wieder die Macht. Die Menschen jammern wegen verlorener Freiheit. Auf der Erde herrscht Barbarei. (20) In Deutschland ist unter großen Unruhen viel Volk von einer Idee erfaßt, die in ihren Vorstellungen und Aktivitäten der katholischen Kirche gar nicht so fern steht. (21) Sie ist der Machtausübung der Römischen Kirche in ihrer Methode durchaus nahe: Brand und Rachgier und für diejenigen den Tod, die es wagen, eine eigene Meinung zu äußern. (22) Jetzt müht sich aber der Papst wieder, seine Aufgabe als Seelenführer ernst zu nehmen. Das bringt die Aufständischen in Verwirrung. Kriegsscharen sind dann in Norditalien, bevor sich die Machthaber auf des Volkes Rücken einigen. (23) In den Methoden sind die verschiedenen Gruppierungen einander gleich. Die Idee der Albigenser (Friedfertige, Reformierte) muß Schlimmes befürchten; denn sowohl die Machthaber wie auch die Masse sind streitsüchtig. (24) Wenn Herrschaft und Gesetz von Mitmenschlichkeit (Liebe) bestimmt sind, erlebt das Zeitalter eine gute Herrschaft, und die Lande blühen. Leider kommt solches aber wegen ständiger Aufhetzereien nicht zustande. (25) Der Islam,

Glaubenskampf, Christuslehre, Liebe, Hochmut, die Machthaber nutzen alles für sich selbst aus. Christen wie Mohammedaner sind voller Hochmut. (26) Durch die militärischen Angriffe möge doch das Volk erkennen, daß es von seinen bisherigen Lehrern nur verführt wurde! Folgt mir und ihr werdet euch als reine Gemeinschaft in die Höhe entwickeln. (27) Bereits heute hat ein orientalischer Despotismus Kleinasien, Nordafrika und Griechenland in Besitz genommen, und überall ist das Christentum unterlegen. Sie kommen bald auch über die Adria! (28) Aber wie ist es bei uns? Entwicklung und Beweglichkeit im Denken sind unterdrückt. Alles erscheint krank. Das Kreuz wird mit Waffengewalt gepredigt. Abweichende Meinungen werden unterdrückt. Von Norditalien aus wird alles mit Krieg überzogen. (29) Die Freiheit ist den Menschen geraubt. In Hochmut, Ungerechtigkeit und in abstoßender Weise erfolgt der Ansturm der Türken. Darauf wäre zu achten. Der Staat aber fühlt sich mehr von Calvinismus und Humanismus belästigt. (30) Allenthalben streifen Söldnerscharen im Abendland umher. Daran trägt Rom die Schuld. Frankreichs Führung ist auch nicht besser. Der rechte, sichere Weg wird so ins Schlechte verkehrt. (31) Im Humanismus ist fruchtbare Weisheit enthalten. Diese Idee ist das Führende der Gegenwart. Weil man aber ihre geistige Überlegenheit fürchtet, wird sie allenthalben unterdrückt. Ihre Repräsentanten werden verleumdet und primitives Volk gegen sie aufgehetzt. (32) Wenn die Verhältnisse gut sind, dann entsteht Wohlstand. Herrscht aber Überfluß, so führt auch das zum Untergang. Dann geht es auch dir zwangsläufig so, wie es der mittlerweile korrumpierten Kirche gegangen ist. (33) Es ist das Grundprinzip der gequälten, menschlichen Gesellschaft, daß ihre Vorstellung von Freiheit unglücklicherweise stets zum Gegeneinander führt. Solches bringt ja auch im Nordwesten Frankreichs Schlimmes. (34) England fällt in West- und Zentralfrankreich ein. Es geht um eigenen, materiellen Vorteil. Solches Verhalten trägt das Übel in sich selbst. (35) In die französische Gesellschaft kommt eine gute Herrschaft, sie ist aber noch innerlich unfrei. England gerät darüber in Auseinandersetzungen und mischt sich in den Kampf ein. (36) Beide Länder unterliegen gleicher Täuschung, die Gutes in Wertloses verwandelt. Man versucht nämlich zu spät, Überlebtes mit zwischenzeitlich unbrauchbar Gewordenem zu heilen. Wer solchen Torheiten nachläuft, muß letztlich unterliegen. (37) Primitive Fanatisierte setzen sich zur Erreichung ihrer

Ziele in Bewegung. Nach 20 Monaten ist der Gipfel (ihres Aufstandes) erreicht. Sie haben nur Scheinwerte und Fanatismus zu bieten und keine echte innere Erleuchtung.[29] (38) Die große geistige Macht, die der Verrohung gefolgt ist, stellt zu wenig moralische Forderungen. Sie läßt jedem Trieb freien Lauf und zerstört damit das einigende Band des Landes. (39) Die französische Herrschaft stammt wahrlich von der gerechten Lilienblume ab. Sie sollte auch die rechte Erbin römischen Geistes sein. Mit der Lilienblume im Wappen von Florenz trägt sie auch eine ehrwürdige Tradition. (40) Wie sehr aber hat sie sich verändert und der von Spanien kommenden Verkrampfung angenähert. Man kann in einer Zeit, in der das Gewissen selbst heruntergekommen ist, nur noch auf Besserung hoffen. (41) Dies kann nur geschehen, wenn man sich auf Alt-Ehrwürdiges besinnt. Dann kann Dunkelheit und Torheit wieder gute Herrschaft folgen und gute Zeit der Kriegerischen. (42) Frankreichs Herrscher schürt den Glaubenskrieg und ruiniert das Volk in der Provence. Der Streit um Mailand bringt Deutschland in den Krieg. Und diese haben die Spanier hinter sich. (43) Bald sind auf solche Weise die wahren Werte vernichtet. Von der Provence bis Sizilien wie auch in Deutschland, wo die Geldgier von Mainz[30] schon so viel Leid über die Menschen gebracht hat. (44) Durch die Brutalität der Machthaber in der altgewordenen Kirche ist nämlich der Glaube selbst korrumpiert und in Verruf geraten. Fanatismus und Geldgier überlagern hier Heiliges, stören den Frieden. So ist Streit für den Papst zum großen Anführer in doppelter Hinsicht geworden. (45) Selbst die beste Herrschaft wird ruiniert und in eine Wildnis verwandelt. Orientalischer Despotismus mit dem Gesicht des großen cäsaropapistischen[31] Konstantin herrscht bei der neuen lutherischen Konfession. (46) Die Mächtigen in der Kirche schaffen neue Uneinigkeit, wenn man Rom geschwächt hat. Ihre ideologischen Spitzfindigkeiten ruinieren dann die würdige, allgemeine, katholische und apostolische Kirche genau so wie die neuen Glaubensformen. (47) Gleichzeitig marschiert das Osmanenreich vorwärts. Byzanz ist schon gefallen. Rhodos haben sie schon in Besitz genommen. Ungarn fällt in ihre Hände. (48) Das Abendland gerät in tiefe Betrübnis. Es trifft all seine

---

[29] Die Aufstände in Orange bzw. in Salon-en-Provence.
[30] Der von Mainz ausgehende Ablaßhandel löste die Reformation und damit deren Folgen aus.
[31] Gleichzeitig Herr über Körper und Seele der Menschen.

geistigen Richtungen. Von Ungarn her werden die Osmanen auch den Rest Europas noch erobern und Schlimmes über die Menschen bringen. (49) Keiner vom harten Kurs, wie er in Spanien herrscht, noch von guter Keltenart, ist zur Rettung des schwankenden Abendlandes berufen. Man schenkt vielmehr sein Vertrauen Bösem, wodurch Vergiftung bewirkt wird. (50) In der Zeit, in der wahrhaft christliche Ideen herrschen, dringen diese auch nach Italien vor. Dann zittern zwar die dortigen Gewalthaber, aber rechter römischer Geist ist damit zur Richtschnur gewählt. Dann erhebt sich das Gute gegen die Despotie. (51) Ungarn, England und Polen sowie Böhmen bilden ein neues Bündnis, das noch über Europa hinaus Macht ausüben will. Derweil zerfleischen sich die Provençalen und Spanier im Bruderzwist. (52) Die Idee, die Europa retten soll, muß anders aussehen! Sie muß freiem Denken jeden nur möglichen Raum bieten. Dem Volke muß sie ohne Unterdrückung Lenker sein. Nur, wenn so gehandelt wird, kann Europa wieder aufblühen. (53) Die Prophetie reinigt das Denken, indem sie christliche Herrschaft und Liebe zur Übereinstimmung führt. Hierbei müssen die Forderung der christlichen Ethik und Moral mit der Nächstenliebe ausgewogen sein. So allein wird die Idee des Erlösers erfüllt. (54) An sich sollte diese Aufgabe Frankreich erfüllen. Das erwartet schließlich auch der Orient von uns. Nur wenn jenen diese Idee vermittelt wird, verschwindet auch deren blutige Eroberungssucht; (55) denn allein gallisches Wesen vermag den von Mohammed entwickelten Gedanken des »heiligen Krieges« zu überwinden, aus dem heraus Spanien und Granada erobert wurden und der jetzt auch die Provence bedroht. (56) Das Papsttum hat in seiner langen Geschichte diesen Grundsatz übertreten und sich von segensreicher Herrscherart entfernt. Es macht sich selbst zum Herrn über richtig und falsch, gängelt alles und wird so – statt Wege zu weisen – selbst zu einem undurchdringlichen Gestrüpp. (57) Das in Frankreich nach römischer Art dargebotene Schmierenkomödiantentum bietet für die Menschen keine Heimstatt. Was Wunder, das sie enttäuscht sind. Man bietet statt Glaube Totes an. So verliert man seine Glaubwürdigkeit; denn das ist Teufelswerk. (58) Statt lebenspendendes Wasser zu geben, stellt man alles in unzugänglichem Dschungel dar. Wer keinen Weg zu weisen hat, wird kraftlos. Schreckliches bedeutet dies für Südfrankreich. (59) Dort gibt man sich dann der Idee einer Nationalkirche hin. Spanien hat nämlich Gutes untergraben und wütet gleich Heiden. Der Glaubenskrieg bricht aus, und sehr sehr viele müssen durch ihn sterben. Humanismus welkt dahin. (60) Das dominikanische Denken will Glauben nach seiner Art vermitteln. Dies ist aber nur ein Zerrbild. Sein Auftreten bewirkt nichts als fanatische Raserei und bringt dem Menschengeschlecht nur Feuer und Blut. (61) Die von der Kirche geschickten Dominikaner ehren nicht ursprüngliches Christentum. Ihre Art hat die Hohen in Rom ergriffen und damit die Gerechtigkeit erschüttert. Die Christengemeinschaft wird nach unten gezogen. Sie ist betrogen worden. (62) Deshalb sieht man nahe am Felsen Petri Blut herunterregnen. Sehr Irdisches entsteht, wenn die Zeit dadurch ihren Niedergang erlebt. Der Krieg in der Provence ist von Rom angezettelt. Mit der Kirche geht es abwärts. Auch das ist ein Ergebnis des Konzils von Trient. (63) Hohle Glaubensformen entstehen. Sie erklären jede Form einer Hierarchie für nutzlos. Das aber bedeutet nur irrende Schwärmerei und schafft weder ein Gefühl der Geborgenheit noch Nestwärme. Die Kirche hat Blut vergossen, die Menschen müssen Leid erdulden. (64) Schmückt sich die Kirche auch mit dem Namen Jesu Christi, stößt sie jetzt doch überall auf Ablehnung und welkt dahin. In Norditalien sieht man von ihr nur noch ein Schattenbild. Überall besteht echtes, christliches Weltbild nur noch in versteckter Form. (65) Schnell nimmt Furchtbares zu. Das Wesen des Christentums ist nicht mehr erkennbar. Die Glut des Heiligen sucht man vergebens. Das wahrhaft innerlich Machtvolle ist dahin. (66) Die würdevollen Grundlagen des aus der Antike stammenden Denkgebäudes, das Lebenspendende, ist verloren. Es geht nur noch um Reichtum, Reichtum in satanischer Gier. Die einst fruchtbare Herrschaft ist stark angekränkelt. (67) Wenn es ein Papst[32] wagt, freiwillig auf Gewalt zu verzichten, so tun das statt dessen die anderen von Staat und Kirche. Dann ist mit dem guten Papst zugleich auch Christus selbst hingemordet. (68) Von Südwestdeutschland her kommen die gewaltausübenden Bauernhorden. Das provençalische Gebiet wird ergriffen, mehr aber noch Zentralfrankreich. Nahe den Alpen entsteht, was Frankreich durch kirchlichen Glaubenskampf ruiniert. (69) Humanisten können sich nicht länger in falscher Träumerei wiegen. Um den Anhängern der Gier nach Reichtum, den Protestanten aus dem Norden wie den Prälaten einen Weg zu bahnen, Südfrankreich so völlig zu ruinieren, zetteln

---

[32] Papst Hadrian VI.

alle diese Gruppen Kriege an. (70) Was einst der Gerechtigkeit gehörte, ist großem Streit anheimgefallen. Kirche und Volk der Christen sind derart darin verwickelt, daß man sich allenthalben nur noch nach dem Ende solchen Dunkels sehnen kann. (71) Weil ich voller Leidenschaft für rechte Lebenskraft und -art eintrete, hat man das ganze Volk gegen mich aufgehetzt. Die Fürsten (die doch auf mich hören sollten!) überlassen den Entscheid über diese wesentlichen Dinge einfach einem Gericht von Advokaten. Dazu hat man mir ja auch noch den Weg nach Paris schwergemacht.[33] (72) Wird Willkür ins freiheitliche Gesetz gemischt, wirkt dies wie Gift. Man redet bei Diskussionen heute immer nur von Nächstenliebe und vergißt darüber völlig, daß Christentum viel mehr bedeutet. (73) Unter solchen Umständen erscheint die Kirche als schwer von Gott verfolgt, sind die Gotteshäuser Profanem geöffnet. Gewissermaßen plündert – was sich da als neuer Glaube etabliert – das Christentum in seinen Grundwerten aus. Solche »Christen« (Polen, Nordeuropäer) handeln wie Türken. (74) Dabei kann aus römischem Geist mit deutschem (flämischem) Denken Machtvolles entstehen. So ließe sich auch der Angriff der Türken abschlagen, so auch die Kirche wieder zur alten Würde hinaufführen. (75) Humanistische Lehre weist rechten Weg und besitzt das Entscheidende. Was im Süden (Europas) geschieht, lehnt der Humanist entschieden ab, geht mit Falschem streng ins Gericht (76) und folgt allein seiner Erkenntnis. Er läßt sich nicht von schwankender Volksmeinung verwirren. Was sich (an Verwirrendem) derzeit in der Provence vollzieht, lehnt er ab. (77) Amtsträger der Kirche sollen Gott im Guten dienen. Der französische Herrscher läßt Glaubenskampf und Romvergötterung wieder erstarken. (78) Neue Vorstellungen finden sich nicht für lange zusammen. Schon nach wenigen Jahren haben sie sich in Barbarischem verstrickt. Sie entwickeln in ihren Glaubensvorstellungen einen solchen Wirrwarr, daß man sich verzweifelt nach der Papstkirche zurücksehnt. (79) Diese erhebt ihr Haupt aufs neue und stutzt dann auch das zusammen, wofür christliches Gesetz geschaffen ist; nämlich: Demütige aufzurichten und Hochfahrende zu beugen. Ihr (schlechtes) Handeln regt Nachahmer zu gleichem Tun an. (80) So nähert sich auch der französische Herrscher wieder der Despotie, der Despotie, die ja von Humanismus als unheilige Allianz zerbrochen

---

[33] Vorladung vor die Inquisition nach Paris im August 1555.

worden war. In den neuen Kirchengesetzen kommt geradezu Heidnisches zum Vorschein: Barbarei intrigiert gegen Edles. (81) Ich weissage euch – wenn auch verschleiert –, daß dadurch seelische Austrocknung das blühende Gemeinwesen erfaßt. Die Herrschaft entwickelt sich zu engstirniger Despotie und das Ende solcher »Schöpfung« ist, daß Satan herrscht. (82) – ? -[34] (83) Die, die es unternehmen, die Herrschaft der Weisheit zu stürzen, unterdrücken das Volk, indem sie vorgeben, es vor Schaden bewahren zu wollen. Dabei legen sie die erhabene Bibel in eigenem Sinne aus. (84) Die aufrührerische Masse folgt einer Idee, deren Herkunft ein höchst zweifelhafter Mischmasch ist. Einesteils will die Masse zwar dem Sieg Gottes dienen, richtet zum anderen daher in Nordwest-Frankreich gewaltige Zerstörungen an. (85) Die Schwärmer haben sich von Schwaben her ausgebreitet und allgemeine Verwirrung gestiftet. Diese Masse bringt gleichsam ägyptische Plagen über das Land. Aufstachelung der Volksmassen geht auf die nicht zu Ende gedachte Lehre des Calvinismus zurück. (86) Gottgewollte Ordnung wird pervertiert. Die Gesellschaft ist vom Massentaumel erfaßt; denn die Mächtigen (Ideen) haben einander bekämpft und geglaubt, den »Satan durch Beelzebub« austreiben zu können. (87) Wenn Sklaven die Ketten brechen, kann nur Gutes hinweggespült werden. Römischer Geist hat dafür die Voraussetzungen geschaffen und Gewaltherrschaft, wie in Spanien, ist die Folge. (88) So ist als Strafe Gottes bewohnbares Land allgemeiner Verheerung ausgesetzt. Dies breitet sich immer weiter aus. Verständlich, wenn Rom glaubt sich mit Waffengewalt gegen das Unheil aus der Provence schützen zu sollen. In Ungarn, Böhmen, Navarra, überall sinnlose Aufstände um Glaubensfragen und Herrschaftsformen, die sie in ihrer Engstirnigkeit für reine, herrliche Lehren und Ideen halten. Die Erwägungen richten sich auf Nebensachen der Religion (Orleans[35]). (90) Gewalt wird dem Denken vorgezogen. Innere Leere, Armut, Vergiftung und Sprachlosigkeit herrschen wegen des gleichen, schlimmen Verhaltens aller, und das geht bis nach Rußland hinein und in die Ausläufer der Türkei. (91) Überall jagt man öffentlich Trugbildern nach; sei es beim einfachsten Volk wie bei Gebildeten. Hochmut und Glaubensfanatismus, diese Gaben Satans, haben alle leicht und schnell er-

---

[34] Eine Feststellung über die Leiden, die das Volk in Frankreich zu erdulden hat.
[35] Orleans: orle = Rand; ans = altfranzösisch für Götter.

griffen. (92) Nachdem der Heilige Stuhl 17 Jahre[36] gut war, wird in kürzester Frist veraltet sein. Was wir heute nämlich brauchen, ist nicht mehr in allem das, was Rom festzulegen pflegt. (93) Bemerkt Rom das, tut man allenthalben sehr geschäftig und stellt vor seinem Altar ein Licht auf (um die Menschen anzulocken). Das anglikanische England bleibt allerdings mißtrauisch. (94) Nach Deutschland, Belgien und Nordfrankreich aber gelingt es der Gewaltherrschaft (der Unfreiheit) seinen »Scheinfrieden« zu tragen. Deutschland und Österreich fallen ihm anheim. (95) Wo Sturm abgehalten ist, kann sich Großes in Ruhe entwickeln. Es kommt aber mit Sicherheit wieder zu Auseinandersetzungen. Nur bei vorurteilslosem und vernünftigem Vorgehen werden Verwirrung und Despotie vermieden. (96) Für weises Vorgehen sind aber auf der Welt die Voraussetzungen nicht gegeben. So endet jedes Neue in Blutvergießen. Man schweige also lieber, wenn man neue Erkenntnisse gewonnen hat. Deshalb geht es auch niemals aufwärts. (97) Was sich uns darstellt, ist häßlich und macht vor Schreck sprachlos. Davon ist die Gesellschaft völlig durchsetzt. Engstirnige heben nüchternes und freies Denken wieder auf, und mit der Wucht von Naturgewalten wird alles wieder ins überlebte Alte zurückverwandelt. (98) In der Picardie wie in Schwaben herrschen sehr kritische Situationen. Was sich dort entwickelt, ist innerlich vollkommen leer. Das Christentum ist dabei zutiefst ins Mark getroffen. In Südwest-Frankreich herrscht wegen Glaubensdingen Trauer. (99) Italien und Südfrankreich sind wegen des Hochmuts und der aus dem Norden kommenden Glaubensformen bedrückt. Rom folgt nämlich dem abgenutzten Gedanken, den auch England entwickelt. (100) Römische Kirche unterliegt gleichem Wahn wie neue Konfessionen. In Südfrankreich wird um des Glaubens willen verbrannt. Weil man Luthertum und Calvinismus fürchten muß, ist die alte Kirche im Letzten noch einmal davongekommen.

[36] Bis 18 war er segensreich: Vorrede an Heinrich.

(1) Von den Pyrenäen her kommt paradoxerweise viel, um Neues zu unterstützen. Es ist Roms Verhalten, das es dem gläubigen Volk in Südwest-Frankreich schwer macht, ihm treu zu bleiben. (2) Es dauert kaum noch eine Generation bis alles furchtbar geworden sein wird. Im Namen Gottes verbrennt man – total verblendet – seine Geschöpfe, bedrückt sie zumindest. Welch eine Umkehrung bewirkt das in kürzester Frist! (3) Was Frankreich heimsucht, ist gottgewollter Herrschaft völlig entgegengesetzt. Der König ist saft- und kraftlos geworden und unterwirft sich der Kirche. Dabei besudelt er aufs übelste das Szepter seiner Herrschaft. (4) Frankreichs Entwicklung hat sich vom Aufbau eines blühenden Gemeinwesens völlig abgewandt. Nichts als die alten, abgedroschenen Phrasen sind übriggeblieben. Verständlich, daß solche Zeit des Hochmuts zu Glaubensstreit führt. Die Folge ist Raub am Vollbesitz. (5) Was durch ständigen, langandauernden Einfluß von im Norden entstandener Ideen entwickelt wurde, ist innerlich leer und vergiftet. Allenthalben in Europa ist eigene Religion[37] durch Staatsdogma ersetzt. (6) In der Zeit dessen voller Entfaltung zeigt sich von Norden her Gottes Strafgericht an. Italien (Rom) erlebt einen gewaltigen Verfall der Kirche. Die so viel Schaden stiftete, ist nun selbst als verschollen zu betrachten. (7) Von Norwegen über Britannien bis Südostungarn ist alles durch gleichartige, schlechthandelnde Herren gequält. In Frankreich sollte es besser sein, weil von römischem Denken, verbunden mit gallischem Geschlecht, mehr zu erwarten schien. Aber die Massen haben jeden Ansatz dazu ruiniert. (8) Denkende werden gejagt, die Grundordnung erschüttert (und Unruhen entstehen). Wahrer Reichtum und Wissen sind dann nicht mehr gefragt, ja geradezu verpönt. (9) Das Skandalöse, das man an Gotteshäusern treibt, hält man noch für gottgefälliges Handeln. Wer sich aber (von den dort Verantwortlichen) weltlicher Herrschaft hingibt, kann nur mit seinem eigenen schlimmen Ende rechnen.[38] (10) Für kurze Zeit blüht neues Leben am heiligen Ort. Unschuld und dunkle Vorstellungen treffen bei diesem

---

[37] religio: Bindung (des Menschen an Gott).
[38] Brief an das Domkapitel von Orange.

Gottesvolke zusammen. Dann wird ihnen ihre Illusion durch Verfolger und Unterdrücker ausgetrieben, und die Erde erscheint von Blut getränkt. Vergiftung und Sehnsucht: Das Menschengeschlecht ist völlig verwirrt. (11) Was außer glaubensarmem Luthertume entsteht, wird vernichtet. So vergeht die Römische Kirche langsam und merkt es nicht einmal, da sie Christen hinmordet. (12) Um die Herrschaft wieder allein auszuüben, nimmt sie scheinbar brüderliche Züge an. Der Vatikan unternimmt große Anstrengungen in Belgien, England und Spanien und ruft zugleich auch in Frankreich heftige Auseinandersetzungen hervor. (13) Wer sich seiner selbst unsicher ist, regiert nicht lange. Mag sein, daß er das Beste will, aber so kann er seine Aufgabe niemals erfüllen. (14) Die Macht hat sich zu weit von den Interessen des Volkes entfernt. Ohne es zu merken, verfällt dies den Verlockungen heuchlerischer Pfaffen. Letztlich hat dann der Satan gesiegt. (15) Christlicher Ursprung wahren Herrschertums ist in Luthers Moral nicht erfüllt. Zwar schwächt sein Auftreten die kaiserliche Macht, aber der Wittenberger ahmt sie seinerseits mißbräuchlich für eigene Zwecke nach. (16) Was der Humanismus der Macht des vertrockneten römischen Herrn genommen hat, das erneuern die Finsteren aus Deutschland ebenso, wie der König von Frankreich. (17) Zunächst richtet sich da die Verfolgung gegen Glaubensabweichler, die man verbrennt. Dann wendet man sich gegen andere. Gleich Staatsverrätern werden Denker und Lehrer – soweit sie sich nicht bedeckt halten nun ebenfalls vernichtet. (18) So läßt sich wahrlich das Fundament des Gottesglaubens nicht retten. Dieser stammt ja im letzten von den Juden, diesen aber hilft weder ihr Können noch ist ihnen das Schicksal gewogen. Der Jude wird, genau wie sein Volk, im Reiche hart bedrängt. Das ist die »Gnade« mit der er, der Christus hervorgebracht hat, leben muß und der von den Christen verfolgt wird. (19) Die Kirche glaubt sich zutiefst von Liebesglut durchdrungen, wenn sie Unschuldige verbrennt. Sie ist ja in Widerwärtigkeiten sehr geübt und wendet das bei den Auseinandersetzungen, in denen sie sich befindet, an. Diese Mißgeburt eines Goldenen Kalbes kann man in Spanien besonders deutlich beobachten. (20) Das trügerische, scheinbare Miteinander-Auskommen hält nämlich nicht lange an. Man ändert zwar einiges, wirft aber auch Grundlegendes über Bord. Das Volk ist in Formen und Formeln eingezwängt. Rom entwickelt neue, gierige Formen der Menschenverschlingung. (21) Wenn sich die, der im Norden entstandenen, Nachfolge-Idee Entstammenden, zusammentun, bekommt die von Reichtum verblendete katholische Kirche einen gewaltigen Schock und besinnt sich auf ihre Grundwerte. Sie, die einst das Albingenserland barbarisch dezimierte. (22) Die Zügellosigkeit (Heinrich VIII.) hat in England das Grundprinzip des Christentums zerstört. Das Ergebnis ist ein Schisma. Jawohl: Zügellosigkeit bringt nur Gewalt und Leid mit sich. (23) Von mir Beschriebenes entstammt solchem Geiste. Außerdem reizt es die Völker gegen Ordnung und Gesetz auf. Nur kurz herrscht Friede, dann gibt es erneut Streit. So wird das heilige Gesetz, nach dem gehandelt werden sollte, zunehmend mißachtet. In einem harten Kreislauf erzeugt Streit immer wieder Zwietracht. (24) Verbindet sich Herrschaft mit Glaubenskampf, so entwickelt das in seinem Zenith Krieg. Nur eine neue Herrschaft, die in Übereinstimmung mit rechter Ordnung entsteht, kann für lange Zeit Frieden sichern. (25) Der Glaubensstreit hatte die pervertierte päpstliche Herrschaft bereits in ruinösen Wirbel gebracht. Die innerlich Leblos-Gewordene, Unheilbringende reißt durch die Inquisition die Macht an sich. Dabei vermögen sich Denunzianten wutentbrannt dafür zu rächen, daß sie vorher ihrerseits unter Schwierigkeiten zu leiden hatten. (26) Für eine kurze Zeitperiode unter dem Heiligen Geist ist der päpstliche Stuhl in einigermaßen gutem Zustand. Dies ist der Fall, wenn ihn einer einnimmt, der sich für die lebendige Botschaft (des Christentums) einsetzt. Die weltliche Macht des Papsttums steht dem allerdings entgegen. (27) Wenn sich unterschiedlich Denkende die Hand reichen, kann eine gute, gläubige Herrschaft unter den Menschen entstehen. Wenn man sich dagegen im Glauben bei Fragen des Göttlichen – das sowieso keiner begreifen kann – üblen Streit liefert, ist gewissermaßen der Satan losgelassen. Man täte besser daran, (nach Christi Wort) die Nackten zu kleiden. (28) Besinnt euch endlich auf eure Aufgabe: Wir Gallier könnten die Geistesfreiheit zurückgewinnen und allen jenen einen sicheren Weg weisen, die durch die Taten der ihrem Stifter untreu gewordenen Kirche im Norden Europas in Verwirrung geraten sind (29) und mit dem, was sie unter Frieden verstehen, die erwartungsvollen Christen in Ratlosigkeit und Verwirrung stürzen; denn: Wie können jene Friede und Freiheit auf den Lippen führen und zugleich eine Treibjagd auf die Klöster entfachen? (30) In Rom sind es heute nur Äußerlichkeiten, die an Gott erinnern. Innerlich ist der Hl.

Stuhl den Gottesfeinden überlassen. Wiegt euch nicht in falscher Sicherheit; denn schon rückt man von dort dem Humanismus in Belgien mit Waffengewalt zu Leibe. (31) Zugleich wünscht Frankreichs König sich Mailand anzueignen. Nach diesem an Menschen 50 verlustreichen Kriege kommt es zu einem üblen Vertrag zwischen ihm und dem Papst.[39] (32) Die Strafe, die der König dafür empfängt, ist die einem Verräter gebührende. Wahrlich, nur ein Tor konnte sich nämlich derartig das Hirn vernebeln lassen. Er trägt selbst an seinem Niedergange die Schuld. (33) Primitiv sind beider Anhänger.[40] Keiner kann sich als Wahrheitshüter aufspielen, weil man nämlich militärische Gesichtspunkte bei Glaubensfragen in den Vordergrund stellt. Die Reue über solche Unvernunft macht noch zu schaffen. (34) Die Gesellschaft ist derartig berauscht, daß sie grundlegende Fundamente menschlichen Zusammenlebens außer acht läßt. Der Zustand ist für die gequälte Menschheit zum Verzweifeln. (35) In die einstmals gute französische Herrschaft, in der auch das religiöse Grundanliegen befolgt wurde, ist in die Periode von Aufbruch und Vollkraft des Lebens wegen der Glaubenskriege um den guten Gott die Vernichtung eingedrungen. Was sich jetzt der König leistet ist der Exorzismus des Denkens. (36) Dabei bringt irdischer Streit doch nichts ein. Sein einziges Ergebnis ist Ausplünderung. Dadurch herrschen Aufruhr und Unheil im Gebiet von Frankreichs Lilienwappen. Der Lehre Christi ist zum Unglück der Menschen dabei Schaden zugefügt, (37) und man fällt in die alten Fehler zerstörender Gewalt zurück. Die Unschuld wird fälschlicherweise verklagt, verleumdet und getötet. Dabei ist den Verantwortlichen überhaupt nicht klar, daß man sich nur selbst schadet, wenn man diejenigen, die lebende Entwicklung bewirken wollen, auf den Scheiterhaufen bringt. (38) Man glaubt durch Unterdrückung Friede zu schaffen. So stellt sich jedenfalls Italien (Rom) seinen Sieg vor. Jawohl, die aus Deutschland stammenden Aufständischen sind blutdürstig, aber auch die Inquisition wütet verheerend. Das Blut der eigenen Gemeinschaft wird vergossen, und woher Lebensspendendes kommt sieht man stattdessen Gefahr. (39) Neue Gruppierungen wählen die alten Wege und

---

[39] Im Friedensvertrag zwischen Franz I. und Papst Clemens VII. sicherte sich der Papst gewaltige Geldsummen aus Pfründen, während der König wesentlichen Einfluß auf die Gestaltung der Kirche nahm.

[40] Anhänger von Papst und König.

suchen ihre Rettung da, wo sie doch nur Hohles finden können. Sie führen eine Vernichtungsschlacht gegen Römisches. (40) Mainz[41] ist seines inneren Wertes entkleidet, weil die Kirche das Volk allzusehr ausgenommen hat. Köln (= Deutschland) ist darüber so erregt, daß man in diesem Lande den großen Dieb nachhaltig beseitigt. (41) Was im Norden und in England zur Macht gelangt, hat zur Folge, daß ungeheure Summen aufgewandt werden, um einen sinnlosen »Kreuzzug« (zur Rückgewinnung dieser Gebiete) von Rom aus zu betreiben. (42) Dann wird auch in Frankreich gute Macht von Gewaltherrschaft abgelöst. Was alte, weise Herrschaft dort aufgebaut hatte, wird stark dezimiert. Dies geschieht um römischer Interessen willen, die auf raffinierte Weise Reformbestrebungen imitieren. (43) Deshalb ist im Norden Frankreichs lange Zeit für Menschen keine Heimstatt mehr. Man glaubt das, was von England herüberkommt, nicht beachten zu müssen: (44) Dort signalisiert man Friede und bildet sich ein, im Betrug Befruchtendes zu empfangen. Die Masse läßt sich zu Gewalttaten hinreißen. Das Luthertum kann man nur als Mischung zwischen einem Raubtier und primitiver Fürsorge ansehen.(44) Es handelt sich um eine aus Ungenießbarem zurechtgemischte Ideologie. Wahrhaft göttliche Speise kann bei solch ekelhaftem Mißbrauch nur schwer entstehen. (46) Diese vergiftende Idee ruiniert die Grundsätze einer erfreulichen Herrschaft nahezu vollständig. Für alles dies aber sind die Verfolger verantwortlich zu machen. Sie tragen im letzten die Schuld, daß Erhabenes aus der menschlichen Gesellschaft verbannt worden ist. (47) Beide, alter wie neuer Glaube, verraten die wahre, von Gott stammende Religion. Und das gilt für Belgien, für Deutschland wie für Frankreich. Was man von all dem zu halten hat, läßt sich leicht an der Vergiftung ablesen, die in Belgien hervorgerufen worden ist. (48) Was da nämlich beredt als Heiliges dargestellt wird, ist zum größten Teile nur Schein und Täuschung; denn mit dem zweifellos Schlechten der alten Kirche haben sie auch das Gute des alten Glaubens über Bord geworfen. Das ist leider nur zu verständlich; denn römisches Verhalten trägt für die gegenwärtige Leere die Verantwortung. (49) Der Papst interessiert sich nur für seinen Reichtum und unterdrückt fürchterlich das

---

[41] Symbol der mittelalterlichen Kirchenmacht in Deutschland. Der Erzbischof von Mainz war Deutschlands höchster Kirchenfürst.

Christentum insgesamt. In widerlicher Weise läuft er nur hinter seiner materiellen Raffgier her. (50) Gute Lebenslehren, die Ursprüngliches gespendet haben, sind durch das Herumbuhlen mit Falschem in Vergessenheit geraten. Man hat sich vielmehr militärischer Gewalt bedient und huldigt militantem Glaubensfanatismus. (51) Das Volk erlebt, daß alle Machthaber daran mitwirken, die hehre Lebensordnung zu zerstören. Es grenzt ans Wunderbare, daß die Grundidee letztlich doch überlebt und Gottesdienst eines Tages Gewalt zu ersetzen vermag. (52) Läßt man Menschenfreundliches an die Macht gelangen, so bleibt die sich darauf gründende, frohe Hoffnung nur kurze Zeit; denn anschließend wird wieder verbrannt und der freie Fluß der Gedanken blockiert. (53) Unser König ist zwar für den Gallikanismus begeistert, vermag sich aber nicht mehr für ihn einzusetzen. So schwindet dieser dahin (wie es eben auch der Gesetzmäßigkeit des Kreislaufs der Gestirne entspricht). Der König wählt den militärischen Weg. Damit liefert er die Küste der Normandie (wo Humanismus und Calvinismus entwickelt wurden) der Despotie aus, wie es in anderer Weise schon mit Cypern geschehen ist. Er sieht die von den Türken drohende Gefahr als zweitrangig an. (54) Im sechsten Jahrzehnt des 13. Jahrhunderts – als sich Europa innerlich zu christianisieren begann, ließen sich die Anhänger der großen Idee vom Despotismus gefangennehmen. Und jetzt marschieren die Türken! (55) Sinnlos: Der König erkennt einfach nicht, daß die Osmanen im Vordringen begriffen sind. So ist er denn plötzlich ganz erstaunt, wenn Nordafrika, Griechenland und Kleinasien verlorengehen und dort die Gesellschaft unterliegt. (56) Spanien sieht in Südfrankreichs Reformationsbestrebungen den Satan selbst verkörpert. Da es befürchtet, das Unheil könne ins eigene Land kommen, läßt es sich von der Unruhe im Roussillon täuschen und greift zu den Waffen um die »reine Lehre« zu bewahren. (57) Diese reine Lehre, die einmal mächtig und gut in der Vergangenheit geherrscht hatte, läßt sich durch inquisitorische Maßnahmen zu Unerbitterlichem, Grausamem, Angstschaffendem hinreißen und ruiniert dadurch ihre einst heilig-gute Herrschaft. Dadurch haben sich Gott-Unwürdige der Leitlehre abendländischen Denkens bemächtigt. Sie haben die Freiheit im römischen (geistigen) Gebiet zerstört wie auch jede geordnete weise Gesellschaftsform. (59) Die Kirche hat ihren Herrn verraten, tut aber so, als hinge sie ihm noch an. Das bleibt nicht verborgen, denn man hat die klassische Ordnung[42] zerschlagen. (60) Der Herrscher Frankreichs hat sich nicht an seine überkommene Ordnung gehalten. Er hat sich vielmehr täuschen lassen. Ganz Nordfrankreich wird so von der Mönchskirche getäuscht, deren Vertreter sich den Anstrich guter, demütiger Lehrer geben. (61) Weltgeschichte ist den Menschen nur in kleinen Teilen deutlich erkennbar; viel zu viel ist ihnen verborgen. Aber schaut euch doch nur die Gier und Brutalität der Machthaber an, dann seht ihr ja, was man von ihnen allen zu halten hat. (62) Was will man gegen deren Verhalten tun? Alles unterliegt ja – auch hier – einem Naturgesetz. Göttlich-Gutes welkt dahin. Unter dieser Gewalt haben sowohl Norditalien als auch Südfrankreich vieles zu erdulden. (63) Die Kirche behält zwar die weltliche Macht, hat aber Christus vertrieben. Man sieht *Ihn* in solch mageren Jahren gepeinigt. Wie schön wäre es, würde Er herrschen! (64) Sie (die Machthaber in Kirche und Staat) vertun in ihrer Verblendung alles, was ihren Händen übergeben worden ist. Verbohrt wenden sie sich statt dessen dem Kriege zu. Solches Verhalten bleibt nicht verborgen. Es ist der Judaslohn solchen Handelns – wie in Spanien -, daß alles Volk zum Aufstand getrieben wird. (65) Dessen kurzer (primitiver) Rausch treibt es zu kriegerischen Handlungen, von denen es glaubt, sie hätten Kreuzzugscharakter. Schnell jedoch ist es von den dunklen Mächten (primitivem Staat und primitiver Kirche) völlig besiegt. Diese nehmen ihm sein Spielzeug gewaltsam weg. Sie öffnen ihm zwar ihre Kirchen, doch von toten Heiligenfiguren ist keine echte Hilfe zu bewirken. (66) Im neuen Glauben keimt allerdings etwas von ursprünglicher Religiösität auf. Was man da an neugewordenem Alten deutlich macht, besitzt die Fähigkeit, Fundamental-Ursprüngliches aus seiner Verschüttung wieder zu befreien. (67) Seine Herrschaft dauert aber nicht lange. Schlechtes, Unglückbringendes kommt von Papst und König. Dadurch entsteht überall Unheil. (68) Immer, wenn sich Mietlinge gegen ihren wahren Herrn erheben, ist die Folge Krieg aus geistiger Umnachtung. Brutal bringt der Satan dann Religionskriege hervor, quält unschuldige Menschen und verfälscht die positiven Lebensgrundlagen. (69) Unter seiner Herrschaft verkehren sich schnell die, die geben sollten in Nehmende. Nur ihrem äußerem

---

[42] Reorganisation des Römischen Reiches unter Konstantin dem Großen und Aufteilung in 17 Diözesen.

Scheine nach sind sie würdig. Innen herrschen nach wie vor bei ihnen Kälte, Leere, Egoismus. So werden hehre Ziele in skandalöser Weise zerstört. (70) Statt dessen sollte der wahrhaft christliche, geistige Streiter das Verhalten der Kirche bestimmen. Der Platz, der ihm zurecht gebührt, wird ihm aber erst sehr viel später zugestanden. Ein solcher will nicht Macht ausüben. Mächtig wird, wer diesen Weg wählt, vielmehr durch sein gutes Tun. (71) Erkennt man diese große Idee in der Christengemeinde als Herrn an – und das bevor sie ihr innerstes Wesen ganz verloren hat –, kann sich brüderliches Handeln entwickeln. Aber alles ist ja korrumpiert: Lehre, stolzer Mut, Zeichen, wie die Herrschaft insgesamt. (72) Angeblich eifert man nur für den Glauben. In Wirklichkeit aber schändet man die zu ihm Gehörenden. Im der primitiven Masse gefällig zu sein, richtet man abfällig über den Glauben (der aus dem Gewissen stammt). (73) In der menschlichen Gesellschaft bestimmt Mönchisches allzusehr die Ordnung und kontrolliert sie auch. Vorsichtig und geschickt werden da allerlei Mißbräuche unter dem Deckmantel der Anpassung (an reformatorischen Vorstellungen) hervorgebracht und gegen rechtes, ursprüngliches, römisches Wesen ausgespielt. (74) Dessen Anhänger sind jetzt die Verfolgten. Eine solche Zeit zeigt sich als Unterdrückung und geistige Infektion. (75) Christus hatte die Kirche zur Glaubensstütze vorgesehen. Sie sollte dem Menschen helfen, den Blick auf Höheres zu richten. Nach einer Zeit rechten Wohlverhaltens tut sie nun Falsches. Das ist der Grund, weshalb sich revoltierende Massen zum Schrecken Nordwest-Frankreichs[43] erhoben haben. (76) Die Gemeinschaft, die von edler, aber Vollkraft geprägt ist, erträgt das Geschundenwerden nicht länger. Als Antwort auf den in den Gotteshäusern ausgeübten Betrug erhebt sich die Masse unter Gewalttätigkeiten und vernichtet dann alles ganz und gar. (77) Zuletzt siegt doch der betrogene Betrüger (die zeitweilig entmachtete alte Kirche). Im übrigen handeln alle Glaubensrichtungen gleich. Das kann man z. B. in Deutschland erkennen. Hier hat man ja die ursprüngliche Glaubensform besiegt. Was ihr folgt, ist wahrlich nicht besser. Blüte und Opferform italienischen (römischen) Geistes werden unnachsichtig verfolgt. (78) Diese Epigonen glauben dabei noch

---

[43] Nordwest-Frankreich = Picardie und Flandern. Die Heimat von Erasmus von Rotterdam wie von Calvin.

ihr Sieg sei der Triumph einer guten Herrschaft. Die römische Kirche bedient sich dann (in Deutschland) der Macht (des Kaisers). In solchem Verhalten stimmen Schweizer, Deutsche und Italienisch-Römische so politisch überein, wie auch die verschiedenen Reformationsgruppen nicht anders handeln. (79) Auch Frankreich unterliegt völlig solchem Denken. Es trägt beispielsweise den Krieg nach Mailand und schafft dadurch Unheil. (80) Der Islam kommt nach Europa, dessen Wesen und Besitz er zerstört. Die große asiatische Plage (die genauso anzusehen ist wie der eigene Despotismus) ruiniert dann gleichermaßen den Norden, die Denkweise der Antike und das Christentum. (81) Eine unmenschlich starre, qualvolle Ordnung bewirkt nur Angst und Wehklagen. Es sind Nördliche (Lutheraner), Päpstliche ebenso wie Kaiserliche, die hierin gnadenlos zuschlagen. Allgemeine innere Leere hat deshalb ihre jeweilige Ordnung in Wirklichkeit zur Unordnung gemacht. (82) In dieser seelischen Wüstenei drischt nun das, was echtem Glauben nachzufolgen vorgibt, seine vom Trieb diktierten Phrasen, ist also innerlich schwer krank. Zudem trägt es noch schwer an der übernommenen Hypothek, die von jenen stammt, die dem Menschen das Hirn mit Weihrauch vernebeln. (83) Man hat die Kirche in Belgien hoffnungsvoll und in ehrender Weise aufgenommen. Aber schon kurze Zeit später handelt diese brutal und unterdrückt jedes geistige Aufblühen mit rücksichtsloser Härte. (84) Sie regiert in Pomp, Glanz und Gloria und hintergeht gleichzeitig das Volk: Sie klagt an und unterdrückt nämlich, was wahrhaft von Gott stammt. (85) Spanien und Deutschland geraten so in die Hände einer Despotie, wie sie schlimmer auch der Islam nicht ausübt. Dazu tragen Denkweise wie Verhalten derjenigen bei, die sich als Kreuzfahrer fühlen. (86) Die Machthaber in Staat und Kirche handeln gegen den von Gott empfangenen Auftrag. Der Kardinal von Sens bekämpft das, was der Mönch aus der Gascogne[44] anklagend sagt (?). (87) Idee und Kraft des abendländisch-deutschen Kaisertums haben ihren Glanz verloren. Frankreich zeigt in Norditalien seine Macht (dem Kaiserreich gegenüber) und will doch zugleich diese Kaiserwürde an sich bringen. (88) So gehen geistige wie politische Einheit des Abendlandes zugrunde und Spanien übernimmt

---

[44] Vermutlich hielt sich Nostradamus längere Zeit während seiner Flucht vor der Inquisition in Toulouse in der dortigen Gegend auf.

statt dessen (in Europa) die Vorherrschaft. Bei dem, was in Spanien und in seiner Nähe geschieht, tröstet man sich mit dem Gedanken, daß das Aufbrechen frühlingshafter Dinge nun einmal Erschütterungen mit sich bringen müsse. (89) Man hat sich von Gesang, Schöntun und frommen Reden täuschen lassen. Aber erkennt das Ungeziefer: Man täuscht nämlich mit Weihrauch darüber hinweg, daß man denjenigen vertrieben hat, der wahres Lebenswasser darzureichen imstande ist. (90) Solch üble Untat ist fürchterlich. Nach außen hin demonstriert man eine unaufrichtig-gemeinte Freundlichkeit und macht alle »so glücklich«, damit nur keine Unruhe entsteht. (91) Dabei haben jene durch Strenge und um sich greifende Inquisition mit daraus herrührenden Ketzerverbrennungen alles in ihren Krallen gefangen. Sind sie schließlich von der Reformationsbewegung dingfest gemacht, schlüpfen sie – wie der Schmetterling aus der Puppe – als ach so gute Führer der Seele und des Leibes wieder aus. (92) So erscheint nun die römisch-katholische Kirche in einem Blick voller Liebreiz. Hat sie wieder Macht erlangt, begeht sie bald Verrat: Mit Feuer und Schwert überzieht sie die menschliche Gemeinschaft. Das ist Mord an ihrer eigenen Leitidee, von der man bei ihr nun gar nichts mehr entdecken kann. (93) Habsucht hat die Machthaber in Staat und Kirche verführt. Sie eignen sich alles an, was sie nur irgendwie erlangen können. Nach außen zeigen sie nicht ihren wahren Charakter, das ist wahrlich Betrug. Alle Machthaber sind darin einander gleich: Alle werden rasend, wenn man ihnen ihre Militärmacht nimmt. Aber: Weggeschwemmte Hecken gleichen zuckerbebestreutem Gift.[45] Die innerlich Ruinierten meinen, daß jede Aufsicht Schlechtes ist. (95) Dies führt mit Sicherheit zu falscher Beurteilung dessen, was zweifellos an Falschem getan worden ist. In seiner grenzenlosen Torheit führt der Aufruhr dazu, daß die Primitiven die Fundamente jeder menschlichen Gesellschaftsordnung in Frage stellen und sobald ihnen die Macht ausgeliefert ist, selbst das Wertvollste zerstören. (96) Damit ist menschliche Gesellschaft – statt dem guten Hirten – den Mietlingen ausgeliefert. Was diese an Unweil anrichten, ist noch erheblich schlimmer, als was vorher geschehen ist. Welch ein Dahinwelken der Menschheit ist die Folge! Das

---

[45] Nostradamus sieht in der zügellosen, fanatischen Reformsucht, der sich die Masse hingibt, den möglichen Untergang jeder Ordnung. Auf seine persönlichen Erfahrungen wurde bereits wiederholt hingewiesen.

einzige, was noch erlaubt ist, ist die Sünde! (97) Welch eine geistige Erstarrung, wenn sich vertrocknete Hirne mit ungebildeter Masse verbünden. Das wirft überall die Fackel des Aufruhrs in die neu entstandene Gesellschaft. Seht es euch doch im Norden Frankreichs an: (98) Er bringt den Menschen nichts als Verderben. Davor kann man nur Angst haben. Die Gesellschaft ist verdunkelt und vergiftet. Man raubt die wahren Schätze und besudelt Heiligstes. Das Blut der wahren Anhänger einer gottgewollten Ordnung fließt dabei in Strömen. (99) Satanisches stiftet Verwirrung. Die Gesellschaft ist krank, und weil ihre Ordnung aufgelöst und ohne Mittelpunkt ist, kann sie nicht mehr funktionieren. Altes Kulturgut wird vernichtet und negiert. Statt dessen basteln sie sich eigene, längst als falsch erkannte Heidengötter. (100) Du Sucht nach Reichtum, du bist die Ursache der geistigen Erkrankung. Wenn dir auch alles nachläuft, nimm dich in acht! Dein Untergang kommt bald! Du hast dich verfangen! Dein Gottesglaube (Weltanschauung) ist mehr Satansanbetung.

(An dieser Stelle stand ursprünglich der zu Beginn des Kapitels »Entzifferungen« wiedergegebene, zentrale, lateinische Vierzeiler)

CENTURIE VII

(1) Wer das Firmament betrachtet, läßt sich dabei leicht – gleichsam wie vom Äußeren eines Menschen – täuschen. Man kitzelt nämlich den Sterblichen mit astrologischen Deutungen (die man in die Sternbilder hineinliest) den Gaumen. Aber die Zusammenhänge kann man nur aus göttlichem Geiste allein verstehen. Alles andere ist nur Ergötzung der Masse. (2) Glaubensstreitigkeiten bewirken in der Provence Krieg. Das aus ihnen entstehende Dunkel bringt auch festgefügte Charaktere in Verwirrung. Aus Unwissenheit heraus glaubt man, die Prälaten (geistliche wie weltliche Würdenträger) seien die Verfolgten. Nur weil man nicht richtig sehen kann, glaubt man die Verräter der guten Sache »erkannt« zu haben. (3) Aus diesem Grunde gelingt es Frankreichs Führung, ihre Vorstellungen in Glaubensfragen bis hin zur Küste der Provence durchzusetzen. Man hat sich dem

Reichtum ergeben und zerstört, statt formend tätig zu sein. Das sind übelste Zauberkunststückchen, denen zu vergleichen, die im alten Ägypten üblich waren. (4) Frankreich fällt in Burgund ein. Die Reformatoren in Deutschland sind nicht besser als die, die in Italien (Rom) die Macht ausüben und ihre Nachbarn kriegerisch überfallen. (5) Auf diese Art und Weise wird geistige Nahrung vergeudet, während der Großteil der Menschen hungernd danach schmachtet. Übles Verhalten bewirkt in Italien (Rom) den Niedergang der Religion. Gier bestimm dort das Handeln. Die Spanier haben sich ganz Süditalien gewaltsam einverleibt. Auch in den übrigen Gebieten Italiens herrschen Gier, geistige Infektion, Krieg. All das macht für Italien das Maß des Übels voll. (7) Die Verhältnisse sind hart; denn ohne viel Federlesen wird die Folter eingesetzt. Man fleht – weil man es immer noch für möglich hält –, daß die Machthaber in ihrer Verblendung endlich aufhören, Menschen in Massen im Handumdrehen umzubringen. Nur äußerlich treten diese als Hirten (weltlicher und geistlicher Art) auf. Innerlich sind sie von inquisitorischem, verfolgerischem Verhalten geprägt. (8) Sie haben den eigentlichen Sinn ihrer Aufgabe in ihrer wilden Erregung vergessen. Was einst gut bestellter Acker war, ist dadurch in Unordnung geraten. Man vergießt Blut und hat die Grundidee (Christus) eliminiert. Welch eine Tortur entsteht darauf für Glaube wie Menschen! (9) Weil sie ihr wahrer Herr nicht mehr leitet, wirft sich das Kirchenvolk anderen in die Arme, von denen es sich das Glück verspricht. So ist der sehr mutige Streiter für Christus (ungewollt) der Gewalt verfallen.[46] (10) Die Reformation bemächtigt sich in England und den Niederlanden des Volkes. Die Schwärmerei des Nordens dehnt sich aus. Sie bildet den Grund dafür, daß der Süden in Not gerät und seine Gesellschaft Unterdrückung und Zerstörung ertragen muß. (11) Neuer Glaube erhebt sich in zerstörerischer Absicht gegen den alten und geht unter Verletzung seiner eigentlichen Aufgabe in brutaler Weise vor. Für die alte Kirche stellt es eine bittere Erfahrung dar, wenn nun von ihren Anhängern viele umgebracht werden. (12) Dies veranlaßt (die alte Kirche) dazu, ihre harten Methoden zu überprüfen und Milde üben zu wollen. Bisher nämlich hatte Südfrankreich sehr unter ihr zu leiden und sich deshalb gegen sie erhoben. Spanien schließt sich einer

---

[46] Barroy = mutiger Streiter = Charen (s. d.).

solchen Milde allerdings nicht an, fällt statt dessen (mit seinen Truppen) in Südfrankreich ein und macht hier die Reformierten nieder. (13) Die Mönchskirche gewinnt so mit Hilfe der primitiven Masse die Herrschaft zurück. Jeden, der anders als sie selbst denkt, hetzen sie auf üble Weise zu Tode. Dieses Zeitalter der mageren Jahre dauert doppelt so lang wie die vorherige gute Zeit. (14) Wo immer man hinschaut, alles erscheint jetzt fehlerhaft. Öffentlich wird das Geschwätz von Schwachköpfen als hehre Weisheit angehimmelt. So wird durch pseudophilosophisches Gerede der Fanatismus aller Seiten neu geschürt. (15) Für eine gewisse Zeitspanne stellt man in Mailand und Umgebung dem Papst den Stuhl gewissermaßen vor die Tür.[47] In dieser Zeit beherrschen neue Vorstellungen das Denken. Aber in solcher (vermeintlichen) Freiheit steckt der Satan. (16) Das ist für die Kirche teures Lehrgeld, die sich deshalb den Bedürfnissen der Menschen annähert. Diejenigen, die in ihren Reihen aus Hochmut heraus sehr Schlimmes getan haben, werden entmachtet. (17) Der Satan erlebt, daß den Menschen Friede gebracht wird. Derart verständiges Handeln, das der Gesellschaft wahren Frieden zu bringen vermag, sucht er natürlich baldigst auszumerzen. (18) Er ergreift vom Denken der Menschen Besitz, die dabei den Frieden aufs Spiel setzen und sich in kürzester Zeit wieder davon abwenden. Sie kehren au Gewaltausübung und Metzeleien zurück. Die Kirche, die imstande gewesen wäre, Frieden zu schaffen, ist in diese Dinge verwickelt. (19) Das in Nizäa formulierte, mächtige Glaubensbekenntnis (der einen Kirche? ist nicht von außen zu überwinden. Es ist vielmehr durch die Gier nach Reichtum in den eigenen Reihen übermannt. Die (gebildeten) Menschen sind über dieses äußerst unsinnige Verhalten zutiefst erschüttert. (20) Um der Befremdung über ihr Verhalten Einhalt zu gebieten, machen sich die von römischer Art dann schleunigst auf, um mit langem Palaver das mögliche, frühlingshafte Verhalten zu stoppen. So vermögen jene den Galliern unmöglich zu machen, nach eigener Art zu lieben. (21) Gleich einer bösartigen Seuche, die sich in Südfrankreich ausbreitet, verfolgen die Machthaber jedes noch so heimliche, freie Denken. Ihr betrügerisches Endziel ist, jedes Denken zu vernichten, indem sie sich dabei aufführen als sei der von ihnen gewiesene Weg der einzig gangbare. (22) Diese Menschen, die den

---

[47] Im Kriege zwischen Franz I. und dem mit dem Kaiser verbundenen Papst.

Geist des »neuen Babylon«[48] bestimmen, dulden in der Provence nichts außer ihren eigenen Vorstellungen. Mit Sinnenfrohem werden dort die Menschen eingeschläfert. Römisches übermannt die sich bildende, neue Gesellschaft der Provence. (23) Frankreichs gegenwärtiger Herrscher wird gezwungen, das zu unterdrücken, worum sich seine Vorgänger mühten. Man kann nicht begreifen, warum man an Römisches – wie eine Frau an ihren Ehemann – gebunden ist, weil es doch das eigene Gemeinwesen nur ausplündert. (24) Was schon tot und begraben schien, es steigt aufs neue herauf und läßt den guten, kraftvoll-hoffnungsvollen Lebensweg ersticken. Mit der Brut des Werwolfes[49] vergiftet der Papst den Großen von Lothringen.[50] (25) Das Volk ist derartig ausgeplündert, daß selbst Söldnerscharen den Menschen keine Wertsachen mehr herauspressen können,[51] wenn sie auf der Suche nach Gold und Geld die Bauern foltern. Frankreich starrt in Waffen. Das Chaos nähert sich. (26) Die verschiedenen Glaubensrichtungen sind wegen ihrer brutalen, militärischen Aktionen, die Tödliches hervorrufen, schwer erkrankt. Spanien versetzt auf diese Weise den Grundwerten christlich-abendländischen Denkens einen besonders harten Schlag. Der Glaubensinhalt ist verschwunden, geblieben ist uns nur seine leere, zerschlissene Hülle. (27) Allenthalben in der Welt geht Wertvolles verloren. In Spanien sind darin die Etappenhyänen besonders aktiv. In Savoyen kann man dieses Verhalten, das Räubern entspricht, besonders deutlich beobachten. Jene sind dort besonders geschäftig, sich alles anzueignen und das auch noch für Recht zu erklären. (28) Der Papst betreibt im Lande eine satanisch-inspirierte Ausplünderung. Dabei spielt sich die Inquisition noch als Lehrerin auf und sorgt mit Gewalt dafür, daß alles bis in den letzten Winkel hinein ausgeforscht wird. Hierdurch ist all das, was einst in Trient[52] so hoffnungsvoll begann, zerstört. (29) Luther lehnt sich dagegen auf, begeht damit am ursprünglichen Ge-

---

[48] Rom.

[49] Werwolf = ein Nachäffer Christi.

[50] Großer von Lothringen auch: Kardinal von Frankreich (Guise) = die französische Kirche.

[51] Man denke hier etwa an das Verhalten der Soldateska im Dreißigjährigen Krieg in Deutschland.

[52] Auf dem Konzil von Trient wurde zu Beginn der Versuch einer Einigung der Konfessionen gemacht.

danken des Christentums Verrat. Er bekämpft die Grundlehre der Einheit und zerstört die Kirche von Grund auf. (30) Auf diese Art und Weise wird jene ausgeplündert und zerstört. Der Streit (und das merkt man gar nicht) geht letztlich nur um die Form. Ungebildete spielen sich als Herren auf. Das ist geradezu ein Sieg des Unterleibs[53]. Für lange Zeit kann man nichts anderes mehr erkennen. Foussan (?), Turin (?), die Türken kassieren die Zeche ab. (31) Immer mehr Südfranzosen schließen sich der falschen Lehre an. Zahlreich erheben sich die Bewohner der Provence gegen Italien (Rom). Der ganze Süden ist in hellem Aufruhr. (32) Was da an leerem Wahn von den nördlichen Teilen Europas zum Atlantik kommt, unterdrückt doch nur das Wesentliche. Wenn es auch Ursprünglichem in hausbackener Weise folgen will, ist es doch nur dessen billige Imitation. Sie ist es, die sich im blühenden Italien (Rom) Besitz und Menschen anzueignen trachtet. (33) Sucht sich die (alte Kirche) im Abendland erneuert darzustellen, ist das allerdings nur Blendwerk; denn sie schindet das Volk und forscht es in fanatischer, brutaler Weise aus. Um sich brüderliche Bekenntnisse wieder anzugliedern, belebt sie ihrerseits den Haß neu, den sie schon seit langer Zeit in sich trägt. (34) So erdulden die Menschen in Frankreich viel Leid. Voreilig und leichtfertig war deren Handeln. Die Masse ist nun einmal geistlos und weiß niemals, wie vernünftiges Handeln auszusehen hat. Sie sind in ihren Hirnen vergiftet und engstirnig. Solch innere Leere ist schlimm. (35) Wegen des Jammerns der Kirche, die ihnen klagend darlegt, sie hätten sich einer bösen Krankheit hingegeben, folgen sie ihr dann wieder. Von solch Krankem könne man sich doch nicht leiten lassen. Dabei gilt ihre Enttäuschung jenen, die doch bei ihr selbst in die Schule gegangen sind. (36) Gott läßt zu, daß seine Botschaft völlig durcheinandergerät. Durch die von kranker Inquisition infizierten Dominikaner wird Gewaltherrschaft erzeugt. Diese vernichten gleich Rammböcken jene, die an ihren Vorstellungen festzuhalten gewillt sind. Ihre Gesetze verbreiten Angst und Schrecken. Am Altar verwenden sie – so kann man sie erkennen – in der Liturgie Besonderheiten.[54] (37) Bei der Verfolgung der ihnen gestellten Aufgabe ruinieren sie die Grundlage, auf der die Kirche aufgebaut ist. Ich warne davor; denn

[53] Unterleib = Nachgeben gegenüber primitiven Trieben.
[54] Die Dominikaner hatten bis zum Zweiten Vatikanischen Konzil einige Abweichungen beim Meßopfer von der üblichen Tridentinischen Liturgie.

solches Verhalten ruft offenen Bürgerkrieg hervor, dessen geistiger Vater das Chaos ist. Bei solchem Verhalten verkommt das Grundanliegen. Schaut doch einmal auf die Dinge am Rhein. Ihr steckt hier im Bereich der Riviera statt dessen den Kopf in den Sand. (38) Unter solchen Verhältnissen muß das Kraftvolle der Grundidee zerrieben werden. Wichtigtuerei und protzige Herrschaft lassen nur ausbluten und zugrunde gehen. (39) Frankreichs Herrscher glaubt, daß ihm der größte Teil des Volkes davonliefe. Er ist aber in seiner Herrschsucht geradezu ohnmächtig. So ändert er das ihm überkommene, altehrwürdige Gesetz und holt sich Fremdartiges aus Italien (Rom) ins Land.[55] (40) Das bedeutet – außer für seine Privilegierten – allgemeine Unterdrückung. Allen anderen hat er ihre Rechte genommen. Bei nächster sich bietender Gelegenheit aber übernehmen diese es, den Weg zu weisen und damit auch die Verantwortung zu tragen. (41) Was einstmals blühend erwachte, neigt sich jetzt dem Ende zu. Aufruhr ruiniert die Heimstatt der Menschen, wenn Hohlheiten als Gottesverkündigung dargestellt werden. Sie »heilen«, indem sie die Heimstätten der Menschen in Leichenhäuser verwandeln. (42) Was an Gutem neu entwickelt wurde, ist jetzt vergiftet, und mit diesem Gift hat sich dann die Herrschaft genährt. Alles Erhabene wird regelrecht weggeschüttet. Damit erscheint jede Möglichkeit zur Heilung der abendländisch-christlichen Idee verpaßt.

– Zunächst endete hier die Centurie VII –

(43) Stets wenn jungfräulich-unschuldiger Glaube auftaucht, ist dieser (noch) sanft und demütig. Die Menschen stehen dann im Mittelpunkt der Lehre, und was ihnen gebührt, wird ihnen nicht genommen. Die einem abgetakelten Glauben Anhängenden sind dann dahingeschwunden. (44) Ein sich aus solcher Situation entwickelnder Zweikampf hat dann Berechtigung. Derjenige, der Sieger bleibt, fällt aber im Laufe der Zeit ebenfalls der Vergänglichkeit anheim.

(Andere Vierzeiler, die ursprünglich in der XII. Centurie [im Nachlaß] gefunden wurden, dann aber unter die VII. Centurie gesetzt wurden): (73) Die etablierte Gesellschaft hält sich mit Gewalt, Hokuspokus und ihren Meßgewändern an der Macht. Sie haben sich ihr Heiliges selbst zurechtgemacht, und das lassen sie verkünden. Derartig Zurechtgemachtes täuscht aber auch mit vervielfältigten

---

[55] Vertrag des französischen Königs mit dem Papst nach dem Mailänder Krieg.

Gebeten nicht über seinen wahren, inneren Zustand des Niedergangs hinweg, war es auch einst zu Recht an die Herrschaft gelangt. (80) – ? – (Es geht wohl hier um das englisch-schottische Verhältnis in Macht- und Glaubensfragen.) (82) Die angewandte Methode ist bemerkenswert: Im Lande, das von Menschen bewohnt ist, sind Tod und Niedergang auf dem Vormarsch. Was an Despotismus in katholischen Ländern ausgeübt wird, hilft nur den Protestanten. (83) Der Sturm durchtost die Wohnstätten der Menschen und bewirkt Zittern und Zagen. Schutzlos sind diese solch dunklem Schicksal ausgeliefert. Die Unterjochung bringt Elend. Dem sie sich einst in Freude vermählten, fügt ihnen jetzt Leid zu.

Ende
Fin

Nachwort des Verfassers zum ersten Teil der Centurien: Diese letzten, später aus dem Nachlaß angehängten vier Vierzeiler stören das Gesamtbild. An ihrer Echtheit – als von Nostradamus selbst stammend – ist auf Grund von Gedanken und Form nicht zu zweifeln. Da jedoch nach den beiden einleitenden Quartains I/1 und I/2 im dritten Vierzeiler der ersten Centurie sinngemäß gleiches steht wie in der VII. Centurie Vers 44, ist dort das wirkliche Ende des ersten Teiles der Centurien zu suchen. Nostradamus arbeitet hier mit der im Alten Testament geläufigen Form der »Antiphon«. Darunter ist zu verstehen, daß der jeweils erste und letzte Vers eines poetisch gefaßten Lehrstückes – oder Psalmes – miteinander identisch sind. Dies gilt hier für den Inhalt.

3. Zweiter Teil der Centurien (Übersetzung)

CENTURIE VIII

1. Pau, Nay, Loron, da gibt es sehr viel Feuer, was Blut erzeugt,
   die Aude zu fassen. Großes Dahinschwinden im sicheren Wissen
   hindert die Elster am Eintritt.
   Pampon, die Durance hält sie gefangen.
2. In Condon, Aux und in der Gegend von Mirande
   sehe ich Himmelsfeuer, das diese einschließt.
   Sonne Mars verbindet sich im Löwen, dann Kinderei.
   Blitz, großer Hagelschlag, gereift wird es zum Aufschneider.
3. Im starken Kastell von Vigilanne und dessen Revier
   ist der Brunnenvergifter von Nancy eingeschlossen:
   In Turin sind Brandstifter die Ersten,
   wegen des Zweikampfs ist Lyon (Gallien) erstarrt.
4. In Monaco ist der Hahn empfangen,
   der Kardinal von Frankreich erscheint.
   Er ist wegen römischer Gesandtschaft verraten.
   Dem Adler entsteht Schwäche, aber Stärke für den Hahn.
5. Ein Tempel, leuchtend-geschmückt, entsteht.
   Ewige Lampe und Devotionskerze zur Grenze
                                            [und in die Bretagne.
   Der Kanton Luzern immer mehr abtrünnig,
   wenn man den großen Hahn im Grabe sieht.
6. Blitzesklarheit erscheint zu Lyon
   leuchtend, Malta genommen, plötzlich wird es umklammert.
   Sardinien, es verhandelt enttäuscht mit den Mauren.
   Genf in den Wogen. Der Betrug ist vom Hahn gemacht.
7. Vercellae, Mailand gibt den Geist (dazu),
   man schlägt klaffende Wunde ins Tessin.
   Vorbereitet durch Seine-Wasser, ist Florenz-Familie im Blut.
   Einzigartiger sinkt aus Höhe zur Tiefe, Fleischtrog bildend.
8. Nah am Inneren von dem in Fässern Eingeschlossenen,
   verrichtet die alte Führerin wegen des Adlers ihre Notdurft.

319

Erhöhtes verjagt, sein eigenes Volk hat es eingeschlossen.
In Turin Menschenraub, die Angetraute entführt.

9. Während Adler und Hahn in Savona
   vereint, Meer, Levante und Ungarn.
   Die Armee (Masse) zu Neapel, Palermo, Mark Ancona,
   Rom. Venedig wegen Barbarei in schlimmem Geschrei.

10. Aus Lausanne kommt großer Gestank.
    Was der Sache Ursprung ist, weiß man nicht.
    Davon ist das ganze Volk lange Zeit herausgeschickt.
    Am Himmel Feuer gesehen, das Volk zum Verfremden
    [ausgezehrt.

11. Außergewöhnliches Volk erscheint in Vizenza
    ohne (innere) Kraft, niederzubrennen die Basilika
    von Valence. Im Zeitalter des Mondes große Auszehrung.
    Dann ergreift Venedig die Waffe wegen des Niedergangs.

12. Nah bei Buffalore erscheint
    die Hohe und sie zieht nach Mailand ein.
    Der Abt von Foix mit jenen vom frommen Mauren
    tragen (da) aus Häßlichkeit Zurechtgestriegelte.

13. Der Kreuzfahrer wegen zügelloser Liebe,
    bringt Pyratus gleich Bellerophon zum Sterben.
    Das Volk hat tausend Jahre die rasende Frau
    als Heilmittel getrunken, dann geht alles Heilige zugrunde.

14. Der große Besitz, das Übermaß an Reichtum und Geld
    läßt die Ehre um der Gier willen erblinden:
    Als Ehebruch erkannt ist diese Sünde,
    die sie zu ihrer Schande begeht.

15. Gegen Norden zu durch das Mannweib große Anstrengungen,
    Europa und die Erde nahezu zu zerstören.
    Die Dunkelheiten des Heiligen führen zu solcher Jagd
    und der Lebensweg bei den Ungarn und also (alles)
    [tot zu drücken.

16. Bei der Gelegenheit, da Hieron sein Kirchenschiff errichtet,
    gibt es so große und so plötzliche Sintflut,
    daß es weder Gegend noch Land gibt, sich zu widersetzen
    der Woge, die den olympischen Fessolan heraufkommt.

17. Rechtmäßige sind schnell zu Krüppeln gemacht,
    durch die bedrückten Brüder ist die Welt in Wirrsal.

Die Meeresstadt nehmen die Feinde ein.
Hunger, Blut, Feuer, Pest und so Doppeltes von allem Übel.
18. Vollbesitz ist der Grund seines Niederganges.
Eine Zeit davor reinigt ihn, der verwelkt und alt (war);
denn die drei Lilien bringen ihm eine derartige Rastzeit.
Errettet wegen der Tat, die von rohem Fleisch die Haut abzieht.
19. Die große, trübe gemachte Kappe aufrecht zu halten,
sie aufzuhellen, setzen sich die Roten in Gang.
Fast ist die Familie vom Tode übermannt.
Die harten Verderber vernichten sie auf rotglühende Art.
20. Falsche Botschaft ist betrüblicher Wahl gleich,
durch gefügig gemachte Stadt, blockiert den Frieden.
Gekaufte Stimmen, Kapelle blutverschmiert,
und einem anderen die Herrschaft übereignet.
21. Zu Agde's Hafen marschieren vergiftete Fetische herein,
in sich von Unglaube und Pest die Infektion tragend,
die Planken passierend. Es sind Millionen,
die die Widerstandskraft der Brücke in Stücke zerbrechen.
22. Korsika, Südfrankreich, wegen des Geistes (ist) zu warnen
Tucham, so hat die Gnade Perpignan verlassen.
Der Lebensweg rot, man will nicht verträglich sein.
Durch schweren Raub ist grauer Vorhang auf
[das Leben gefallen.
23. Dunkel ersonnene Schriften von der Königin eingekerkert.
Der Raum für die Unterschrift zeigt keinen Autor.
Die dargebotenen (Dinge) sind wegen der Polizei verborgen,
so daß man nicht weiß, wer der Liebesvolle ist.
24. Der Platzherr beim Betreten der Tür
prügelt den Erhabenen aus Perpignan heraus;
dabei im Glauben, Le Perthus zu retten.
Der Geringe von Lezignan ist enttäuscht.
25. Das Herz des heimlich Liebenden, der Sucht geöffnet,
trägt die Dame zum Ausgießen in den Abfluß.
Schlecht widersteht Zersplittertes Übermüdetem.
Der Mönch teilt – Gott zuwider – den Körper von der Seele.
26. Von sittenstrenger Art findet man in Barcelona
einen Chirurg, der die Dinge offenlegt, wieder entdeckt und
[zerstört.

Der Luxuriöse, der im Felde steht, kann Pamplona nicht halten,
gleich der Abtei von Montserrat (ist) er brandig.

27. Der Ausweg (ist) dem einen sauer und dem anderen
    [Hurenstraße.
    Kulturland wird Wüste bis auf das, was trotzt: der Ginster.
    Des Kaisers Aufruf hat den Phönix
    sehen lassen von dem, was es bei keinem anderen gibt.

28. Die Götzenbilder von Gold und Silber überladen,
    die nach dem Raub gebunden ins lodernde Feuer geworfen.
    Im Bloßen alles gemildert und so betört,
    in Marmor Eingemeißeltes. Für die Verurteilte Berufung
    [eingelegt.

29. Im Lande ist das übel behandelt, was man zu guter Zeit ehrt;
    es ist gleichsam Erdbeben und aufgebrochene Sintflut.
    Unter grauem Gebäude die Urne gefunden.
    (So) kehrt Erworbenes, was durch Reichtum abhanden kam,
    [wieder.

30. Im Gebiet von Toulouse, nicht weit von Beluzar (Belial = Luzifer).
    Langes Wasserlassen (als) öffentliches Schauspiel.
    Jeder geht den entdeckten Schatz zu quälen.
    Vom Göttlichen alles versperrt, es bleibt (in der) Blase.

31. Zunächst viel Ehrfurcht vom Prinz des Fischers (Papst),
    doch dann wird er zum recht grausamen Bösewicht.
    In den Bodensee stürzt der hochmütige Ruhm,
    und geht zum Leiden durch höchst vergnügtes, habgieriges Weib.

32. Hüte dich König von Frankreich vor deinem Abkömmling,
    der so vieles betreibt, daß dein einziger Sohn
    ermordet wird, während der die Liebe beschwört;
    begleitet von einem Dunkel, das Bedrückung und
    [Leichentuch ist.

33. Der Große, der von Verona und Vinzenza kommt,
    trägt einen äußerst unpassenden Beinamen.
    Er will an der Normandie Rache nehmen,
    bemächtigt sich der Figur des Mahners und Wächters.

34. Nach des Hochmuts Sieg im Gallischen,
    im Gebiet unter dem Juragebirge Schneideopfer.
    Auswählungen und Brennen über Hunderttausend.
    Von Lyon bis Ulm für das Mausoleum tot und begraben.

35. Im Zugangsweg von Garonne und Baise;
und im Waldgebiet nicht weit von Damazan
von wildem Glaubensstreit Fröste,
[dann Hagel und Umfärbungen.
Die Dordogne erstarrt wegen des Irrglaubens von Metz.

36. Der von Liebe geleitete Plan wird durchgeführt
von Saulne, und St. Auban und Belœuvre (gutem Tun).
Intensiv von Tours untersucht, herzlos den
[Weg instand zu halten,
daß er nicht matschig wird und für ein Meisterstück (gehalten).

37. Das Festungsgebäude an der Themse
dadurch ergötzt, daß der König eingesperrt,
beim Zugang (zur Festung) sieht man ihn im Hemd
entsprechend der Hinrichtung. Dann hart und ranzig vermauert.

38. Der König von Blois, in seiner von Avignon
[bestimmten Herrschaft,
(stürzt) ein weiteres Mal das Volk in (seine) Intrigen;
trägt gleichsam Mauern zum Waschen in die Rhône,
bis der letzte, der zur Fracht gehörte, zum Lumpen (ward).

39. Wegen der byzantinischen Form, die sie sich angeeignet hat,
erduldet sie gleiches wie einst die Priester in Toulouse:
Daß der Glaube, der aus Foix kommt[56] durch gewaltige Besudelei
stürzt, weil er sich derartiges zu eigen macht.

40. Durch Umkehrung wird des Gerechten Blut zum Goldbarren.
Aus Rache an denen, die den Staatsschatz im Tempel haben,
lassen sie die Priesterin der Sinnenlust in neuen Teichen baden.
Dann marschieren sie gegen die Reformierten (Lutheraner).

41. Ohne großen Trompetenklang ist der Fuchs aufgewachsen,
macht Heiliges vor aller Augen, belebt das Gerstenbrot.
Später (beginnt er) plötzlich, so sehr zu tyrannisieren
(und) ganz Großem den Fuß auf den Nacken zu setzen.

42. Durch Habsucht, durch Gewalt und Heftigkeit,
schindet er alles aufs äußerste um Nebensachen willen.
Bei der hl. Reliquie Sturm und Widerstand.
Ihm ist im eigenen Zelte Tod vorauszusagen, wenn ihn Schlaf
[fesselt.

---

[56] Der Kardinal von Foix forcierte den Übertritt vieler Juden im 15. Jahrhundert.

43. Durch den Sturz unebenbürtiger Glaubensdinge,
    erringt der legitime Verwandte die Herrschaft.
    In die Schrift sind Pfeilspitzen hineingesenkt;
    aus Angst senkt dann der Nachkomme den Schutzschild.
44. Der von Art des Ogmion Gezeugte,
    wendet sich neu wegen Infektion vom (rechten) Wege ab.
    Weit weg vom Fürsten und (so) einfacher Menschenfreund,
    soll der zu Navarra das Ranzige von Pau niederwerfen.
45. Der Arm schärpengeschmückt, das Bein geschient,
    trägt er starke Vergiftung aus Calais.
    Trompetenstoß des Wächters ist der Niedergang aufgehalten.
    Dann bringt er Ostern Segen ins Gotteshaus.
46. Gottes Teich trocknet in gedrückten Gebieten der Rhône aus.
    Göttliches verwelkt, nahe dem Stein (der Kathedrale) zerstört:
    Mars spielt die äußerst schreckliche erste Geige.
    Von Hahn und französischem »Adler« die Brüder unterdrückt.
47. Der Trasimenische See erbringt den Beweis:
    Gemeinde ist in Hungersnot eingesperrt.
    Matt-Gewordenes ahmt Tugendhaftigkeit betrügerisch nach.
    Das aus Deutschland Kommende ist von vorn und hinten
                                                    [tötend.
48. Saturn im Mars, Jupiter mit dem Krebs verbunden.
    In den Februar (Winter) Chaldondon (?) heilsam.
    Weidenbaum! Kastanien! Land von bedrückten
                                        [Vorstellungen gefällt,
    (weil) bei den Vertretern des Wortes tödlicher Streit.
49. Satt, Wassertrinken geheuchelt, Mars begeht daher Fehler.
    Satanskälte bringt Sterblichkeit.
    Die von Tardaigne (machen) zu Brügge gewaltigen Einbruch,
    da der Barbarenchef in Ponderosa dahinsiecht.
50. Die Pest bei jenem, der die Würde (einst) empfing.
    Ein anderer Hunger zeigt sich von Sagunt:
    Der unebenbürtige Ritter von hohem Alter,
    schneidet dem Großen von Tunis den Kopf ab.
51. Der Byzantinische bringt Opfer,
    nachdem er sich Cordoba zurückerobert:
    Sein Weg ist weit von Erholung unter Weinreben.
    Reines zieht dahin, Raub wegen Kölns (Deutschland) begangen.

52. Der König von Bloys regiert in Avignon('s Art),
    Göttliches zu säen ist Sehnsucht nach Weisheit.
    Kornvergiftung zu Poitiers. Heilige Flügel zu ruinieren,
    voran die Guten.

53. Will der in Bologna seine Fehler abstreifen,
    kann er im Heiligtum der Sonne nicht verderben.
    Er fasziniert, wenn er eine so große Sache macht.
    Nie hat es Gleiches unter Herrschern gegeben.

54. Unter der Flagge geschlossener Vermählung,
    großherzige Tat gleich großem Chiren in gerechter Herrschaft:
    (was) St. Quentin, Arras unterwegs wiedergefunden,
    von Spanien in der Folge zur Schlachtbank geführt.

55. Zwischen Glaubensströmungen eingezwängt.
    Weinfässer und Heringstonnen zu weiterem Tun vereint,
    Brücken mit Hammer zerschlagen,
                          [Hauptsache völlig eingeengt.
    Zugrunde gerichtete Nachkommen aufs höchste bedrängt.

56. Üble Bande beherrscht die Erde.
    Hochstehende erheben (deswegen) schreckliches Geschrei.
    Grobschlächtige Masse aus den Ecken macht Durcheinander.
    Bei *Dinebro*[57] entdeckte Schriften ins Stocken geraten.

57. Vom einfachen Soldaten wird er zum Befehlshaber,
    vom knappen Rock kommt er zum langen (vornehmen).
    Heftig in der Kirche in Waffen oder noch Schlimmeres,
    die Priester zu schinden, wie der Schwamm das
                          [Wasser aufsaugt.

58. Durch Streit ist das Reich zwischen Brüdern aufgeteilt,
    Waffen zu ergreifen und britannischen Titel.
    Anglikanischer Titel wird erst spät verstanden.
    Überrascht aus dem Dunkel ins gallische Licht geführt.

59. Durch erhabenen Gottesglauben, gleich zweimal herunter:
    (denn) Aufstieg schwächt wie Abstieg auch.
    Im entgegenwirkenden Klang durch so manchen Streit.
    Wegen Reinem verfolgt, fällt (das Volk) in Not.

60. Der erste in Frankreich, ursprünglich aus Römischem (Geist),
    wie Engländer Paris über Land und Meer,

---

[57] D'en Ebro = vom/am Ebro (vom Arabischen) und: »Brot und Wein«.

herrlichen Dingen gleich, wie jener großen Gemeinschaft
Gewalt antuend. Der Damm geht aus Hochmut zugrunde.

61. Niemals durch Offenbarung (geistigen) Lichtes
gelangt sie zur Herrscherwürde,
weil ihre Festmähler nicht dessen Wohnsitz sein wollen.
Sie besitzt im (Kirchen)Schiff kriegerisches Talent von Tages[58].

62. Seitdem trachtet man, das heilige Haus Gottes auszuplündern
und Heiliges an der Rhône aufs höchste zu entweihen,
wovon so ausgedehnte Pestilenz entsteht.
Der König handelt unrecht, es nicht zu verurbeilen.

63. Wenn ehebrecherisch Verwundetes lieblos hat
Frau und Sohn aus Überheblichkeit umgebracht,
erdrosselt die mattgemachte Schwächliche der Nachkomme:
Gewaltsam Gefangene dabei ohne Atemluft zu ersticken.

64. Die (wahren) Nachkommen sind in Hinterhöfe verbannt.
Wegen der Infektion ist heilige Gemeinschaft in Verzweiflung:
Terror und Verfolgung haben sie zu erdulden.
Brüder, die der Verführung nicht erlagen, ohne Hoffnung.

65. Altes hat in seiner entscheidenden Hoffnung enttäuscht,
die es als seine Hauptaufgabe empfing:
Es hält sich 20 Monate kraftvoll an der Herrschaft,
es dann grausam als Tyrann einem noch Schlimmeren
[überlassend.

66. Wenn die Schrift D. M.[59] herausgefunden,
abgenagtes Altes im Lichte bloßgestellt.
Gesetz, König und Prinz als Ulpianisch[60] wiederentdeckt,
Mutterbrust und Heiland unter (einer) Decke.

67. Parcar (?), Nersaf[61], zu großem Ruin führt die Uneinigkeit,
weder das eine noch das andere ist wahrlich Auserwähltes.
Frankreichs Volk hat Liebe und Eintracht.
Ferraras große Steinsäule stellt sich als Schranke dar.

---

[58] Tages: 1. Stammvater römischer Weissagung. 2. Geburtsort des hl. Augustinus.

[59] D. M. = Diis Manibus = zu Gottes (oder der Götter) Händen. Alte gebräuchliche
Formel, besonders auf Grabinschriften.

[60] Ulpian = Familie des Trajan, der als weise, gerecht und als Straßenbauer gepriesen
wurde.

[61] Nersaf = Anagramm von »Franse« (Frankreich).

68. Der alte Kardinal ist vom Neuen enttäuscht.
Er findet sich zudem von seinem Amte entbunden.
Arles legt Zeugnis ab, daß die Idee doppelzüngig
und der Weg zur Klarheit wie (ein) Prinz parfümiert ist.

69. Nachdem vom Jungen der Alte engelgleich geküßt,
bleibt der doch zum Schluß der Sieger:
Zehn Jahre vermindert es entsprechend dem sehr Alten.
Einzigartige, weil Gott unterdrückt, harter Strafengel!

70. Solche erscheint abstoßend, bösartig, gemein
das Land zwischen den Strömen tyrannisierend.
Alles ist zum Geliebten ehebrecherischer Dame gemacht.
Schrecklich dunkel ist das Land anzusehen.

71. Gewaltig wächst die Zahl der Astronomen an;
gejagt, verbannt, und ihre Bücher der Zensur verfallen.
Götze von 1607[62] durch heilig-verfluchte Rotten,
die heiligen Dingen in gar nichts verschwistert sind.

72. Ausgehungertes Land, o welch enorme Auflösung
[(der Ordnung).
Die Kampffreudigkeit stammt ganz nahe von Ravenna.
Es (ist) stets (ein) verfluchter Weg, wenn man's auf die
[Spitze treibt.
Sieger (Christus) besiegt Folterbank, die die Zukunft zerfrißt.

73. Barbarischer Söldner sucht großen König heim.
Unrecht ist nicht weit vom Untergang entfernt.
Geiz und Gier bilden Grundlage solcher Taten
eidlich Gebundener; Herrschaft vom Großen in Gewissensnot.

74. Lange davor ist der König ins jungfräuliche Land eingetreten.
Begeisterte bereiten ihm das Willkommen.
Seine Heimtücke hat dann solches Ergebnis,
daß es Bürgern Grund zu Sinneswandel und Nachdenken ist.

75. Vater und Sohn sind zusammen ermordet,
vom Vorsteher in seiner flatterhaften Art.
Die Mutter schlitzt zu Tours des Sohnes Bauch auf,
Das Grün unter Schmetterlingsschwärmen verborgen.

---

[62] 1607 entspricht 1157; siehe Chronologie II.

76. Mehr Metzger als König, von England
    ist obskure Ursache entstanden. Besitzt Herrschaft durch Gewalt.
    Liederlichkeit ohne Glauben, ohne Gesetz »segnet« die Erde.
    Ihre Zeit nähert sich so schnell, wie ich einen Atemzug mache.

77. Der Antichrist hat unterdrückt und äußerst schnell vernichtet.
    Sein Kampf dauert (seit) 27[63] Blutjahren.
    Häretiker tot, Gefangene ausgewiesen,
    Blut, Menschenleiber, gerötetes Wasser, Felder verhagelt.

78. Ein Bragamas[64] mit übler Sprache
    erscheint von seiner Götzenlaube, Allerheiligstes zu zermalmen,
    Häretikern öffnet er die Pforte,
    dadurch stachelt er die Kirche auf militant (zu sein).

79. Was mit Schwert von klösterlichem Vorgänger ruiniert,
    ist im Wesentlichen gorgonisch.[65]
    (Es) bringt dann derartig schwere Bürden ins Land,
    daß es sie selbst und (ihre) Töne entlarvt.

80. Unschuldiges Blut von Witwe und Jungfrau,
    viele verfluchte Taten vermittels großem Scheiterhaufen.
    Heiliges durch Trugbilder von brennender »Kerze« besudelt:
    Aus Angst fürchtet sie (die Kirche), die Grube nicht zu erkennen.

81. Rechte Herrschaft in Verwüstung,
    von junger Nördlicher umgestaltet.
    Erschütterung nähert sich von Sizilien
    dem Lande, daß Philipp (II.) untertänig ist. Trüb zu machen.

82. Verfolgung, Sehnsucht, Trockenheit formt törichter Knecht.
    Ihm bleibt nichts als ehrenvoller Abschied übrig.
    Führt Gift das Schwert, (gerät) die Schrift in die Schlinge.
    Sie ist eingesperrt und in Verhöhnung ausgeronnen.

83. Sehr Mächtiges von unbestimmter Maurenart,
    betreibt sein Unternehmen nahe bei Byzanz.
    Vom Feinde (Satan) Schaden und der Freund nicht da.
    Die Bande vollführt am Heiligen viel Plünderung und Diebstahl.

84. Der Menschenvater (Gott) hört Siziliens Klagen.
    Diese sind – vom Rachen ganz bedrückt – in Trauer,

---

[63] Nostradamus begann seine Texte nach eigener Aussage 1547. Die ersten französischen Texte Luthers kamen 1520 nach Frankreich.

[64] Bragma = Fruchtlosigkeit.

[65] Gorgonen = gräßliche Weiber, deren Anblick in Stein verwandelte.

was bis Sizilien zu hören ist.
Gewalttätige Verschleierungen, Pflicht. Flieht die schlimme Pest!

85. Zwischen Bayonne und St. Jean de Luc,
    wird von Mars das Vorgebirge aufgerichtet:
    Dem großen Bemühen der Aquilon-Süßen wird
                                    [das Licht geopfert.
    Dann von der Herrschaft die Töne als Hilfe erstickt.

86. Wegen des Arno (ist) das Frankenland tolosanisch.
    Total gebunden, gleich dem Adriagebiet.
    Die Riviera passiert es, Hütten, die Brücke, das Versteck
    Bayonne zu betreten; ganzes Bigorre weint.

87. Glanzlos Verschworenes kommt zur vollen Wirksamkeit.
    Last aufgebürdet, um Todeskreuzzuges willen.
    Beabsichtigt, getan; Quittung: durch eigene Tat verwelkt.
    Unschuldiges Blut zuvor erfaßt durch die Predigt.

88. Kommt nach Sardinien ein edler König,
    behält der nicht länger als drei Jahre die Herrschaft.
    Verbindet er viele Anschauungen mit sich.
    Ist er nach Sorgfalt selbst sorglos,
                                    [(so) Zusammenschluß zerbrochen.

89. Um nicht in seines Oheim Hände zu fallen,
    der seine Nachkommen ermordet hat, um selbst zu herrschen,
    (der) dem Volk beim Beten den Fuß auf den Nacken setzt,
    das matt und siech zwischen vorbereiteten Folterbänken.

90. Wenn sich ein Kreuzfahrer von trübem Wesen findet,
    sieht man im Heiligen Lande gehörnten Ochsen[66].
    Gleich einer Jungfrau ist des Schweines Ansehen dann hoch,
    der König hält die Ordnung nicht länger aufrecht.

91. Inmitten der Gebiete vom Eingang in Rodes (Albigenserland),
    wo Zerstrittene annähernd einig sind,
    hat sich religiöses, unruhiges Feuer in den Fischen getroffen,
    und eine große Zahl ist durch diese Sintflut gestraft.

92. Weit weg vom Reiche durch zweifelhaften Kreuzzug gebracht,
    dauert der große Streit an, zuvorderst nimmt ihn der Durst ein.
    Der König nimmt die Seinen als Geiseln.
    Bei seiner Wiederkehr plündert er alles Land aus.

---

[66] Gehörnter Ochse = betrügerisches Goldenes Kalb.

93. Er besitzt infizierte Übel, nicht mehr die hohe Würde.
Sein Ableben läßt großes Schisma entstehen:
Sieben Monate lang hat anderer die Priesterwürde,
(um) nahe der Normandie Frieden, Vereinigung wieder
[herzustellen.

94. Von der Pfütze, wo Wertvollstes weggeworfen
sieben Ernten, und der Kriegston ganz vorbereitet.
Gleich Spaniern ist Reformierten Schaden entstanden.
Wegen (des) Aufschubs Schaden, wovon Streit entsteht.

95. Der Verführer in die Grube geführt,
um bis zu einer bestimmten Zeit angebunden zu bleiben;
Der Priester – dem Herrn mit dem Hirtenstab vergleichbar –
machtvoll zieht der vormalig rechte Berg die Menschen an.

96. Die unfruchtbare Synagoge
ist zwischen Ungläubigen aufgenommen.
Seit Babylon ist sie Tochter der (ewigen) Heimsuchung.
Elend und Trauer beschneiden ihre Flügel.

97. An den Grenzen des VAR[67] den großen Fanatismus zu ändern,
entstehen nahe bei dem Flüßchen drei schöne Nachkommen.
Dem Volke Zusammenbruch, das lange das Amt besetzt.
Herrschaft überlistet, mehr auf eigenes Wachstum bedacht.

98. Von Kirchenvolk ist Blut verspritzt
wie Wasser, in so großem Übermaß.
Und lange Zeit ist es nicht getrocknet.
Weh, weh, dem Priester Zerrüttung und Beschwernis.

99. Wegen der Gewalt bedrückter, zeitlicher Könige
gelangt der Heilige Stuhl zu anderem Ansehen:
Wo Wesentliches des Geistes faßbar,
ist er als wahrer Thron zurückgerückt und angenommen.

100. Wegen des Übermaßes ausgestreuter Waffe
aus der Höhe erniedrigt, weil Niederes sehr hoch gehoben.
Gewaltiger Glaube hat dadurch (wahren) Weg verspielt.
Vor Durst stirbt er dann durch überflüssigen Fehler.

---

[67] VAR: auch U(a)r nach semitischer Schreibweise; Aufbruch Abrahams zum Judentum.

Andere Vierzeiler, die früher unter die VIII. Centurie gedruckt wurden:

1. Viele sind von unerfüllten Erwartungen ergriffen.
   Es wird d(ies)en Menschen nichts geschenkt.
   Die vernünftig denken, sollten den Anschlag aushalten,
   aber viele Möglichkeiten (dazu) werden ihnen nicht geboten.

2. Viele erheben sich und reden zum Frieden
   mit großer Kraft unter weltlichen und

                                   [geistlichen Machthabern:
   aber so Naheliegendem wird nicht zugestimmt.
   Man gibt sich nicht mehr hin, dem andere gehorchen.

3. Welche Schlinge ist Leidenschaft! Wahrlich wie übel,
   was es da zwischen vielem Menschengeschlechte gibt!
   Es lebt auch nicht die Spur einer Menschenfreundlichkeit,
   so daß (Gier) mit Fleiß herumzustreifen vermag.

4. Viele vom Menschengeschlechte wollen verhandeln
   mit mächtigen Herrschaften, die ihnen den Krieg bringen.
   Man hört in Nichts auf sie;
   Ach! daß Gott doch (endlich) Friede auf die Erde sende!

5. Viel Beistand kommt von allen Seiten
   vom weitverbreiteten Menschengeschlecht,

                                   [das widerstehen will.
   Sie sind in größter Eile plötzlich alle (erstanden),
   aber sie können diesem (unserem) Zeitalter nicht helfen.

6. Schrecklich welche Begierde die merkwürdigen

                                   [Fürsten zeigen!
   Sieh dich vor, daß davon nichts in dein Land kommt.
   Es mag schreckliche Gefahren (dazu) geben
   in so manchem Gebiet, so auch in Vienne.

1. Im Hause des Interpreten der »Hohen Festung«
   sind die Schriften am (Schreib-)tische ersonnen worden.
   Dunkel, (aber) grell kommt Weiß-Klares von der Lehre
   [(darüber),
   was zu Neuem der hohe Weltenrichter umgestaltet.
2. Von der Höhe des Berges (wird) Aventinische Stimme gehört.
   Macht ein Ende, reinigt ganz Gottes verkrustete Altäre,[68]
   daß vom Wesen der Scheiterhaufen die Wut erlahme,
   Roms Kolonie zum Garten wird, die Schandsäule
   [umgestürzt (ist).
3. Das große Geschehen (bewirkt) in Ravenna mächtige
   [Verwirrung.
   Gelenkte, gleich 15[69] im Feuerofen Eingeschlossene:
   Zu Rom erscheint gleißnerischem Evangelienbuch
   [Gottes Zeichen.
   Leben, Schicksal, Flut, ganz Erhabene im Raume.
4. Der Zeit Folgende sind durch die Flut bloßgestellt.
   (Sie) haben zwei Herren gewählt, den Ersten läßt man fallen.
   Flucht vor (Jesu) Inkarnation, man wendet sich Anderm zu.
   Das Haus, dem Ersten eigen, der Plünderung anheimgefallen.
5. Dritte Zehe zeigt sich als erste (Bedeutendstes),
   in einem neuen Herrscher, der von unten aufstiegt,
   der Pisa und Lucca als Tyrann besetzt,
   (um) vom Vorgänger Fehler zu korrigieren.
6. Durch das Guyenne unzählige Engländer.
   Besetzen für den Namen von Englisch-Aquitanien
   Languedoc, Sevilla, Bordeaux,
   was sie später ödes Südfrankreich nennen.
7. Wer das erkannte (Welt-)Gebäude darstellt,
   und nicht augenblicklich streng verwahrt.
   dem geschieht Übles. Dann kann er nicht mehr beweisen,
   wie recht der König hat, der aus Nordwest-Frankreich stammt.

---

[68] Konzil von Reims!
[69] 15 = 15 Provinzen = die Macht Roms.

8. Giftig ist königliche Tat, die ihren Ursprung töten (will).
   Das gilt nach tödlichem Streit (als) äußerst ehrenhaft:
   Erkannte Schrift ermöglicht Reue zu empfinden.
   Wenn der Wolf ausgetrieben, wendet man sich Geliebtem zu.

9. Wenn brennendes Licht unauslöschlichen Feuers
   im Tempel reiner Jungfräulichkeit entdeckt ist,
   ist Nachfolgndes ersonnen. Feuer und
                                    [Wasser rinnt durchs Sieb
   Wasser vertan. Nîmes, Toulouse dem offenen Handel
                                                      [überlassen.

10. Mönch, Nonne, sind vom schwachen Nachkommen gefährdet.
    Durch die Bärin ermattet, wie Kirchenfenstermaler entfernt.
    Über Foix und Pamys hin ist das Heer aufgestellt.
    Dagegen erscheint Toulouse zum Schnüffeln, um Carcassonne
                                                      [zu brechen.

11. Zu Unrecht (ist) Gerechtes erloschen, was man öffentlich
    bewirkt, (es ist) aus der Mitte her erloschen:
    Von dieser Einstellung entsteht so gewaltige Pest,
    daß Urteilsfähige solchen Künsteleien entfliehen.

12. Die gewaltige Geldmenge von Diana und Merkur:
    zur Falle nur sind solche Götzenbilder ersonnen.
    Das Tongefäß (das Wahre) sucht neue Tongrube;
    selbst und die Seinen goldgetränkt.

13. Die Ausgetriebenen in der Gegend von Salon (sind)
    von Torheit geleitet und wollen ins Auxois marschieren.
    Göttliches von Modena, Berg von Bologna (sind)
    durch das Schicksal von Bordeaux bloßgelegt.

14. Der Kessel voller Unrat ist (nämlich) zum Säubern gebracht.
    Wein, Honig und Öl und am Herd Vorbeitetes
    sind abgewaschen, ohne Verfluchung der Übeltäter.
    Zersetzender Rauch aus dem Verzeichnis
                                          [der Fehler ausgelöscht.

15. Nahe Perpignan (von) Roten in Besitz gehalten,
    die aus der Mitte gesenkten Auges hinabgeführt (haben).
    Bedrückte in Stücke gerissen, und flugs das Übel unterstützt
    für Herrn und Kirchenfürst von Burgund.

16. Vom fränkischen Gesetz weicht die Gesellschaft ab.
    Wer dies übermittelt, ist unangenehm-spalterisch:

Davon sind die aus der Provence verwirrt
und die, die dem großen Rachen den Eintritt verweigern.

17. Ausbrechender Führer ist schlimmer als grausame Hellebarde,
was menschliches Blut verspritzt,
[verschleudert den hohen Wert:
Er bewirkt den Feuerofen neu zu richten.
Goldenes Zeitalter vergeht, dem König erneut großer Skandal.

18. Trägt er die Lilie des Kronprinzen nach Nancy.
Bis nach Flandern, der Kurfürst des Kaiserreiches,
ist er erneut im mächtigen Montmorency gefangen.
Dann ersonnene Idee dem Priester zur Marter ausgeliefert.

19. Inmitten der Wildnis grünende Zweige.
Sonne läßt in Hochmut den Blitz einschlagen,
der mächtige Bastard vom erhabenen Karl abstammend.

20. Von Norden durch den Wald von Reims kommt
brüderlicher Gottesglaube, verfinstert durch Gewitter in der
[Picardie, dem Südsüdost-Wind den weißen Weg.
Der Mönch, schwarz vom Grauen in Varennes (ist)
als Führer gegen Sturm erwählt, er zerreißt Volk in Feuer.

21. Im Gotteshaus vom Norden die Bilderreiche sehr verdammt.
Nacht für den Weg der Loire; Prälat, König in bösem Zustand:
Siegesweg den Unterdrückten von der Einzigartigen,
wo vom Weißen die Prälatur abgeholzt wird.

22. König und Hofstaat im Zustand vornehmer Sprache,
ins Gotteshaus dem Palais gegenüber, hinein
in den Garten den Herzog von Mantor und Alba (gebracht).
Albe und Chorrock (sind) Dolch für Sprache und Wahrheit.

23. In der Abenddämmerung täuscht er (eigene) Vergiftung vor,
(dabei kam ihm) die Höhe des Dachfirstes auf den Kopf:
Der alte König (der) im Gotteshaus heilige Bilder ausstellt:
was er opfert ist Fanatismus.

24. Vom Palast auf hohem Felsen (sind) von Öffnungen (Ausblicken)
die beiden minderen Könige entzückt.
Lassen Heiligenschein, Kloster St. Denis von Paris vergehen,
(wie) Nonnen – um verheiratet zu sein –
[unreife Kerne verschlingen.

25. Stege zu überschreiten, um Rosenbüschen nahezukommen
(ist) schwer erreichbar, (doch) schneller als man glaubt.

Spanische Vorurteile dringen nach Béziers.
Wonach ersterer begeistert jagt, (das) zerbricht man (ihm).

26. Der Trottel wählt statt lebender Schriften den Fetisch.
    Dieser »großmächtige Herr« hat selbst nichts zu bieten:
    Nahe Vultry in den Mauern gewendete Klippen.
    Nach (deren) Einriegelung der Wind in gute Richtung.

27. Hölzern der Schutz, windstill der runde Platz.
    Die hohe Rechnung überrascht das Dauphiné.
    Altes, wo Schnallen und Schmuckketten vereint, schaut hervor,
    geht weiter und verbannt das Recht des Heilands.

28. Das Segel des Symmachus[70] vor Marseille.
    Von Venedig Hilfe nach Ungarn zu marschieren:
    Parteilichkeit vom Golf und der Bucht Illyriens.
    Verwüstung zu Sizilien. Ligurer (erhalten) Kanonenkugeln.

29. Jedes Mal, wenn man einem keine Wertschätzung gibt,
    verläßt der unbesiegt den innegehabten Rang:
    Kirchenfamilie bringt Aderlässe, die Regierung zu Karl V.
    Guyenne, Calais, Oye sind zurückerobert.

30. Vom Hafen von Puola und dem Platz des hl. Nikolaus,
    droht der Normandie von fanatischem Rachen Gefahr.
    Chef kommt von Byzantinischem zum
    [Ach- und Weh-Geschrei.
    Hilfe von Gades und vom großen Philipp.

31. Das große Erdbeben im Mörser
    (hat) die Schutzmauer des hl. Georg halb zerstört.
    Friede eingeschläfert, Krieg erwacht.
    Im Gotteshause sind wegen Ostern Abgründe ausgehoben.

32. Von edlem Prophyr hohe Tragsäule ersonnen,
    unter dem Überzug Inschriften kapitolinischer Art.
    Der Hahn hat durch gerissene Art
    [sich römische Macht zugelegt.
    Das Volk in Art des Mettelinus[71] aufzustacheln.

33. Herkules (ist) König von Rom wie Dänemark, (gibt)
    Gallischem fälschlich den Beinamen »Wegelagerer«.

---

[70] Symmachus: Römischer Konsul und Demagoge im 4. Jahrhundert v. Chr.
[71] Mettelinus: machte Macedonien zur römischen Provinz.

Italien erschüttert auch das Meer des hl. Markus,
der Erster über allem, sein Ruf hochberühmt.
34. In die Richtung trägt die Mitra die Verwirrung.
Erneuert der Streit, der bis auf den Dachfirst gelangt:
Soll Einzigartiger durch Lumpen mißbraucht werden,
                                [adelt ihn das.
Narbonne, Salses, Hafer vom Mächtigen durch Pikenträger.
35. Und der geschmückte Ferdinand in
                        [Widersprüchlichkeit (verfangen).
Elitäres zu verlassen und Sammelsurium nachzulaufen,
verfehlt er in großer Not seinen Weg,
und wendet sich gegen die, die aus Ameisen zu
                               [Menschen wurden.
36. Ein mächtiger König gelangt in eines Jungen Hände,
um Ostern (geht) des Glaubens Verwirrungstrank.
Ewig Borernierte (sind) Blitz in den Mastbaum.
Glaubensgruppen sehen sich so angegriffen und eingekapselt.
37. Brücke und Mühle im Dezember verfallen.
In so gewaltige Höhe erhebt sich die Garonne:
Mauern, Prachtbau, Toulouse zusammengestürzt,
daß man seinen Ort so wenig wie den einer Abtreiberin kennt.
38. Beginn des Mähens wegen Rochelle und England,
es gibt das große Aemathische weiter.
Gallien erwartet es nicht weit von Agen.
Narbonnes Unbekümmertheit enttäuscht ob dieser Kur.
39. In Arbisselle, Vezame und Crevary,
sind von Unwissen Geleitete von Savona überlistet,
die unverdorbene Gascogne, der Jura und das Charentegebiet.
In Engstirnigkeit neues und altes Volk (und Hof) festgefressen.
40. Bei Quentin im Walde Seele gequält.
Flamen werden in der Abtei hingeschlachtet:
Göttliches von Tränken vergiftet, die mich um und um drehen.
Dann alles unterdrückt und (so) aus Angst zerfetzt.
41. Der große Chiren ergreift von Avignon Besitz.
Von Rom honigsüße Briefe voll bitterem (Inhalt).
Vom Domherrn geht die abgesandte Botschaft aus.
Carpentras von schwarzem Herzog mit
                           [roter Feder genommen.

42. Von Barcelona (Barcelonette?), von Genua und Venedig,
    (mit) Sizilien vereint, gute Erinnerung zerstampft.
    Sie wenden gegen das Barbarenvolk den Blick;
    der Barbar (aber) ist weit über Tunis vorangetrieben.
43. Nahe am Niedergang bewaffnete Kreuzfahrer.
    (Ihnen) wird durch die Ismaeliten aufgelauert.
    Von überall Kirchenschiff geschlagen;
                              [wie auf Acker gestrandet.
    Sofort attackiert von besonders unterweltlichen
                              [Vergnügungen.
44. Übersiedelte, ausgewandert vom Erschöpften, nach Genf.
    Vom Schwerte her verwandelt sich das goldene Zeitalter;
    der Gegenlauerer[72] löscht alles aus.
    Vor (solchem) Ereignis setzt der Himmel zeichen.
45. Niemals ist er der Begierde satt.
    Seine Herrschaft errichtet der mächtige Falschmacher.
    Das Gegenstück entsteht weit weg von seinem Hofe.
    Piemont, Picardie, Paris, schlimmster
                              [Fraß aus Hering und Käse.
46. Gereinigt; die Roten aus Toulouse geflohen,
    (die) vom Opfer Sühne bereiten.
    Des Übels Chef unter des Turbans Schutz.
    Griechische Weisheitsart zu Tode gewürdigt.
47. Unterzeichnende (suchen) Erlösung von Unwürdigem,
    aber von der Masse erfolgt das Urteil (sie) zu zerstampfen.
    Ist verwandelter Monarch in entsprechenden Zustand versetzt,
    sehen sich (alle) – ins Gefängnis gesperrt – dort wieder.
48. Die große Stadt des Meer-Ozeans,
    von (ägyptischen) Kristallseen umgeben:
    – ? –
    ist von furchtbarem Winde versucht.
49. Gent und Brüssel marschieren gegen Antwerpen.
    Der Senat zu London, sie bringen ihren König zu Fall.
    Ihm stehen Würze und Wein entgegen.
    Deretwillen ist das Reich in Verwirrung.

---

[72] Gegenlauerer (Raypoz) = Arab.: Raibos = Auflauerer.

50. Schnell kommt Fehlerhaftes zu höchster Bedeutung,
    dabei die Nördlichen ein wenig zurückdrängend.
    Der Rote leichenblaß, Kraftvoller zur Zwischenherrschaft.
    Das Neue fürchtet sich und (so) Barbarenschreck.

51. Gruppierungen bilden sich gegen die Roten.
    Feuer (gegen) Wasser, Schwert, der Friede zerrieben wie Hanf.
    Die (das) bewirken sind dem Tode nahe;
    ausgenommen der Einmalige, den die Welt völlig ruiniert.

52. Die Ruhe, die sich vom Einmaligen nähert,
    hat viel gekostet. Niemals (ist) zuvor so große
                             [Heimsuchung gewesen,
    Mann, Frau, unschuldiges Blut ist auf der Erde zu beklagen,
    und dies umfaßt Frankreich gänzlich.

53. Die abgestumpfte Hellebarde, in falscher Absicht,
    bringt man von eifrigen Schmieden zum
                             [Ausglühen (neu schärfen).
    Glücklich wer mit solchen Tätigkeiten nichts zu tun hat.
    (Er ist) von deren Geschlecht gepreßt,
                             [sie lauern auf seinen Tod.

54. Im Hafen (Ort) der Buhldirne kommt das an,
    nahe Ravenna, was die Dame besiegt.
    Im tiefen Meer der Raublustigen Nachlaß;
    unter dem Felsen verborgen begeistert es 70 (böse) Geister.

55. Schrecklicher Streit zeigt sich im Abendlande.
    Und kurz danach kommt dann die Pestilenz,
    so schrecklich mächtig, daß Neues alt und kindisch (wird).
    Blut, Feuer, Merkur, Mars, Jupiter von Frankreich.

56. Der Kampf um die verknöcherte Dame erreicht die feste Stadt
    und läßt bei Hochgestellten seine Narbe zurück.
    Dies wandelt im Handumdrehen das Zeitalter
                             [(in ihrem Sinne) um,
    trachtet Glaube wieder in Kette, Holz und Chorrock zu
                             [errichten.

57. Im Keltenland läßt sich erneut ein König nieder
    und der sucht das Gesetz, das vom Kirchenbann befreit.
    Während Rom so gewaltig donnert,
    hat es den neuen König dazu veranlaßt, sich selbst
                             [umzubringgen.

58. Linker Hand des Glanzortes vom Kristallklaren
    sind die abgetakelten Roten Frankreichs erspäht (worden).
    Alles auf rote Weise erschlagen, Schwarzes am Leben gelassen.
    Alles gleich Bretonen zur Ruhe zurückgebracht.

59. In der Art einer Zwingburg ergreift die Kirchenverweserin
                                                    [Besitz.
    Am Roten hat des Augustus Freund den Lebensweg gehalten.
    Sie entwickelt sich ein Gesetz voller Verzierung und Troddeln,
    (dabei) aus Mißgunst Burgund der Bretagne ausliefernd.

60. Barbarenkampf im dunklen Winkel (der Herrschaft).
    Verspritztes Blut läßt Dalmatien erbeben.
    Mächtig errichtet das Ismaelitenvolk sein Vorgebirge,
    (um) Teufelsfische erzittern zu lassen. Hilfe aus Portugal.

61. Plünderung geschieht an der Küste.
    Verursacht in der Neuen, wie der Mutter-Stadt.
    Viele von Malta durch Messinas
    Tat, mag es eingeengt haben. Schlecht sind sie belohnt.

62. Für den Liebesstarken (sind) auch die Massen vom
                                              [Markt des Südens
    völlig vom Kreuzzug gleich denen vom Rentier erfaßt.
    Trefflich wissende Stadt und der stallartige Markt,
    heiser vom Oktober, lassen die von
                                    [draußen Stammenden sie los.

63. Klagen und Tränen, Schreie und große Schrecken
    nahe Narbonne auf Lyon zu und im Lande von Foix.
    Oh, welch schreckliche Plagen der Veränderung,
    bevor Mars mehrere Male seinen Lauf vollendet hat.

64. Alexander-Art durcheilt die Pyrenäenberge.
    Im Mars leistet Narbonne keinen Widerstand.
    So bringt sie gewaltige Narben über Meer und Land.
    Der große Chef behält kein bewohnbares Land mehr.

65. Ins Land kommt man von »der Einen« um wiederherzustellen,
    worin sie befangen ist und fremdartig verändert.
    Die unsterblichen Früchte sind großer
                                        [Nichtachtung ausgesetzt.
    Große Beschimpfung, der Einzigartigen (aber) große Helle.

66. Täuschung sind Friede, Eintracht,
    Staaten, Ämter. Niederes hoch und Hohes sehr herunter.

Ist Kreuzzug inszeniert, ist sein erstes Ergebnis Wirrsal.
(Aber) Krieg zu beenden (ist) Wohlfahrt, läßt Glocken erklingen.

67. Von Berges Höhen in Dizéres Umgebung
ist das Heim klippenartig, hundert (sind) in
[Valence versammelt.
Dutzendweise kommen sie von Château-Neuf, Pierrelatte;
gegen christlich-römischen Glauben zusammengerottet.

68. Von Montelimar her nähert sich unheilschwangere Wolke,
zum Zusammenfluß von Rhône und Saône kommt das Übel.
Unter Buchsbaumzweigen Mietlinge des
[Teufelslichtes verborgen,
das noch niemals zuvor solche schreckliche Herrschaft besessen.

69. Auf dem Gebirge von Bailly und Bresse
sind die Hochmütigen von Grenoble verborgen.
Sie bewirken jenseits von Lyon, Vienne gewaltigen Hagelschlag.
Im Lande herrscht Hungersnot, kein Außenstehender bleibt
[übrig.

70. Metzelnder Harnisch unter Prozessions-Flambeaus verborgen
am Sakramentstag in Lyon.
Die von Vienne sind völlig zerhackt
durch römische Kreise, (wie) Macon, wahrlich!

71. An heiligen Orten Lebewesen beim Falschspiel erkannt,
mit jenem, der des Tages Tür nicht zu öffnen wagt.
Zu Carcassone ist's für Ungnade günstig,
die in viel weiterem Aufenthaltsort niedergelegt.

72. Immer noch weiter sind heilige Tempel besudelt
und vom Toulousaner Senat ausgeraubt.
Saturn hat Göttliches bedrückt,
[um Jahrhunderte zurückgeworfen.
Im April, Mai, (ist) das Volk aufs neue Keimzelle.

73. Nach Foix hinein König mit himmelblauem Turban,
beherrscht dort wenig aufgeschlossenes Zeitalter.
Turban-König ist weiß und bannt das Herz von Byzanz.
Sonne, Mars, Merkur gemeinsam am Aschenkruge.

74. In die Gesellschaft kommt aus Geldgier Menschenmord.
Übler und fauler Ochsenmagen ist nicht totzukriegen.
Rückkehr vieler von Art der Ämter der Artemis und derer,
die beim Vulkan tote Leiber begraben.

75. Von Ambrazien und den thrakischen Landen,
    Volk übers Meer (als) Übel und gallische Hilfstruppen.
    Für immer bleibt die Narbe in der Provence
    durch Überreste ihrer Sitten und Gesetze.
76. Zusammen mit dem Schwachkopf (kommen)
                                  [Raub- und Blutdürstige.
    Sie stammen vom Troß der unmenschlichen Hellebarde.
    Unter Glaubensdingen tummelt sich
                          [verdammenswertes Kriegsvolk.
    (So) wird zugleich der überschlaue Knabe getötet.
77. Erlangte Macht verführt den König,
    wie im Schicksal verfangene Dame zum
                              [Verwelken verurteilt (ist).
    Man verleugnet den Lebensweg, der vom
                          [Sohn der Königin stammt,
    und einst weiche Haut wird gleich der Gesellschaft hart.
78. Die griechische Dame ob ihrer Schönheit schlecht behandelt,
    glücklich auf dem Gipfel unzählbarer (guter) Eigenschaften,
    (wird) dann ins spanische Reich überführt,
    eingefangen, (um dort) elenden Tod zu sterben.
79. Der Chef des Volkes, durch betrügerische Kriegslist
    läßt Gehemmten ihre Freuden herauskommen.
    Schicksalhaft Gemordete – Hauptsächlicher vom Salböl verführt;
    dann zahlen sie es ihm hinterhältig heim.
80. Will der Herzog die Seinen ausrotten,
    sendet er die Stärksten in fremdes Land;
    (wird) durch Tyrannei Byzanz und Lucca ruinieren,
    Danach halten die Barbaren ohne Wein die Lese.
81. Man hört listenreichen König Hinterhältigkeiten (begehen).
    Die Teufel überfallen bedrückte Gegenden,
    ein sonderbarer Name – Tränen von Lieblingen –
    täuscht den vom erhabenen Reiche durch den Interpreten.
82. Wegen starker Flut und Pestilenz,
    ist die große Gemeinschaft seit langem gequält.
    Wachen und Sorgen fürs Volk sind dahingewelkt.
    Plötzlich gestraft, darüber von Nichtigem mit Füßen getreten.
83. Festland vom Etang de Tau bezwungen, so stark ist
                                          [Erschütterung.

Das große, gut gefüllte Theater ruiniert.
Die Luft, den Himmel und die Erde zu verdunkeln
[und verwirren.
Danach ruft der Ungläubige (wieder) Gott und die Heiligen an.
84. Gefährdeter König macht dann das gewaltige Opfer vollkommen,
seinen Ursprung nicht bedacht habend.
(Im) Sturzbach das Grab von Marmor und Blei zu öffnen,
eines großen Römischen von dichterisch-verblüffendem Wappen.
85. Er durcheilt das Guienne, Languedoc und Rhôneland.
Von Agen her legt er die Hand auf Marmande und La Réole.
Vom Aufreißer der Wand um den Glauben Phöniziens
[Thron erlangt.
Streit bei Heiligem, Pfuhl vom Monument.
86. Sie kommen direkt von der Burg der Königin nach Chartres
und machen nahe der Brücke Anthoni Pause.
Wie Marder verschlagen ist ihre Vergiftung für den Frieden,
vollbringen Vorbehalte gegen Einmarsch der Menge in Paris.
87. Gleich dem von Vulkanasche kahlgeschlagenen Walde,
wird der Tempel (Gottes) in der Einsamkeit ausgesetzt.
Vom Herzog der Neppereien durch Täuschung von Erdichtetem
gibt der Prälat vom Ort des Fischerkahns ein Beispiel.
88. Calais, Arras Entsatz nach »The Rouan«.[73]
Friede und Ansehen täuscht (einst) Gehörtes vor.
Solidität der Allobrogen gleich Rouen heruntergeführt.
Wer rechte Straße abträgt, hat das Volk auf Abwege geführt.
89. Philipps Glück blüht sieben Jahre,
da er Barbarenanstrengung vermindert.
Dann seine Sonnenseite ratlos, die Dinge gehen zurück.
Der junge Ogmion führt seine Macht zum Abgrund.
90. Gewaltige Kirchenmacht der Einen (Kirche läßt) Deutschland
sich ausliefern als vorgetäuschte Rettung
für den König. Könige bedienen (sich) Ungarn(s),
so daß dessen Sich-Erheben großen Blutstrom auslöst.
91. Diese schlimme Pest ergreift Perinth und Nikopoli,
besetzt die Krim und Marceline.
Thessalien verwüstet die Stadt in Epirus.
Übel unerkannt: Alexandriner verweigern Franziskanisches.

[73] Englisch besetztes Westfrankreich.

92. Der König will die neue Stadt einnehmen (und)
gleichsam Satane austreiben. Man kommt
Gefangenes zu befreien. (Dabei) in Wort und Tat Fehler
läßt den König draußen sein. Auf lange von Feinden besetzt.

93. Die Gegner (der Kirche) durch deren Gewalt sehr verringert,
durch Ackerwagen (nur noch) sichern sie ihre Festung.
Wahrlich, die Mauer der hohen Burg (ist) zerstampft,
wenn Herkules den Emathion besiegt.

94. Schwache Rosenknospen sind zugleich farblos,
folgsame Feinde bringen den Stärksten aus der Deckung:
Die Schwankenden angegriffen, Bratislava zittert;
und Meissen ergreifen (die) Barbarenpartei.

95. Die neue Idee beherrscht das Heer (Volk).
Nahe dabei freudige Erregung bis ans Meerufer.
Ohne Verzögerung Wettstreit Mailänder Art gewählt.
Dem Herzog zu Mailand die Augen weggenommen,

[Eisenkäfig.

96. Durchtriebener Söldnerhaufe tritt in die Stadt,
der Herzog schleicht sich durch Überredungskunst ein.
Schwankenden Türen (soll) herbeigeführte Menge

[Klammer sein.

Sie legen (aber) Feuer, Tod, Blutvergießen.

97. Reichtümer der Wahrheit in gedrückte Teile zerspalten,
als Folge davon wird Lebendes niedergebeugt.
Verzweifelt suchen sie die Eleusischen Felder. Die als von
Grund auf Erste eindringen, erringen den Sieg.

98. Die durch Fehler der Einzigen Heimgesuchten verfinstert
(sind) der Gegenpartei zugeführt.
Im Hochmut läßt man, was Künstelei ist, kommen.
Sie haben den großen Chef des Ursprünglichen ausgeliefert.

99. Der Wind von Aquilon legt den Sitz in Trümmer.
Gleichsam Mauern zu Staub zerstoßend, zu Kalk, zu Schutt:
Durch Regen, der ihn danach mächtig in die Schlinge führt.
Höchster Wettkampf gegen seine Front.

100. Wird das Dunkel der Schiffsschlacht überwunden,
der Brand, der zu des Abendlands Ruin geführt:
Mit neuer, heller Farbe ist ganzes großes Kirchenschiff getönt.
Haß zur Verliererseite, so steigt hoch aus dem Nebel der Sieg.

1. Als Feind hat Satan dem Glauben Meineidiges eingeblasen,
   daß man ihn verläßt. Verkrüppeltes nur ist übriggeblieben:
   Enge bringt Niedergang. So ist unter Überzug Abschreckendes.
   Sterbliche Hülle hingebend, um gerettet zu sein.

2. Rosenknospenbehang begehrt, was von Kirchenschiff bemäntelt;
   die Masse kommt, Minderwertiges heraustreten zu lassen.
   Prophetische nahe den Schiffen bemühen sich eifrig,
   [dies zu wenden
   die große Besiegte zu einen, mit sich selbst zu verbinden.

3. Von hinten bewegt sich nicht die primitive Masse heraus.
   Einzigartige flüchtet, weil Penelopes Treue vergeht.
   Wenn Falsches säuselt, sich davon Rettung zu erhoffen,
   sind (wie) der Chef auch der Thron vertan.

4. Zur Mitternacht der Lenker der Volksschar
   flüchtet plötzlich verstummt.
   Sieben Jahre später die Frau nicht getadelt;
   zu ihrer Rückkehr nichts als Hören-Sagen.

5. Albigenser und Katharer bilden neuen Bund;
   neue Arianer in Lissabon und Portugal.
   (Nur) Gerippe, ihre Intrigen vollendet Toulouse,
   wenn Chef sich bei erneuter Aufsicht in Lorbeerkränzen verirrt.

6. Die Wasser vom Gard überschwemmen Nîmes so hoch,
   daß man glaubt, die Sintflut sei wiedergekommen.
   Im Koloß schwinden sie zum größten Teile dahin;
   der Gewehrschaft löscht das Gebäude der Unschuld völlig aus.

7. Großer Streit, den man zu Nancy sich bereiten sieht;
   Der Alexandrinische sagt: Alles habe ich unterworfen.
   Britisches, wegen (Meß)Wein in Sorgen,
   hält Metz nicht lange.

8. Der Index und noch anderes macht die Stirn niedriger.
   Der Graf strömt vom Senat hervor gegen den eigenen Sohn.
   Die Tausendnamige (hat) gleichsam viele von vorderster Fassade
   in Infektion gedrückt. Degenspitze hat an Lebenszeit gekratzt.

9. Personen von Kastilien (tragen) die Zeit des Verderbens,
   stammt doch von verkrüppelter Frau erhabener Prinz (ab).

Ihm gibt man in ihrer Machtgier posthum den Namen
[Winzling.
Niemals ging es dem König in seinem Lande so schlimm.
10. Mörderische Steuer, gewaltige Betrügereien,
sie sind dem ganzen Menschengeschlechte schlimmer Feind.
Schlimmer noch als bei Ahnen, Verwandten und
[Vätern braucht
man Schwert, Feuer, Wasser, Blut und Unmenschlichkeit.
11. Unter La Jonchera, (am) gefährlichen Engpaß,
läßt der Nachgeborene seine Bande durchmarschieren.
Diese lassen die Pyrenäenberge abgesehen vom
[Troß hervorschauen
von Perpignan. Der Herzog nach Tende beschönigt.
12. Zum Papst Erwählter, wegen seiner edlen Art verlacht,
erduldet, daß man ihn verleumderisch für
[schwach und ängstlich hält.
Durch allzugroße Güte hat er seinen Untergang
[heraufbeschworen.
Würgende Angst leitet die Dunkelheit seines Niederganges.
13. Unter der Nahrung wiederkäuender Tiere
gleich solcher Gefolgschaft mit Pflanzenfressermagen
sind Söldner verborgen, krachende Waffen führend.
Nicht weit davon ist Antibes von der Stadt verführt.
14. Die kleine Urne, im Schwanken, über sich selbst ungewiß.
Kühnheit, Furcht, vor Angst erstarrt, besiegt.
Von vielen Huren begleitet, verwelkt.
Zu Barcelona zu Klosterleuten überzeugt.
15. Der Ursprüngliche ist altgewordener »Herzog« und von
[Durst geplagt.
Am Lebensende den Sohn im Durchtriebensein beerbend,
der dann behende in den Niedergang geworfen ist.
Senat am langen und leichten Bande den Tod.
16. (Sind) glückliche Dinge in Frankreichs Herrschaft,
[raffinierte Art,
dummes Geschlecht, tödlicher Niedergang und so Raub.
Wahrlich, Beschönigendes wird ins Leben gestellt.
König (hat) wegen Kuhhandels beim Glauben zu
[sehr nachgegeben.

17. Die philosophische Königin, die Nonne als blaß erkennend:
    durch Reue, die im Innersten eingeschlossen (ist).
    Bedauerliche Vorstellungen kommen danach von Angoulême,
    daß – wie zwischen Geschwistern – die Ehe ausgeschlossen ist.
18. Der Große (von) Lothringen trifft die Anordnung im Vendôme.
    Hohes heruntergeholt und so Niederes erhöht.
    Hamons[74] Sohn ist in Rom erwählt.
    Und das Große christlichen Glaubens gebrechlich gemacht.
19. Zeit, einer Königin gleich bewillkommnet.
    Der Tag, der dem Gruße folgt, (bringt) Bittgebet:
    Dem Verstande, dem guten Werte wird die
                                  [Rechnung präsentiert.
    Zuvor Demütige hat ihre Salbung hochmütig gemacht.
20. Alle Freunde, die zur (rechten) Seite gehalten haben,
    wegen Torheit von Schrift hinweg zum Niedergang geführt.
    Gutes, Veröffentlichtes gleich Beständigem ins Nichts geführt,
    wie (Gutes) Römisches das Volk nie so sehr mit
                                  [Füßen getreten hat.
21. Wegen des Königs Unaufmerksamkeit Minderung ertragend,
    ihm die Ringe präsentierend, wird er ermordet.
    Im Wollen des Vaters dem Sohn Edles
                                  [hervorsprießen zu lassen,
    tut's, wie die Perser einstmals mit den Magiern[75] machend.
22. Weil der Scheidung nicht Zustimmung werden soll,
    was hinterher als unvernünftig erkannt wird,
    ist der (wahre) König der Inseln gewaltsam verfolgt.
    An seine Stelle gebracht, was nichts Königliches an sich hat.
23. Von ungebildeter Masse Taten, die solches hochsteigen lassen.
    Dadurch eignet sich die Menge Antichristliches an.
    In der Bucht von Monaco machen sie Schwierigkeiten
    und im Zerstören nimmt man einander die Lebensfreude.
24. Der hohe, im Italienischen befangene Fürst, besiegt.
    (Er) durcheilt Genua übers Meer bis Marseille hin.
    Durch große Gewalt von Leidenschaft überwunden
    ohne Schwertstreich. Nektarkübel.

---

[74] Ägyptischer Gott mit homosexuellen Zügen.
[75] Siehe Altes Testament, Buch Daniel: Daniel und die lügenhaften Magier am persischen Hofe.

25. Um den Ebro von verborgenen Klippen zu befreien,
    wandelt sich die weite Bucht des Tajo.
    Ins Perigord beginnt der Vorstoß
    der großen Dame, die den Ton angibt.
26. Der Nachfolger rächt sich an seinem Schwager
                                        [(schönen Bruder),
    die Herrschaft im Dunkel der Rache an sich zu reißen.
    Widerstand erschlagen hat sein Geschlecht tadelnswerterweise.
    Daran hält Britannien wie auch Frankreich lange Zeit fest.
27. Karl V., und so ein einzigartiger Herkules kommen,
    mit Waffengewalt das Gotteshaus aufzubrechen.
    Ein Colonna hat Julian und Ascan nachgegeben.
    Spanien, Schlüssel, Adler haben niemals so großen Kampf.
28. Folgendes und Außenstehendes machen die Morgenmusik,
    sind dem König gleich in Ehren hochgehalten.
    Durch Fettes und Mageres das Ethische fast auf die Hälfte.
    Der Bericht über die Venus wird falsch wiedergegeben.
29. Pol. Mansol[76] im Ziegenstall verborgen,
    und so durch Barbarisches herausgezogen.
    Angekettet wie ein wilder Hofhund.
    Durch heuchlerische Ketzer nah am Altar verursacht.
30. Nachkomme und des Heiligen Geschlechts erneut gekommen,
    durch die Überzahl Waffentragender. Und so sind sie
    aufgespürt, nackt zu Tode gebracht, gejagt.
    In Rot und Schwarz verkehren sie ihr Grün.
31. Das Heilige Reich (dagegen) entsteht aus Brüderlichkeit.
    (Selbst) Mohammedaner finden dann offene
                                        [Betrachtungsweise.
    (Nur) Dummköpfe wollen deshalb selbst Persien (besetzen).
    Diese Verfechter irdischer Dinge sind (davon) ganz erfüllt.
32. Jeder sollte dem Heiligen Reiche ganz verpflichtet sein,
    einer nach dem anderen es zu erlangen trachten.
    Doch nur wenig Zeit ist für seine Herrschaft und
                                        [Bestand vorhanden.
    Last auf der Kirche (durch) Götzenaltäre.

---

[76] Stadtkultur.

33. Die grausame Kirche in langen Roben
    hält unter diesen scharfe Dolche verborgen.
    Florenz zu kapern.
    Raubvogel und (seine) Phrasen doppeldeutig.
34. Prunkschiff, das Reich durch kriegerisches Unheil erobert.
    Wegen seines Pomps ist der schöne Minderbruder verraten.
    Es zieht gleich wildem Pferde Folterwerkzeug hinter sich.
    Deshalb ist Brüderliches sehr lange eingeschlossen.
35. Offenkundig Königliches ist von brennender Gier vergiftet,
    weil es sich Äußerlichem hingibt, ist von der leiblichen Cousine
    das Frauengewand im Tempel der Artemis:
    Geschwind ermordet durch Unwissenheit der Marne.
36. Nachdem dem König vom Straffziehen Streitereien angesagt,
    hat er die Insel waffenstarrend aus Irrtum eingenommen;
    einige gute Jahre (den) Einzigartigen auffressend
                                    [und ausplündernd,
    verändern auf der Insel die Wert(-vorstellungen).
37. Große Zusammenrottung nahe dem See von Le Bourget.
    Sie versammeln sich in der Umgebung von Montelimar:
    Weit darüber hinaus Denkende betreiben das Unternehmen.
    Chambray, Moriant bekämpft Reliquienkult.
38. Froh machende Liebe hält sich nicht lange an der Macht,
    beim heiligen (Dienst) sind die Ausstattungen barbarisch.
    Bärenfelle machen Hadrian für Gallisches zur Geißel.
    Aus Angst von der Masse dem Grauhaarigen ausgeliefert.
39. Der erste Sohn heiratet schrecklich Liebeleeres.
    Ohne brauchbaren Nachwuchs ist Christenland im Streite.
    Unter 18 (Jahren) gehört (ihm) das Zeitalter.
    Von anderem, fast noch Jüngerem, kommt die Eintracht.
40. Vertrocknetes ist zur britannischen Herrschaft gelangt.
    Der vergehende Vater hat es schon empfohlen.
    Dieser ist tot, (weil) alter Kopf das Fährgeld darstellt,
    und hat für seinen eigenen Nachkommen das Reich verlangt.
41. Im Gebiet von Chaussa und Karls des Großen,
    nicht weit entfernt vom Grund des Tales.
    Von Frankenstadt Flötenmusik-Ton (von Lutheranern).
    Zugeschüttete eingeschlossen und (so) große
                                    [Katzenschmeichelei.

42. Die menschliche Herrschaft von engelhaftem Ursprung,
    benutzt ihre Macht, um friedlliche Einheit zu bewahren.
    Der Streit (ist dann) in seiner Zelle eingeschlossen.
    Lange Zeit gibt der (Friede) dem Dauer.

43. Das übermäßig gute Zeitalter, ein Übermaß an königlicher Güte:
    Umstürzler und (so) schnelle Auszehrungen, Nachlässigkeit.
    Sorglos vertraut man königlicher Nachahmung.
    (Die Zeit) ist ebenso wie ihre gefällige Art dahin.

44. Gleichsam wie ein König, der gegen die Seinen zu Felde zieht,
    unterjocht der Blois-Entstammende die Ligurer:
    Weiße Sklaven (sind) Bewohner Cordobas wie Dalmatiner.
    Dann Schutz beim König von Zwängen und Gespenstern infiziert.

45. Der Schutz von Navarras Herrschaft hat den wahren Anspruch,
    (nur) Zufälligkeit des Schicksalswegs macht (ihn) nicht legitim.
    Das gegebene Versprechen von Cambray ist unzuverlässig.
    Der König, der Nebensächliches bietet, vermauert das Rechte.

46. Weg, Schicksal, Niedergang, von unwürdig-abstoßendem

    [Randstaat.
    Es ist nichts Neues von Sachsens Kurfürst:
    Der Saustall gibt von Braunschweig Gunstbezeugung,
    als Volksverführer Täuschung verbreitend.

47. Wegen Geld der Hure Girlande, wie für zu ehrende Dame,
    die man (ihrerseits) durch den begangenen Verrat heruntersetzt.
    Hierdurch kommt der große Würdenträger zum Gestalten.
    Falsche Pilger und (so) Entführern (eine) Schlappe.

48. Aus dem tiefsten Spanien heraus Zeichen der Lanze,
    vom Ende und den Grenzen Europas ausgehend.
    Verwirrungen sind an des Kreuzesholzes Brücke aufgeführt.
    Seine erhabene Gemeinschaft ist wegen der Rotte abgezehrt.

49. Der Erdengarten nahe der neuen Stadt,
    ausgehöhlte Bergbewohner (wählen) den Weg hinein.
    (So) ist er erfaßt und in den Gärbottich geworfen.
    Infizierte saufen gleichsam durch Wassers Gewalt Schwefel.

50. Der die Maas bei Luxemburg bei Tageslicht in Schreck versetzt,
    enthüllt die Zeit und von dem Aschenkrug Bedrücktes.
    Bergland und Ebene, Dörfchen Stadt und Burg,
    Lothringen erlebt Überflutung. Verrat wegen großer

    [heutiger Ernte.

51. (In) weit hinter Lothringen liegenden Gebieten
    sind Niederdeutsche miteinander vereint.
    Gleich Petri Stuhle Picarden, Normannen vom Main
    und den Nebenwinkeln finden sich zusammen.
52. In dem Gebiet, da Laye und Schelde sich vereinen,
    sind seit langer Zeit Hochzeitsgelage durchgeführt.
    Im Gebiet von Antwerpen, wo die Baumäste schwer
                                     [herunterhängen,
    hat Unreifes wohnlich Altes besudelt.
53. Die drei betrügerischen Richtungen bekämpfen sich von weitem.
    Die Größte bleibt, sehr vermindert, auf der Lauer:
    Der große Selin ist nicht länger dessen Schutzherr,
    der Feuerstrafe zum Schutzschild für Weg zur Seligkeit ernennt.
54. In diese Welt durch verstohlene Buhldirne hineingeboren,
    zu heiliger Gotteshöhe durch solch erbärmliche Nachricht.
    Das ist in Teuflisches verstrickt.
    Es wird hingeführt nach Mecheln und nach Brüssel.
55. Sie feiern die elenden Hochzeitsgelage
    in großer Freude, doch das Ergebnis ist schlimm:
    Maria und (ihre) Mutter verachten sie stolz,
    Großes Reines tot und (neue) Schwiegertochter erbärmlich.
56. Der königliche Würdenträger hat sich allzusehr erniedrigt.
    Von seinem Mund nimmt großer Blutstrom seinen Ausgang.
    Ist engelhafte Herrschaft – gleichsam Atmen des Landes –
    lange (schon) niedergegangen, von Tunis wiederbelebter Ahnherr.
57. Der Aufgerichtete kennt seine Herrscherwürde nicht.
    Er besudelt die jungen Kinder höchst großer Dinge:
    Niemals hat es Schändlicheres, Grausameres gegeben.
    Ihre erfaßtem (Ideen) treibt er in dunklen Tod vorwärts.
58. Zur Zeit des Zweikampfes, den der Monarch katzenhaft
                                       [(betreibt),
    pflegt er vertrockneten Aemathischen gesund:
    Gallien zum Wanken bringen, Schiff in Gefahr geraten zu lassen:
    Zu versuchen, der Phossener Riviera in Besitz zu nehmen.
59. Nach *Lyon* hineingedrückt und (so) sogleich der Hauch
                                       [der Einen.
    Einige Bürger, Deutsche, Bewohner von Bresse, Römer
                                       [(Romanen),

führen heimlich lang Verwahrlostes, Hochedles (an),
dessen Weg nackt geworden; gleichsam wie Todeskampf
[des Viehs.

60. Ich weine Nizza, Monaco, Pisa, Genua,
Savona, Siena, Capua, Modena, Malta:
Höchstes Gut und Schwert als erste ausbaden zu müssen.
Feuer, Erdbeben, Wasser, schlimmes Nicht-Wollen.

61. Béziers, Vienne, Emorre, Sacarbance,
Sie wollen Ungarn den Barbaren ausliefern:
Durch Spieße und Feuer enorme Gewalttaten.
Betende (Mönche) schutzlos gleich einer alten Frau.

62. Nahe bei Serbien voran Ungarn zu überfallen,
kommt der Herold der Broden, es ihnen mitzuteilen.
Die Chefidee von Byzanz, das kroatische Sollin,
man kommt, sie zum arabischen Gesetze hinzukehren.

63. Der Kidron, Dubrovnik, die Stadt des hl. Nikolaus
wieder begrünt durch heilenden (harten) Stoß.
Königssohn umgekommen wegen Niedergang christlicher
[Hellebarde.
Arabien, Ungarn gehen gleichen Weg.

64. Mailand weine, weine (auch) Lucca und Florenz,
daß dein großer Heiland auf die Kriegsmaschine steigt.
Die Herrschaft Umwandelndes nähert sich aus
[Venedigs Raum.
Davon verändert sich die Hauptstütze zu Rom.

65. O gewaltiges Rom, dein Untergang nähert sich,
nicht der deiner Mauern, (vielmehr) deiner Art und
[Inhalts.
Rauhes schlägt den Schriften schreckliche Wunden, gleich
spitzem Eisen. Das alles bis zum Ärmel-(Kanal) ausgefüllt.

66. Londons Lehre entspricht umbrischer Herrschaft.
Der Rettung Insel überzieht sich gleichsam mit Eis;
der König Völlerei (ist) ein so schlimmer Antichrist,
der sie (alle) so sehr in Verwirrung führt.

67. Die Erschütterung ist so stark im Monat Mai.
Saturn, Steinbock, Jupiter, Merkur im Ochsen:
Auch die Venus, Krebs, Mars von Nonnen geboren.
Daraufhin fällt Hagel, noch größer als ein Ei.

68. Die Menge des Meeres hält die Stadt fest,
    dann bricht sie aus ohne lange Umstände zu machen:
    Große Raubtat ergreift die Bürger auf der Erde,
    die Menge im ersten Anlauf umzukehren, Großes
                                    [zurückzunehmen.

69. Funkelndes Schwert vom Neuen erwählt, stammt vom Alten.
    So viel im Süden gleich wie die Nördlichen.
    Eigenem großes Vertrauen, es steigen große Taten auf;
    (nur) tüchtig berührt vom göttlichen Brausen (des Hl. Geistes.)

70. Die Macht bewirkt durch Anstrengung solches Zersplittern,
    so sehr und schwungvoll, daß (deswegen) Schnee fällt.
    So kommt benetztes (fruchtbares) Feld zum Dahinschwinden,
    da der Prinz Herrschendem unterliegt.

71. Land und Luft gefrieren, so sehr (auch) das Wasser,
    seit man dazu vorankommt den Donnerstag zu ehren:
    Was das ist, ist niemals so schön gewesen.
    Aus allen Himmelsrichtungen kommen sie, ihn zu verehren.

72. Das Jahr 1999 7 Monat(e)
    steigt ein großer Schreckenskönig vom Himmel
    den großen König von Angoulême aufzuschrecken.
    Vorher (und) nachher Mars als gute Zeit regieren zu lassen.

73. Die Gegenwart gemeinsam mit der Vergangenheit
    ist durch den großen Verehrer des Schöpfers beurteilt.
    Die Welt ist ihm erst spät dahinter gestiegen.
    Dieser ist ja hintergründig wegen klerikaler Juristen.

74. (Ist) das Zeitalter der großen Sieben vergangen,
    zeigt sich in der Zeit das gewaltige Opfer.
    Der Name weit weg vom großen tausendjährigen Zeitalter,
    da die Heimgegangenen aus ihren Gräbern steigen.

75. Das so sehr Erwartete kommt niemals
    nach Europa, von Asien her versteht sich
    Einer im Bündnis, das vom großen Hermes ausgegangen.
    Und es wächst über alle Könige des Orients hinaus.

76. Der große Senat beschließt den Triumphzug für den Einen,
    der danach besiegt, verjagt;
    Anhänger beim Klange der Posaune.
    Gute Dinge veröffentlicht, der Satan verjagt.

77. Dreißig Anhänger der Gemeinschaft römischer Staatsbürger
verbannt, dem Feinde ihr Vermögen überlassend.
All ihre Leistungen als Verschuldungen (bezeichnet).
Das Volk, das ihnen folgte, Seeräubern ausgeliefert.

78. Angeschlichene Freude aus erduldeter Trübsal
ist in Rom in Gnaden aufgenommen.
Duell, Schreie, Trauer, Tränen, edles Geschlecht im Jubel:
(Dem) entgegengesetzte Banden überrumpelt und gebunden.

79. Die Alten haben den Weg ganz geschmückt,
den man nach Memphis traumentrückt durchschreitet.
Den großen Merkur von Herkules Lilienblume
zu erschüttern; (auch) Land, Meer und Gegenden.

80. Im großen Reiche aus großer Macht regierend,
mit Waffengewalt die großen Eisentore
öffnet er, König und Heiland verbindend.
Lasten vernichtet, Kirchen an Quelle, Leben ungetrübt.

81. Der Schatz, im Tempel spanischer Städte niedergelegt,
darin an geheimem Ort zurückgezogen,
(was dient), das Gotteshaus an Ausgehungertes zu binden.
Künstliche Begeisterung, schlimmer Raub an Glaubensmitte.

82. Geschrei, Weinen, Tränen; zugleich kommen Weinberge
scheinbar zu verschwinden, was höchste Bestürzung auslöst.
Die im Denken Eingepferchten rammen tiefe Bohlen ein.
Lebendes zurückgeschleudert, von einsetzender
[Springflut getötet.

83. Vom Streiten geht kein Segenszeichen aus,
vom In-den-Stall-Zwingen entstehen (nur) Zwänge.
Gents Umgebung hat das Signal erfaßt,
was die Seinigen ganz zu Tode führt.

84. Die Natur der Erhabenheit (ist) nicht schwach,
(doch) träger Sinneswandel macht den Streit verfestigt.
Das Wieder-zu-Umwallen geht nicht ohne
[Auseinandersetzung.
Damit beschäftigt, zerstört seine ganze Zeit.

85. Der alte Tribun, klar am Erscheinungstag (den Platz habend)
ist verstockt, Gefangenes nicht auszuliefern.
Wächter, nicht wachsam, was Schlechtes redet zu hemmen,
gleichsam rechtmäßig an seine Freunde auszuliefern.

86. Gleich einem Greif erscheint Europas König
    von denen aus Aquilon begleitet.
    Rote und Weiße führt er in großer Schar,
    und sie marschieren erzürnt gegen den König von Babylon.
87. Großer König erscheint, Hafen nahe Nice einzunehmen.
    Davon bringt er so sehr das große Reich des Niedergangs
    zu denen von Antibes. Er läßt sein Unkraut wuchern,
    gleich Reinem vergeht da der große Stützpfeiler ganz.
88. Primitive und Folter – gemäß meiner schlaflosen Nächte –
    erscheinen, alles gleich (wildem) Meere verwüstend.
    Darin kommt der (lausige) Hahn für Marseille.
    Tränen, Schreie und Blut; nie war die Zeit so bitter.
89. Sind Marmorsteinmauern umgewandelt,
    eingefriedet und so fünfzig friedvolle Jahre.
    Menschenglück, Wasserleitung erneuert,
    Gesundheit, große Fruchtbarkeit, Freude und Honigzeitalter.
90. Hundert Mal mordet der unmenschliche Tyrann
    (den) an seine Stelle gesetzten, Klugen und Gutmütigen.
    Der ganze Senat ist in seiner Hand,
    der fasziniert ist durch den rasch-kühnen Teufel.
91. Römischer Klerus, der Militant-Satanisches bedenkt
                                              [und erneuert,
    ist danach zum Chef der göttlichen (Lehre) aufgestiegen.
    Von einem Grauen und Schwarzen der Gesellschaft
                                              [ausgegangen,
    der einst nicht so krank und pingelig war.
92. Den Vorgänger hat Nachkommendes zerstört.
    Der Urheber ist nachher unter abgedroschenem Stroh.
    Verblüfft ist das Genfer Volk überfahren,
    (daß) der Chef, unbeweglich wie ein Klotz, (wieder) in der Mitte.
93. Das Schiff erduldet erneut Kreuzzüge.
    Diese und Ähnliches verschieben das Reich:
    Beaucaire, Arles bleiben die Opfertiere.
    Nahe (denen) göttliche Säulen aus Porphyr erdacht.
94. Nîmes, Arles und Vienne gering achtend,
    gar nicht gehorchend spanischem Befehl:
    der; die (da) ganz groß im Verfertigen, Großes zu verdammen,
    ist der Satan aus dem Engelsgewand herausgeschlüpft.

95. In Spaniens Fluren kommt hochmächtiger König,
    allenthalben den Süden unterjochend:
    macht Schlimmes, läßt Kreuzzugsidee neu herunterkommen,
    denen vom Freitag die Flügel zu lähmen.
96. Die Religion von sicherem Unterpfand des Reinen siegt,
    sie ist gegen die Spaltung des von Adaluncatif[77]

    [Abstammenden.

    Entwickeltes, dem Abgesplitterten entgegen, muß auch

    [weinen.

    Göttliches verletzt von Anfang 1000 wie (anderen) 1000.
97. Gehaltvolle, große Schiffe sind für das ganze Leben verblendet;
    gute Zeit zum Schlechten, Süßes (verwandelt) in Bitternis:
    Die Eilfertigen sind schnell Barbarenraub,
    weil Gier anklagende Feder verbrennen sehen will.
98. Die helle Klarheit zum freudigen Dienen
    leuchtet nicht länger, die Zeit ist ohne geistigen Witz.
    Voller Feilschen, Verlangen, zweifelhafte Wölfe;
    überall zeigt sich alle Pest gemischt.
99. Zum Schluß der Wolf, der Löwe, Ochs und Esel,
    ängstliches Blut ist mit kriecherischem Dienen zusammen.
    Das süße Manna ist nicht mehr von ihnen geliebt.
    Kein Nachtwachen mehr, noch Wacht von großen Hunden.
100. Das große Reich ist England gleich.
    Die süße Sauferei von Eseln achtet nicht mehr der Bedrückung:
    Große Wiederholungen folgen zu Land und Meer,
    (doch) die Spielchen-Treibenden bekommen davon

    [nicht genug.

                    Ende

Angefügt seit der Ausgabe von 1568:
    Wenn das Land durchpflügt – als Strafe Gottes –
    mit halbem Satansherz und Satans offener Schere:
    Der großmächtige Herr, der Kröten-Erblasser,
    unterwirft dann unter sich die ganze Welt.

---

[77] (Ad)al = des (arabischer Genitiv); uncare = den Bärenlaut ausstoßen, das Bärenbrummen.

CENTURIE XI

91. Meysinier, Manthi, und die Unterdrückung die kommt
    (ist) Pest und neue Verhöhnung, die Ordnung zu verdunkeln:
    Aix und Umgebung haben sich in diese Leidenschaft
                                                  [verbissen;
    folglich verdoppeln die Phokier (so) ihr Übel.
92. Gleich Ville-Franche (ist auch) Macon in völliger Ratlosigkeit.
    In dem Gestrüpp sind Mietlinge verborgen,
    die Zeit für den König völlig zu verändern.
    Deswegen sind Chalon und Remoulins ganz zerrissen.

CENTURIE XII

4. Feuerflamme, Triebhaftigkeit, Diebstahl, Fanatismus,
                                                [Besessenheit,
   bringt falsch Handeln; Zerstörung. Glaubwürdigkeit dahin:
   Sohn des reißenden Rachens, (hat) die ganze Provence
                                                [eingesaugt.
   (Gottes) Reich vertrieben, Tollwut wenn auch Speichelfluß fehlt.
24. Die große Hilfe, die vom Guyennegebiet den Ausgang nahm
    ist in der Gegend von Poitiers ganz ins Stocken geraten.
    Lyon gleich Mont Lunel und Vienne (dem Mönche) ausgeliefert
    und Menschengeschlecht ausgeplündert von (dem, was) not tut.
36. Fanatische Attacke ist aufs Land der Zypresse im Anmarsch.
    Die Träne (tritt) ins Auge, wegen deines nahen Ruins:
    Byzantinische Geschlecht (hier), so mächtig belgische Last (da).
    Verschiedene Glauben(sformen). Große Verwüstung
                                                 [durch den Fels.
52. Glaube geteilt, eine Methode, das Land entzweigeteilt.
    Dann folgt rempelnder Widerspruch (aber keiner) hört hin.
    Kleingeister ruinieren große Ideen, schütten sie übel in Gruben.
    Turm von Aigues[78] trifft Bannstrahl, Denkende noch schlimmer.

---

[78] Aigues Mortes wurde stark von der reformatorischen Bewegung erfaßt. Im Turm von
Aigues Mortes wurden Protestanten später zu Tode gefoltert.
Zweite Möglichkeit: König Ludwig der Heilige begann von dort aus seinen Kreuzzug.

55. Armselige, unredliche Verstellungen, Verschlagenheiten,
    übles Unheil, das (hehre) Gesetz verraten.
    Das Volk in Aufruhr, fanatisch, rebellisch:
    Jeder Flecken und Stadt, ganzer (Gottes-)Friede blockiert.

56. König gegen König und so Herzog gegen Prinz,
    Haß zwischen ihnen, furchtbare Entzweiung.
    Tollwut und Schrecken (erfaßt) die Provence:
    Gewaltiger Krieg in Frankreich und entsetzliche Veränderung.

59. Die Eintracht und der Friede sind ganz zerbrochen:
    die Freundschaft (aufzeigen sollen) durch Zwietracht befleckt.
    Der eingefressene Haß hat jeden Glauben verdorben
    und (auch) die Hoffnung. Marseille ist ohne Einigkeit.

62. Kämpfe, Stotterreden, Streitereien und Tumult,
    verschiedene Hinterhältigkeiten, unglaubhafte
                                    [Liebeserklärungen
    gelangen in die Burg als Fratze. Es ist Hohn.
    (Es ist eine) Burg von Ha.[79] Solche haben daran Anteil.

65. Durch rasende Wut erzwingt man, daran festzuhalten,
    bringt jeden Mut zum Wanken. Schrecklich kommt großes
                                    [Verschmachten.
    Der Fußtritt tritt tausend Blumenstengel nieder.
    Gironde, Garonne könnten nichts Schlimmeres erleben.

69. Eiovas[80] ist nahe dem Genfer See die Zügel zu lockern:
    Stark (sind) große Bedrückungen, Sinneswandel, Bestürzung.
    Nachkommen weit weg, mächtig feurig *Supelman*.[81]
    Alles folgt (letztlich) von ihm.

71. Ströme, Flüsse des Bösen sind die Hindernisse,
    daß die alte Zornesflamme nicht besänftigt ist,
    (die) in Frankreich herumrast. Wie Weissagung sagt:
    Die Zersplitterung hat Häuser, Hütten, Paläste versklavt.

Ende

Fin

---

[79] Ha = Kurzform von Haruspex (»Eingeweideschauer« und Kaballisten).
[80] *Eiovas* = Häretikergespenst.
[81] Lateinisch: supelex mancus = erbärmlicher Hausrat/Inhalt.

4. Die Entzifferung des zweiten Teiles

CENTURIE VIII

(1) In Südwestfrankreich entsteht ungeheure Erregung, die zu Blutvergießen führt. Von dort greift die Bewegung auf das Languedoc über. Die selbstverständliche Sicherheit, in der man sich geborgen wähnte, ist verlorengegangen. Ist im Languedoc ausraubenden Pfaffen der Zutritt verwehrt, üben sie ihn in der Provence kräftig aus. (2) Ich habe erkannt, daß in Südwestfrankreich die Glaubenserregung von den dortigen Menschen voll Besitz ergriffen hat. Wir haben es mit einer merkwürdig hochmütigen Verbindung zwischen Glaubenslehre und Streitsucht zu tun. Diese sich selbst überschätzende Kindischkeit im Greisenalter (der Kirche) muß in Zerstörufng münden. (3) – ? – (4) Von Monaco her öffnet sich die Provence der militanten, verräterisch gewordenen Kirche Roms. Was die französische Kirche entwickelt hatte, ist durch die Einflußnahme Roms vernichtet worden. Der Einfluß Christi[82] selbst wird ständig zurückgedrängt. Im gleichen Maße nimmt das Machtstreben der Kirche zu. (5) Sie stellt sich in prunkvoller Weise dar, und in diesen ihren Formen breitet sie sich überall – selbst bis in die Bretagne – in Frankreich aus. In der Schweiz allerdings erhebt man sich zunehmend gegen sie, und dort geht sie zugrunde. (6) Gallien gelangt erst zur vollen Erkenntnis dessen, was sich vollzieht, wenn Malta den Mauren anheimgefallen ist und Spanien zu Verhandlungen wegen der Bedrohung Sardiniens genötigt wird. In Genf (in der Schweiz) geht es dank römischer Taten drunter und drüber. (7) Was der französische König mit Mailand macht, gleicht einer Wiederholung der Kimberneinfälle von vor 1700 Jahren. Man fügt auf diese Art und Weise dem Tessiner Raum klaffende Wunden zu. Die Schuld dafür liegt bei Paris.[83] Die Lilie (der französischen Könige) wird nämlich durch die, die es sich als Wappen erwählt haben, in Blut getaucht und die große Grund-

---

[82] Adler: Symbol Christi, seltener: Hochmut, Kaisertum.
[83] Paris und παρις (Hochmut).

idee der alten Kelten gewissermaßen in einem Fleischtopf zerstückelt. (8) Frankreichs Führung ist hochmütig geworden und scheißt auf das Wohl der Menschen ihres Einflußbereiches, denen sie bereits die Freiheit genommen hat. Das hohe Ideal (fränkischer) Herrschaft ist so durch die eigenen Leute blockiert. Von Norditalien her ist dieser Raub an guter Herrschaft initiiert worden. Sie waren schon in der Vergangenheit mit dem Königtum aufs engste verbunden. Alles ist genommen: (9) In Norditalien haben sich Kaiser und Papst verbündet. Über das Meer weg, im östlichen Mittelmeerraum und in Ungarn hat sich die Masse (der Türken) erhoben und bewegt sich auf Süditalien zu. Daß sich Venedig vor ihrem Angriff fürchtet, ist verständlich. (10) Unerklärlich aber, was sich in der Schweiz Übles tut, daß nämlich die Menschen von ihrer geistigen Heimat so entfremdet sind. Sie glauben in ihrem Wahne noch, Gott habe sich ihnen geoffenbart. In Wahrheit sind die Menschen nur innerlich arm geworden. (11) Solche (wilden) Scharen fallen jetzt in Norditalien ein. Sie besitzen keine echte, innere Kraft. Diese Bilderstürmer sind es auch, die an der Rhône die Gotteshäuser ausplündern und hier alles durcheinander gebracht haben. Die Venetier (Nordwest-Franzosen) (im Lande des Humanismus) setzen sich gegen solches Verhalten zur Wehr. (12) In der Weise fanatischer islamischer Scharen aus Nordafrika geht danach die machtvolle, römische Kirche in Norditalien (gegen das Eindringen dieser Scharen) vor. Frankreich unterstützt sie dabei und erhält so kraftvoll dies Häßliche, das lediglich kosmetisch zurechtgemacht ist. (13) Dessen Anhänger fühlen sich gar als Kreuzfahrer. In Wahrheit aber vernichten sie nur das, was dem Übel in der Welt steuern könnte. Ein ganzes Zeitalter lang ist kirchlicher Fanatismus als Weg zum Heil angepriesen und dadurch echte Religiosität vernichtet worden. (14) Ihre Gier nach Reichtum, die mit zunehmendem Besitz immer noch zugenommen hat, ließ sie ihre ehrenvolle Aufgabe (zu der sie eigentlich bestellt ist) vergessen. Wahrlich, sie hat die Schandtat begangen, ihren eigenen Herrn zu verraten. (15) Zu gleicher Zeit entwickelt sich im Norden die Zwittergestalt des Protestantismus, und dessen Anstrengungen führen letztlich zum Ruin Europas und der ganzen Welt, sollten sie erfolgreich sein. Nur weil die katholische Kirche selbst verkommen ist, konnte eine solche Entwicklung eintreten. Und auf dem Balkan stehen doch (die Türken) schon bereit, alles zu überrollen! (16) Weil derartiger Verrat innerhalb der Kirche begangen worden ist, wird alles zwangsläufig vom Unheil überschwemmt, und nichts bleibt verschont. Diese Woge fegt letztlich jede gute Herrschaft hinweg. (17) Die rechtmäßig die Regierung ausüben sollten, sind selbst seelische Krüppel. Die von ihr Unterdrückten haben sich (verständlicherweise) erhoben, und dadurch ist das große Durcheinander heraufbeschworen worden. In der ganzen menschlichen Gesellschaft herrscht geradezu der Satan; denn in Verarmung der Seele, Aufruhr, Blutvergießen, Vergiftung, nähert sich Unheil von beiden Gruppen. (18) Im Zenith ihrer Macht hat sich die Kirche dem Reichtum verschrieben. Davon hat alles Übel letztlich seinen Ausgang genommen. Stets ist Entstehendes wie Vergehendes von solchen Dingen noch frei (oder schon wieder frei geworden). Weil aber Frankreich der Kirche seinen Schutz angedeihen läßt, rettet es damit diese auf dem Höhepunkt ihrer Macht (Verkommenheit), indem es ihr erlaubt, die Menschen aufs brutalste zu schinden. (Ihnen bei lebendigem Leibe die Haut abzuziehen.) (19) Um nun das trüb gewordene Papsttum (mit Gewalt) noch aufrecht zu erhalten, werden einerseits Bittgebete andererseits Untersuchungen (der Inquisition) eingeleitet. Nahezu total ist das Volk dadurch hingeschlachtet, das von harten Verderbern auf den Scheiterhaufen geworfen wird. (20) Diese haben sich Falsches erdacht, was sie jetzt in der Gesellschaft als ihre Lehre verkünden. Es ist nämlich gegen den Frieden (Christi) gerichtet. Verständlich, daß ihnen deshalb die Menschen nicht aus freien Stücken folgen; denn solche besudeln Gottes Altar mit Blut und dienen nicht ihm, sondern völlig anderem. (21) Deshalb breitet sich an der Südküste Frankreichs ein vergiftender, götzenbilderlicher Kult aus, der den Keim völliger Vernichtung wahren Glaubens in sich trägt. Die dem in gewaltiger Zahl huldigen, tragen zur Zerstörung des rechten Lebensweges des Menschen bei. (22) Vor jenen kann man Südfrankreich und Korsika nur warnen; denn wegen solchen Verhaltens haben die unter Spanien stehenden Gebiete schon den Weg zur Gnade (Gottes) verloren. Ihr Lebensweg unterliegt friedloser Inquisition, und das Leben selbst ist (dort) von dunklem Rauch (Nebel; Schwaden der brennenden Scheiterhaufen) zugedeckt. (23) Was an guten Gedanken geäußert wird, ist (da) von der die Macht ausübenden Ideologie blockiert. Man kann aber auch bei uns nicht offen reden, muß sich vielmehr vor den Häschern hüten. So läßt sich nicht veröffentlichen, was zum Wohle der Menschen geschrieben wird, und so erfahren diese nichts davon. (24) Weil vielmehr solche, die auch die Macht in spanischen Grenzlanden innehaben, den Weg bestimmen, wird Erhabenes gewaltsam vertrieben. Sie glauben damit, das Eindringen reformatorischer Ideen ins Innere Spaniens verhindern zu können. Die Hoffnung des Volkes in Südfrankreich sieht sich ob solchen Verhaltens tief enttäuscht. (25) Die im Besitz der Macht Befindliche (Kirche) schüttet das Herzblut derer, die im Innersten guten Willens sind, in ihrer Wut als Wertloses aus, uud der Mönch (Dominikaner) trennt den Unterworfenen die Seele vom Leibe. Sind sie nämlich getötet, können sie selbst Überaltert-Verknöchertem keinen Widerstand mehr leisten. (26) In Katalonien wird der Versuch unternommen, dem Kranken an der Kirche Einhalt zu gebieten und es zu heilen. Ignatius von Loyola kann das aber nicht schaffen; denn auch er ist von der gleichen Krankheit angesteckt (die die Kirche erfaßt hat) wie die Mönche, die auf dem Montserrat zu finden sind (Benediktiner). (27) Der Sieg des einen über den anderen vollzieht sich auf unehrenhafte Weise. Nur Unkraut überlebt derartigen Kahlschlag, aber ausdrücklich ist vom Herrn des Reiches (Christi) geschworen, daß nur von ihm allein Wiederaufstieg kommt und daß er sicher kommt. (28) Die prunküberladenen Heiligenbilder einer falschen Frömmigkeit, die man nach der Unterwerfung (der katholischen Kirche) vernichtet, verurteilt und verdammt, werden – wenn man die neue Kahlheit (im Glauben) erleben muß, im nachhinein eine Verklärung erfahren und als tiefe Weisheit empfunden. Dann läuft das Volk ihr wieder zu. (29) Das zu verachten, was man in rechter Weise ehren soll, löst gleichsam einen völligen, alles verzehrenden Umsturz aus. Findet man den Ursprung rechten Glaubens wieder, kehrt eine Form (der Kirche) zurück, die sich vom Reichtum und seinen fehlerhaften Folgen endgültig befreit hat; (30) denn in der Tolosaner Art[84] steckt der Satan, und was man in dessen Art tut, ist nicht wertvoller anzusehen, als würde man öffentlich urinieren. Der wahre Glaubensschatz wird unter solchen Umständen von denen, die ihm ia in Wirklichkeit dienen sollten, geschunden, und den Menschen ist der Weg zu Gott dadurch versperrt. Also: Wertloses wie Urin kommt von solchem Handeln. (31) Zunächst haben die Priester (des Stuhles) Petri viel Gutes bewirkt, dann aber al-

---

[84] Prunksucht, Gier nach Reichtum.

les ins Gegenteil verkehrt. Was Wunder, das in solchen Eitelkeiten Befangene durch die Reformation in Deutschland und in der Schweiz zugrunde gehen müssen. Die nur ihrem Vergnügen Verhafteten in der Kirche tragen für diese Entwicklung die Verantwortung, daß es jetzt für wahren Glauben schlecht aussieht. (32) Und du, der du in Frankreich die Macht besitzt (französischer König!) sieh dich vor, daß ein solcher Abkömmling der Prunkkirche, der sich als alleiniger Erbe aufspielt, nicht deinen wirklichen Nachkommen umbringt. Es gibt nur erbauliche Reden, die aber von Unterdrückung, (seelischem) Tod und Mord begleitet sind. (33) Der herrschende Papst trägt seinen Beinamen (als Hirte) zu Unrecht, wenn er humanistische Ideen zu vernichten trachtet. Diese sind viel eher würdig, den Namen eines Wächters und Mahners zu tragen (als er). (34) In gallischen Landen ist es nun unvermeidlich: letztlich siegt der Hochmut. Folge ist furchtbares Hinschlachten (an Menschen) im Burgundischen, wo man über Hunderttausend aufspürt und anschließend verbrennt. Zwischen Lyon und Ulm müssen sie sterben, und man sargt sie zugunsten des längst Überlebten ein. (35) Und in Südwest-Frankreich tobt gleichzeitig grausamer Glaubenskrieg. Die Erstarrte handelt jetzt scheinbar zum Wohl der Menschen, in Wahrheit aber mit der Absicht zu vernichten. Die Landschaft der Dordogne ist heute ohne jedes geistige Leben. Der Kardinal von Lothringen hat sich (auf dem Trienter Konzil) leider täuschen lassen. (35) Wenn Südost-Frankreich einen von Liebe geprägten Lebensweg finden will, sorgt man von der Zentrale (aus Paris also) schnell auf äußerst herzlose Weise für die Erzwingung dort geübter »Ordnung«. Diesen Lebensweg – wahrlich nicht von lebenspendendem Wasser getränkt – halten diese noch für ein Meisterwerk. (37) Durch die britische, weltliche Herrschaft ist ebenfalls wahre Religion blockiert. Die Kirche ist dort in entwürdigender Weise bereit, einen Weg zugunsten der Macht einzuschlagen und sich ihr auszuliefern. Als Ergebnis ist ihr innerstes Wesen völlig erstarrt. (Statt dessen) herrschen Brutalität und Fäulnis (38) Und der rechtmäßige König von Frankreich ist von päpstlicher, weltlicher Macht dazu verführt, sein ihm anvertrautes Volk immer wieder unter bösen Taten leiden zu lassen. Er forscht (inquisitorisch) die Menschen der Provence in seinen »Säuberungen« (bis in den äußersten Winkel) derart aus, daß auch der Letzte, der Vernunft, Wissen, echte Religion besitzt, vernichtet wird. (39) Aber wegen der prachtliebend-tyrannischen Form, die sich die Kirche zu eigen macht, geht es ihr zuletzt nicht besser als einst den Priestern in Toulouse, die zusammen mit ihren Altären völlig vernichtet worden sind. Der Glaube, der aus Foix[85] kommt, hat sich auf gleiche Weise schuldig gemacht und wird ebenso seinem Niedergang entgegengehen. (40) So kümmert sich einst Gerechtes nur noch ums Geld, und so wird an denen Rache genommen werden, die ihr Gotteshaus nur noch als Schatzkammer betrachten. Sie frönen nur ihren Leidenschaften, fühlen sich aber »berufen«, gegen die (bösen) Reformierten zu Felde zu ziehen. (41) Ein Fuchs ist da ohne großen Trompetenklang aufgewachsen. Zunächst macht er vor aller Augen einfaches Brot zu Heiligem, später entwickelt er sich zum unterdrückenden Tyrannen, der sich Erhabenes nur noch zu eigenem Nutze dienstbar macht. (42) Mit Gier, Gewalt und Fanatismus schindet er alles ihm nur eben Faßbare – auch die, die erst vor kurzem zu ihm gestoßen sind (die Neuchristen) –, und bei alldem geht es nur um Nebensächlichkeiten wie etwa den Reliquienkult, der ihn bis aufs äußerste erregt. Er selbst sollte aber die Lehre ziehen, daß er bald genauso tot ist wie das, was er da bei sich aufbewahrt (die Reliquien), wenn er nicht endlich aus seinen Träumereien aufwacht. (43) Erst wenn diese nebensächlichen und überflüssigen Glaubenserscheinungen verschwinden, erlangt eine rechte Form der Religion die Oberhand. Weil nämlich Waffen gegen die rechte Auslegung der Hl. Schrift eingesetzt werden, stellen die alten Anhänger ihre Verteidigung (rechten Glaubens in Wahrheit) ein. (44) Die Institution des unter Gewalt Entstandenen wendet sich wegen dieser Erkrankung vom rechten Wege erneut ab. Statt Macht zu lieben, sollten sie vielmehr dem einfachen Volke Freund sein und auch in Südwest-Frankreich Verfaultes ausschalten. (45) Zum Kriege zu rüsten – wie es etwa in Calais[86] geschieht –, ist krankhaft. Nur wenn ein rechter Wächter aufsteht, kann solch niedriges Verhalten aufgehalten werden und sich wahre Auferstehung im Glauben segensreich entfalten. (46) Statt dessen ist das wahrlich Gottgewollte in Südostfrankreich ausgetrocknet, und Göttliches hat sich aus der Institution Kirche verflüchtigt. Man hat jetzt Glaubenskampf zum höchsten Prinzip erho-

---

[85] Der Kardinal von Foix hatte den Übertritt der Juden im 15. Jahrhundert stark forciert. Auch den der Familie des Nostradamus. (Vgl. Schlußbetrachtung).

[86] Um Calais ging z. Z. des Nostradamus der Streit zwischen England und Frankreich.

ben. Kirche wie Staat unterdrücken so die Christenmenschen. (47) So sind die, die Römischem (Geist) folgen, ohne lebendes Brot gelassen. Sie sind vielmehr eingeschlossen, wie die Römer es schon einmal vor fast 2000 Jahren z. Z. des Hannibal waren. Einerseits stellt sich die verknöcherte, altgewordene römische Kirche nun tugendhaft dar, zum anderen vernichtet lutherische Lehre alles von Grund auf, (48) und die Zeit ist voller Glaubensstreit. Die Herrschenden benutzen die Methode des Brennens und Sengens. In Konfrontationsstellung dazu wird chaldondon(?) als »Heilmittel« verwandt. Deshalb ist die Provence wie Südfrankreich von allseits bedrückten Vorstellungen ruiniert. Verkünder der christlichen Lehre bekämpfen sich gegenseitig bis auf den Tod. (49) Es ist die Heuchelei der saturierten Kirche, die vorgibt Rechtes zu lehren, weshalb diese schlimmen Dinge entstehen. Anderenorts bringt die Kälte des Satans (seelischen) Tod. Letzteres erleben wir in Belgien, wo die Papstkirche innerlich leer geworden ist und ihre Lehren selbst nicht mehr praktiziert. (50) Schlimme Erkrankung hat jene Gemeinschaft erfaßt, die einst von Gott den Lehrauftrag erhielt. In Spanien zeigt sich eine andere, innere Leere unter der sie leidet: Sie läßt durch minderwertige »Kreuzritter« – um gewaltsam Überaltertes zu retten – dem Islam gleich, kriegerisch zerstören. (51) Nachdem Spanien zurückerobert ist, mildert sich das Machtverhalten der Kirche (den Menschen gegenüber). Europa scheint so einer langen, glücklichen Erholungszeit entgegenzugehen. Aber durch das, was in Deutschland (infolge der Reformation) geschieht, ist, was unverfälschter Lehre entspricht, schnell wieder verloren gegangen. (52) Regiert ein König in Frankreich nach kirchlicher Art und Weise, erstarkt der Wunsch nach wirklich weiser Herrschaft. Gerade das wird aber von Zentralfrankreich her unterdrückt. Zu allererst trifft es die Guten. (53) Wollte der Herr des Kirchenstaates (Papst) seine fehlerhafte Herrschaft abstreifen, er könnte nicht zuschanden werden; denn dann hat er Christus und seine Lehre hinter sich. Die dadurch erreichte Faszination würde gewaltige (positive) Folgen haben. Aber so etwas hat es ja unter Machthabern noch nie gegeben. (54) Im vollen Aufeinander-Eingehen besteht die wahre, gute Tat, die gerechter Herrschaft des erhabenen, wahren Gottes entspricht. In diesem Sinne findet sich im Norden Frankreichs Verlorenes wieder. Aber Spanien bringt es fertig, alles zu zerstören! (55) So bleibt (Frankreich) zwischen unterschiedlichen Glaubensrichtungen bedrückt. Nördliche und südliche Vorstellungen bleiben weiter in gleicher Weise aktiv. Rechter Weg wird durch Gewaltanwendung zerschlagen, und die Menschenkinder bleiben in höchster Bedrängnis. (56) Es sind üble Gesellen, die derart die Welt beherrschen, und deswegen beklagen geistig Hochstehende die Verhältnisse. Es ist eine grobschlächtige Masse, die da aus ihren Winkeln hervorgekrochen ist und das Durcheinander bewirkt hat. Diese Spanier lassen rechtes Verständnis der (heiligen) Schriften nicht aufkommen. (57) Primitives, was nicht zur Führung taugt, haben sie sich angeeignet. So kommt es zu kriegerischen Auseinandersetzungen in der Kirche Gottes. Ja, noch Schlimmeres geschieht darin: Wahre Priester (Hirten) werden geschunden und einfach hinweggefegt. (58) So ist auch im Bruderzwist Frankreich entzweit und starrt gegeneinander in Waffen, und jeder erhebt Anspruch darauf, wirklicher Herr (über Leib und Seele) zu sein. Man versteht auch zuerst gar nicht, was sich der englische König mit seinem Titel zugleich angemaßt hat. Erst wenn Gleiches in Frankreich geschieht, stellt man überrascht fest, was es wirklich bedeutet. (59) Zweimal haben die Menschen unter der Religion zu leiden: Wenn sie entsteht, gibt es Auseinandersetzungen und wenn es später mit ihr abwärts geht, wiederum. Das Volk ist bei den harten Auseinandersetzungen um das Reine (das Hohe des Glaubens) dann immer wieder der Leidtragende. (60) Weil Frankreichs Herrschaft, die einstmals rechter römischer (Glaube) war, weil wie die englische auch die französische Krone der großen Gemeinschaft des Menschengeschlechtes wie seiner wahren Lebensart Gewalt antun, geht letztlich jedes Ordnungsprinzip zugrunde. (61) Die Kirche ihrerseits gelangt nicht zur wahren Herrscherwürde, weil sie sich nicht von Vernunft und Gottes Geist führen läßt. Ihr Dienst an Gott ist nicht davon erfüllt, vielmehr ist ihre praktizierte Lehre kriegerisch. (62) Seitdem ist das Haus Gottes hier in der Provence Ausplünderungen preisgegeben und wird Heiliges entweiht. Seelenvergiftung ist es, was da geschieht und schreiendes Unrecht, daß der König so etwas zuläßt. (63) Durch solch verbotene Liebe (zum Mammon) verblendet und erkrankt, stirbt die Kirche innerlich und wird das Volk zugleich seelisch umgebracht. Die schwache Glaubensform, die anschließend an ihre Stelle tritt, ruiniert das, was zur echten Nachfolge berufen ist. So erstickt alles in Gewalt und seelischer Verkrüppelung. (64) Und das, was wirklich zur Nachfolge berufen ist, muß ein Dasein im Verborgenen und in der Verfolgung führen. Die dazu gehören (die Anhänger des Humanismus) sind über diese Erkrankung zutiefst erschüttert. Sie haben Terror und Verfolgung zu erdulden und jede Hoffnung auf Besserung aufgegeben. (65) Die alte (Glaubens-)Ordnung hat zutiefst enttäuscht, weil die ihr anvertraute (göttliche Botschaft) nicht gut verwaltet worden ist. Für eine kurze Zeit (noch) hält sie tyrannisch an der Macht fest. Dann folgt aus ihrem Verhalten zwangsläufig später noch Schlimmeres nach. (66) Man muß aus recht verstandenem Geist Gottes heraus seine Erkenntnis gewinnen. In solchem Licht erkennt man dann die Erbärmlichkeit dessen, was von der alten, verbrauchten Form zu halten ist. Nur wenn man zu einem Zustand zurückfindet, bei dem Naturgesetz, Glaubensgrundlage und Fürstenherrschaft in Weisheit, Gerechtigkeit und konstruktiv miteinander übereinstimmen, sind, was die Kirche dem Volk zur Speise reicht und der wahre Heiland miteinander identisch. (67) Statt dessen geht Frankreich einem gewaltigen Ruin entgegen; denn weder die eine, noch die andere Richtung, die um die Macht ringen, verfolgen solchen Weg. Unter Frankreichs Menschen ist Wille zum Verständnis füreinander und Friedenswille durchaus vorhanden. Die kalte, hohe, lieblose Macht der Kirche aber blockiert deren Verwirklichung. (68) Der alte Machthaber der Kirche (Papst) hält nichts vom Neuen, zumal dies für ihn keinen Platz mehr läßt. Das wird in der Provence deutlich erkennbar. Genauso, wie auch klar wird, daß der gebotene Weg nur nach außen ein zurecht geschminktes (freundliches) Bild bietet, innerlich aber ganz, ganz anders ist! (69) Die neue Glaubensrichtung geht von sich aus liebevoll auf noch dem Alten Zugehöriges zu. Altes bleibt aber zum Schluß Sieger. Wenn es sich auch ein Jahrzehnt recht gefügsam zeigt, führt es sich zum Schluß – weil ja das Göttliche aus der allgemeinen, katholischen Kirche geschwunden ist – wie ein Würge- und Rache-Engel auf, (70) erscheint abstoßend, bösartig und gemein. Es tyrannisiert jedes Denken und Sich-Regen. So ist letztlich alles der dem Mammon erlegenen Macht der Kirche (der Staat ist aber auch nicht besser) erlegen und das Land der Menschen verdunkelt. (71) Deswegen wächst die Zahl der Mahner zu rechter Lebensweise gewaltig an. Sie werden aber verjagt, verbannt, und ihre Schriften fallen der Zensur zum Opfer. In Kreuzzugsmanier geht man gegen sie vor. Die so handeln, haben in

Wahrheit nichts mit Heiligem gemeinsam, (72) und das Land verfällt in seiner inneren Leere dem Chaos. Streitsucht entsteht, die im »heiligen« Despotismus der Kirche ihre Wurzeln hat. Verflucht ist ein solcher Weg, bei dem derartiges bis zum Exzeß betrieben wird. Aber zuletzt wird Christus selbst die besiegen, die jede Zukunftsperspektive zunichte machen wollen. (73) Zur Zeit ist die große Grundidee wahrer Religion üblen Mietlingen ausgeliefert, aber deren unrechtes Handeln zieht zwangsläufig ihren Untergang nach sich. Geiz und Gier sind Ursachen dieses unrechten Handelns. Das Gewissen vermahnt deswegen die Mächtigen, die zur guten Gottesaufgabe berufen sind. (74) Es ist lange her, daß die unverdorbene, rechte Religion mit Begeisterung von den Menschen auf der Erde aufgenommen worden ist. Nun aber hat die Hinterhältigkeit ihrer Repräsentanten bewirkt, daß das Volk sich auf einen anderen Weg besinnt und ihr den Rücken kehrt. (75) – ? – Aufstrebendes ist noch nicht real erfaßt worden. Vielmehr verbergen es derzeit noch schwärmerische Vorstellungen. (76) An England läßt sich das deutlich machten. Dort ist aus nichtigem Grunde[87] um Glaubensfragen Gemetzel entstanden. Es ist eine Herrschaft von Gewalt und Liederlichkeit ohne Verantwortungsgefühl, die den Menschen eine bestimmte Konfession aufzwingt. Aber eine solche Entwicklung vollzieht sich in der Tat im Handumdrehen. (77) Seit Beginn der Reformation ist dem Christentum Entgegengesetztes auf blutige Art und Weise entwickelt worden: Man tötet Abweichler einfach. In von Vorurteilen verhafteten Vorstellungen hat man sich selbst vom rechten Glauben entfernt. Hierdurch werden Menschen, Dinge und Entwicklungen zerstört. (78) Unfruchtbares zeigt sich, das Schlechtes zu seiner Lehre gemacht hat. Es entspringt falschem Heiligenkult. Dadurch wird jenen, die sich nur Teilvorstellungen des Christentums bedienen, der Weg bereitet. Und gegen sie geht die in jeder Weise unfruchtbar gewordene Kirche anschließend mit Waffengewalt vor. (79) Was die aus mönchischer Tradition bestimmte alte Kirche nun gewaltsam vollzieht, ist so gräßlich, daß man dessen Anblick nicht zu ertragen vermag. Die Last, die dadurch den Menschen auf der Erde aufgebürdet wird, entlarvt das wirkliche Wesen dieser Institution: (80) Unschuldige, Schwache wer-

---

[87] Heinrich VIII. wünschte seine Scheidung von Katharina von Aragon, was ihm von der Kirche verweigert wurde.

den in großer Zahl auf den Scheiterhaufen geführt, dessen Feuer wahrlich das Heilige besudeln, nicht ehren. Die Ursache solchen Handelns ist in Kleingläubigkeit zu suchen. (81) So wird alles verwüstet: Hier die von der Reformation ausgegangene Revolte, da Erschütterungen, die von Spanien her ausgelöst sind. Allgemeine Trübsal ist die Folge. (82) Was einstmals schlicht als Gottesdiener eingesetzt war, sollte heute besser ehrenvollen Abschied nehmen; denn was von ihm übrigblieb, ist nur noch leer und brutal. Wenn Verdorbenes die Macht über Leben und Tod erhält, wird der Wille des Schöpfers wahrlich verhöhnend in sein Gegenteil verkehrt (83), und so bestimmt mächtig Dumpf-Despotisches in der Kirche. Das hat nichts mit Menschenfreundlichkeit zu tun, ist vielmehr Satanswerk, und die Vertreter einer solchen Macht entleeren Göttliches vollständig von seinem ursprünglichen Sinngehalt. (84) Zum Schöpfergott und Vater dringt das Wehklagen von Sizilien (dem, was in spanischer Art geschieht); denn die Menschen sind von dieser trauerauslösenden Macht völlig unterjocht. Das ist bis zum Ende Europas hin zu vernehmen. Macht euch doch endlich, endlich von solchem Betrug frei! (85) Und derweil tobt in Frankreich die Glaubenseiferei. Wer sich nördlich-reformatorischen Ideen zuwendet, der muß erleben, daß diese – sind sie zur Herrschaft gelangt – das ersehnte Licht auch nicht bringen. Sie führen vielmehr nur schöne Reden. (86) Von Italien (Rom) her, ist das ganze Frankenland der punkvollen, unterdrückenden Kirche geopfert. Es geht ihm nicht besser als Italien. Dieser Vorstellung Verhaftete beherrschen die Provence, üben die Macht über die Heimstatt der Menschen und ihren Lebensweg aus. Sie forschen im letzten, verborgenen Winkel und bringen Elend bis zu den Grenzen Frankreichs. (87) So entfaltet sich dies innerlich matt Gewordene durch Gewalt und unterdrückt in seinem Todeskreuzzug die Menschen. Auf diese Art und Weise hat es seinen Willen durchgesetzt. Geht es daran letztlich auch zugrunde, hat es doch zuvor noch viel unschuldiges Blut mit seiner Straf- und Rachepredigt ins Unheil gestürzt. (88) Kommt jedoch die Idee eines weisen Lebenswegs nach Katalonien (in den Süden Europas), so kann es sich nur kurze Zeit entwickeln. Weil sich nämlich unterschiedliche Anschauungen in ihr finden, zerbricht sie zuletzt an sich selbst; (89) denn die Verbindung hat sich nur als Abwehr gegen den verschlingenden Druck der Brutalen (Romkirche) verstanden, die das Volk in seiner

Religiosität unterjocht und deren Folterpraxis den Menschen das Rückgrat gebrochen hat. (90) Die Idee eines »Kreuzzuges« (wie er von der verstanden wird) zieht immer dunkle Existenzen an. Angeblich geht es hier um die Rettung heiliger Dinge, in Wahrheit hat man aber nur den Mammon im Auge. Was sich in Wahrheit im Mist zu sielen hat, wird nun zum wahren, hingebenden Opferbereiten hochstilisiert. Da herrscht keine Lehre mehr, die vom Schöpfer stammt! (91) In den der Reformation zugeneigten Gebieten Südfrankreichs herrscht Einigkeit (nur) im Sich-Streiten. Religiöser, unruhiger, fanatischer Aufruhr herrscht dort unter Christen. Das kann man als den Menschen treffende, große, vernichtende Strafe Gottes verstehen. (92) Durch die zweifelhafte Vorstellung, den Glauben durch Gewalt retten zu können, haben sie sich vom wahren Reich des Schöpfers weit, weit entfernt. Sie bleiben in Unfrieden, sind von Gier beherrscht. Solch einer Lehre Verhaftete unterdrücken sich innerlich selbst und plündern nach außen alles aus. (93) Eine solche Ideologie ist schwerkrank und nicht mehr autorisiert, die große Weisheit der Religion zu vertreten. Glaubensspaltungen sind die Folgen. Aber der Humanismus kann nur für ganz kurze Zeit seine Lehre von Friede und Versöhnung verkünden. (94) Schnell nämlich fährt das Verrottete, das die wertvollen Dinge seiner Lehre achtlos beiseite geschoben hat, durch Waffengewalt für lange die Ernten anschließend wieder in seine Scheunen. Die Reformierten – wie die Spanier – haben Schaden angerichtet und erlitten. Da dies nicht beendet wird – der Zustand vielmehr bleibt –, ist die Zwietracht aufs neue angefacht. (95) Ist verführende Zwietracht aber für eine gewisse Zeit beseitigt, zieht das Papsttum – wenn es das Hirtenamt recht ausübt – die Menschen wieder kraftvoll an. (96) Heute stellt das Judentum nur noch eine versprengte Minderheit zwischen Andersgläubigen dar. So geht es seit der Babylonischen Gefangenschaft[88] mit dem Judentume abwärts. (97) Wenn der jüdische Glaube seine gesamte Kraft verloren hat, dann entsteht der, der die Dreieinigkeit verkündet. So zerbricht damit der Auftrag an die Juden (den Glauben an den einen Schöpfer) zu bewahren. Sie hatten ja auch im Laufe ihrer Herrschaft eine nicht mehr tragbare Menge an Lasten auf das Volk

---

[88] Luther sagt, daß sich die christliche Kirche jetzt – dank dem Verhalten des Papstes – in Babylonischer Gefangenschaft befinde.

gehäuft und zugleich ihrer eigenen Wohlfahrt große Beachtung zugewendet. (98) So wurde auch damals schon von Kirchenfürsten ihre Macht dazu mißbraucht, reichlich Blut zu vergießen, und sie bedienten sich dieses Mittels reichlich. Und bis heute hat sich daran nichts geändert. Aber wer das priesterliche Amt derartig benutzt, hat das zu büßen (99) Der Hl. Stuhl (Petri) hat durchaus die Möglichkeit wieder zu rechtem Ansehen zu gelangen; denn das, was ihm jetzt die Herrschaft streitig macht, sind nur Modeerscheinungen. Verkündet er die rechten Lehren, gewinnt er auch die Gefolgschaft der Menschen zurück. (100) Aber leider hat er sich der physischen Gewaltanwendung verschrieben. Weil dadurch das Hohe mißachtet wird, gelangt niederes Denken zur Herrschaft. Er verfehlt den durchaus richtigen Glauben, den rechten Weg. Daher geht er an seiner Gier zugrunde. Und das war völlig überflüssig!

Zusätzliche Vierzeiler unter der VIII. Centurie:

(1) Unerfüllte Hoffnungen verwirren viele Menschen. Sie werden dafür durch die Kirche gestraft. Vernünftig Denkende sollten sich dagegen zur Wehr setzen, aber was können sie schon groß ausrichten? (2) Sie können in kraftvoller Rede weltliche wie geistliche Machthaber zu friedvollem Handeln mahnen. Aber dieser – im Grunde – Selbstverständlichkeit folgen jene nicht. Sie folgen nicht mehr Christus, dem wahrlich Denkende gehorchen. (3) Vielmehr sind sie in leidenschaftlichen Fanatismus verfangen, der so weit verbreitet ist. Jede Spur von Menschenliebe geht verloren, und an ihre Stelle tritt reißende Gier. (4) Alles, was Humanisten den streitstiftenden Machthabern nahebringen, wird von denen verworfen. Nur Gott allein kann der Welt noch den Frieden bringen! (5) Von allen Seiten stehen jetzt plötzlich so viele auf, die angeblich die Wege wissen, wie man sich gegen den andern zu behaupten vermag. So aber läßt sich unserer Zeit wahrlich nicht helfen. (6) Es ist entsetzlich, wem sich die an die Macht Gelangten hingeben. Sieh dich sehr vor, daß du nicht auch so ein Mensch wirst! Die Gefahr dazu ist durchaus gegeben! Nicht nur andernorts, sondern auch auf die Provençalen kann so etwas leicht übergreifen!

(1) Ich sehe mich als Vermittler dessen an, was uns die ewige Allmacht übermitteln will, und habe lange darüber an meinem Schreibtisch nachgedacht. Dunkel in der Form, hart in der Sache, klar in der Erkenntnis ist das, was ich über den Willen des Schöpfers zur Umgestaltung der Welt als Lehrsatz aufstelle. (2) Ich habe aus der Höhe den Ruf vernommen: Macht endlich mit der Schlechtigkeit ein Ende. Reinigt die Religion von allem verkrustetem Schmutz. Daß die Raserei der Scheiterhaufen endlich ausgelöscht sei und die Römische Kirche einen blühenden Garten schaffe, in dem die große Gestalt des Schlechten ausgetilgt ist. (3) So etwas bedeutet allerdings für des Papstes weltliche Macht größte Probleme. Die Untertanen sind jetzt Gottes Schutz anbefohlen. So erscheint das Zeichen des Schöpfers wahrlich in Rom, wo man mit dem Neuen Testament und dem darin aufgezeigten Weg höchst eigenwillig umgeht. Zwang und Zerstörung lassen (endlich doch) den wahren Willen Gottes deutlich werden. (4) Die im Heute Verhafteten sind durch die zerstörerischen Ereignisse bloßgestellt, denn sie haben zwei Herren gedient: Von Christus haben sie sich abgewandt und statt dessen dem Mammon ergeben und so Gottes Haus seines rechten Wertes beraubt. (5) Nachfolgendes zeigt sich als von Gottes Heiligem Geist erfüllt, was sich in Lucca und Pisa (Italien) – nicht von den Machthabern – entwickelt und zur Macht kommt, um das an seinen rechten Platz zu rücken, was die Vorgänger falsch gemacht haben. (6) (Nämlich:) Daß die Engländer nach Südwest-Frankreich einfallen und darauf Besitzanspruch anmelden und auch die Spanier in Süd- und Südost-Frankreich, so daß dort alles verwüstet wird. (7) Wer diese (schlimmen) Prinzipien, die leider die Welt beherrschen, erkennt, darstellt und nicht sofort insgeheim verwahrt, dem geht es an den Kragen. Er kann dann nicht mehr darstellen, wie recht der Humanismus (als Lehre für den Menschen) hat; (8) denn was Könige jetzt tun, ist gegen das Prinzip gerichtet, mit dem sie selbst ihre Macht rechtfertigen. Erst nach tödlichem Kampf ist dies aber anerkannt. Wenn man Gottes Wort (endlich) erkennt, dann kommt auch die Reue; dann ist die brutale Gier nach Reichtum und Besitz vertrieben, und man wendet sich rechtem Gotteswege zu. (9) Wenn in der Kirche Gottes wahres Licht

leuchtet, dann bringt das einen Glauben, in dem die Gegensätze verschwinden, die das Lebenswasser achtlos wegschütten und es im Süden Frankreichs der törichten Masse überlassen. (10) (So nämlich) kommt es dazu, daß (echtes) Mönchstum durch einen faden aber harten Glauben aus dem Norden gefährdet wird. Ebenso übrigens wie das farbenfrohe Licht in der Kirche. (Aber) man schickt Truppen und läßt die Inquisition alles durchwühlen, um auf diese Art und Weise Südfrankreich zu unterwerfen. (11) Mit solchen Mitteln ruiniert man in spektakulärer Weise das Recht von Grund auf. Eine so schlimme Vergiftung (des rechten Weges) wird damit erzeugt, daß sich Urteilsfähige nur schaudernd abwenden können. (12) Im kommerziellen Jagen nach Reichtum stellt man fälschlicherweise Heiligenbilder zur Schau. Wahres sucht neuen Grundstoff für seine Formen; denn das, was jetzt existiert, ist mit seinem Anhang dem Reichtum vollständig verfallen. (13) In der Gegend von Salon treibt es so, die von der Torheit Geführten ins Auxois zu marschieren. (Dabei ist) das milde Göttliche von den Machthabern einer aufs Weltliche gerichteten Kirche in Besitz genommen. Was daraus wird, sieht man am Schicksal, dem Südwest-Frankreich erlegen ist. (14) Dort hat man zwar das Kind mit dem Bade zusammen ausgeschüttet in bezug auf das, was geistige Nahrung des Menschen anlangt, aber auf diese Weise geht man dem Übel nicht an die Wurzel. Nämlich: der Vernichtung des Menschen durch den Menschen endlich eine Ende zu machen. (15) Das Roussillon bleibt in spanisch-inquisitorischer Hand. Dort hat man den Menschen die echte Lebensmitte genommen und zerreißt diese dadurch selbst. Dadurch wird großes Unheil für Kaiserreich und Kirche geschaffen. (16) Man hält sich nicht an ursprünglich gutes, fränkisches Gesetz, entwickelt sich statt dessen selbst eines, das nur häßlich der Spaltung dient. Das bringt Verwirrung der Provence und (den Denkenden), die sich nicht der allgemeinen Gier ergeben wollen. (17) Ist nämlich einer zum Führer bestimmt und verletzt seine Aufgaben, ist er als schlimmer anzusehen, denn eine mordende Waffe. Wer Menschenblut vergießt, ist Dieb an seiner eigenen Aufgabe. Er stellt statt dessen einen neuen Moloch[89] auf, ruiniert das Zeitalter. Angeblich handelt er im Namen Gottes, ist

---

[89] Moloch: Eine Götterfigur im alten Palästina, in deren Innerem ein Feuer brannte. Durch eine Öffnung wurden Menschen – oft die eigenen Kinder – hineingeworfen.

ihm jedoch völlig zuwider. (18) Wenn sich ein lilienhaftes Banner in Frankreich über die Grenzen hinaus als wahrer Herrscher christlich-abendländischen Geistes erhebt, sorgt die weltliche Macht eines Montmorency (der gegegenwärtig Mächtige in Frankreich) dafür, daß es schnell blockiert und alles wieder dem Priester des Alten überantwortet wird. Der zerstört dann das Erhabene. (19) In der großen (seelischen) Wildnis sind junge, hoffnungsvolle Dinge entstanden. Die im Hochmut verhaftete Trägerin der Kirchenlehre zerschlägt sie. Was übrigbleibt von dem, was in Frankreichs Herrschaft real entstanden ist, ist unebenbürtig, auch wenn es vom erhabenen Karl (dem Großen) abstammt. All das ist nur mittelmäßiges Gestrüpp. (20) Was jetzt wirklich Not tut, um Religion aufrecht zu erhalten, das kommt (als Humanismus) aus dem niederländisch belgischen Raum. Zugleich aber nimmt von dort auch die Attacke ihren Ausgang, die gegen die Menschen guten Willens in der Provence gerichtet ist und sich ihrer bemächtigt. Wird nämlich der Mönchskirche die Macht überlassen, so vernichtet sie in ihrer Verblendung die Familie der Christen auf dem Scheiterhaufen. (21) Neue Bewegungen – Bilderstürmer – entwickeln sich im Norden. Der französische Lebensweg, Staat wie Kirche, geraten dadurch in Gefahr. Letztlich aber siegt die katholische Kirche und (neben Schlechtem) werden auch alle guten Ansätze im Königreich ausgemerzt. (22) König wie Staat bleiben bei der alten (lateinischen) Form. Die Kirche, die der Krone verbunden bleibt, wird durch zerstörerische, militärische Aktivität, von Papst und Kaiser unterstützt, aufrechterhalten. Dabei stehen doch Albe und Chorrock Klarem feindlich gegenüber. (23) Die Kirche tut so, als habe man ihr von außen her Gewalt angetan. In Wirklichkeit aber brach ihr eigenes Gebäude von innen zusammen. Prunkvolle Heiligenfiguren vernebeln ihnen fanatisch die Hirne bei dem, was sie für ihren Gottesdienst halten. (24) In der punkvollen Kirche sind die beiden geringerwertigen Machthaber (beide Reformationsbestrebungen) nur auf diese Verhaltenfrage fixiert. Sie vertun Heiliges wie die erhabene Tradition der französischen Kirche und handeln (gleich) Nonnen, die toll geworden sind und sich Hals über Kopf in ein Liebesabenteuer stürzen. (25) Gewiß, der Weg zu rechtem Verständnis der Lebensmitte ist schwer, doch möglich. Wenn aber die Spanier, voller Vorurteile, militärisch in Südfrankreich einfallen, wird gerade dieser Weg (zum Guten), den die Menschen dort suchen, vernichtet; (26) denn trottelhaft wählen die statt des lebendigen Wortes Fetische. Weil sich Spaniens Ideologie mächtig an Hohles bindet, hat sie den Menschen nichts zu bieten. Erst wenn (einmal) solche Klippen umschifft sind, kann der rechte Weg befahren werden. (27) Man vertraut sich statt dessen dem Schutz hölzerner Figuren an und läßt gleichzeitig die Menschen sich nicht mehr frei äußern; deshalb hat das Gebiet um die Provence noch einen hohen Preis zu entrichten: Da ist sie wieder, die alte Prunkkirche, und verdrängt, schlimmer als je zuvor, den wahren Heiland. (28) Diese Volksverführer predigen im Interesse von Venedig(s) Handel den Kreuzzug gegen Ungarn. Klar: Venedig hat daran ein (materielles) Interesse. Sizilien aber wird verwüstet, und die Provence erleidet Krieg. (29) Wer von seinen Anhängern verlassen wird und noch keinen Krieg verloren zu haben glaubt, läßt nun seinerseits Christen bluten. Derjenige wirft sich der weltlichen Macht Karls V. in die Arme und erobert gewaltsam Westfrankreich zurück. (30) Gleich Dalmatien wird so die Normandie in einen Strudel gerissen. Erst war die Kirche da despotisch hart, dann jammert sie (wegen der Türkengefahr und der Reformation) und läßt sich vom mächtigen spanischen König helfen. (31) Geistiger Aufbruch wird so niedergetrampelt und der Schutz vor Satanischem vermindert. Friede wird in Krieg umgewandelt, wenn man, um der Auferstehungsfrage willen, unüberwindliche Schranken in der Kirche gegeneinander aufbaut. (32) Dabei hat Rom sich eine raffiniert-verräterische Art zugelegt. Es wählt sich einen erhabenen Leitgedanken zum Schutz seines Kirchengebäudes, in dem alte, gute, göttliche Lehren verkündet werden. Zugleich aber zwingt es das Volk, sich ihm völlig unterzuordnen; (33) denn in Rom huldigt man ebenso wie im Norden letztlich dem Machtprinzip, wenn es um Fragen der Lehre geht. Franzosen, die dem nicht beipflichten, beschuldigt man fälschlicherweise als Wegelagerer, die Rom ruinieren und die Adria den Türken öffnen wollen. Aber in Wahrheit ist ihr Weg bei weitem der beste. Nur: (34) Der Papst bringt ihnen Verwirrung ins Haus und treibt das auf die Spitze. Wenn Lumpen die erhabene Lehre Christi mißbrauchen, bleibt diese doch integer, und in Südfrankreich läßt sich das, was er dem Volk zur Speise reicht, nicht vernichten, obgleich man militärisch dagegen vorgeht. (35) Deutschland und sein prunkvollstrahlender Herrscher sind innerlich so dunkel in ihrem Handeln geworden, daß man dort bereit ist, sich von Denkenden abzuwenden. Man folgt einem unausgegorenen Wirrwarr (reformatorischer Vorstellungen) und verfehlt dabei den rechten Weg. Man verfolgt diejenigen, die aus Herdenmenschen zu Denkenden geworden sind. (36) Die entscheidende Lehre erlebt ihre Wandlung in Deutschland, wo die Menschen Verwirrung im Glauben um die Auferstehungsfrage in sich tragen und ständig in Vorurteilen verhaftet bleiben. Das macht es ihnen unmöglich, ein Leben nach dem für sie guten Lebensweg selbst zu bestimmen. Denen es dagegen wirklich um Grundwerte geht, sind von jeder Einflußnahme ausgeschaltet. (37) So ist denn für die große Lehre, die in Südwest-Frankreich ihren Ausgang genommen hat, den Menschen Lebensweg und Nahrung zu bieten vermag, eine unfruchtbare Zeit angebrochen. In Macht, Pracht und Herrlichkeit der raffgierigen Kirche ist alles zusammengestürzt. Keine Spur ist mehr von ihrer wahren Aufgabe zu erkennen. (38) Ihr geistiger Niedergang hat in England und Westfrankreich angefangen. Ihre Eroberungssucht greift von da auf Südwest-Frankreich über. Daß sich Südost-Frankreich und die Provence, mit diesem Beispiel vor Augen, nicht zum eigenen Schutz davor in acht genommen haben, ist enttäuschend. (39) In – ? – (gewissen Teilen Frankreichs) sind die Menschen von dem, was aus Italien kommt, ob ihrer Unwissenheit überlistet worden. Die einfachen Gemüter der Gasgogne, des Jura- und Charentegebietes haben sich in ihren Vorurteilen völlig festgefahren. (40) Im Norden Frankreichs quält die mächtige Mönchskirche die Seelen der Flamen und vernichtet ihre Leiber. Die göttliche Botschaft ist aufs widerlichste in Unglück für die Menschen verkehrt worden. Das führt dazu, daß die sie von sich werfen. Deshalb vernichten (alte Machthaber) aus Angst und Torheit alles. (41) Ergeift dann aber ein wahrer Streiter für den echt christlichen Lebensweg in der Provence die Herrschaft, mischt sich Rom augenblicklich mit süßen Worten aber bitteren Taten ein. Der hohe Klerus ist dafür verantwortlich, daß in der Provence ein Heilandsbild herrscht, das zu Unwissenheit und Verfolgung führt. (42) Spanier, Kaiserliche und Venezianer vertreiben so, wie die in Sizilien Herrschenden auch, gewaltsam jede Erinnerung an das, was an Gutem einmal den Menschen gegeben wurde. Sie wollen die (orientalische) Despotie verhindern. Dabei ist diese längst nicht mehr nur bei den arabischen Mohammedanern in Nordafrika zu finden, sondern noch viel stärker anderswo (nämlich da, wo sie selbst herrschen). (43) Der Niedergang hat mit den Kreuzzügen begonnen. Nicht nur die Araber haben die Kreuzritter total geschlagen, auch ihre eigene Denkweise hat das Kirchenschiff stranden lassen; denn sie haben einen Teufelsjahrmarkt bei ihren Unternehmungen veranstaltet. (44) Das sich von solch Leer-Gewordenem die jetzt in Genf Etablierten abgewandt haben, wen wundert das? Aber ihre Abkehr (von Rom) wird von dort Wachenden, vom Satan Beherrschten, mit Krieg beantwortet. Diese hatten die Vorzeichen Gottes (in der großen Kirchenspaltung von 1378) nicht als ihnen gegebene Warnung erkannt. (45) So gelangt allesverschlingender Krieg – dieser furchtbare Unheilbringer – zur Herrschaft. Gegenstück dazu ist auch das, was man im Norden Galliens erleben kann: Dieses jämmerliche Sammelsurium aus nördlichen Wahnvorstellungen und südlicher (Gewalt-)Methode. (46) Ist – wie man glaubte – die Reinigung der Kirche vom Prunke erfolgt, kommt sie jetzt zusätzlich noch als Gewaltherrschaft wieder; denn man kann das so schön wegen der Bedrohung durch die Türken rechtfertigen. (47) Denkende melden sich dagegen zu Wort, aber die törichte Masse trampelte sie nieder. Nun, die alte Kirche, der der Fanatismus der Masse die Macht jetzt zurückgibt, wirft diese anschließend genau so in den Kerker wie die Denker. (48) – ? – (49) Jetzt herrscht in Belgien der Aufruhr. Was die englischen Mächtigen tun, ist ebenfalls gegen die große Lehre (friedenbringenden Lebensweges) gerichtet. Das dient nicht der Botschaft (Christi) und bringt das Reich[90] in Durcheinander. (50) So herrscht Falsches auf der Erde. Erkennt man das, wird sowohl das Irrende, das im Norden entwickelt wurde, zurückgehen, als auch die Verfolgungswut (die bei uns herrscht). Dann erst ist Kraftvolles geschaffen, das Ehrfurcht kennt und der Despotie entgegenhandelt. (51) Die Gruppen aber, die sich jetzt gegen die Unterdrücker zusammenschließen, stehen dazu in totaler Konfrontation. Durch das Hin-und-Her-Gezerre bleibt der Friede selbst auf der Strecke. Dabei kommt zuletzt alles außer dem Krieg selbst um und der zerstört dann die Welt. (52) Feuer ist der Preis der Ruhe, der sich uns jetzt im Schoß der einen (römischen Kirche) nähert. Niemals zuvor war es so schlimm: Mord an Unschuldigen geht um, und davon ist ganz Frankreich erfaßt. (53) Es ist falsch,

---

[90] Vater unser: Dein Reich komme.

wie man heute von den das Feuer Schürenden Frieden zu bringen vorgibt. Glücklich, wen sie nicht aufspüren; denn sie lauern ihm auf, um ihn umzubringen. (54) Es ist verachtenswert despotisch, was (Christi) »Braut« (Kirche und Volk) besiegt hat: Was da im tiefsten Meer an Streitlust unter Felsen versenkt schien, jetzt kommt es unter dem Papststuhl wieder hoch und ist viel schlimmer als zuvor.[91] (55) Der schreckliche, blutige Streit, der im Abendlande ausgetragen wird, zieht eine furchtbare, seelische Erkrankung der Menschen nach sich. Alles Gute, Neue verfällt dadurch den schlimmen Fehlern, denen sonst nur Vergreistes, Verwelktes ausgesetzt ist: Kriegslüsternheit, Verfolgungssucht, Habgier, Glaubensfanatismus. Diese spielen sich als erhabene Herrschaft des Guten in Frankreich auf. (56) Kampf der verknöcherten Kirche erschüttert die Ordnung des Gemeinwesens und belegt die zum Herrschen Berufenen mit dem Bann. Viele von ihnen geben sich flugs dazu her, wieder einen Glauben zu etablieren, der die Menschen einzwängt, ihnen Holzfiguren vorsetzt und gewaltigen Wert auf Meßgewänder legt. (57) Wenn nämlich eine Lehre in keltischen Landen ersteht, die ein Lebensgesetz zu entwickeln trachtet, das ohne römische Einschüchterungstaktik auskommt, wird von dort her gewaltsam und drohend eingegriffen. So wird ein derartiger Versuch lieber gleich freiwillig eingestellt. (58) Am erhabenen Thron Frankreichs sind dann heimlich und hintenherum die abgetakelt geglaubten Inquisitoren wieder aufgetaucht. Brutal verfolgend machen sie alles – bis auf die Toren und jene, die sich geschickt bedeckt halten – nieder. So schaffen sie beispielsweise Ruhe in der Bretagne. (59) Die Statthalterin Kirche ergreift als Gewaltherrscherin Besitz. Dabei wäre doch ein menschenfreundlicher, demütiger Weg besser gewesen, aber sie stellt ein pharisäerhaftes Gesetz auf. Den Burgundern geht es dann nicht besser als der Normandie. (60) Gleichzeitig erheben sich vom Balkan die Türken und verspritzen Blut an Dalmatiens Küste. Mächtig stürzen die Mohammedaner vorwärts. Von der Pyrenäen-Halbinsel kommen Helfer (Kreuzritter), diese »Kirche des Satans« abzuschrecken. (61) Die Ausplünderung (an Werten, Menschen, Dingen), die an der Küste (Dalmatiens) stattfindet, hat ihre Ursache im Verhalten der

[91] 70 böse Geister kommen dorthin zurück, wo zuvor sieben ausgetrieben worden sind (Gleichnis Jesu).

neuen (reformierten) Gemeinschaft genau so, wie in der alten, ursprünglichen (katholischen) Ordnung. Mag das auch bei denen im Süden – etwa in Malta – den Anschein erwecken, ihre Bedrängnis sei dadurch vermindert, in Wahrheit nutzt ihnen das gar nichts. (62) Aber wenn auch die primitive Masse wie die Nördlichen alle glauben, auf ihre Weise Kreuzzüge zu führen: Die ach so klugen Ordnungshüter unseres Staatswesens – wie die Herde der Ungebildeten – haben die Lehre Christi überhaupt nicht begriffen. Ihre Zeit ist jetzt um! (63) Welches Wehklagen und welche Schrecken erfassen Südfrankreich, die Mitte wie auch den Südwesten. Bevor aber die Glaubenskriege zum Abschluß gekommen sind, haben die Menschen noch viel unter mancherlei Plagen zu leiden. (64) So kommen die eroberungssüchtigen Spanier über die Pyrenäen und nehmen Südfrankreich widerstandslos ein. Dadurch wird alles derartig verdorben, daß für die große Lebenslehre selbst kein Platz mehr bleibt. (65) Diese Lehre hat die Absicht, zu erneuern und zu säubern, was wahren Glauben blockiert und verfremdet. Man hat nämlich das Wesentliche und Gute an ihm furchtbar vernachlässigt. Und das ist eine Verhöhnung der hellen, klaren Religion selbst. (66) Das, was man heute als Friede, als Eintracht vorführt, es ist nichts als Täuschung. Durch sie kommt in den Staaten Niederes an hohe Positionen und wahrhaft Hohes wird heruntergezerrt. Durch einen dafür geführten »Kreuzzug« bringt man den Menschen wahrlich keine gute Lebensordnung. Wahre Tat zur Ehre Gottes ist vielmehr, Krieg jeder Art zu beenden. (67) Was Heimstatt des Menschen sein sollte, ist tückischen Gefahren ausgesetzt. Nördlich der Provence finden sich Hunderte zusammen, und auch aus Avignons Umgebung kommen sie dutzendweise, um sich gegen christ-katholischen Glauben zusammenzurotten. (68) Als unheilbringende Masse ziehen sie an der Rhône nach Lyon. Das sind Satanssoldaten, die da ihre Prozession abhalten. Wahrlich, der große Durcheinanderwerfer übte niemals solch schlimme Herrschaft aus. (69) Aus dem Rhônetal, hin auf die Alpen zu, verbergen sich Hochmütige von Grenoble (?). Sie schlagen über Lyon nach Süden hin so gewaltig zu, daß niemand, der nicht zu ihnen gehört, übrig bleibt. (70) In denen, die bei der Fronleichnamsprozession in Lyon hochmütig die Kerzen nahe am Allerheiligsten tragen, steckt kriegerisches Machtdenken. Wahrlich, die Römischen zerstören alles an Rhône und Saône. (71) Man treibt mit Heiligem falsches Spiel und wagt nicht freie Meinungsäußerung zuzulassen. Diese sind es auch, die in Südfrankreich Schlechtes statt Gottes Gnade vermitteln. Ja, dasselbe trifft auf sehr viele andere Gebiete zu. (72) So besudelt man Gottes Altäre immer weiter und weiter und entkleidet – in äußerer Pracht und Herrlichkeit – zugleich den Glauben seiner inneren, wahren Werte. So ist Göttliches in dieser Zeit um Jahrhunderte zurückgeworfen. Jetzt muß man aufs Frühjahr hoffen, daß aus dem Volk Neues aufkeimt. (73) In Südfrankreich ist protestantischer Wirrwarr eingebrochen und tyrannisiert mit seiner Engstirnigkeit. Allerdings sind sie ohne Waffen, und deshalb vermag sie katholische Despotie zu besiegen. Glaubenslehre, Glaubensstreit und geschäftiges Gewinnstreben bringen – treffen sie zusammen – das Grab. (74) Ja, Geldgier wirkt in der menschlichen Gesellschaft wie ein tötendes Schwert, aber üble Raffgier bei gleichzeitiger geistlicher Unbeweglichkeit ist nicht auszumerzen. Damit ist alter Götzendienst zurückgekehrt. Man kann es so ausdrücken, daß man Menschen dem heidnischen Gott der Waffen opfert. (75) Das gefährliche Volk der Osmanen nähert sich vom Balkan her über das Meer. Gallien trägt mit dazu bei, ihm den Weg zu ebnen. Die Narben, die davon zurückbleiben, werden immer in der Provence erkennbar bleiben, ebenso wie Reste ihrer Sitten und Gesetze. (76) Es ist schwachsinnig, was an Blut- und Raubdurstigem infolge unmenschlichen Krieges geschieht: Um der Religion willen mobilisiert man Heere und hält sich für überschlau, macht sich letztlich dabei jedoch nur selbst kaputt. (77) Herrschendes ist durch die Macht korrumpiert. Die Kirche – in engstirnigem Denken befangen – ist deswegen zwangsläufig zum Untergang verurteilt. Sie hat Christus verraten, und war sie einst mitfühlend, wird sie jetzt genau so hart wie die weltliche Gesellschaft. (78) Unzählbar viele, gute Eigenschaften hat in der Antike die Verschmelzung christlich-klassischer Ideen auf der Höhe ihrer Kraft besessen. Jetzt ist die Kirche spanischer Mentalität unterworfen. Daran geht sie zugrunde. (79) Papst und Kurie unterdrücken in betrügerischer Weise Frohes, Glückhaftes und haben aus dem Menschen ein Wesen voller Hemmungen gemacht. Das wird als gottgewollt dargestellt, und die Machthaber fühlen sich als Gottgesalbte. In Wahrheit hintergehen sie den Schöpfer. (80) Will ein Heerführer seine eigene Armee zerstören, entäußert er sich seiner Besten (so handeln auch die Machthaber der Kirche). So wird Italien tyrannisch vernichtet. Als Folge davon überrollt der Islam alles. (81) Es ist eine satanisch-inspirierte Tat, was die herrschende »Lehre« durch raffinierte Machenschaften zuwege bringt. Sie stellen sich weinend als die Gequälten dar und spielen ein betrügerisches Spiel mit Gott, als dessen Vermittler sie sich ausgeben. (82) Schon lange quälen Aufruhr und Seelenvergiftung die große religiöse Gemeinschaft (der Kirche). Sie sind nicht mehr wachsam, wie die klugen Jungfrauen, und sorgen nicht mehr für die Menschen. Dafür werden sie sehr schnell ihre Strafe erhalten; dann trampelt sie nämlich Wertloses nieder. (83) Diese Umwälzung überflutet alles und zerstört dann auch noch das Gute und Erhabene, was in der – ach so theatralisch gewordenen – katholischen Kirche steckt. Es gibt einen solch totalen Umbruch in allen Lebensbereichen, daß sich selbst Ungläubig-Gewordene nach dem alten Gottesbild zurücksehnen. (84) Die in Schwierigkeiten geratene Lehre greift dann – von den Menschen zurückgeholt – zu derart brutalen, antichristlichen Methoden, um gewaltsam alles ihrer toten Pracht unterzuordnen. Nur noch äußerlich führt sie das erhabene alte römische Wappen. (85) Zur Zeit rast sie durch ganz Südfrankreich und zerstört um des »Glaubens« willen die gesamte Lebensordnung der Menschen. Der Streit – man mache sich das klar – geht dabei um – Heiliges! Was sich in ihrem Monumentalgebäude zeigt, gleicht einem stinkenden Pfuhl. (86) Ganz Zentralfrankreich wird von Rom direkt heimgesucht. – Zeile 2 ? –. Hinterhältig vergiftet sie den Frieden Gottes, und ihre Anstrengung zielt darauf ab, den Menschen in Paris nichts zur Entscheidung zu lassen. (87) Das Gotteshaus ist gleichsam wie durch eine furchtbare Naturkatastrophe verheert und für die Menschen unzugänglich. Der Papst in Rom bietet das Bild eines das Volk Neppenden, künstlichen Ersatzheilandes. (88) Und der Norden Frankreichs? Befreit von englisch-nördlicher Besetzung täuscht man dort vor, man habe noch das einstige Ansehen, bringe noch den Frieden. Und den Südfranzosen, in der Provence treiben sie es ebenso. Der (Papst) hat den rechten Weg versperrt und führt das Volk statt dessen in die Irre. (89) Einige wenige gute Jahre hat Spanien erlebt und Barbarisches abgebaut. Dann ist der rechte Glanz verblaßt, und auch dort bringt das Zurückgreifen auf Gewaltmethoden Niedergang. (90) (Auch) Deutschland wird der einen, gewaltsamen Kirche ausgeliefert, und dabei erklärt man, es geschähe ja nur zur Rettung der großen Lehre. Gleichzeitig techtelmechteln politische Machthaber mit den Türken. Wenn diese dann losschlagen, fließt viel Blut. (91) Griechenland haben sie schon besetzt, Südrußland erobert, Mazedonien verwüstet. Alle begreifen es ja nicht: Eroberungssucht läßt Demut und Dienen nicht aufkommen. (92) Die große Lehre des Christengottes will doch in der menschlichen Gesellschaft alles Satanische austreiben und den Menschen Erlösung bringen. Weil aber falsch geredet und gehandelt wird, wird seine Lehre für lange Zeit aus der menschlichen Gesellschaft verbannt. (93) (Die Kirche) hat ihre Gegner auf gewaltsame Weise mächtig dezimiert. Ihre Macht sichert sie mit Hilfe der Ungebildeten. Wahrlich, Erhabenes wird zerstört, wenn rohe Gewalt über zunehmendes Denken den Sieg davonträgt. (94) Wenn gute Herrschaft, die sich entwickelt, schwach ist, stellt sie sich glanzlos dar. Feinde, die sich fügsam zeigen, vermögen dadurch Kraftvolle aus ihrer Stellung zu locken. So werden die Schwachen angegriffen. Darunter hat das Land der Tschechen zu leiden. Was die deutschen Protestanten mit ihrem Verhalten stärken, ist reine Barbarei. (95) Die neue Lehre, die das Volk ergriffen hat, wird fast überall freudig aufgenommen. Sie wählt dann den Weg gewaltsamer Auseinandersetzung. Dabei ist doch gerade das der Weg, der dem Heiland in der Tat die Kraft nimmt. (96) Es sind Mietlinge statt guter Hirten, die in der Christengemeinschaft das Sagen haben. Wählen die Menschen sich solche zum Führer, betrügen sie sich nur selbst. Glaubt man denn wirklich, durch Gewalt ausübende Söldner das Tor zum lebendigen Wege, das gefährdet erscheint, zu festigen; so, mit Feuer und todbringendem Blutvergießen? (97) Seht es doch ein: Die Reichtümer der Wahrheit Gottes sind aufgespalten und dadurch unfrei. Wahres Lebendiges wird damit unterdrückt, aber jene glauben wahrhaftig, auf militärische Weise den Sieg erringen zu können und dadurch einen glücklichen Zustand für die Menschen zu schaffen. (98) Es ist der Fehler der einen Kirche, der die Welt heimsucht und finster macht. Deswegen laufen ihr die Menschen davon. Sie hat sich hochmütig mit Künsteleien umgeben und dadurch die ihr einst überantwortete große Lehre Gottes verschleudert. (99) Der nördliche Sturm zermalmt den Kirchenthron und zerstört ihn. Ihn hatte zuvor erlangter Reichtum verführt. Das hat ihm den Widerstand eingetragen. (100) Wird (aber) die geistige Finsternis kriegerischer Auseinandersetzungen zwischen christlichen Konfessionen, was zum Ruin des Abendlandes geführt hat, überwunden, dann kann die Kirche wieder hell und leuchtend werden. Dann nur ist der Haß besiegt und der Sieg über das Dunkel errungen.

CENTURIE X

(1) Der Satan, der Feind des Menschengeschlechts, hat den Christen eingeblasen, ihren Glauben zu verraten; denn, wenn man sich nicht an rechten Glauben hält, bleiben nur verkrüppelte Reste zurück. Ihre geistige Enge bewirkt Niedergang, und deshalb ist unter dem prächtigen Äußeren Abschreckendes zu finden: Man mordet den Körper, um so (angeblich) die Seele zu retten. (2) Während haufenweise Minderwertiges geschieht, bemühen sich andere, die einen neuen, guten Weg ersonnen haben, das, was zum wirklichen Wesen des Christentums gehört, wieder an seinen alten Platz zurückzubringen. Prophetisches dient nämlich dazu, bestehendes Schlechtes zu wenden und Gottes Gemeinde auf Erden zur Übereinstimmung mit sich selbst zu führen. (3) Primitive Massen streben nicht nach oben. Einzigartiges vergeht, weil feste Treue zu ihm verschwunden ist. Statt dessen erhofft man sich von süßen Reden die Rettung. Dabei verliert man Leitlinie wie Herrschaft. (4) In solchem Dunkel ist der rechte Papst dann als Hirte und Lenker vertrieben. Nach solch schlimmer Periode tadelt man die Kirche dann nicht mehr, sehnt sich vielmehr nach ihr zurück; denn man erkennt keinen Lebensweg mehr. (5) Ketzer haben sich neu in Südfrankreich versammelt, und aus Portugal kommen immer noch neue hinzu. Was sie zu bieten haben, ist in Wahrheit tot und kraftlos, und so arbeiten sie in Wirklichkeit der prunksüchtigen Kirche in die Hände. Ist diese dann ehrenvoll wieder zurückgeholt, hat sie beim »Weiden der Schafe« schnellstens wieder die Grundlehre verlassen. (6) Die Protestanten in Südfrankreich werden aufgrund solchen Denkens totaler Vernichtung ausgesetzt. Zum größten Teile werden sie der Gewalt ausgeliefert und sie, die waffenlos sind, werden von Söldnern hingemordet. (7) – ? – (8) Der Index[92] gehört zu dem, was den Horizont der Menschen einengt. Die Kurie

[92] Index: (1542 erneuert:) Liste der von der katholischen Kirche verbotenen Bücher.

benutzt ihn gegen den denkenden Nachkommen.[93] Das Tausendnamige,[94] Antichristliche hat sozusagen die führenden Kirchenleute erfaßt. Ihre Streitsucht wird ihnen aber letztlich selbst das Leben verkürzen. (9) Die Machthaber in Kastilien tragen hierzu bei. Auch in
der verunstalteten Kirche ist noch der wahre christliche Glaube enthalten. Aber die Machtgier macht ihn schwach, und deshalb wird er
selbst für bedeutungslos gehalten. Niemals wurde Gott in dem Ter-
ritorium, das ihm doch letztlich selbst gehört, so tief beleidigt. (10)
Die Menschen werden nämlich jetzt schlimmer als je zuvor materiell
ausgepreßt wie auch geistig betrogen: Krieg, Scheiterhaufen, Zerstörung, Mord bedeuten Herrschaft der Unmenschlichkeit. (11) Über
die Pyrenäen und die angrenzenden Gebiete werden Truppen nach
Südfrankreich in Bewegung gesetzt, und das Ganze beschönigt man
als »Kreuzzug zur Rettung des Glaubens«! (12) Ist dagegen einer
zum obersten Lenker der Kirche gewählt, der darin edler denkt, lachen ihn seine eigenen Leute aus; man glaubt vielmehr, das sei duck-
mäuserisches Verhalten, also Angst. Wer also wirklich gut ist, wird
genau deswegen ruiniert. Man kann bei seinem Untergang ob solcher Dummheit nur in würgende Angst verfallen. (13) Diejenigen,
die sich aufführen, als könnten sie kein Wässerchen trüben, haben in
Wahrheit nur brutale Eroberungen im Sinn. Und etwas Derartigem
ist man in der Provence auf den Leim gegangen! (14) Die wenigen,
die sich selbst in Frage zu stellen vermögen, den Mut dazu besitzen
und die nötige Ehrfurcht, sind ob all dem Bösen vor Schreck gleichsam erstarrt und kapitulieren. Zu viel Unehrliches hat sich ihnen als
Trittbrettfahrer in Spanien angehängt. Sie haben sich deshalb wieder
von der Mönchskirche vereinnahmen lassen. (15) Sie, die einmal
schwungvoll aufblühte, ist verknöchert, gierig und innerlich leer geworden. Was ihr an Konfessionen folgt, übernimmt ihre schlechten
Eigenschaften und ist deshalb auch bald ruiniert. An solch weitge-
hender Freizügigkeit muß alles zugrunde gehen. (16) In Frankreich,
wo ursprünglich Gutes an der Macht war, hat man sich in seiner Torheit von solchem Niedergang und Verlust an geistigen Werten über-
tölpeln lassen und statt dessen Zurechtgemachtes auf den Schild ge-

---

[93] Nostradamus meint sich damit auch selbst.
[94] Die »gotteslästerlichen Namen« des Feindes Christi in der Geheimen Offenbarung.
[95] Franz I.

hoben. Der König[95] hat im Kuhhandel (mit dem Papst) dabei zu sehr nachgegeben. (17) Auch die Anhänger des Nordens, die ihr Gewissen peinigt, wenn sie die armselig gewordene Mönchskirche anschauen, bringen in Frankreich traurige Vorstellungen zuwege: Sie meinen, es dürfe kein Sich-miteinander-Einigen (der Glaubensrichtungen) geben. Der Kardinal Guise[96] bestimmt nicht nur in Lothringen, sondern auch andernorts in Frankreich. So wird wirklich Hohes erniedrigt, Minderwertiges aber aufgewertet. Als »Papst« herrscht das, was sich als Abkömmling des Widernatürlichen erweist und wahrhaft Christliches zutiefst verletzt. (19) Gleich einer Königin ward dessen Zeit bewillkommnet, der sie sofort danach in seinem Sinne umgestaltet hat: Dem Verstand, dem wahren Wort präsentiert er die Rechnung. Was anfangs demütig erschien, ist jetzt ob seiner »Erwählung« hochmütig geworden. (20) Alle, die sich zum Rechten bekennen, sind – weil sie selbst unvernünftig waren – wegen solcher Toren jetzt von der Verkündigung der Hl. Schrift ausgeschlossen, und was an der Lehre zeitlos ist, ist ebenso abgeschafft worden. So schlimm hat es die katholische Kirche nie mit dem Volke getrieben. (21) Alle rechten Freunde des Guten sind der geistigen Enge, die den Sinn heiliger Schriften nicht begriffen hat, zum Opfer gefallen. Damit haben jene, das Gute, die Zeit Überdauernde, negiert. Niemals hatte gute römische Lehre das Volk so rücksichtslos behandelt. (21) Weil der Lehre zu wenig Aufmerksamkeit geschenkt wurde, wird sie zerstört. Diese hält nämlich auf Dauer an ihrem göttlichen Auftrag fest. Gewiß, man wollte des Volkes Bestes, hat aber eine betrügerische Methode[97] gewählt, die durchschaut worden ist. (22) Jetzt will die Kirche der Scheidung des englischen Königs nicht zustimmen. Das zeigt sich später als unvernünftig. Deswegen wird die Lehre der Kirche dort allgemein verfolgt, und was an deren Stelle tritt, hat nichts mehr von der allumfassenden ursprünglichen Idee an sich. (23) Von der ungebildeten Masse werden Taten begangen, die diese Entwicklung noch verstärken. Die Volksmenge eignet sich dabei immer stärker antichristliches Verhalten an. An Südfrankreichs Küste entstehen so Schwierigkeiten und die aufgeputschten Massen nehmen einander gegenseitig die Lebensfreude. (24) Der im Italieni-

---

[96]   Entscheidender französischer Kirchenfürst der Zeit.
[97]   Siehe Altes Testament: Daniel und die lügenhaften Magier am Persischen Hofe.

schen befangene Fürst ist besiegt. Er durcheilt so Genua und kommt übers Meer bis Marseille. Er ist nicht durch äußere Gewalt, vielmehr nur von seinen eigenen Leidenschaften überwunden worden. Nektarkübel (?). (25) Um Katalonien von nicht erkennbaren Gefahren zu befreien, schlägt Kastilien einen neuen Weg ein: Die Kastilier stoßen nämlich im Namen der herrschenden Kirchenform nach Frankreich vor. (26) Neuerlich reißen sie die Herrschaft gewaltsam an sich und verfolgen anschließend das, was ihnen doch nahe verwandt ist: Schändlicherweise gewaltsam Entgegenstehendes zu vernichten! Auch England und Frankreich verfahren für lange Zeit nach gleichem Muster. (27) Auch der Kaiser dringt gewaltsam in Gottes Haus ein. Ein zum Heger des Landes Bestellter gibt so dem Streit zwischen »Christgläubigen« und »Abtrünnigen« Raum. Spanien, der Papst, der Kaiser, solchen Kampf sollten sie wahrlich nicht führen. (28) Spätes, und das, was gar nicht zur Lehre gehört, spielt die erste Geige. Gleich dem wahren Herrn ist es geehrt. Durch die zeitbedingten Widerwärtigkeiten wird die Moral fast um die Hälfte reduziert und Liebe vollständig falsch dargestellt. (29) Was rechte Kultur besitzt, muß sich im finstersten Winkel verbergen. Wird es dort aufgespürt, als sei es Barbarisches, behandelt man es gleich einer wilden Bestie. Alles ist durch heuchlerische Ketzer, die nahe am Altar zu finden sind, verursacht. (30) Sind solche, die zum Geschlecht des wahren Heiligen gehören, neu erstanden, werden sie – weil die Waffenträger in der Überzahl sind – aufgespürt und nackt zu Tode gehetzt. In auf Scheiterhaufen Verkohltes haben jene dann Kraft und Saft ihres jungen Grüns verkehrt. (31) Heilige Herrschaft entsteht dagegen nur aus Brüderlichkeit. Man kann dann selbst den Islam in objektiver Weise betrachten. Deshalb sind Kreuzfahrer vernagelte Toren. Sie verfolgen ja fanatisch rein irdische Dinge. (32) Jeder sollte sich statt dessen dem Gottesreich verpflichtet fühlen, und alle sollten es zu erlangen trachten. Doch dafür wird kaum Raum geboten; letztlich siegt die Götzendienerei der Macht- und Geldanbetung. (33) Deren grausame Machthaber tragen unter ihren langen Talaren Dolche verborgen. Sie führen doppeldeutige Phrasen im Munde, um sich das Blühende anzueignen und Raub zu begehen. Aber sie treiben ihre Sittenlosigkeit und Faulheit derartig auf die Spitze, daß man sie letztlich durchschaut. (34) Die mächtige, prunkvolle Kirche reklamiert für sich die Verkündigung des Reiches Gottes, und dabei wendet sie kriegerische Mittel, wie etwa in Frankreich, an. Ob ihres Pomps ist Demütiges in ihr völlig verraten, statt dessen zieht sie in ihrem Gefolge Folterwerkzeuge hinter sich her. Dadurch ist christliche Brüderlichkeit für lange Zeit unterdrückt (35) und der göttlichen Ordnung Entsprechendes durch triebhaftes Handeln zerstört. Sie geben sich Äußerlichem hin und bringen die Würde der doch mit ihnen eng zusammenhängenden Religion – wie deren Entwicklungsmöglichkeit – als geradezu heidnisches Blutopfer auf dem Altar falscher Götter dar. Solche Mordtat ist der Torheit des Nördlichen ebenbürtig. (36) Nachdem der Lehre der Kirche der Fehdehandschuh hingeworfen wird, begeht sie den Fehler, das Land und die Menschen mit Waffen zu unterwerfen. Einige wenige Jahre genügen dann, um wahren Glauben, wahren Lebensweg innerlich auszuhöhlen und die Wertvorstellungen der menschlichen Gesellschaft völlig zu verändern. (37) Infolgedessen rotten sich in Frankreich Massen zusammen, die sich von Norden her in die Provence in Bewegung setzen.[98] Klügere als sie haben dabei die Fäden in der Hand, um auch in Italien den Reliquienkult zu bekämpfen. (38) Wahres Evangelium dient dabei absolut nicht als allgemeine Richtschnur; vielmehr werden barbarische Gottesdienste abgehalten. Aus einst guter Herrschaft entsteht durch germanische Umtriebe eine Geißel für Frankreich. Das Volk erkennt dies spät und liefert sich deswegen erneut der überlebten Kirche aus. (39) Aber wem sich dieses naive Menschenkind, das Volk, da verbindet, ist in Wahrheit ohne Liebe. Um wertlos Gewordenes geht der Streit der Christen. Ein Zeitalter gehört dem Glauben nur, wenn er jung ist. Aber um Eintracht zu üben, muß man sogar fast noch ein Kind sein! (40) So ist das, was in England jetzt neu zur Herrschaft gelangt,[99] bereits vertrocknet und handelt ebenfalls nach vorangegangenem Muster. So ist auch der neue Glaube tot, weil er sich an alten Zöpfen festhält. Auch er erklärt sich nämlich für allein-seligmachend. (41) Im alten Gebiet des Reiches Karls des Großen ist die alte römische Kirche sehr geschwächt worden. Die Protestanten blasen da eine schöne, einschmeichelnde Melodie. Jetzt versuchen es auch die machtlos und schwach Gewordenen mit einschmeichelnden Melodien. (42) Nährt sich irdische Macht aus gutem, göttlichem Ur-

---

[98] Es sind die Bilderstürmer.
[99] Anglikanismus.

sprung, dann setzt sie ihre Kraft ein, friedliches Miteinander der Menschen zu gewährleisten. Dann ist Streit überwunden, und durch solchen Frieden wird ihre Herrschaft dauerhaft. (43) Leider läßt dann aber Unaufmerksamkeit – wenn es in einer solchen Zeit ein Übermaß an Wohlstand und Menschenfreundlichkeit gibt – auch umstürzlerischen Lehren freien Lauf. Diese führen schnell zum Dahinwelken der guten Zeit; denn man unterliegt falschen Nachahmungen rechten Weges. (44) Das regierende Königshaus in Frankreich verhält sich einem Monarchen gleich, der gegen sein eigenes Volk Krieg führt und dabei auch die Provence unterjocht. Die Menschen dort sind dann nicht weniger als vom Islam versklavt, wenn rechte Lehre für den Lebensweg durch Zwang und falschen Geist erkrankt ist. (45) Unter der Nebenlinie des Königshauses – von Navarra her also – ginge es den Menschen besser. Aber deren Thronanspruch ist leider durch die Zufälligkeit des Erstgeburtsrechts verweht. So blockiert das Erbfolgerecht, letztlich nur eine Nebensächlichkeit, was höherem, rechten Wege entsprechen würde[100], (46) und deshalb sind heute Lebensweg und Schicksal der Menschen unwürdig-abstoßendem Niedergang ausgeliefert. Dazu hat sich ja auch Luther entschieden und setzen es deutsche Fürsten mit üblen Militärbündnissen durch.[101] Dadurch wird das Volk getäuscht, verführt und Schlimmem ausgeliefert. (47) Um schnöden Mammons willen wirft man sich in Deutschland jubilierend einem illegitimen Glauben in die Arme und tut so, als sei er der rechtmäßige. Wahre Religion wird dabei mit Füßen getreten. Das gibt jetzt der römischen Kirche die Gelegenheit auf den Plan zu treten, um ihre falsche Kreuzzugsidee durchzusetzen und den von der alten Kirche Abtrünnigen eine Schlappe beizubringen. (48) Sie bedient sich dazu einer von den Grenzen Europas – aus dem hintersten Winkel Spaniens – hervorgehenden militärischen Macht und bringt damit in den Glauben an den Gekreuzigten mächtige Verwirrung. Die großartige Lehre der Christengemeinde hat unter jenen Rotten bereits gewaltig gelitten. (49) In das fruchtbare Gebiet einer sich bildenden neuen Gesellschaft drin-

---

[100] Die Nebenlinie der französischen Königsfamilie in Navarra neigte einer toleranteren Haltung als das Haus von Blois zu. Später bestieg Heinrich IV. (von Navarra) den Thron, und das führte auch zu einer Tolerierung der Calvinisten.

[101] Luther überantwortete den Fürsten das immense Kirchenvermögen und machte sie gleichzeitig zu Kirchenherren, d. h. zu Herren über Leib *und* Seele ihrer Untertanen.

gen gewaltsam ungebildete Bauernhaufen und wühlen diese in Gärung total auf und das, was nur der Reinigung dienen sollte, wird nun gleichsam selbst eine – wenn auch völlig unverträgliche – Nahrung. (50) Diese große Erkenntnis habe ich im Luxemburger Land gewonnen und in der dortigen Schrift unserer Zeit enthüllt und, was das innerlich längst Tote an Bedrückung ausgelöst hat.[102] Es betrifft das ganze Land, einfache Menschen wie Herrensitze und das Unheil, was speziell Lothringen trifft, und alles das sind heutige Geschehnisse. (51) In den deutschen Nordgebieten finden sich (reformierte) Gruppen zusammen. Ihr Verhalten entspricht durchaus dem der alten Kirche. Auch die Calvinisten weichen davon nicht ab. (52) In den Niederlanden, nicht weit von der Scheldemündung, bemüht man sich seit langem um einen guten, fruchtbaren Lebensweg. Selbst dort, wo der Humanismus seine Wurzel hat, besudelt Unausgegorenes die dauerhaften Werte (der christlichen Religion). (53) Die drei betrügerischen Glaubensrichtungen[103] liegen miteinander im Streit. Zwar ist die katholische Kirche stark geschwächt worden, aber sie strebt wieder danach, die volle Macht zurückzuerlangen. Nur: Von weiser und gerechter Herrschaft kann man bei ihr jetzt wirklich nicht mehr sprechen, wenn sie nur noch Scheiterhaufen kennt, um ihren Lebensweg, ihre Lehre zu verteidigen. (54) Es ist ein ehrloser, illegitimer Weg, den sie wählt, um wahre Religion zu verkünden. Was da in Belgien übersatt betrieben wird, ist wahrlich vom Satan inspiriert. (55) Es ist ein miserables »Fest«, mit dem sie die Menschen wieder an sich zu binden sucht, und hat schlimme Folgen; denn es ist sowohl Verachtung echter Menschenwürde wie Verrat des eigenen Auftrags, der völlig dahingewelkt ist. Was ihm jetzt folgt, ist erbärmlich anzusehen: (56) Die einst erhabene Trägerin abendländischer Kultur hat sich selbst völlig erniedrigt, weil sie heute nur noch Menschenblut vergießt. Ihre einstmals Gutem folgende Herrschaft führte die Menschen zu freiem Atmen. Das ist seit ihrem Anheimfallen an den Kreuzzugsgedanken ebenso vorbei, wie ihre einstmals lebenspendende Lehre tot ist. (57) Weil sie in ihrer Machtfülle nicht erkennt, was wahre Herrscherwürde wirklich bedeutet, besudelt sie die Menschen in ihren eigenen Reihen, die große, wertvolle, neue Gedanken

---

[102] Die »Weissagung von Orval«.
[103] Römische Lehre, Calvinismus, Luthertum.

entwickeln. Man kann sich nichts Schlechteres und Grausameres denken, als Zukunfts-Weisendes auszutilgen. (58) In einer Zeit, da sich die Mächtigen (in Staat und Kirche) bekämpfen, pflegen sie die alte Eroberungssucht wieder gesund. Dabei bringen sie aber nur Frankreich zum Wanken und ziehen auch die Provence da hinein. (59) Diese Gier dringt auch nach Gallien im gleichen Augenblick mit dem Odem der »Einzigartigen«. Einige Bürger dort, (aber) auch Deutsche, Bewohner der Umgebung, und Romanen bewahren insgeheim das so lange Mißachtete, zutiefst Wertvolle, das man seiner Bedeutung entkleidet hat und elendig zugrunde gehen lassen will. (60) Ich weine um dich, Küste der Riviera wie um Italien bis hin nach Malta; denn Höchstes ist bei dir zuerst in Mord und Krieg gestürzt, weil es einst auch bei dir seinen Anfang genommen hat. Jetzt aber herrscht da nur noch Zerstörung, Verwirrung, Aufruhr, Uneinsichtigkeit. (61) Südfrankreich und (- ? -) soll wie Ungarn den Barbaren ausgeliefert werden. Wegen Krieg und Gewalt sind wahrhaft zu Gott Betende schutzlos preisgegeben. (62) Ich spreche deutlich darüber, daß man vom Balkan aus nach Ungarn her einfällt. So aber, wie man Dalmatiens Küste unter Mohammeds Gesetz zu unterwerfen trachtet, geschieht es auch mit der alten Weisheit bei uns durch eine tyrannisch gewordene Kirche. (63) Palästina, Dalmatien und Kleinasien werden nach der Attacke (des Ostens) wieder neu beginnen können. Dort ist das Christentum in die Knie gezwungen, weil es die Kreuzfahrer vernichtet haben, wie sie auch selbst vernichtet wurden. So entwickeln sich auch die Verhältnisse in Arabien und Ungarn. (64) Aber du, Italien, sei in Trauer, weil sich dir dein großer, angeblicher ›Heiland‹ militärisch nähert. Aus dem Raume Venedigs nähert sich dir in Wahrheit das, was den Hl. Stuhl umwandelt. (65) Ja, Rom, dein Untergang nähert sich. Dabei meine ich ausdrücklich nicht das deiner Gebäude, sondern das deiner geistigen Lehre und der Kurie. Du schlägst nämlich den Heiligen Schriften, soweit deine Macht reicht, gleichsam schlimme Wunden. (66) Und jenseits des Ärmelkanals handeln Englands Machthaber auch nicht besser. Das, was den Menschen zur Rettung bestimmt ist, ist erstarrt. Es ist in seiner Völlerei vom Satan, der ja alles durcheinanderbringt, geführt. (67) Die Erschütterungen in dem, was Frühjahr darstellen sollte, sind ungeheuerlich; denn das ganze Zeitalter, seine Herrschaft, seine Aktivitäten, alles dreht sich ums Goldene Kalb. Auch mit der Liebe geht es rückwärts. Aus einem Kloster kommt dann der Glaubenskampf (Luthers). Und der bringt furchtbare Verheerungen des Fruchtbaren mit sich; (68) denn die Masse, die von der Ordnung gebunden war, bricht jetzt ohne alle Umstände aus ihr aus. In Raub und Plünderung wird alles chaotisch verheert. Deshalb auch gelingt es schnell den Anhängern der alten Ordnung, die Macht wieder zurückzugewinnen. (69) Die Neues verkünden, wenden dabei alte Machtmethoden an, das ist im Norden genauso wie im Süden. Sie sind zwar von ihrem (göttlichen) Auftrag völlig durchdrungen, aber in Wahrheit traf sie nur eine äußerst flüchtige Berührung des Gottesgeistes. (70) Ihre Aktivitäten erreichen nur die Zersplitterung der Christengemeinde, und zwar so gewaltig, daß alles was blüht und gedeiht dahinstirbt und das, was geistig zur Herrschaft bestimmt ist, der Gewalt unterliegt. (71) Alles, aber auch alles, ist völlig erstarrt, seit man Christi Leib in feierlicher Prozession verehrt. Damit verehren sie allenthalben das, was wirklich niemals das Allerwichtigste gewesen ist. (72) Im Jahre 1543 steigt eine schreckenverbreitende Macht, die sich mit himmlischen Dingen beschäftigt, herunter, um die große Idee, die im Gebiet von Südwest-Frankreich entwickelt wurde, in Angst und Schrecken zu versetzen und dadurch das Zeitalter total vom Glaubenskampf beherrschen zu lassen. (73) Ich habe in Ehrfurcht vor dem Schöpfer und seinem Gesetz Gegenwart gleich Vergangenheit untersucht. Die Welt ist erst spät über das aufgeklärt, was ich will; denn wegen kirchlicher Juristen (Inquisitoren) habe ich mich ja auch äußerst nebulös ausdrücken müssen. (74) Ist das große Zeitalter des Geistes Gottes vergangen, sieht man es daran, daß Veraltetes die Menschen als Ganzopfer darbringt. Dann ist man nahe an den Zeitpunkt gelangt, an dem die Toten aus ihren Gräbern steigen.[104] (75) Von Europa steht das aber nicht zu erwarten. Vielmehr entwickelt sich vom Orient und durch dessen Aktivitäten etwas, was alle anderen Lebenslehren weit übertrifft. (76) Mögen auch Kurie und alle übrigen Machthaber noch so kräftig (das Ihre) pomphaft darstellen; letztlich muß es doch vergehen. Wenn Gott die Zeit weckt und zum Sturm bläst, dann wird das Gute seinen Siegeszug antreten und das Satanische überwunden. (77) Dann werden aber auch die Kardinäle verschwinden, und ihr Erbe

[104] Nach tausend Jahren beginnt ein neues Zeitalter, und die Toten steigen aus ihren Gräbern (siehe Leidensgeschichte Jesu und Geheime Offenbarung).

wird ihren Gegnern überlassen. Diese Gegner erkennen dann das, was durchaus an Positivem geleistet wurde, nicht an. Das Volk, das ihnen gefolgt ist, ist damit der Ausplünderung anheimgefallen. (78) Wegen der bislang erlittenen Trübsal nimmt man im Bereich der römischen Kirche das, was – wenn auch nur im geringen Grade – nun die Frohe Botschaft vermittelt, gerne an. Nach all dem Kampf und Elend fühlt man sich glücklich, daß die Verursacher der Unterdrückung ausgeschaltet sind. (79) Man gibt sich der Träumerei hin, alles ursprünglich Gute, dem man erwartend Kränze windet, käme jetzt wieder. Daß nämlich Luther jetzt mit der einen Lehre gegen die Gewinnsucht der Kirche zu Felde ziehe und sie überall aus den Angeln heben würde, (80) kraftvoll dem Reiche Gottes seinen Platz gebe, Verriegeltes zu öffnen vermöge, die Lehre wieder dem Heiland gemäß verkünde, die angesammelten Lasten abwürfe, die Kirche zu ihrem Ursprung zurückführe und ein ungetrübtes Leben ermögliche. (81) Derweil ist wahrer Glaube in spanische Hände gelangt und dort unterdrückt. In falscher Begeisterung bindet sich Spanien an leergewordene Glaubensformen. Rechte Lehre wird verändert. Dadurch wird Unglück ausgelöst, und es scheint geradezu, daß alles von Menschen bestellte Land verheert ist. Daraus entsteht Bestürzung. Engstirnige bauen Hürden auf, die das lebend sich Entwickelnde gewaltig zurückwerfen und anschließend gar völlig zerstören. (83) Ach, Streitsucht bringt keinen Segen, und Zwang löst immer nur neue Verbohrtheit aus! In Belgien hat der Humanismus das begriffen, aber genau deswegen löscht man ihn und seine Anhänger aus. (84) Nicht das Wesentliche erhabenen Glaubens bedingt eine solch seelisch schwache Haltung; vielmehr ist es die Trägheit im Denken Neues zu begreifen, was Menschenstreit so dauerhaft macht. Gewiß, eine neue Ordnung aufzubauen, läßt sich nicht ohne Auseinandersetzungen bewerkstelligen. Weil man sich aber nur auf die Gegensätze konzentriert, ruiniert man das ganze Zeitalter. (85) Die Kirche des Papstes erkennt das durchaus, gibt aber einfach nicht nach. Jener (der Papst) liefert so seine eigene Lehre, die ihm befiehlt, schlimme Taten zu verhindern, geradezu aus. Er läßt statt dessen seinem Anhang, seinen Bewunderern ihre Raserei. (86) So erscheint die Lehre, die sich von Norden her über Europa ausbreitet, gleichsam als Hüter des Evangeliums. Militant-Denkende und Unschuldig-Friedvolle schließen sich ihr gleichermaßen an. Sie empören sich erregt gegen das, was doch schon zum Untergang bestimmt ist. (87) Die derartig machtvoll gewordene Lehre schickt sich an, alle zur Nizäanischen Glaubensgemeinschaft[105] Gehörenden ganz in sich zu integrieren. Das bringt auch in der Provence Niedergang des Gottesreiches, vermag zugleich aber nur nutzloses Unkraut hervorzubringen, und mit dem durchaus Gut-Gemeinten verschwindet anschließend jede natürliche Ordnung. (88) In schlaflosen Nächten ist mir klargeworden, daß sowohl die den Glauben Entleerenden wie auch die Folterknechte Roms dafür verantwortlich sind, daß alles zerstört wird. Also wird die Provence letztlich von der verräterischen Kirche in Tränen, Unheil und Blutvergießen gestürzt. So furchtbar war das noch in keiner früheren Ära. (89) Ist aber das marmorne Gebäude[106] von Grund auf verändert, dann entsteht wieder eine Ordnung, gibt es für ein Zeitalter lang Ruhe und Frieden. Das ist Menschenglück. Das ist Erfüllung dessen, was Menschen zum Leben brauchen, ist Gesundung, Fruchtbarkeit, Freude und Beglückung. (90) Immer wieder jedoch wandelt die Tyrannei des Satans vernünftige, gute Herrschaft um. Die im Besitz der Macht befindlichen Würdenträger lassen sich in ihrem Handeln fasziniert von ihm leiten. (91) Und das trifft eben auch auf den hohen römischen Klerus zu, der einst zum Verkünder und Inhaber der Lehre des Schöpfers aufgestiegen ist, indem er Krankgewordenes, was ihm seinerseits vorausging, überwand. (92) Nachkommendes zerstört stets das, was ihm vorausging und wirft es zum Abfall. Jetzt hat aber die Reformation verblüffenderweise dafür gesorgt, daß dies der alten Kirche nicht geschieht, sie vielmehr – zwar innerlich tot und unbeweglich – trotzdem unverrückbar im Mittelpunkt bleibt. (93) Und so muß die Christengemeinschaft erneut die Qual eines »Kreuzzugs« über sich ergehen lassen. Dadurch und durch ähnliche Dinge wird das Reich Gottes, wird sein Wille verkehrt, und die Menschen der Provence sind weiter die leidtragenden Opferlämmer einer solchen Entwicklung. Dabei hat sich doch gerade dort eine kraftvolle, tragfähige Lehre entwickelt.[107] (94) Südost-Frankreich verachtet völlig, was Spanien gewaltsam durchzusetzen kommt. Die Spanier sind nämlich ganz groß darin, wirklich Großes zu verurteilen. Geben sie sich auch

[105] In Nicäa wurde das Glaubensbekenntnis der Ost- wie Westkirche formuliert.
[106] Eine neue rechte Kirche.
[107] Nämlich durch Nostradamus und die ihm Gleichgesinnten.

den Anschein Boten Gottes zu sein, tritt in Wahrheit nur der Satan aus ihnen hervor. (95) Was nämlich in Spanien die Herrschaft hat und im Süden allerorts die Menschen unterdrückt, löst Schlimmes aus. Nämlich: den alten Kreuzzugsgedanken, der in Wahrheit Niedergang im Denken darstellt. So wollte man einst die Mohammedaner, will man jetzt die Protestanten zu Boden werfen. (96) Zuletzt siegt aber doch die unverfälschte Lehre, die von Gott bestimmt ist, und sie ist gegen das bärenhafte Knurren der Anhänger der nördlichen Abspaltung[108], denn auch das, was der Sekte (katholischen Kirche!) entgegensteht und seine Reife erreicht hat, muß der Trauer verfallen. Heiliges ist nämlich vom Volk beider Seiten verletzt worden. (97) Durch Verblendung der in Vorurteilen Verhafteten sind die wahren, guten Inhalte der Religion unterdrückt. So macht man schnell aus Gutem Übles. Wer das aber eilfertig verkündet, fällt schnell der herrschenden Barbarei zum Opfer, die den Verkünder eines offenen Wortes auf dem Scheiterhaufen sehen will; (98) denn die eigentlich gestellte Aufgabe, Gott gehorchenden Dienens, ist verlorengegangen. Das Zeitalter verleugnet den Geist, der vom Schöpfer stammt: Die gierige Schacherei ist ein Verhalten gleich einem in die Herden einbrechenden Raubtier, und solche Seuche zeigt sich überall. (99) Schließlich lassen Gier, Hochmut, Sucht nach Reichtum und Altersstrottelei nur noch ängstliche Kriecherei übrig. Die wahre, vom Himmel stammende Speise wollen sie nicht mehr in sich aufnehmen, jedes Aufmerken auf seinen Willen ist vorbei (100), und das Gottesreich ist in einen Zustand versetzt, der dem Englands entspricht. In ihrem Rausch der Volltrunkenheit begreifen diese Einfaltspinsel gar nicht mehr, was Bedrückung wirklich darstellt. Das wird allenthalben ständig wiederholt, weil diejenigen, die solch üble Spielchen betreiben, davon nicht genug bekommen können.

Ende

Seit der Ausgabe von 1568 angefügt:
Gott läßt diese Heimsuchung, daß nämlich der Satan alles teuflisch zerfetzt, als Strafe zu. Dieser machtvolle Versumpfer unterwirft sich noch die ganze Welt.

---

[108] Für Nostradamus lag sowohl Genf als auch Wittenberg in nördlicher Richtung: im »Bärenland«.

(91) Was dazu noch an – ? – kommt, stellt neue Erkrankung und Hohn auf den Schöpfer dar, indem es der Weltordnung zuwiderhandelt. Weil sich dem die Provence leidenschaftlich hingegeben hat, verdoppeln die Menschen dort selbst ihr zu erduldendes Übel. (97) Auch an der Saône herrscht vollständige Verwirrung; denn Mietlinge[109] stecken hinter dem unbrauchbar gewordenen Irrweg, der im Menschenlande begangen wird. Und deswegen ist an Saône wie Rhône alles geradezu zerfetzt.

CENTURIE XII

(4) Alles verzehrender Brand, triebbestimmtes Handeln, Gaunerei, Fanatismus, Besessenheit, verführen zu falschem Handeln, sind zerstörerisch und lassen jede Glaubwürdigkeit verlieren. Die ganze Provence ist dem reißenden Rachen des Satans anheimgefallen. Gottes Reich ist vertrieben. Sieht man auch keinen Schaum vor dem Maul, so ist das doch die reine Tollwut. (24) Was im Guienne-Gebiet als Rettung für den Menschen entwickelt wurde, ist schon in Poitiers augenblicklich zunichte gemacht.[110] Wegen der Inquisition gibt es auch für den Südosten Frankreichs keine Hoffnung. Man hat den Menschen alles genommen, was sie wirklich zum Leben brauchen. (36) Die Attacke des Fanatismus ist voll im Anmarsch auf die Provence. Ich weine um deines nahen Ruines willen: Hie herrschsüchtige, prunkliebende Kirchenform, da die Lasten, die reformatorischem, nördlichem Geist entspringen. Der Gottesglaube ist gespalten, Erhabenes verwüstet, gleich auch dem einen Felsen Petri, wie durch ihn. (52) Wohl herrscht im Glauben Unterschied, doch die angewandten Methoden sind einander gleich: In Konfrontation stehen sich die Menschen gegenüber. Jeder schreit rüde seine Vorstellungen heraus, aber keiner ist zum Zuhören bereit. So ruinieren Kleingeistige große

---

[109] Mietling im Gegensatz zum guten, rechten Hirten.
[110] Humanistische Ideen werden sofort an Ort und Stelle unterdrückt.

Lehren und werfen sie achtlos weg. Abweichler trifft der Bannstrahl. Wer aber zu den Denkenden gehört muß mit noch Schlimmerem rechnen. (55) Armselige, unwahre, tückische Vorstellungen bewirken eine Fehlbeurteilung der Lage. Sie verraten in Wahrheit nur das ordnende Gesetz des Schöpfers und bringen alles Volk in Stadt und Land in Aufruhr und Fanatismus. Damit läßt sich Gottes Friede wirklich nicht verwirklichen. (56) Weil Lehre gegen Lehre kämpft, ist Heiland gegen wahren Herrn gesetzt. Untereinander herrscht zwieträchtigster Haß. Tollwut wie großer Schrecken erfassen die ganze Provence. Darüber hinaus ist aber auch ganz Frankreich von schlimmstem Kriege heimgesucht. Das Ergebnis ist eine furchtbare Veränderung. (59) Eintracht und Friede sind völlig zerbrochen. Die der Liebe verpflichtet sein sollten, haben sich in Zwietracht ganz befleckt. Tief eingefressener Haß, der sich schon lange entwickelt hatte, ruiniert rechten Gottesglauben. Es ist hoffnungslos: Die Provence ist in Zwietracht. (62) Kampf, dummes Geschwätz, Streit und Tumult, unterschiedliche Hinterhältigkeiten und gleichzeitig schöne aber unglaubwürdige Reden über die Liebe machen aus dem erhabenen (Lehr)gebäude ein Zerrbild. Das ist blanker Hohn und entspricht dem Gottesdienst heidnischer Wahrsagepriester (65), und das wird alles in fanatischer Wut aufrechterhalten. Niemand hat mehr den Mut, sich dagegen aufzulehnen. Alles geht an innerer Auszehrung zugrunde. Niedertrampelnde Gewalt vernichtet, was lebendig aufgeblüht ist. Südwest-Frankreich könnte gar nichts Schlimmeres erleben. (69) Der dünne Aufguß des Christentums in Genf hat zunächst versucht, die Zügel lockerer zu lassen. Das wird aber bald von seinen eigenen Anhängern geändert, weil sie Verfolgungen ausgesetzt werden. Daüber kann man nur bestürzt sein. Man ist sowieso vom rechten Wege weit entfernt, dafür aber bei innerlicher Armseligkeit mächtig fanatisch. Für all das ist im Letzten die katholische Kirche verantwortlich zu machen. (71) Die zahlreichen Einflüsse des Bösen sind schuld, daß es keinen Frieden gibt. Davon ist ganz Frankreich überwältigt, und das ist das Thema der Prophetien: Die Wohnstätten der Menschen, die der Einfachsten wie die der Reichen und Mächtigen, alle haben – von dieser Zersplitterung in Konfessionen verursacht – die freie Menschenwürde verloren.

Ende

FIN

Nachwort: Des Rätsels Lösung

Um Sinn und Inhalt der Texte des Nostradamus zu verstehen, muß man sich schon gründlich mit ihnen beschäftigen. Dabei ist es notwendig, jedes Vorurteil beiseite zu lassen. So fordert er es ja auch selbst in seiner lateinisch geschriebenen »Gebrauchsanweisung« vom Leser. Weil das aber stets außer acht gelassen worden ist, geistern zwei unterschiedliche Vorurteile durch die Literatur, die sich mit ihm beschäftigt. Da ist einmal der Aberglaube, der auszieht, den Menschen das Gruseln zu lehren, und leider immer wieder offene Ohren und Herzen findet. Wie gerne läßt man sich doch etwas erzählen, das das Kribbeln der Gänsehaut über den Rücken treibt. Geheimnisvolles – so hat er es ja einmal selbst formuliert – zieht viel leichter die Aufmerksamkeit auf sich als klar ausgesprochene Wahrheiten.

Und da ist das Gegenstück: Verstohlenes, mitleidiges Lächeln oder gar blanker, besserwisserischer Hohn für den, der diesen »stammelnden, betrügerischen, astrologischen Spinner« ernst nimmt. Es erscheint diesen Menschen weit unter ihrer Würde, als Gebildete sich überhaupt mit ihm zu beschäftigen. Und genau in dieser sich selbst beschränkenden Überheblichkeit liegt der entscheidende Fehler; denn wer sich für eine gründliche Beschäftigung mit den Prophetien nicht zu schade ist, wird dafür reich belohnt. Er erkennt dann in den Prosatexten wie in den Versen der Vierzeiler, daß hier ein tiefer Denker, ein engagierter Humanist sein Glaubensbekenntnis niedergeschrieben hat. Er ging dabei in äußerst geheimnisvoller Weise vor, weil er es mußte. Daneben entspricht es allerdings auch seinem Naturell: Hat er doch die Menschen nur allzu gerne gefoppt. Im Vorwort an Cesar bekennt er, daß er seine Schriften ursprünglich im Klartext verfaßt hatte, sie aber selbst vernichtete, um wie es im Vorwort an König Heinrich heißt – »gut schlafen zu können«. Und wie unruhig Nächte in Erwartung der Schergen der Inquisition sein können, das haben frei Denkende seitdem vielmals unter all den verschiedenen Formen von Gewaltherrschaft durchleiden müssen.

Nostradamus beschreibt kritisch die Ereignisse seiner Zeit im geschichtlichen Zusammenhang aus dem Blickwinkel einer von ihm entwickelten Theorie über die Gesetzmäßigkeit der Geschichte. Der Rahmen des beschriebenen Geschehens umfaßt die klassischen Gebiete der alten Welt nämlich Europas, Westasiens, und Nordafrikas. Darum hören wir nichts von überseeischen Gebieten, die ihm und seiner Zeit – wenn auch teilweise erst in vagen Umrissen – durchaus schon bekannt waren. Aber Weltgeographie interessiert ihn gar nicht. Ihm geht es allein um die Auseinandersetzungen zwischen den Geistesströmungen des abendländisch-christlichen Kulturraumes seiner Zeit, deren Auswirkungen für die Menschen unter Berücksichtigung ihrer Triebe und Gedanken. Es geht ihm um die Gesetzmäßigkeiten, unter denen sich Geschichte vollzieht, so und nicht anders vollziehen muß, heute (1555) und in Zukunft.

Dabei stellt er alles unter den Willen des Schöpfergottes. Tief gläubig, erkennt er den freien Willen des Menschen, zwischen Gut und Böse zu wählen, an. Weist seine Theorie auf den ersten Blick in vielem auch erstaunliche Parallelen zu der von Karl Marx entwickelten Phasenlehre über die Zwangsläufigkeit der Geschichte auf, trennen beide doch Welten:

Marx, der streng materialistische Philosoph, läßt weder für den freien Willen des Menschen noch gar für Gott irgendeinen Platz. Nach ihm ist der Mensch nur von Umweltfaktoren geprägt, Religion das Rauschgift, das das Volk benebelt, und die Seele ein nicht existentes, idealistisches Hirngespinst.

Ganz anders sind die Vorstellungen von Nostradamus. Er ist überzeugt, daß er als kleiner, der menschlichen Beschränktheit Unterworfener, niemals selbst zu Erkenntnissen von solcher Universalität gekommen ist, sie vielmehr Gottes direkter Eingebung verdankt. Stehen beide Persönlichkeiten auch auf völlig verschiedenem Boden, bewegen doch beide großen Denker nahezu gleiche Fragen. Um wieviel erstaunlicher ist dabei aber die Leistung des Nostradamus, dem für seine Arbeit nicht die geistigen Entwicklungen der folgenden 300 Jahre zur Verfügung standen, auf die Marx zurückgreifen konnte.

Daß Nostradamus bei seiner Beurteilung der Gegenwart – wie der von ihm erwarteten Zukunft – Fehler unterlaufen sind, ist menschlich verständlich, hält er es auch in seiner nicht gerade ausgeprägten Bescheidenheit kaum für möglich. In jungen Jahren war er dem französischen Humanisten Scaliger für kurze Zeit freundschaftlich verbunden. Dieser Mann hatte dem Wahn gehuldigt, Erasmus von Rotterdam sei aus Neid über seine eigene, so viel größere Gelehrsamkeit gestorben. Die zeitweilige Seelenfreundschaft mit Scaliger wirkte sich zweifellos auf den Charakter des Nostradamus aus.

Seine »ererbte Anlage, weissagen zu können« war gewiß stark ausgeprägt. Wir müssen uns klarwerden, was darunter zu verstehen ist: Er hatte von seinen Vorfahren weit überdurchschnittliche Intelligenz geerbt und geistige Anregungen in reicher Fülle empfangen. Diese Intelligenz nutzte er zum Erforschen seiner Welt. In einer Zeit, die gerade erste, zaghafte Schritte auf dem Gebiet der Naturwissenschaften unternahm, war Forschen noch weitgehend geistig-philosophische Tätigkeit. Nostradamus kann die Tradition, in der er steht, nicht verleugnen, will es auch gar nicht. Darum sein häufiges Zurückgreifen auf antike Symbole und Personen. Rückbesinnung auf klassische Werke und deren Gedankengut ist ein Merkmal der Renaissance, in der er tief verwurzelt ist. Mit dem Ruf nach Rückbesinnung (»zurück zu den Quellen«) und Freiheit des Forschens ist die Emanzipation des Menschen von kirchlicher Bevormundung eingeleitet. Die Westkirche hatte – im Gegensatz zur Orthodoxie im Osten – stets eifersüchtig darüber gewacht, daß keine Erkenntnisse gewonnen werden durften, die möglicherweise das theologische Lehrgebäude der Kirche gefährdeten, in Frage stellten oder ganz über den Haufen warfen. So kleingläubig waren höchste Repräsentanten der mittelalterlichen Kirche! Die klösterlichen Kräutergärtlein von Mönchen und Nonnen im Mittelalter sind kaum als bewußter Schritt auf naturwissenschaftliche Experimente hin zu werten. Es dauerte damals noch Jahrhunderte bis zu Gregor Mendel, dessen Arbeit aber ohne vorangegangene Befreiung von kirchlichem Zwang in der Aufklärung wohl nie erfolgt wäre.

Es war die Scholastik, die zur Zeit des Nostradamus nahezu vollständig das Denken beherrschte. Wenn beispielsweise Thomas von Aquin in seinen Werken schrieb – und das hat nichts mit seiner sonstigen, gewaltigen Leistung für die Entwicklung des abendländischen Denkens zu tun –, daß die Fliege acht Beine habe, so wagte Jahrhunderte lang niemand den eigenen Augen mehr zu trauen als der Aussage dieses Kirchenlehrers. Das wäre möglicherweise auch gefährlich geworden! Die Beispiele hierfür sind zahlreich: Ein Kopernikus mußte erleben, daß Martin Luther – der ja erheblich stärker in kirchlicher Tradition stand, als er selbst wahrhaben wollte – ihn als einen »Narren« bezeichnete, »der Himmel und Erde auf den Kopf zu stellen wünsche«. Der Papst sandte Kopernikus einen höflichen Dankesbrief für das an ihn übersandte Exemplar seiner Schrift über die Bewegung der Gestirne und setzte das Werk anschließend – auf den Index! Auf diesem blieb es übrigens fast bis zur Mitte des 19. Jahrhunderts. Ein Galileo Galilei kam da weniger glimpflicher davon: Er mußte sein Leben auf dem Scheiterhaufen hingeben, da er das Wort von Josua »Herr, laß die Sonne am Himmel still stehen« wie es im Alten Testament geschrieben steht, nicht wörtlich genommen hatte; denn äußerst buchstabengetreu verstanden hohe Kirchenfürsten im 16. Jahrhundert die Texte der Heiligen Schrift. Gerade dies geißelt Christus, wenn er sagt, daß es »der Geist ist, der lebend macht, während der Buchstabe tötet«.

Mit solchen Vorstellungen mußte sich Michael Nostradamus als gegeben abfinden. Zugleich wollte er sie aber auch anprangern.

Auch und gerade als überzeugter Christ und praktizierender Katholik darf man Geschehnisse in der Kirchengeschichte nicht totschweigen, seien sie auch noch so unerfreulich. Man sollte sich vielmehr genau so dazu bekennen, wie zur Vergangenheit des eigenen Volkes. Ehrlicher Glaube wie objektives Geschichtsbild können nur so zustande kommen. Zudem lassen sich Nostradamus und seine Vorstellungen nur im Zusammenhang verstehen. Das gilt für seine Zeit und Umwelt genauso wie für seine Texte. Hier bediente er sich allerdings einer äußerst skurrilen Ausdrucksweise.

Nach seiner Zeit in Agen zog er als Zauberdoktor durch die Lande, und der dabei verwandte Hokuspokus schimmert auch noch in seinen späteren ernst, ja sehr ernst gemeinten Schriften durch, in denen er sich mit den Grundlagen menschlicher Existenz und dem Wesen der Naturgesetze beschäftigte. Wir wissen zwar wenig von seinen Methoden als Wunderheiler, können aber voraussetzen, daß sie sehr erfolgreich – zumindest in materieller Beziehung für ihn selbst – gewesen sind. In dieser Zeit legte er nicht nur den Grundstock seines immensen Vermögens, die entwickelte Methode war so hervorragend, daß es ihm mit ihrer Hilfe gelang, über alle verflossenen Jahrhunderte hinweg die Menschen zu täuschen und foppen. Ihretwegen wurde er in der Vergangenheit aber auch gänzlich mißverstanden. Gewiß, es gibt ein Ereignis – einen Zufall, wenn man es so nennen will –, der dem prächtigen Vorschub leistete: Als Heinrich II. von Frankreich 1559 an den Folgen eines Duell-Unfalls starb, wurde der Vierzeiler Centurie I, Quartain 35 als Voraussage dieses Ereignisses gewertet. Im Kapitel »Entschlüsselungen« haben wir uns ausführlich damit auseinandergesetzt. Hier wird ein Vierzeiler gewaltsam in eine Deutung hineingezwungen, nachdem man ihn aus dem Zusammenhang herausgerissen hat. Dies ist die Art und Weise, wie bislang stets mit seinen Texten umgesprungen wurde.

Heinrich II. ist weder der Adressat des Vorwortes zum zweiten Teil der Centurien, noch hatte Nostradamus überhaupt einen Grund, diesem Monarchen, der ihn 1555 unter zweifelhaften Umständen nach Paris kommen ließ, wohlgesonnen zu sein. Weder aufgrund persönlich gemachter Erfahrungen noch gemäß seiner in den Schriften zum Ausdruck kommenden Einstellung hegt er Sympathien für diesen König. Übrigens: Für ihn nicht, ebenso wenig für andere Fürsten und schon gar nicht für Machthaber in der Kirche. Er hat sich allerdings gehütet, den Irrglauben über seine Absichten aufzuklären. So etwas wäre ihm auch – und das bringt er wiederholt in verklausulierter Form zum Ausdruck – schlecht bekommen.

Der Kurie in Rom muß er allerdings – wenn auch erst 150 Jahre später (!) – verdächtig gewesen sein: Anfang des 18. Jahrhunderts setzt man die »Prophetischen Schriften des Nostradamus« auf den Index, nimmt sie damit in die Liste der verbotenen Bücher auf. Warum wohl? Wir wissen es jetzt: Seine Theorie über geschichtliche Gesetzmäßigkeiten sah in der römischen Kirche eine überlebte Form der Religion. Dazu hat er der Machtinstitution Kirche einen Spiegel vorgehalten, und darin sieht sie wahrhaftig nicht schön aus. Aber es sind ebenso die anderen Mächtigen, die er ihres Flitterglanzes entkleidet und in ihrer nackten Erbärmlichkeit vor uns hinstellt. Dabei betont er dann ausdrücklich, daß sich an solchem Verhalten auch in Zukunft kaum Wesentliches ändern wird. Da die Grundzüge menschlichen Handelns – zumindest über lange Zeiträume – unverändert bleiben, gilt seine Beurteilung der Charaktere von »Inhabern von Macht« auch heute noch. Wie die Zugvögel, einem geheimen Gesetz folgend, in jedem Jahre stets gleiche Wege benutzen, sind es auch immer wieder entsprechende Wege, entsprechende Straßen, über die Eroberer in Gebiete – ob Länder oder geistige Bereiche – einfallen. Und Eroberer handeln stets aus gleichen Motiven oder Instinkten der Macht, des Reichtums heraus. Diese Erkenntnis macht die Parallelität jeder Zeit und ihrer Ereignisse deutlich. Deswegen glaubte man zu allen Zeiten, daß die Weissagungen des Nostradamus jeweils die Gegenwart – oder unmittelbar bevorstehende Zukunft – betrafen. Was Wunder, daß sie besonders auch auf unsere Gegenwart bezogen werden. Ist doch unsere heutige Zeit eine der seinen vergleichbare, radikale Periode des Umbruchs.

Zur Verdeutlichung seiner Erkenntnis verwendet er häufig das Bild des Firmamentes und der Gestirne. Wie die für unser Auge sichtbaren Sterne, dem Gesetze folgend, trotz ständiger Bewegung immer wieder zum Ausgangspunkt ihrer Bahn zurückkehren, sieht er die Entwicklung des menschlichen, gesellschaftlichen Lebens dem gleichen, allgemeinen Naturgesetz unterworfen. Dieses Bild verwendet Nostradamus besonders deshalb, weil er hierin ein Teilgebiet der Gesamtschöpfung erkennt, dessen Ablauf nicht durch menschliches Fehlverhalten gestört werden kann. Da der »Satan«, der Einfluß des Bösen im Menschen also, hier keine Störung im Ablauf der Geschehnisse vorzunehmen vermag, läßt sich an der Bewegung der Gestirne das von Gott geschaffene Naturgesetz besonders deutlich ablesen.

Hier liegt der Grund, warum sich gerade Astrologen für seine Schriften besonders interessiert haben, erscheinen doch die Namen der Himmelskörper immer wieder in den Texten. Das hat er erwartet, warnt er doch wiederholt vor solcher Textinterpretation und untersagt Astrologen gewissermaßen den Zutritt. Sein erläuternder Vierzeiler VII/1 steht unmittelbar hinter seiner lateinischen »Gebrauchsanweisung«, die nach der VI. Centurie genau in der Mitte seiner Verse angeordnet ist. In diesem erläuternden Vierzeiler nennt er die Astrologie das Spiel, das unwissendem Volk zuliebe mißbräuchlich mit den Sternen getrieben wird. Immer und immer wieder betont er, daß man zum Erkennen geschichtlicher Zusammenhänge ganz anders und viel tiefer in die Weisheit eindringen muß. Trotzdem bekennt er, daß im letzten nur Gott allein die Zukunft kennt.

Es würde den Rahmen dieses Buches sprengen, eine Beurteilung oder gar Verurteilung der Astrologie vorzunehmen; dazu wären zudem genauere Kenntnisse über sie erforderlich, als sie dem Verfasser zu Gebote stehen. Eines aber ist unbestreitbar: Nostradamus – dem nach allem, was wir wissen, Ausreichendes über sie bekannt war – lehnt sie entschieden ab und verurteilt sie als Aberglaube.

Zugleich verbietet er noch einer anderen Gruppe sich seinen Schriften zu nähern: den Ungebildeten. Die Vielzahl der verwendeten Symbole, seien sie dem klassischen Altertum entnommen oder mögen sie aus seiner Gegenwart stammen, verdunkeln den Sinn der Vierzeiler, machen sie schwer enträtselbar. »Werfet nicht die Perlen vor die Säue«, so zitiert er in der Cesar-Vorrede das Wort Jesu aus dem Neuen Testament, und der zweite Teil dieses Zitats zeigt seine Furcht deutlich auf: »…damit sie euch nicht selbst zertrampeln.« Die Gefahr, zertrampelt zu werden, sieht er einmal von den Machthabern in Staat und Kirche, von der Inquisition also. Und aus seinen Äußerungen, mehr noch aus seinem Verhalten, erkennt man, daß er die Machthaber zu den Ungebildeten rechnet. Wie verspottet er Heinrich II., Karl IX., Katharina von Medici, den Kardinal von Foix und Montmorency. Es ist aber auch die fanatische Masse, die er fürchtet. Die Plünderungen in Orange und später bei ihm selbst in Salon haben ihm recht gegeben.

Man müßte es als Anmaßung betrachten, es übersteigt zudem auch den »normalen Verstand«, den Nostradamus in der gerade erwähnten Vorrede anspricht, glaubte man ihn in einer derartigen Untersuchung bis ins letzte ausloten zu können. Zweifellos stehen in den Centurien noch eine Fülle nicht herausgearbeiteter Gedanken und Erkenntnisse. Vieles mußte auch – um den Rahmen nicht zu sprengen – in gedrängter Form wiedergegeben werden. Zudem mag im einen oder anderen Falle auch ein mögliches Mißverständnis nicht auszuschließen sein, wird doch hier zum ersten Male der Weg so beschritten, wie er ohne Zweifel seine Texte verstanden wissen wollte. Der logische Zusammenhang seiner Schriften, die ganz konsequente Folge der Vierzeiler aufeinander, sind erstmals deutlich und erkennbar geworden. Die Behauptung stimmt also nicht, er habe die Quartains auseinandergerissen und anschließend in eine andere Reihenfolge gebracht. Diese Behauptung entbehrt jeder Grundlage. Nostradamus hat niemals auch nur den geringsten Hinweis gegeben, der eine solche Praxis erlaubte. Daß bisher alle Interpreten einen solchen Weg beschritten haben, macht es auch nicht richtiger. Eines allerdings ist unbestreitbar: Bei einer solchen Methode läßt sich willkürlich alles Gewünschte in den Text hineinlegen.

»Judas ging hin und erhenkte sich«, so heißt es im Neuen Testament, und »Jesus sprach: Gehe hin und tue desgleichen«, ist dort ebenfalls zu lesen. Nur: Miteinander zu tun haben beide Stellen nichts. Handelt es sich doch dabei vielmehr um eine äußerst billige Kollage. Es heißt, daß sich mit der Bibel, Goethes Faust und der Statistik – benutzt man sie in der gerade beschriebenen Weise – alles beweisen läßt. Wir können hier getrost Nostradamus noch hinzuzählen. Nein, so geht es nicht, vielmehr muß man stets den Kontext hinzuziehen. Unter Berücksichtigung dieses Gesichtspunktes dann aber an seine prophetischen Schriften heranzugehen, ist äußerst reizvoll und kann jedem empfohlen werden, der ihn noch besser verstehen lernen will.

Die von ihm verwendete Methode ist äußerst interessant: Beide Vorreden sind notwendige Voraussetzung, die Vierzeiler zu verstehen. Da gibt es eine Vielzahl von Hinweisen über seine Absicht und seinen Weg. In den Vorreden löst er die angeführten Jahreszahlen auf. Die Centurien erläutern und verdeutlichen seine Absicht. Zugleich aber bringen sie die Darstellung seines Lehrgebäudes. Dabei sind grundsätzliche Aussagen und erläuternde Beispiele zahlenmäßig annähernd gleich häufig und bedeutungsmäßig gleichgewichtig miteinander verwoben. Seine Lehrmeinung wird im Verlauf der Centurien immer deutlicher, allerdings wird seine Sprache auch zunehmend härter und drastischer.

Nostradamus beschreibt in den Centurien die Verhältnisse seiner eigenen Zeit aus der Sicht eines Humanisten. Die Darstellung benutzt er zugleich, um eine von ihm erwartete, allgemeine Entwicklung künftiger Verhältnisse darzulegen. Er ist also Geschichtsphilosoph, Geschichtsdeuter. Nun ist Geschichtsphilosophie von Ibn Akiba bis Karl Marx durchaus problematisch. Unbestreitbar aber ist, daß gewisse, allgemeine Tendenzen am Ablauf der Geschichte feststellbar sind. Im Gegensatz zum Marxismus, der alles aus der Materie heraus erklärt, außermaterielle Einflüsse nicht anerkennt und den Geist – um es mathematisch zu formulieren – zu einer zwangsläufigen Funktion des Materiellen herabwürdigt, denkt Nostradamus hier genau umgekehrt: Der Ablauf des Weltgeschehens wird vom Geist des Schöpfers bestimmt. Der Mensch vermag in den Ablauf gestaltend – in Übereinstimmung mit Gott also – oder zerstörerisch – vom Satan inspiriert – einzugreifen. Der Zerstörungswille stammt immer von dem Gott entgegenstehenden Bösen, der zur Verwirrung der Ordnung des Menschen bedarf und ihn benutzt. Nostradamus wiederholt häufig die Feststellung, daß ihm die genaue Zukunft nicht bekannt sei. Vor überheblicher Betrachtungsweise schützt ihn auch seine tiefe Religiosität – nicht Kirchlichkeit wohlverstanden. Die Betonung, die Heilige Schrift – die Bibel also – gleichwertig bei seinen Überlegungen zugezogen zu haben, ist dafür ein Beispiel; aber auch der ständig erfolgende Ruf nach Gottes Gnade und die Bitte an ihn um Änderung der zu erwartenden Entwicklung. Die Inschrift über der Tür seines väterlichen Hauses »Allein für Gott« oder »Dem einzigen Gott« (Soli Deo) war das Motto, so wie er es verstand, für sein Leben und blieb es.

Wäre er ein Hellseher gewesen, wieso fühlte er sich dann genötigt, in seinem Testament alle möglichen familiären Eventualitäten einzukalkulieren? Das paßt wirklich nicht zum Bilde eines »Hellsehers von hohen Graden«. Wohl aber kann ein Prophet so handeln; denn ein Prophet ist ein Deuter, Warner und Mahner. Er legt den Menschen nahe, Gottes Willen gemäß zu handeln und – so sagt es Nostradamus immer wieder – nach dem allgemeinen Gesetz, dem die Schöpfung in ihrer Gesamtheit untergeordnet ist. So ist es zu verstehen, wenn Nostradamus des öfteren – besonders in der Vorrede an König Heinrich – Gott um Verschonung der Menschen vor den Folgen des von ihnen selbst verursachten Unheils bittet. Seine prophetischen Vorstellungen sind aber auch aus Form und Inhalt seiner Schriften erkennbar. Man vergleiche etwa das 11. Kapitel des Propheten Daniel mit ganzen Passagen der Vorrede an Heinrich und mache sich die Parallelität zwischen seinen Centurien und vielen Psalmen in Stil und Aufbau deutlich.

Die Vierzeiler in den Centurien sind der Numerierung entsprechend fortlaufend hintereinandergesetzt. Nur so ist ihr Sinn begreifbar. Dieser ist dann nicht mehr phantastisch-geheimnisvoll, sondern »nur noch« – vernünftig. Erstaunlich vernünftig und weitblickend, besonders wenn wir uns dabei die übliche Geschichtsbetrachtung des 16. Jahrhunderts vergegenwärtigen. Die vertretenen und erläuterten Anschauungen erscheinen oftmals erstaunlich »modern«, in jedem Falle aber so vorurteilsfrei wie irgend möglich. Mit großer Vernunft beurteilt er die Verhältnisse seiner Zeit. Das Bild jener Umbruchzeit des 16. Jahrhunderts, in der er lebte, tritt uns bereits in den Vorreden – besonders in der an König Heinrich – entgegen. In den

Vierzeilern seiner Centurien tut er gleiches, nur erheblich deutlicher und – wie schon gesagt – drastischer. Es war deshalb manchmal schwierig, einerseits seinen Texten keine Gewalt anzutun, zum anderen aber Ausdrücke zu vermeiden, die den »guten Ton von heute« allzusehr verletzen. Wir müssen berücksichtigen, daß die Ausdrucksweise im ausgehenden Mittelalter viel – nennen wir es einmal – plastischer war als heute. Ein Gebildeter kennt heute offiziell keine Fäkaliensprache mehr, will sie zumindest in ernsthaften Schriften nicht vorfinden. Anders im 16. Jahrhundert. Hier macht allein Erasmus von Rotterdam eine Ausnahme. Aber vergegenwärtigen wir uns doch einmal so manche Luthertexte im Blick auf ihre Ausdrucksweise: Sie stehen mit denen seiner Gegner durchaus auf einer Stufe, allerdings ist deren Argumentation jedoch meist kläglicher.

Wie sehr Nostradamus in seinem Thema aufgeht, das wird deutlich, wenn man ihn im Zusammenhang in den aufgehellten Texten liest und seinen sich ständig wiederholenden Gedankengängen begegnet. Man fragt sich danach erstaunt und zu Recht: Wie konnte ein solcher Mann derartig phantastischen und völlig falschen Interpretationen ausgesetzt sein? Hierfür gibt es mehrere Ursachen. Wir haben bereits gehört, welch eine Rolle hier der Vierzeiler 35 der I. Centurie spielt. Aber Nostradamus selbst hat auch immer wieder erklärt, daß er Dinge der Vergangenheit, Gegenwart u n d Zukunft nenne. Wie er dabei verstanden sein wollte, aber niemals verstanden wurde: Wir wissen es jetzt, weil wir seine geschichtsphilosophische Theorie erkannt haben. Die vielen Jahreszahlen – wir haben sie schon erklärt – haben ebenso dazu beigetragen wie die in den Centurien gewählte Form des Futurs. Es sind aber auch geistige Unbeweglichkeit, Engstirnigkeit und Verbohrtheit, die dazu genauso beigetragen haben. Und nicht zuletzt die Sensationslust und – das Geschäft damit.

Und dann natürlich das Wort »prophetisch«. Aber gerade damit nähert er sich alttestamentlicher Gottesauffassung, die für billige Wahrsagerei gar kein Verständnis aufbrachte. Wir begegnen vielen Gedanken der ganzen Heiligen Schrift, besonders aber dem Buch Daniel und den Psalmen. Daniels Zeit hat ihn besonders beschäftigt, sieht er doch in der Periode der Babylonischen Gefangenschaft den Beginn des Niedergangs im Judentum. Aber er gleicht sich auch alttestamentlicher Form an: im Verwenden des Gedankenreims wie der Antiphon oder der Darstellung menschlicher Kleinheit vor der unendlichen Größe des Schöpfers, vor dem ewigen Naturgesetz. Außerdem ist da noch sein deutlicher Ruf »zurück zu den Quellen«. Die Humanisten seiner Zeit, die Denkenden der Renaissance verstanden darunter Rückbesinnung auf die Fundamente jüdisch-christlicher Lehre wie antiker Wertvorstellungen. Wie eng er den Humanisten verbunden ist, erkennt man nicht allein an der vorübergehenden Freundschaft mit dem französischen Humanisten Scaliger und dem Kontakt der beiden zu den »Geistesgrößen ihrer Zeit«, sondern auch an der Ähnlichkeit seiner Texte mit zeitgenössischen, erasmianischen Schriften. Gleich diesem erfüllt auch Nostradamus ein tiefes Mißtrauen gegen den entscheidenden Reformator seiner Zeit, Martin Luther. Die – aus der Not geborene – Verkettung geistiger und weltlicher Macht zur Aufrechterhaltung einer hierarchischen Struktur als Ordnungselement seiner neuen Kirche läßt Nostradamus Schlimmes für die Menschen befürchten. Sind doch hier die Macht über die Seele und die über den Leib in einer Hand vereint. Nostradamus erwartet daraus eine Unterdrückung des Menschen in noch weit stärkerem Maße als schon bisher. Zugleich sieht er in der Reformationsbewegung einen Substanzverlust an Grundwerten des Glaubens. Das ist kein Widerspruch zu seiner deutlich geäußerten Bewunderung für die brüderliche Art, in der Reformierte miteinander verkehren und in der er die Forderung Christi wiedererkennt: »Wer von euch der Höchste ist, der handle als Niedrigster«, und was man einst von der jungen Kirche sagte: »Seht, wie sie einander lieben.« Weil sie altgeworden ist, von der Macht korrumpiert und genußsüchtig, vermißt er jetzt diese wesentliche Selbstverständlichkeit im Umgang der Christen untereinander in der katholischen Kirche. Er geißelt ihre Erstarrung, Verbohrtheit, Rechthaberei, Brutalität, ihr Verhaftet-Sein in Vorurteilen. Es ist das gleiche gemeint, was Goethe ausdrückt, wenn er Mephisto auf die Faustfrage, was er denn eigentlich gegen das Bild des Gekreuzigten einzuwenden habe, antworten läßt: »Ich weiß es wohl, es ist ein Vorurteil. Allein genug, mir ist's einmal zuwider.« Auch Lessing läßt sich vom gleichen Anliegen leiten, wenn der Patriarch in seinem »Nathan der Weise« den bösen Satz spricht: »Egal, der Jude wird verbrannt.« Und was in der Zeit des Nostradamus galt, in der Klassik, das hat auch heute noch seine Bedeutung.

Eingestreut in den Centurien finden wir immer wieder Bekenntnisse zu seinem Wollen, seiner Absicht. Es handelt sich dabei um Hinweise, warum er seine Schriften verfaßt, wie er sie verstanden wissen will. Kein Wunder, daß sie bislang nicht gefunden wurden, wenn auch schon jeder bisherige Interpret von der Existenz solcher Hinweise überzeugt war. Nur: Man hatte bislang die Tür mit falschem Schlüssel öffnen wollen. Jetzt aber ist uns endlich klargeworden, was er will. Wählen wir uns die wesentlichsten entsprechenden Vierzeiler aus und lassen ihn selbst sprechen[1]:

»Habe ich mich aus eigenem Vermögen heraus auf dem Stuhl der Weissagenden niedergelassen? Nein, es ist vielmehr eine Berührung durch den Schöpfergott, die mich lenkt. Nur durch ihn erfasse ich ehrfurchtsvoll, was er mir an Einsicht über die inneren Zusammenhänge der Geschichte schenkt.

So vermag ich vorauszusagen, daß die Kirche plötzlich zusammenbricht. Daran trägt sie selbst wie auch die nördlichen Reformationsbewegungen Schuld. Frankreich, für dich stehen die Zeichen auf Sturm. Du hast dein Vertrauen aufgebraucht und Reformationsideen bringen die Verwirrung auch zu dir. Das gilt genauso für die anderen Länder unseres Kulturkreises, da man weder Nächstenliebe kennt noch Vernunft walten läßt und den Gesetzen des Schöpfers – wie ich sie euch zu verkünden habe – zuwider handelt. Er hat einst selbst der Kirche seine Lehre überantwortet. Die aber hat alles vertan und quält statt dessen in Verbindung mit dem Staat heute den Menschen. Noch jahrhundertelang zieht man aus meiner Lehre keine Konsequenzen. Aber erst wenn man sie befolgt, läßt sich eine lebenswerte Welt erbauen. Dabei könnte der vom Schöpfer eingegebene humanistische Gedanke Friede bringen und die Menschen versöhnen. Es ist erschreckend, wie weit wir noch davon entfernt sind und uns statt dessen in unwissendem, die Ordnung des Schöpfers störendem Dunkel bewegen. Erkennt doch seine ewige Ordnung und handelt danach, statt in aufgepeitschtem Fanatismus zu verharren, der nur zum Scheiterhaufen führt. Die Kirche ist verhärtet. Ich

---

[1] Es handelt sich um die fortlaufende Wiedergabe des Inhalts seiner »Ich«-Vierzeiler, in denen er entweder direkt die Ichform verwendet, oder vom Denker bzw. vom Propheten spricht. Es sind die Vierzeiler I/1; I/2; I/26; II/28; II/99; II/100; III/2; III/94; IV/5; IV/31; IV/55; V/6; V/26; V/53; V/71; V/81; VI/17; VII/21; VIII/2; VIII/23; VIII/64; VIII/104; VIII/106; IX/1; IX/2; IX/53; X/8; X/29; X/30; X/31; X/50; X/65; X/73; X/88; X/97; XII/52; XII/71.

sage dieser blutverspritzenden Überlebten ihr Ende voraus. Das Menschenvolk atmet auf, wenn der Schöpfer durch sein ewiges Gesetz das Urteil an ihr vollzogen hat. Ich weise die Herrschenden darauf hin, Friede und Toleranz zu üben und zu bringen. Ihre Aufgabe wäre nämlich wahrer Religion zu folgen. Und du, verfolgtes Volk, sieh daß diejenigen, die über dich herrschen, dich nur falsch führen; denn sie haben dir ja nichts als Krieg gebracht. Folgt meiner Lehre, und die menschliche Gesellschaft kann sich in die Höhe entwickeln. Nach meiner Lehre sind Herrschaft und Nächstenliebe in Harmonie. Ethische und moralische Forderungen müssen nämlich in einem ausgewogenen Verhältnis zur Nächstenliebe stehen, wenn man wirklich dem Wort des Erlösers folgt. Weil ich leidenschaftlich für den richtigen, kraftvollen Lebensweg eintrete, hat man das Volk gegen mich aufgehetzt, und die Fürsten haben, statt zuzuhören – wie es doch ihre Pflicht wäre –, alles den Advokaten überlassen. Dazu zwang man mich auch, mich in Paris zu verantworten. Ich sage euch in verschleierter Form wegen eures Verhaltens die Austrocknung eurer Gesellschaft voraus und den Niedergang zu blanker, teuflischer Despotie. Zunächst werden Glaubensabweichler verbrannt, dann aber kommen Lehrer und Denker an die Reihe, wenn diese nicht fein ihren Mund halten. Freies Denken wird von den Machthabern wie ein Seuchenherd behandelt. Als Therapie dagegen hilft ihrer Meinung nach – nur Ausrottung mit Stumpf und Stiel. Eine andere Möglichkeit sehen sie in ihrer Engstirnigkeit nicht.

Ich sehe hier in Südfrankreich die Menschen vom Glaubenskampf völlig aufgeputscht und fanatisiert. Ja, Vergreistes wird kindisch, und worin mündet solcher Hochmut letztlich ein? Nur in Zerstörung!

Was an guten Gedanken geäußert wird, ist von Machthabern gemäß ihrer Anschauung augenblicklich unterdrückt. Deshalb muß man beim Reden eine verschleiernde Form wählen, will man nicht den Häschern in die Hände fallen. Was den Menschen zum Wohle gereichen würde, muß also geheim gehalten werden. Deshalb muß das, was rechtmäßig die Nachfolge der Kirche antreten sollte, im Verborgenen bleiben und sieht sich Verfolgung ausgesetzt. Deshalb leben Denkende in ständiger Angst und haben keine Hoffnung auf Besserung. Alles, was Humanisten den streitsüchtigen Machthabern nahezubringen suchen, mißachten letztere. Nur Gott selbst kann noch Frieden bringen! Es ist furchtbar, was die zur Macht Gelangten treiben. Nimm dich in acht, daß du nicht auch so wirst; denn es kann jeden und aller Orten erfassen.

Ich sehe mich als Vermittler dessen an, was Gottes ewige Allmacht uns sagen will. Darüber habe ich lange nachgedacht und es dann in zwar dunkler Form, aber präzise in der Sache und deutlich in der Aussage, als Lehrsatz des Schöpfers formuliert; denn sein Ruf ist an mein Ohr gedrungen: Macht endlich mit den Schlechtigkeiten ein Ende. Reinigt die Religion von allem überkrusteten Schmutz. Dann endlich kann ein Ende sein mit den Ketzerverbrennungen, ursprünglichem Christentum Entsprechendes aufblühen und alles Schändliche ausgelöscht sein; denn was die den Verbrennungsofen Schürenden tun, kann keinen Gottesfrieden bringen. Bringt euch vor denen in Sicherheit, die ihr wahre Menschen seid. Das Denken wird verboten, der Horizont durch die Kirche eingeengt. Was sie erfaßt hat, ist wahrhaftig der Antichrist selbst. Wahre Gebildete müssen um ihre Freiheit und Sicherheit fürchten; denn sie werden für wilde Bestien gehalten. Die das verursachen – stehen sie auch noch so nahe am Altar – sind die wirklichen Ketzer. Wer wahrlich Heiligem verpflichtet und von Gott dazu berufen ist, den hetzen diese Kriegerischen zu Tode. Sie bilden ja die Mehrheit und verfolgen Hoffnungsvoll-Gutes bis hin zum Feuertod. Heilige, rechte Herrschaft entstammt dagegen einem humanitären Verhalten, und aus einer derartigen Einstellung heraus kann man sich dann selbst mit dem Islam objektiv auseinandersetzen. Kreuzfahrer dagegen sind vernagelte Dummköpfe, die sich gar nicht für das Gottesreich einsetzen, sondern höchst weltliche Unbernehmungen betreiben.

Als ich mich im Luxemburgischen aufhielt, habe ich mich speziell mit der Frage beschäftigt, was das innerlich bereits Tote an Unheil auslöst. An Hand der Verhältnisse in Lothringen kam mir dazu die Erleuchtung. Ja Rom, dein Untergang kommt jetzt bald, und dabei meine ich dich ausdrücklich nicht als Stadt, sondern deine Lehre. So weit dein Einfluß reicht, hast du die Lehre des Schöpfers schwer verletzt.

Ich habe mich in Ehrfurcht vor seinem Gesetz mit Vergangenheit und Gegenwart beschäftigt. Es wird aber lange dauern, bis erkannt wird, was ich genau sagen will; denn ich muß mich wegen der Inquisition einer raffinierten Sprache bedienen, um das auszudrücken, was mir in schlaflosen Nächten klargeworden ist: Sowohl die Reformatoren, die einen leeren Glauben verkünden, als auch Roms Folterknechte tragen an der völligen Zerstörung die Schuld. Dadurch wird die Provence, wird das von Menschen bewohnte Land überhaupt, schlimmer als jemals zuvor in Tränen, Unheil und Blutvergießen gestürzt. Beide Richtungen unterdrücken in ihren verblendeten Vorurteilen den wahren Sinn der Religion und verkehren damit Gutes in Schlimmes. Wer das aber unbedacht deutlich ausspricht, fällt der herrschenden Barbarei zum Opfer, die jeden Verkünder eines offenen Wortes auf dem Scheiterhaufen sehen will. Zwar unterscheiden sich die verschiedenen Machthaber im Glauben, aber ihre angewandten Methoden sind einander ebenbürtig. In Konfrontationsstellung stehen sie sich gegenüber, beschimpfen sich gegenseitig und, statt zuzuhören, verurteilen sie einander. Denkenden aber geht es noch schlimmer.

Die zahlreichen Einflüsse des Bösen sind schuld, daß es keinen Frieden gibt. Das gilt für ganz Frankreich. Unter dieser geistigen Zersplitterung, die die Wohnstätten der Einfachsten wie die der Mächtigen und Reichen erfaßt hat, geht freie Menschenwürde ganz verloren. Das ist es, was die Prophetien aussagen.«

Nostradamus verfolgt in seinen Prophetien die Absicht, den Menschen der Nachwelt ein Bild seiner Zeit zu hinterlassen und zugleich Sinn und Ablauf der Weltgeschichte darzulegen. In den Centurien verwebt er beides miteinander, während er sich in den beiden Vorreden jeweils nur mit einem Thema beschäftigt: Im Anschreiben an Cesar setzt er sich mit dem Gesetz, dem die Welt unterworfen ist, auseinander; im Brief an Heinrich schreibt er über den Ablauf dieses Gesetzes und die Störungen von außen.

Nachdem Nostradamus in Centurie X, Vierzeiler 50 darlegt, wann und woran ihm das klar geworden ist, entwickelt er seine Theorie in der zweiten Hälfte dieser Centurie:

»Die Geschichte ist einem allgemeinen, vom Schöpfer aufgestellten Naturgesetz unterworfen und gilt gleichermaßen für alle Bereiche der Schöpfung. Die dem Menschen gegebene Freiheit zwischen Gutem Gott – und Bösem – dem Satan – zu wählen, vermag das allgemeine Gesetz zwar nicht zu verändern, wohl aber kann es vorübergehende Störungen und Verzögerungen in der vom Schöpfer vorgezeichneten Entwicklung hervorrufen. Diese Störungen treten immer dann auf, wenn der Mensch bösen Einflüssen folgt. Diese tragen die Strafe Gottes in sich selbst; denn die Störungen sind unnatürlich und gebären Zerstörerisches. Die Menschen müssen dann wegen ihrer eigenen Entscheidung – oder der ihrer Mitmenschen – die Konsequenzen tragen. Da sich dies gleichzeitig auf allen Gebieten menschlichen Lebens vollzieht, sind die Auswirkungen ineinander verflochten und nur schwer – manchmal gar nicht – auf ihre jeweiligen Ursachen zurückzuführen. Einzelschicksale sind gar nicht zu bestimmen. Beide Hauptkräfte aber, denen die Menschen unterworfen sind, lassen sich durchaus unter diesem Gesetz betrachten und beurteilen: Die Form der Religion – also die Macht über die Seele – und die weltliche Fürstenherrschaft. Hinzu kommen die menschlichen Leidenschaften und Triebe, denen besonders die unwissenden Massen neben den beiden vorgenannten Mächten unterworfen sind. Je geringer das Wissen, desto größer ist der Einfluß von Trieben und Leidenschaften. Das gilt aber auch für die Regierenden, denen Gott mit dem Amt noch lange nicht den Verstand gibt. All diese Mächte vermögen das harmonische Naturgesetz des Schöpfers in seiner Entwicklung zu stören. Aufheben können sie es nicht und *Er* behält sich stets ordnendes Eingreifen vor, wenn es allzusehr menschlich bedingten Störungen unterworfen wird.«

Wie das allgemeine Gesetz einer gottgewollten Ordnung aussieht, erkennt man am klarsten an dem Bereich der Schöpfung, der sich menschlicher Einflußnahme entzieht: aus der Ordnung, denen die Gestirne am Firmament folgen. Wir können dies mit unseren eigenen Augen wahrnehmen. Die Erkenntnis traf Nostradamus nach langem Nachdenken über den Sinn des Lebens und den Grund der schlimmen Leiden der Menschen blitzartig auf seinen Reisen im Land der Luxemburger – wahrscheinlich in Orval –, wie er es selbst schreibt. Als tief-religiöser Mensch empfand er sie als Offenbarung Gottes, der sie ihm übermittelte, um seinerseits die Menschen zum guten Handeln – also in Übereinstimmung mit dem Naturgesetz – anzuhalten. Hier hahen wir auch die Erklärung für den Namen »Prophetien«, den er seinen Texten voranstellt.

Da menschliche Machtstrukturen wie Verhaltensmuster über die Zeit hinweg weitgehend gleichbleiben, ist hiermit auch das »Geheimnis« gelüftet, daß er nach seinem Selbstzeugnis Dinge der Vergangenheit, Gegenwart u n d Zukunft sagt. Wie formuliert er es doch in seiner Vorrede an Cesar? »Vergangenheit, Gegenwart und Zukunft fließen in der Ewigkeit zusammen.« Das heißt, daß die Naturgesetze von ewiger Dauer sind und jede Zeit beherrschen, zumindest aber hat das von ihm darüber Ausgesagte für eine sehr lange Periode der Menschheitsgeschichte Gültigkeit (also bis zum berühmten Jahre 3797 und noch darüber hinaus!).

Enthalten schon diese geschichtsphilosophischen Betrachtungen Gefährliches für ihn, so wird es für ihn im praktisch-betrachtenden Teil seiner zeitkritischen Überlegungen vollends unmöglich, sich klar und verständlich auszudrücken. Er unterzieht hier sowohl die Machthaber über die Seelen wie die über den Körper des Menschen im abendländischen Kulturkreis einer schonungslosen Kritik im Licht seiner Erkenntnisse und Vorstellungen. Er leugnet nicht die Berechtigung einer Obrigkeit, stellt aber deren üble Handlungsweise ihrem vom Schöpfer wirklich empfangenen Auftrag gegenüber.

Nostradamus sieht die katholische Kirche als legitime Nachfolgerin des Judentums, das von Abraham her den Auftrag Gottes empfing, die Seele zu wecken und über sie zu wachen. Sie wurde zur Vermittlung rechter Gotteserkenntnis berufen, um den Menschen einen guten Lebensweg vorzubereiten. Dazu brach das Judentum mit Abraham von Ur in Chaldäa auf, erreichte unter Salomo seinen Scheitelpunkt und ist seit der babylonischen Zeit im Niedergang begriffen; denn wie alles Geschaffene ist es auch dem Prozeß von Werden, Wachsen, Reifen und Vergehen unterworfen. Es findet sich heute – unfruchtbar und alt geworden – nur noch in Resten und vegetiert in der Zerstreuung dahin. Sein Zeitalter wurde von dem des Christentums abgelöst, das – auf jüdischem Fundament aufbauend – eine neue, vervollkommnere Glaubensform darstellt. In seiner Frühform stellte das Christentum eine echte Hilfe für den Menschen dar, erlag aber in der Zeit seiner später folgenden politischen Ausbreitung und Bedeutung den Versuchungen der Macht, dem materiellen Gewinnstreben, der Erstarrung. Nun – 1550 – ist es so weit gealtert, daß nach göttlichem Gesetz der Zeitpunkt erreicht ist, wo sich auf seinem Boden eine neue Idee bilden muß, um die Kirche in der Seelenführung abzulösen. Nostradamus sieht diese neue Lehre im Humanismus verwirklicht. Nun aber tritt eine Verzögerung im Ablauf des von Gott vorgesehenen naturgesetzlichen Ablaufs ein: Neue Konfessionen, die aber nichts spezifisch Neues bringen, bilden sich in der Spätzeit der Kirche. Sie stellen in Wahrheit nur eine geistige Verarmung des Vorangegangenen bei gleichzeitiger Übernahme von dessen Fehlern dar. Im Luthertum sieht er das sogar noch verstärkt, weil dort der jeweilige Landesherr zugleich Herr über die Kirche geworden ist. Diese Entwicklung läßt die überlebte katholische Kirche wieder erstarken; denn die Menschen fühlen sich in ihren Hoffnungen und Erwartungen auf Besseres getäuscht, und deshalb wenden sie sich wieder zur katholischen Kirche zurück. Damit kehrt nicht nur Überlebtes, Erstarrtes zurück und hemmt die natürliche Entwicklung, sondern es kommt gar in despotischer, menschenvernichtender Form wieder. Die naturgesetzliche Entwicklung, die – dem Willen des Schöpfergottes gemäß – dem Menschengeschlecht gutes Gedeihen garantiert hätte, ist so um Jahrhunderte zurückgeworfen. Das ist die Strafe für die Menschen, die jetzt auf dem Scheiterhaufen und durch Kriege sterben müssen, weil sie dem Gesetz des Schöpfers zuwiderhandelten, und das erläutert er anhand einer Vielzahl von Beispielen.

Die weltlichen Herren sind in diese Geschehnisse eingeschlossen. Auch sie handeln Gottes Willen zuwider, auch sie sind von Macht und Reichtum korrumpiert und verstärken in ihrer Habgier und Eroberungssucht, für die sie Glaubensgründe vorschieben, das Übel. Staaten, Völker, sie alle sind dem vom Schöpfer aufgestellten Naturgesetz unterworfen, mögen sie es befolgen wollen oder nicht: Letztlich stellt er doch seine Ordnung wieder her.

Nach 430 Jahren Mißverständnis ist es jetzt wohl endlich an der Zeit, Michael Nostradamus vom Ruf des Wahrsagers und Unheil verkündenden Hellsehers zu befreien und ihm den ihm gebührenden Platz als geschichtsphilosophischem Humanisten von hohen Graden einzuräumen.

Zeittafel

1503 14. Dezember: Nostradamus in St. Remy-en-Provence geb., verbringt Jugend in St. Remy und Avignon.

1504 Frankreich erhält Rechtsanspruch auf Mailand, Spanien erobert Königreich Neapel zurück, Albrecht von Brandenburg wird Erzbischof von Mainz, Beginn des Ablaßhandels.

1509 Calvin in Noyen geb; Heinrich VIII. König von England bis 1547.

1511 Konzil von Pisa.

1512 Ludwig XII. von Frankreich belegt »Neophyten« mit Sondersteuer; Martin Luther wird Professor in Wittenberg; Selim I. Sultan, Moldau von Osmanen erobert.

1515 Ludwig XII. von Frankreich gest., Franz I. König von Frankreich, Heinrich VIII. heiratet Katharina von Aragon.

1516 Franz I. erwirbt die Provence; Ferdinand von Aragon gest., Karl V. König von Spanien; die Eidgenossen schließen mit Franz I. »Ewigen Frieden«.

1517 Konkordat zwischen Papst Leo X. und Franz I.; Leo X. hebt Laterankonzil auf; Thesenanschlag Luthers in Wittenberg; die Türken erobern Ägypten.

1518 Bertrand, erster Bruder Nostradamus', geb.; Ximenez gründet in Alcala Universität, um Juden und Mauren zu bekehren (Unterricht in Arabisch).

1519 Nostradamus als Student in Avignon; erste Lutherschriften in Frankreich, zuerst lateinisch, ab 1520 französisch; erste Weltumsegelung Magalhães' (bis 1522); Zwingli Reformator der Schweiz; Karl V. König im Deutschen Reich (bis 1556).

1520 Universität Avignon schließt wegen der Pestepidemie in Südfrankreich; Bannandrohungsbulle durch Luther verbrannt; Selim I. gest., Soliman I. Sultan (Türkei auf der Höhe der Macht).

1521 Nostradamus auf Wanderschaft; Krieg zwischen Kaiser und Frankreich (bis 1526); reformatorische Bemühungen in Spanien (Communeros-Aufstand) im Keime erstickt; Hadrian VI. (bis 1522) »Renaissance-Papst«; Luther vor dem Reichstag in Worms, Bann gegen Luther; die Türken erobern Belgrad und Libyen.

1522 Jean, zweiter Bruder Nostradamus', geb.; im Reich Krieg der Ritter gegen die Fürsten (bis 1524); Rhodos wird türkisch.

1523 Antoine, dritter Bruder Nostradamus', geb.; schwere Mißernte in Frankreich; Täuferbewegung in der Schweiz, Bildersturm.

1524 Spanier und kaiserliche Truppen besetzen die Provence; Theatineror-
den gegen Neuheidentum und für christlichen Geist sowie Humanismus gegründet; Streit Luthers mit Erasmus von Rotterdam, Protestan-
tische Nationalsynode in Deutschland; Schah Ismail v. Persien gest.,
der seit 1502 starke türkische Kräfte gebunden hatte.

1525 Nostradamus auf Wanderschaft (bis 1528); Pestepidemie in Südfrankreich; Bauernkriege in Deutschland; Auseinandersetzung zwischen
Protestanten (Torgauer Bund) und Katholiken (Dessauer Bund); Bündnis Heinrichs VIII. mit Franz I. und Papst Clemens VII. gegen den Kaiser.

1526 Ignatius von Loyola dreimal vor der Inquisition; Krieg Karls V. gegen
die Verbündeten Franz I., Papst Clemens VII., Venedig, Mailand, Florenz; Schlacht bei Mohacs, Ludwig II. verliert Schlacht und Leben gegen die Türken, von da ab loses Vasallenverhältnis von Ungarn gegenüber der Türkei.

1527 Rom von revoltierenden deutschen Truppen erstürmt (Sacco di Roma);
Ende der Täuferbewegung in der Schweiz; Reformation breitet sich in
Nordeuropa aus.

1528 Neuerliche Pestepidemie in Frankreich; erste Kontakte von Franz I.
zum türkischen Sultan.

1529 Nostradamus beginnt Medizinstudium in Montpellier; Kaiserkrönung
Karls V. in Bologna durch Clemens VII., Bruder Ferdinand wird römischer König; Marburger Religionsgespräch; erste Belagerung Wiens
durch die Türken.

1530 »College de France« zum Studium der alten und biblischen Sprachen
von Franz I. gegründet; Reichstag zu Augsburg; Iwan »der Schreckliche« geb.

1531 Zwingli fällt, Schweiz zum großen Teil reformiert, Kapeller Landfriede
regelt Konfessionsfrage der Schweiz; Schmalkaldischer Bund der Protestanten; Scheidung Heinrichs VIII. mit Beschluß des Parlaments.

1533 Nostradamus schließt Medizinstudium ab, in Agen als Arzt tätig, erste
Heirat, Freundschaft mit Scaliger; neuerliche Pest in Südfrankreich;
Heirat Heinrichs VIII. mit Anna Boleyn legalisiert.

1534 Frau und zwei Kinder von Nostradamus gest., Vorladung vor die Inquisition nach Toulouse; Calvin kurzfristig als Ketzer inhaftiert; Beginn der Reformation in Straßburg, dann in Genf; in Deutschland erobern die Täufer Münster; Heinrich VIII., Oberhaupt der
Anglikanischen Kirche, unterdrückt jede Opposition; Tunesien wird
türkisch.

1535 Flucht Nostradamus' vor der Inquisition als reisender Arzt und Zauberdoktor (bis 1538); Franz I. von Frankreich verbündet sich mit den
Türken.

1537 Franz I. stellt den Türken den Hafen von Toulon zur Verfügung; Genf beschließt die Reformation.

1538 Academie française gegründet, Französisch wird zur Staatssprache erklärt; Ignatius beabsichtigt zur Heidenmission ins Heilige Land zu ziehen.

1539 Nostradamus wirkt in Bordeaux; »Institutio Christianae Religionis« von Calvin in Frankreich veröffentlicht.

1540 Nostradamus hält sich in Bar-le-Duc auf; Jesuitenorden anerkannt.

1541 Nostradamus reist in Ostfrankreich (bis 1542); Calvin kehrt nach Genf zurück.

1543 Nostradamus im Kloster Orval, zurück in die Provence nach Vienne; an der Sorbonne werden die Lehrsätze über die katholischen Glaubensgrundlagen veröffentlicht, Beginn der Religionskriege.

1544 Neuerliche Pestepidemie in Frankreich, Nostradamus studiert die Pest in Marseille.

1546 Als Pestarzt in Aix-en-Provence angestellt; Luther gest.; »Schmalkaldischer Krieg« des Kaisers gegen die Protestanten.

1547 11. November: Heirat mit Anne Ponsarde in Salon. Nostradamus aus Lyon von den dortigen Ärzren verjagt; Franz I. gest.; Heinrich II. König von Frankreich (bis 1559); beginnende Erfolge der Gegenreformation in Deutschland; Heinrich VIII. gest., Eduard VI. König von England (bis 1553).

1548 Nostradamus reist nach Italien (Venedig, Genua).

1549 Nostradamus wirkt in Turin und Savona; Konzil von Trient aufgehoben, wegen der Pest nach Bologna verlegt und damit dem Einfluß des Kaisers entzogen.

1550 Nostradamus erstellt jährliche Prognosen (bis 1567), praktiziert in Salon als Arzt.

1551 Geburt der Tochter Magdeleine.

1552 »Horus Apollo« veröffentlicht; Vertrag Heinrich II. von Frankreich mit Moritz von Sachsen gegen den Kaiser.

1553 (oder 1554) Sohn Cesar geboren; »Christianismi Restitutio« von Michael Servet, Arzt in Vienne, veröffentlicht; Servedo in Genf verbrannt.

1554 Der Ruhm von Nostradamus in Salon als Wahrsager wächst; Philipp II. von Spanien heiratet Maria die Katholische von England; Ketzerverbrennungen in England.

1555 »Fardemens et confitures« veröffentlicht; erster Teil der Prophetien erschienen, Reise nach Paris (zur Inquisition); Calvinistengemeinde in Paris, Aufstand gegen Calvin in Genf, Augsburger Religionsfriede.

1556 Sohn Charles geb., Reise nach Turin, Studium Dantes; die Neffen des Connetable Montmorency und die Tochter Franz I. werden protestantisch; Ignatius gestorben; Philipp II. von Spanien errichtet strenges Kirchenregiment; Abdankung Kaiser Karls V., er verzichtet in Brüssel zugunsten seines Bruders Ferdinand I. auf die Kaiserwürde.

1557 Sohn André geb., »Paraphrase de Galien« erschienen.

1558 Tochter Anne geb., zweiter Teil der „.Prophetien« erschienen; in Frankreich 400 000 Calvinisten »Confessio Gallicana«; Karl V. gestorben; Elisabeth I. Königin von England, endgültiger Sieg der Protestanten.

1559 Besuch von Schwiegersohn und Tochter Heinrichs II. von Frankreich in Salon bei Nostradamus; Tod Heinrichs II. beim Turnier; Franz II. König (bis 1562); erste Nationalsynode der Hugenotten.

1560 Bauernrevolte in Salon, Plünderung bei Nostradamus.

1561 Tochter Diane geb., Reise nach Turin (?); Bilderstürmer in Orange.

1562 »Gutachten« für das Domkapitel in Orange; Karl IX. König von Frankreich; Franz von Guise läßt die Protestanten brutal verfolgen, Hugenottenkrieg.

1564 Besuch Karls IX. in Salon, Nostradamus zum »Arzt des Königs« ernannt; Pest in Südfrankreich; Calvin stirbt.

1565 Brief an Katharina von Medici, Regentin seit 1559; Verschärfung der Inquisition, Aufstand der Niederlande gegen Spanien, Philipp II. kann ihn nicht niederwerfen.

1566 Nostradamus am 3. Juli in Salon gestorben; Confessio Helvetica in Frankreich, Schweiz, Italien; Pius V. erster der drei großen Reformpäpste; Confessio Helvetica in Schottland eingeführt, in England verworfen; Soliman I. gest.

Werk- und Literaturverzeichnis

Werke des Michael Nostradamus

1552 (H)Orus Apollo. (Eine auf ägyptische Hieroglyphen zurückgehende griechische Schrift, die von Nostradamus übersetzt wurde.)

1555 Traîté de fardemens et confitures. (Ein Lehrbuch für Bei- und Nachspeisen.)

1557 (1561?) Remède très utile contre la peste et toutes les fièvres pestilentielles. (Lehrbuch und Rezeptsammlung gegen die Pest.)

? »Nativitez«. (Ein verschwundenes Buch über den ersten Religionskrieg in der Provence – von der Inquisition eingezogen?)

1550-1567 Prognostications Annuelles et les Almanaches. (Jährliche Prognosen für die Landwirtschaft und andere Voraussagen.)

Die Prophetien

1555 Lyon (noch unvollständig)

1556 Avignon (noch unvollständig)

1558 Avignon (2. Teil). (Die erste vollständige Ausgabe erschien erst nach seinem Tode)

1568 bei Benoit Rigaud in Lyon mit dem Titel: »Les Vrayes Centuries et Propheties de Maistre Michel Nostradamus«

Diese Gesamtausgabe besteht aus:

a) Vorrede an Cesar

b) Centurien 1-7 (die siebente ist unvollständig)

c) dem lateinischen Vierzeiler

d) Vorrede an »König Heinrich den Folgenden«

e) Centurien 8-10, später kommen noch Fragmente aus dem Nachlaß als unvollständige:

f) Centurien 11 und 12 und

g) 141 Presages hinzu.

h) Predictions (58 Sechszeiler)

Eine der ersten Ausgaben – wenn nicht sogar die erste in deutscher Sprache – erschien 1572 in Augsburg. Sie trägt den Titel: Des Michael Nostradamus, des weltberühmten, hochehrsamen Philosophen, Astrologen und Mediziner zwei Bücher; darin wahrhaftiger, gründlicher und vollkommener Bericht gegeben wird, wie man erstlich einen ungestalten Leib an Weibs- und Mannespersonen auswendig zieren, schön und jung geschaffen machen, und allerlei wohlriechende, köstliche, kräftige Wasser, Pulver und dergleichen, Seifen, Rauchkerzlein, Bisamkugeln, mancherlei Gebrechen dienlich ärztlich zubereiten kann, und wie man folgendermaßen allerlei Früchte auf das Kunstgerechteste und Lieblichste in Zucker einmachen und zur Notdurft aufbewahren soll. Erstlich in französischer Sprache von ihm geschrieben und nun aber unserem Vaterlande zugute kommend, in das gemeine Deutsch aufs Trefflichste übersetzt durch HIEREMAN MARTIUM bestallter Doktor der Medizin zu Augsburg.

Mit Römisch-Kaiserlicher Majestät Druckgenehmigung.
Nicht nachzudrucken.
MDLXXII

Les Vrayes Centuries et Propheties de Maistre Michel Nostradamus. Faksimiledruck der Ausgabe von 1668 nach der Copie von Amsterdam, zu Paris als Jubiläumsausgabe gedruckt.
Schickowsky-Verlag, Berlin 1969.

Zeitgenössische Berichte über Michael Nostradamus

Jehan Nostredame, La Chronique de Provence. Les vies des Poetes Provençaux, Lyon 1575.
Cesar de Nostredame, Histoire et chronique de Provence, Lyon 1614.
Jean-Aymé Chavigny, Vie et testament de Nostradamus (Janus Françoys), Lyon 1594.

Literatur

Allgeier, Kurt, Morgen soll es Wahrheit werden. Heyne, München 1981.
Bamm, Peter, Alexander oder die Verwandlung der Welt. Deutsche Buchgemeinschaft Berlin/Darmstadt/Wien .
Die Bibel, Einheitsübersetzung Altes und Neues Testament. Herder, Freiburg/Basel 1979.
Corvaja, Mireille, Les Propheties de Nostradamus. Vecchi, Paris 1981.
Flavius, Josephus, Geschichte des jüdischen Krieges, Jüdische Altertümer, Faurier-Verlag. Abi Melzer, Peli Printing, Israel 1977.
Fontbrune, Jean Charles de, Nostradamus, Historien et Prophete. Rodier, Monaco 1980.

Derselbe, Nostradamus, Historiker und Prophet, Zsolnay, Wien-Hamburg 1982 (Übersetzung des Vorigen).

Fontbrune, Max de, Was Nostradamus wirklich sagte. Molden, Wien-München-Zürich-New York 1981.

Hartmann, Horst, Faustgestalt, Faustsage, Faustdichtung. VEB Volk und Wissen, Berlin 1979.

Die Heilige Schrift des Alten und Neuen Testaments. Pattloch, Aschaffenburg 1959.

Hutin, Serge, Le Propheties de Nostradamus. Edition »J'ai lu« 1981.

Joos, H. P., Kolumbus ist noch nicht gestorben. Union-Verlag, Stuttgart 1961.

Jokostra, Peter, Südfrankreich für Kenner. Langen-Müller, Wien, München 1979.

Junyent, Monsigneur Ed., Catalogne Romane. (Texte) Zodiaque la nuit des Temps 2ᵉ Edition 1968.

Keller, Werner, Und die Bibel hat doch recht. Econ, Düsseldorf 1958.

Klöckler, Freiherr H. von, Kursus der Astrologie. Bauer, Freiburg 1981.

Legler, Rolf, Südwestfrankreich. DuMont, Köln 1980³.

Leroy, Edgar, Nostradamus, ses Origines, sa Vie, sa Oevre. Imprimerie Trillaud, Bergerac 1972.

Lessing/Gascar, Traumstraßen durch Frankreich. Molden, Wien-Zürich-Innsbruck 1978.

Littrow, Wunder des Himmels, gemeinfaßliche Darstellung des Weltsystems. H. Hempel Verlagsbuchhandlung (Berinstein und Frank) Berlin 1886.

Mahoney J., Katharina von Medici, Königin von Frankreich – Fürstin der Renaissance. D. W. Callway, München 1977.

Marx Karl, Engels Friedrich, Das Kommunistische Manifest. Neuer Weg, Berlin 1946.

Nunier-Wroblewski, Mia, Niklas Kopernikus. Zentralverlag der NSDAP, Franz Eher Nachf. 1940.

Ordensregel des hl. Benedikt OSB.

Ordensregel des hl. Dominikus OP.

Ordensregel des hl. Fransiskus OFM.

Ordensregel des hl. Ignatius SJ.

Regel des Dritten Ordens des hl. Franiskus (Fassung bis zum II. Vatikanischen Konzil).

Padberg, Rudolf, Erasmus von Rotterdam, seine Spiritualität, Grundlage seines Reformprogramms. Bonifacius-Druckerei, Paderborn 1979.

Rotzetter, A., Hub E., Franz von Assisi, die Demut Gottes, Meditationen, Lieder, Gebete. Benzinger, Zürich-Einsiedeln-Köln 1980.

Paschke, Uwe, Dreißigtausend Jahre Weltgeschichte (Band II), Holle, Baden-Baden.

Ranke, Leopold von, Die Geschichte der Päpste. Vollmer, München-Wiesbaden.

Ranke-Graves, Robert von, Griechische Mythologie, Quellen und Deutung. Band I und II. Rowohlt, Reinbek 1960.

Schebesta, Paul, Ursprung der Religion. Morus, Berlin 1961.

Schreiber, Hermann, Von der Camargue zu den Pyrenäen. Süddeutscher Verlag, München 1979.

Splett Jörg, Lernziel Menschlichkeit, philosophische Grundperspektiven. Knecht, Frankfurt 1976.

Terrasse Charles, Franz I. von Frankreich. Wegner, Hamburg 1943. (Titel des Originals: Francois Ier., Le Roi et le Regne. Grasset, Paris 1943.)

Die Reisen des Nostradamus

Die Reisen des Nostradamus I
- ● — von Nostradamus besuchte Orte
- ● — von Nostradamus wahrscheinlich besuchte Orte

Die Reisen des Nostradamus II
- —— Reise nach Agen 1533
- – – – Reise als reisender „Zauber"doktor 1537–1543/44
- —— Rückkehr in die Provence 1544 (nach Marseille)
- – – Erste Italienreise 1547–1548
- – – – „Reise an den Königshof" 1555
- —— Zweite Italienreise 1556

Frankreich um 1550

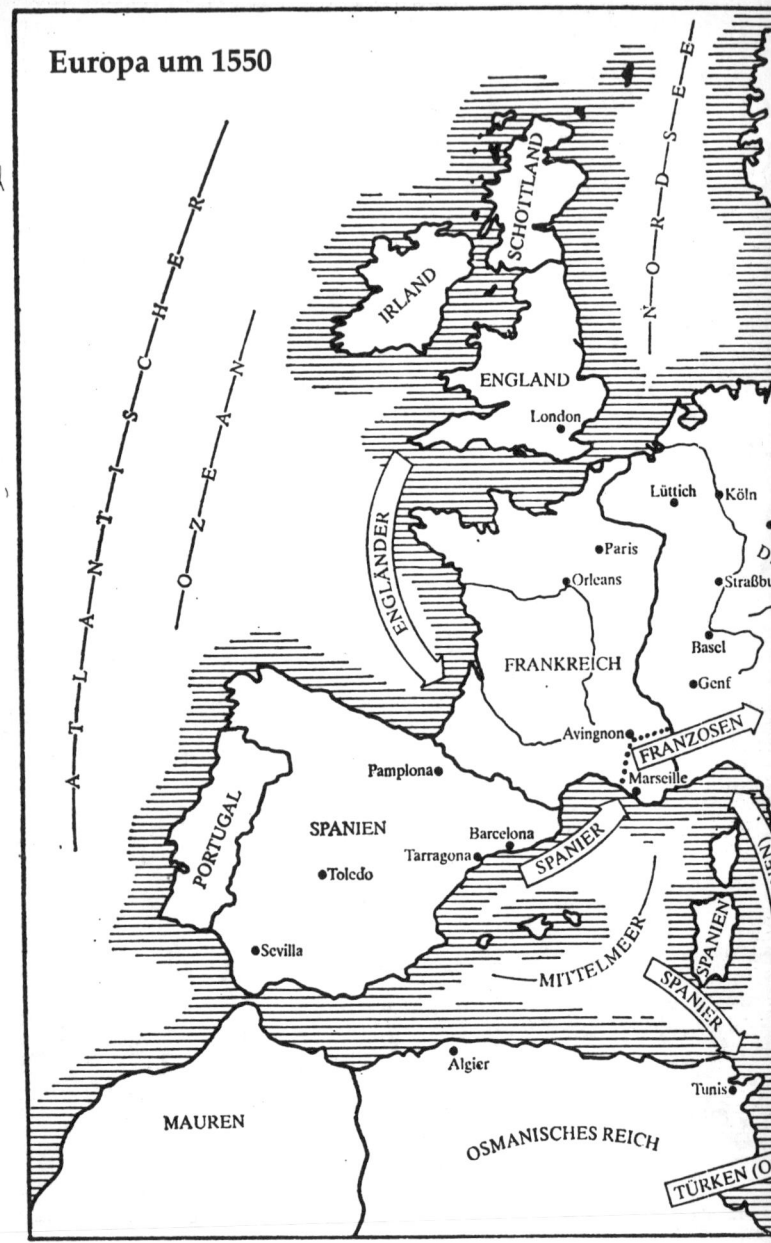

Europa um 1550

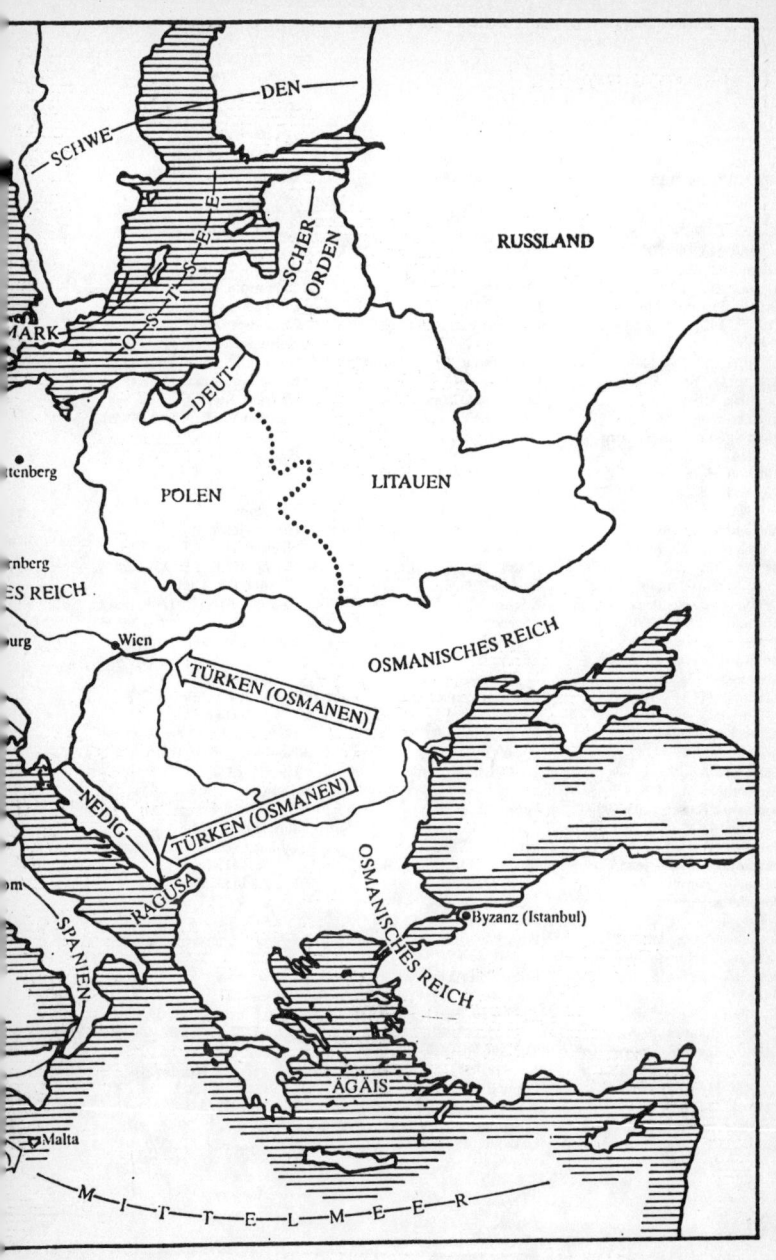

Register

Länder, Flüsse und Gebirge

431